ZU DIESEM BUCH Sie erlebt noch den Alten Fritz und schon das neue Industriezeitalter, den Freiheitsrausch der Französischen Revolution und den Pulverdampf der Reaktion, den Umgang unter Gleichen und den Völkerhaß. In ihrem Elternhaus begegnet sie bedeutenden Gelehrten, Schriftstellern und Pädagogen. Sie heiratet Simon Veit, einen wohlhabenden Bankier – den Mann, den der Vater ihr bestimmte. Und sie trennt sich Jahre später von ihm, um einem jungen Intellektuellen ohne Geld und Rang zu folgen – Friedrich Schlegel. Zusammen mit ihren Freundinnen Henriette Herz und Rahel Varnhagen gehört sie zu den bekanntesten Salondamen Berlins. In den jüdischen Salons der preußischen Hauptstadt entsteht eine dieser Zeit fremde, neue Kultur: Frauen und Männer, Christen und Juden, Adlige und Bürger gehen wie ebenbürtige Menschen miteinander um. Am Ende des 18. Jahrhunderts verläßt Dorothea, wie sie sich jetzt nennt, Berlin und zieht nach Jena, wo sie zusammen mit Friedrich Schlegel, den sie schließlich heiratet, und seinem Bruder, den Dichtern Ludwig Tieck und Hardenberg (Novalis) und dem Philosophen Schelling im Jenaer Romantikerkreis lebt.

Carola Stern, geboren am 14. November 1925 im Seebad Ahlbeck, lebte bis 1951 in der DDR. Nach einem Studium der Politischen Wissenschaften und der Soziologie an der Freien Universität Berlin arbeitete sie als Verlagslektorin in Köln und von 1970 bis 1985 als Redakteurin und Kommentatorin im Westdeutschen Rundfunk. Zahlreiche Veröffentlichungen, darunter «Die SED» (1954), «Ulbricht – Eine politische Biographie» (1964), «Willy Brandt» (rororo bildmonographien Nr. 232), «Strategien für die Menschenrechte» (1980) und ihre Autobiographie «In den Netzen der Erinnerung. Lebensgeschichten zweier Menschen» (rororo Nr. 12227). 1994 erschien im Rowohlt Verlag «Der Text meines Herzens. Das Leben der Rahel Varnhagen».

Carola Stern

«Ich möchte mir Flügel wünschen»

Das Leben der
Dorothea Schlegel

rororo

Rowohlt

Einmalige Sonderausgabe November 1995

Veröffentlicht im Rowohlt Taschenbuch Verlag GmbH,
Reinbek bei Hamburg, November 1993

Umschlagillustration Jürgen Mick
Umschlagtypographie Walter Hellmann
Gesamtherstellung Clausen & Bosse, Leck
Printed in Germany
1400-ISBN 3 499 13836 0

INHALT

VON DER BEFRIEDIGUNG DES HERZENS

Je näher uns jemand steht,
um so schwieriger scheint es
zu sein, Abschließendes
über ihn zu sagen.
Christa Wolf

Mehrere Jahre habe ich mit Brendel Mendelssohn verbracht, die sich Dorothea nannte und die Frau des Kritikers und Philosophen Friedrich Schlegel war. Immer wieder habe ich versucht, ihr nach-zu-denken, nach-zu-fühlen, ihr Handeln zu verstehen. Ich lernte sie zu lieben, zu bewundern; ich war verärgert und erbost. Dorothea Schlegel löst abwechselnd Bewunderung, Wut und Mitleid aus; nur Gleichgültigkeit läßt sie nicht zu.

Ihre Jugend fällt in eine Zeit, bestimmt von aufeinanderprallenden Widersprüchen und sich entladenden Gegensätzen. Ermuntert von den Philosophen, streckt der Mensch den Rücken, lernt aufrecht gehen, bedient sich seines Verstandes, stürmt die Gefängnisse, um seine Brüder zu befreien, erhebt sich selbst zum Souverän. Doch freigeworden, beugt er bald erneut den Rücken, läßt andere für sich denken, gehorcht und schießt auf seine Brüder.

Dorothea Schlegel erlebte die Französische Revolution und die darauf folgende Reaktion.

Sie ist «mitten durch die Armeen» gereist; Krieg und Besatzung sind ihr nicht erspart geblieben. Befreiung von Napoleon verband sich mit Nationalismus und Völkerhaß. Auch sie haßte *die* Franzosen und hatte doch gerade erst die Freundschaft und die Liebe neu entdeckt und zusammen mit den Jenaer Romantikern Geselligkeit zur Kunst erhoben. Dorothea Schlegel erlebte Herzenserguß und Pulverdampf, kriegerische Roheit und zärtlichste Empfindung.

Und während Joseph von Eichendorff, ihr junger Freund, «O Täler weit, o Höhen», den schönen grünen Wald besang, wurden im «andächtigen Aufenthalt» des Dichters Schienen für die Eisenbahn gelegt, und aus Caspar David Friedrichs Fichtenschonung ragten Telegrafenmaste. Dorothea Schlegel erlebte noch den Alten Fritz und schon das neue Industriezeitalter.

Jean-Jacques Rousseau, geistiger Mentor der Aufklärung, verkündet es: Nicht Elternwille, sondern Liebe solle die wichtigste Voraussetzung der Ehe sein. Die Tochter Moses Mendelssohns verwirklicht es: Sie bringt den Mut auf, sich von ihrem ungeliebten Mann zu trennen, den der Vater ihr bestimmte, und einem jungen Intellektuellen ohne Geld und Rang zu folgen. Kühn wechselt sie aus dem Geordneten in das nicht Vorausschaubare.

Das Zeitalter der Freundschaft hat begonnen. Wohlan, sie gehört mit zu den ersten, die Freundschaftsbünde gründen, und wird zeitlebens Menschen, besonders Frauen, eine liebevolle Freundin sein. Dichter und Dichterinnen verkünden, daß Frauen stärkerer Liebe fähig seien als Männer, ja daß ihre Natur, ihr Wesen Liebe sei, und diese Dorothea wird als Beispiel dafür gelten.

Das Biedermeier ist auf Ausgleich, Duldung, Selbstbescheidung eingestimmt. Und eben das sind die Maximen der siebzigjährigen Legationsratswitwe, die inmitten ihrer Enkelkinder den Rosenkranz durch ihre Finger gleiten läßt.

Als aufgeklärte Salondame in Berlin, als romantisch-sinnliche Lucinde in Friedrich Schlegels gleichnamigem Roman, als katholische Gottesstreiterin in Köln und Wien und schließlich als Biedermeier-Oma inmitten der Familie ihres Sohnes Philipp Veit – Dorothea lebt stets im Mittelpunkt rasch aufeinanderfolgender Kulturperioden.

Aber was kann sie einer emanzipierten Frau am Ende des 20. Jahrhunderts bedeuten?

Dorothea Schlegel nimmt für sich ein durch ihren aus der Sehnsucht nach Glück gespeisten Mut, Konventionen zu durchbrechen, nicht darauf zu hören, was die Leute reden, sondern so zu leben, wie sie es für wahr und richtig hält. Und rührt zugleich an weibliche Erfahrung heute: Wie schwer ist es doch oft für Frauen, wie Kletten in den Kleidern hängende jahrhundertealte Traditionen abzuschütteln und ein freier Mensch zu werden! Ihr Wunsch nach Freiheit *und* Geborgenheit wird auch heute noch verstanden. Auch überzeugt sie bis in unsere Tage durch Tatkraft, Unverzagtheit und Humor, durch eine souveräne, andere fast beschämende Höflichkeit, die bisweilen Menschen eigen ist, die früh erfahren, daß sie nicht von selbst «dazugehören», sondern um die Mitwelt werben müssen.

Sie besaß Urteils- und Entscheidungskraft, konnte Risiken abwägen, verstand auch Chancen zu ergreifen und traf weitreichende eigene Entscheidungen. Und gleichzeitig hat sie sich Friedrich Schlegel in einem Maße unterworfen, wie es eigentlich nur unselbständige Menschen tun.

Wie erklärt es sich, daß ein so kraft- und so charaktervoller Mensch mit einem so schwachen Selbstbewußtsein ausgestattet war? Ihr ganzes Leben quälten diese eindrucksvolle Frau ein Gefühl des Ungenügens, des Versagens und absurde Schuldgefühle gegenüber ihrem Mann. Ebensowenig scheinen Selbständigkeit und Hingabe in diesem Leben zusammenzupassen. Schließt die eine Eigenschaft die andere nicht aus? Kein Zweifel, in Dorothea vereinigten sich Originalität und Eigenständigkeit mit dem Hang zur Selbstaufgabe.

Erklärt sich das aus den Moralgrundsätzen ihrer Zeit, aus den den Frauen zugewiesenen Verhaltensweisen? Hat es zu tun mit Dorotheas Herkunft aus dem Judentum, mit jüdischer Religion und Tradition? War der Gegensatz auch in ihrem nach eigenem Bekunden disharmonischen Wesen angelegt? Leben und Verhalten Dorothea Schlegels gemahnen an Fragen, auf die wir bis heute keine befriedigende Antwort wissen: Woher kommt und wie erklärt sich die Selbstaufopferung von Frauen?

Heldinnen und Helden kommen in diesem Buch nicht vor. Fast jede der beschriebenen Personen weckt Sympathie, bisweilen auch Bewunderung. Und über fast jede schütteln wir irgendwann den Kopf. Wie selbstsüchtig kann dieser Friedrich Schlegel sein. Wie hämisch Ludwig Tieck! Wie liederlich die Enkelin der Karschin.

Nicht um Verklärung geht es, sondern um Gerechtigkeit und die Zerstörung von Klischees. In der bisherigen Literatur wird meistens danach geurteilt, was für Friedrich Schlegel gut gewesen wäre, und Dorothea als «Dämon», als «Verhängnis» für den Mann beschrieben. Hier wird danach gefragt, was für *sie* gut gewesen wäre, nach *ihrer* Zufriedenheit und *ihren* Sorgen. Dorotheas, nicht Friedrichs Lebensgeschichte wird erzählt.

Von Liebe, Leidenschaft und Tod soll jetzt berichtet werden und von Handarbeitsmustern, Pomeranzenblütenwasser und Rahel Varnhagens blauem Hut.

HALTET EUCH STANDHAFT BEI DER RELIGION EURER VÄTER

Die Tochter des Moses Mendelssohn

Bestimmung des Menschen:
Wahrheit erkennen, Schönheit lieben,
Gutes wollen, das Beste tun.
Stammbuchblatt von
Moses Mendelssohn

Auf den Schlachtfeldern von Kunersdorf und Kolin, Roßbach und Leuthen wächst wieder das Getreide, und in den Wiesenmulden, die die Kugeln der Kanonen gruben, stehen Büschel der Sumpfdotterblume. Sieben Jahre dauerte der letzte Krieg, nun ist endlich Friede.

Feine Damen in Roben aus tugendweißem Musselin schmükken ihre gen Himmel ragenden Perücken mit bizarren Federbüschen, pistaziengrün, auch zeisiggelb gefärbt, und lustwandeln, aufmerksam des Kopfschmucks achtend, auf Promenaden und in Parks. Nur im Frieden macht Sichputzen richtig Spaß.

Die Hausfrauen atmen auf. Vorbei die Furcht, daß ihre Männer oder Söhne totgeschossen oder als Krüppel heimkehren werden. Vorbei die Angst vor Einquartierung, Brandschatzen und Plündern. Und gewiß läßt nun die Teuerung nach. Wichtig wird wieder Kerzenziehen und Seifekochen, die Apfelhürden im Keller aufzufüllen und feingeschnittenes Obst zum Dörren auszubreiten. Abends, wenn die Kinder schlafen, holen die Mütter ihre Filetkästen hervor und handarbeiten Geldbeutel aus feinem Netzwerk für die neuen preußischen Münzen: den goldenen Friedrichsdor, den silbernen Reichstaler, die Groschenstücke und Achtzehner. Nur im Frieden lohnt das Sparen. Und nur im Frieden können Frauen gewinnen.

Im Herbst des Jahres 1764 erwartet Fromet Mendelssohn ihr zweites Kind. Das erste, eine Tochter, ist gestorben. Wird dieses überleben? Das allein sei wichtig, sagen wohl die Eltern. Doch insgeheim hofft Fromet Mendelssohn sicherlich auf einen Sohn; alle Schwangeren hoffen, Söhne zu gebären. Denn Söhne gelten mehr als Töchter. Allein auf Söhne werden Zukunftshoffnungen projiziert; nur durch Söhne lebt der Name, lebt das Werk des Vaters fort. Doch zum zweitenmal schenkt Fromet einem Töchterchen das Leben: Am 24. Oktober 1764 wird Brendel Mendelssohn geboren.

Drei Kriege haben seine Eltern miterlebt, und vor dem Kind liegen fünfundzwanzig Friedensjahre, in denen die Amerikaner ihre Unabhängigkeit erklären und die Menschenrechte proklamieren, und nicht viel später stürmen die Franzosen die Bastille. Brendel wird den Aufstieg und Fall Napoleons miterleben, und selten nur sehen Menschen so wie sie in ihrer Zeit gleich mehrere Epochen aufeinanderfolgen. Als das Mädchen auf die Welt kommt, steht Voltaire auf der Höhe seines Ruhmes, und als die fast Fünfundsiebzigjährige stirbt, leben schon Karl Marx und Friedrich Engels.

Brendels Mutter stammt aus Hamburg; der Vater ist aus Dessau zugezogen. Die Tochter kommt in Preußen auf die Welt. Das bedeutet etwas, auf Preußen bilden Preußen sich was ein! Ihr Staat ist durch seine Kriege zu einer der ersten europäischen Mächte aufgestiegen. Ihre Armee gilt als die beste ganz Europas, ihre Verwaltung als das Vorbild aller absoluten Monarchien. Und ihr König, obgleich erst Anfang Fünfzig, liebevoll der Alte Fritz genannt, ist der Abgott vieler Landeskinder. Gewiß, alle

Pfründe sind dem Adel vorbehalten. Er zahlt keine Steuern, nur ihm stehen Offiziers- und höhere Beamtenstellen zu, und ihm allein gebührt das Recht, Rittergüter zu besitzen. Doch vielen Preußen ist die Adelsmacht so selbstverständlich wie die Männermacht. «Der Kern der Nazion besteht... aus Männern», schreibt Friederike Unger in ihren «Briefen einer reisenden Dame» aus Berlin. «Ein Mann sitzt auf dem Thron. Männer sind seine Räthe, und Männer die, welche seine Befehle ausrichten.» Das, so glauben die Preußen, sei Naturgesetz.

Brendels Geburtsort ist Berlin. Eine Weltstadt kann man dieses Berlin, die Hauptstadt Preußens, noch nicht nennen, doch eine aufstrebende und zukunftsträchtige Großstadt ist sie gewiß. Von überall her kommen Fremde: Diplomaten, Kaufleute und Künstler, Bildungsreisende; Casanova beispielsweise. Mit Erfolg bemüht er sich, dem König vorgestellt zu werden, und der will sogleich wissen, wieviel Soldaten und Schlachtschiffe die Heimatstadt des Kavaliers besitzt.

Kam der Venezianer vom Westen her, durch das Potsdamer oder Brandenburger Tor 1764 in die Stadt? Dann sah er sie von ihrer schönsten Seite, sah großzügig angelegte Plätze, breite Straßen, von stattlichen Wohnhäusern begrenzt, das Schloß, Paläste, Oper und Königliche Bibliothek. Wer Berlin hingegen durch das Kottbusser oder Schlesische Tor von Osten her betritt, dem stellt es sich eher als ein Provinznest dar, als ein Landstädtchen im Brandenburgischen, bestimmt durch seine Bauernhöfe mit Misthaufen vor den Türen, durchzogen von engen Gassen mit kleinen Läden und Handwerksbetrieben, bewohnt von Ackerbauern, kleinen Händlern und vielen armen Leuten. Sieht der Venezianer die Kontraste? Hat er unter den hohen Bäumen auf dem Dönhoffplatz eine der großen Militärparaden, friderizianisches Tschingderassabum, erlebt? Und hat er vielleicht tags darauf im Tiergarten das Exerzieren der Garnison verfolgt? Wer nicht gleich pariert, wird durchgeprügelt, und wer desertieren wollte, muß Spießruten laufen. Zuschauer erwünscht.

Im Tiergarten war Casanova ganz gewiß. Nicht weit von den

Geschundenen entfernt verlustieren sich Berliner aller Stände bei Gauklern, Komödianten, Taschenspielern, in Rosengärten und schattigen Alleen. Wer es sich leisten kann, kehrt im Richardschen Café-Garten ein. Dort erzählt man sich, was es so Neues gibt, und saugt begierig Stadtklatsch ein.

Hat sich schon herumgesprochen, daß General Seydlitz sich scheiden läßt? Ja, es mußte sein, sagen seine Freunde. Hat ihn doch seine neunzehnjährige Frau «mit einem ganz gewöhnlichen Lakaien so schändlich hintergangen», daß ihm gar nichts anderes übrigblieb. Vierzigtausend Taler muß sie ihm als Schmerzensgeld zahlen und fortan in Pommern als Verbannte leben. So können Generäle, die keine Zeit für ihre Frauen haben, weil sie Krieg führen müssen, auch zu Vermögen kommen.

In den Stadtpalästen Unter den Linden, ausgestattet mit ausgesuchtem Rokoko-Mobiliar, gibt die höfische Gesellschaft ihre Bälle. In Wirtshäusern mit Tanzdielen und Billardtischen vergnügen sich Reitknechte und Kammerjungfern, Köchinnen und Lakaien. Ganz unten, in den Elendsvierteln, ist für Vergnügungen kein Platz. Hier hausen Familien mit mehreren Kindern in einer Stube, die sie im Winter nicht zu lüften wagen, weil Brennholz viel zu teuer ist. Handwerkerwitwen müssen ihre Kinder, damit sie nicht verhungern, zu Wollwebern und Spinnern schikken, und der Verdienst, den sie nach Hause bringen, reicht nur zu Wassersuppe und Kartoffeln oder einem Heringsbrot. Am 25. August 1769 schreibt Lessing an Friedrich Nicolai: «... lassen Sie einen in Berlin auftreten, der für die Rechte der Untertanen, der gegen Aussaugung und Despotismus seine Stimme erheben wollte, wie es itzt sogar in Frankreich und in Dänemark geschieht: und sie werden bald in Erfahrung haben, welches Land bis auf den heutigen Tag das sklavischste Land von Europa ist.»

Von den über hunderttausend Berlinern sind ungefähr dreitausend Juden; die meisten arme Schlucker, einige wenige sehr reich. Einer der ganz Reichen, Veitel Ephraim – er vor allem finanzierte Friedrichs Kriege –, hat sich am Molkenmarkt ein prächtiges Palais gebaut. Jüdische Familien wie die Itzigs, Gumpertz, Meyers haben durch Armeelieferungen im Krieg beträchtliche Vermögen gesammelt und genießen als «Generalprivilegierte» ungefähr die gleichen Rechte wie die übrigen Bürger. Doch den anderen Juden hat das General-Juden-Reglement von 1750 unzählige Beschränkungen und besondere Abgaben auferlegt.

Ein Jude darf nicht beliebig eine Stadt betreten, sondern nur durch ein bestimmtes Tor. Dort hat er, gleich dem Viehzoll für die Rinder, den Leibzoll für die Juden zu entrichten.

Ein Jude darf nicht wohnen, wo er will. Kann er in einer Stadt keine ordentliche Arbeit, und zwar bei einem sogenannten Schutzjuden, finden, soll er wieder abgeschoben werden, und zwar von den Juden selbst.

Ein Jude darf nicht einen Hof bewirtschaften, ein Zunfthandwerk ausüben oder mit zunftgebundenen Waren handeln, Militärdienst leisten und schon gar nicht ein öffentliches Amt bekleiden.

Juden sind in den Augen der Christen – in Preußen wie auch anderswo – minderwertige und betrügerische Menschen, Spitzbuben, Schacherer und Mauscheljuden, die man nicht zu gleichgestellten Bürgern, womöglich gar zu Konkurrenten, wohl aber kühl berechnend seinen Zwecken dienstbar machen kann.

Ein Jude darf Manufakturen gründen, um die preußische Armee mit Uniformtuch zu beliefern und dem Staat Devisen einzusparen. Auch darf er verfälschte Münzen prägen, um Kriege finanzieren zu helfen. Juden dürfen, nein sie müssen Schulden, Strafen, Steuern aller nicht zahlungsfähigen Juden begleichen. Sie dürfen Jüdinnen heiraten, manches erwerben, manches vererben, wenn sie dafür kräftig zahlen. Wer nichts besitzt und nichts bezahlen kann, soll möglichst schnell verschwinden.

Die Christen verachteten die Juden, weil sie keine Christen waren, und darauf führten sie es zurück, daß die Juden aus ihrem Land vertrieben und in alle Welt zerstreut worden waren. Manche sahen darin die göttliche Vergeltung für den Christusmord.

Die Juden verachteten die Christen, weil sie keine Juden waren, und sahen sich als Angehörige des auserwählten Volkes

Israel. Sie fühlten sich überall nur als vorübergehende Gäste, die nach der Ankunft des Messias ins Gelobte Land zurückkehren würden, und redeten und beteten nur in ihrer eigenen Sprache und lebten außerhalb der ständischen Gesellschaft abgeschlossen unter sich. Ihre Fremdartigkeit, auch in der Haartracht und der Kleidung, vertiefte die Vorurteile gegen sie.

Die Mendelssohns waren Juden. Wer will da länger noch von Vorteilen der Geburt, von Glück für Brendel reden? Jüdisch sein und weiblich – welch ein Unglück für das Kind!

Von Brendels Mutter weiß man wenig; ein paar Briefe sind erhalten, nur ein einziger, den sie auf deutsch geschrieben hat. Man kennt die Brautbriefe des verliebten Moses, nicht die Antworten der Braut. Man liest die Lobpreisungen des Gatten über die «weder schöne noch gelehrte», doch lerneifrige, freundliche und sehr geliebte Frau, die Schablonen und Anekdoten seiner Biographen über sie.

Die bekannteste und anrührendste Geschichte stammt von Berthold Auerbach und steht in seinem «Volkskalender». Wie erschreckt sei die Hamburger Kaufmannstochter Gugenheim beim ersten Anblick ihres Zukünftigen gewesen: Oje, so ein kleiner Mann und so ein großer Buckel! Doch dann erzählte ihr der kleine Mann, wie er, noch gar nicht auf die Welt gekommen, im Himmel schon erfahren habe, daß die ihm bestimmte Frau einen Buckel haben solle, und sogleich den lieben Gott gebeten habe: Gib mir den Buckel und laß das Mädchen schlank gewachsen und wohlgefällig sein! «Kaum hatte Moses Mendelssohn das gesagt, als ihm das Mädchen um den Hals fiel – und sie ward seine Frau, und sie wurden glücklich miteinander.»

«Seine Frau ist sehr stille, aber man lieset in ihrem Gesichte schon eine feine und edle Seele», schreibt Heinrich Christian Boie 1770 nach einem Besuch im Hause Mendelssohn. Als gute Hausmutter schildern sie die Zeitgenossen; keiner sagt, wie schwer ihr Leben war.

In zwei Jahrzehnten, zwischen 1763 und 1782, bringt sie zehn

Kinder auf die Welt, das letzte, als sie Mitte Vierzig ist. Nur drei Mädchen, Brendel, Recha, Henriette, und drei Jungen überleben, Joseph, Abraham und Nathan. Die Mutter lebt zwischen Kindersegen und Kindertod und der Sorge um den Mann. Im Winter 1771 erkrankt Moses Mendelssohn an einem schweren Nervenfieber und braucht jahrelange Pflege. Zeitweise kann er nicht mehr sprechen, kaum die Augen öffnen und liegt bewegungslos im Bett. Fromet hastet vom Bett des Kranken zum Wickeltisch des Jüngsten, dirigiert den Haushalt, flickt bis in die Nacht, kocht Essen für den Sabbat vor – mein Gott, was ist mit Recha? Recha hat die Blattern, mein Gott, steckt sie den Joseph an? Fromet übergibt sich: eine neue Schwangerschaft; das kommt, weil es dem Vater besser geht. Etwas heftig, etwas ungeduldig bleibt sie Brendel in Erinnerung. Gewiß, sanft, geduldig bleibt man nicht bei solchem Leben.

Hauptsächlich als Tochter ihres Vaters will Fromets Älteste gesehen werden. Vom Vater erbt sie ihre großen dunklen Augen, die schmale Nase, auch die starken Backenknochen, die zusammen mit der Nase das Gesicht so kraftvoll machen. Dem Vater ähnelt sie in ihrer Geistigkeit und Energie, von ihm hat sie auch ihre Höflichkeit gelernt. Auf ihren Vater ist sie stolz; die Berühmtheit Moses Mendelssohns wird zu einer der prägendsten Kindheits- und Jugenderfahrungen seiner Tochter.

Der Philosoph und Schriftsteller der deutschen Aufklärung ist mit allen bedeutenden Männern seiner Zeit, mit Herder, Winckelmann, Lavater, dem Philosophen Kant, dem Dichter Gleim bekannt, Lessing nennt ihn Herr Moses und auch «liebster Freund». Gelehrte kommen nach Berlin, um Moses Mendelssohn zu sehen. Und von überall her, aus ganz Europa, wird er mit Anfragen und Bitten überhäuft, seitdem sein philosophisches Werk «Phaedon oder Über die Unsterblichkeit der Seele» erschienen ist, einer der großen Bestseller seiner Zeit, in viele Sprachen übersetzt.

Und dennoch kann Moses Mendelssohn seine wachsende Familie nie allein vom Schreiben ernähren. Im Hauptberuf bleibt er Direktor einer Berliner Seidenweberei. Sein Mentor Bernhard hatte den jungen mittellosen Mann einst zum Buchhalter bestellt, und als Bernhard 1768 starb, übernahm Mendelssohn die Leitung.

Gewiß, das florierende Unternehmen mit seinen Geschäftsbeziehungen bis nach Königsberg, Prag und Amsterdam hatte ihm ermöglicht, um Fromet Gugenheim zu werben und eine Familie zu gründen. Aber oft, so klagte er schon früh bei Lessing, drückten ihn die lästigen Geschäfte wie einen Lastesel zu Boden und verzehrten die Kräfte seiner besten Jahre. Dann träumte er davon, sich «aller Geschäfte zu entschlagen» und irgendwo, in einem kleinen Ort, «ganz mir selbst zu leben».

Doch der Rückzug ins Gelehrtendasein bleibt für Brendels Vater immer nur ein Traum. Die Mutter erwartet fast jedes Jahr ein Kind, und Sicherheit bedeutet für einen Familienvater viel.

In all ihrer Liebe zu den Büchern, der Musik und Malerei wird Brendel später mit den Füßen immer auf der Erde bleiben. Vielleicht ist das ein Erbe des Geschäftsmannes Mendelssohn, der die Tochter durch sein Vorbild lehrte, in ihrem schwärmerischen Sinn für Literatur und Kunst zugleich nüchtern die Wirklichkeit zu sehen.

In Brendels Kinderjahre fällt Mendelssohns Lebenswerk: Er trug entscheidend dazu bei, daß in Deutschland lebende Juden deutsche Juden wurden.

Rechtlosigkeit und Unterdrückung von Juden ließen sich mit den Idealen der Aufklärung, mit der Überzeugung von den gleichen Rechten aller Menschen, nicht vereinbaren. Die «bürgerliche Verbesserung der Juden», wie man es damals nannte, war eine logische Konsequenz des neuen Denkens. Um Bürger unter Bürgern zu werden, forderte Mendelssohn von seinen Glaubensbrüdern, ihr Getto zu verlassen, die teils selbstgewählte, teils auferlegte Isolation endgültig zu durchbrechen. Sie sollten Juden bleiben und zugleich Preußen werden, jüdisch glauben und wie Deutsche denken, den Stolz auf ihre uralte Kultur bewahren und sich der bislang fremden öffnen. Vor gar nicht langer Zeit war noch ein junger Jude von Rabbinern aus Berlin vertrieben worden, weil er ein deutsches Lehrbuch unterm Arm trug. Und nun trat ein Jude auf, sprach deutsch, schrieb deutsch, verfaßte Bücher, auch auf deutsch, und forderte nachdrücklich von den Juden, Deutsch zu lernen. Um ihnen dabei zu helfen, übersetzte Mendelssohn Teile der hebräischen Bibel und ließ den deutschen Text dann in hebräischen Lettern drucken, denn nur diese konnten Juden lesen.

Widerstand kam sowohl von Juden wie von Christen. Orthodoxe Rabbiner fürchteten um die Reinheit der Religion, um jüdische Identität. Christen wandten ein, es sei für Juden unmöglich, sich wie Bürger unter Bürgern zu verhalten, da ihr Glaube das verbiete. Am Sabbat dürften sie nicht schießen und könnten deshalb nicht Soldaten werden. Speisegesetze, Bestattungsriten – so vieles sondere sie ab; wie sollte ein Zusammenleben möglich sein? Auch unter Moses' Freunden wurden Zweifel laut, ob es möglich sei, ein die jüdischen Gesetze streng befolgender Jude und zugleich ein aufgeklärter Staatsbürger zu sein. Er beharrte, daß das möglich und notwendig sei: «Schicket Euch in die Sitten und die Verfassung des Landes, in welches Ihr versetzt seid; aber haltet Euch standhaft bei der Religion Eurer Väter. Tragt beider Lasten, so gut Ihr könnet!»

Ihm selbst gelang die schwierige Synthese, er war beides: ein weltoffener moderner Denker und ein gesetzestreuer Jude. Doch seine Brendel wie auch die beiden jüngeren Töchter setzte er damit Widersprüchen und Konflikten aus, die sie schwer belasten sollten.

Doch zunächst erlebte Brendel in ihrem Elternhaus, wie vielfältig und reich das Leben sich entfalten kann, wenn Menschen unabhängig davon, ob sie überhaupt an einen Gott und wenn ja, an welchen glauben, sich gegenseitig tolerieren, belehren, inspirieren und sich freundschaftlich verbinden.

Fast täglich, und zwar am späten Nachmittag, fanden sich in der Spandauer Straße 68 Freunde und Bekannte des Philosophen ein, um Tagesneuigkeiten zu erörtern, auch wichtige Bücher, Lehrmeinungen oder Neuaufführungen der Theater. Oft entstanden daraus anregende Dispute über Philosophie, das Leben und die Kunst, die der Hausherr zusammenfaßte und auf den Punkt zu bringen verstand. Dieser verwachsene, stotternde Jude, der einen jüdischen Bart und einen preußischen Zopf im Nacken trug, muß ein idealer Gastgeber gewesen sein, der die Kunst beherrschte, sich in andere Menschen zu versetzen, ihr Bestes aufzuspüren, ihre Gedanken zu ergänzen und Lücken auszufüllen, ihnen ein Gefühl für ihren Wert zu geben. Er vertraute Menschen und der sanften Gewalt der Vernunft; er war wohlwollend gegen jedermann.

An der Geselligkeit bei Mendelssohns beteiligten sich Schriftsteller, Ärzte, Philosophen und Beamte, Juden, Freigeister und Christen, weniger Besitz- als vielmehr Bildungsbürger, und diese waren es hauptsächlich, aus denen das deutsche Bürgertum entstand. Frauen waren nur am Rande, eher als Zuschauerinnen dabei. Das Gespräch war Männersache, und Frau Fromets Sache, Tee, ein wenig Naschwerk für die Herren bereitzuhalten. In der Küche stellte sie Präsentierteller mit sparsam abgezählten Mandeln und Rosinen zusammen, die man den Gästen ins Gesellschaftszimmer reichte. Schon gar nicht sie und gewiß auch nicht die Töchter werden es gewagt haben, unbefangen mitzureden. Dazu wußten sie auch nicht genug und hatten viel zuviel Respekt vor den Besuchern.

Und doch ist Brendel durch den Freundes- und Bekanntenkreis des Vaters nachhaltig beeinflußt worden. Nirgendwo anders gingen Juden und Nichtjuden so selbstverständlich miteinander um; außerhalb der aufgeklärten jüdischen Häuser kamen sie fast nur zusammen, um Geschäfte abzuwickeln. Doch bei Mendelssohns verkehrten sie so ungezwungen, als seien die Schranken, die sie trennten, längst niedergelegt worden. Auch war nicht wichtig, ob einer arm oder reich geboren und welchen Stands der Vater war. Eine solche geistige Geselligkeit unvoreingenommener, einander ebenbürtiger Bürger gab es weder in christlichen Häusern, geschweige denn bei Hof. Oft blieben Freunde und nähere Bekannte zum Abendessen da, scherzten mit den Kindern und setzten begonnene Gespräche im Familienkreis fort. Ähnlich wie im 20. Jahrhundert die Töchter Thomas Manns oder Samuel Fischers, des bedeutenden Verlegers, lernte Brendel Mendelssohn in ihrem Elternhaus von klein auf viele bedeutende Persönlichkeiten kennen und leitete daraus Maßstäbe, Ansprüche und wohl auch ihr Urteil ab.

Wer von den Hausbesuchern mag ihr besonders gefallen haben?

Lessing? Der lebte nicht mehr in Berlin, als sie geboren wurde, doch besuchte er Freund Mendelssohn gelegentlich. Dem kleinen Mädchen blieb er in Erinnerung, stürmischen Schritts den Raum durchmessend und mit dem ruhig am Tisch sitzenden Vater in ein philosophisches Gespräch vertieft.

Nicolai? Der Verleger wird ihr wohl zu nüchtern und zu eitel vorgekommen sein.

Wessely, mehr Dichter als Gelehrter, der dem Vater bei der Bibelübersetzung half, und David Friedländer, ein reicher Kaufmann und späterer Begründer der Jüdischen Schule in Berlin, haben Brendel sicherlich beeindruckt, weil beide ihrem Vater ähnlich waren; großherzig und hoch gebildet, Juden, Aufklärer, Reformer, die, was der Vater wollte, nach seinem Tod fortsetzten. Aber ob sie Brendels Herz berührten?

Das konnte eher Maimon, ein geliebter Schützling Mendelssohns. Der Vater sagte, Maimon sei ein heller Kopf, ein sehr begabter Philosoph, der sich, ähnlich wie er selbst, all sein Wissen ganz allein und unter schwierigsten Bedingungen angeeignet habe. Darum sorgte er dafür, daß Mitglieder der jüdischen Gemeinde Salomon Maimon beköstigten und unterstützten. Wenn dieser von seiner Kindheit im Litauischen erzählte, dann meinte man, selbst als ein armer Talmudschüler hungernd, wißbegierig und herumgestoßen wie einst Maimon über Land zu ziehen.

In Berlin fand Maimon einen Freund, der Mendelssohn genauso liebte und so oft besuchte wie auch er. Das war kein Jude, doch ein Mensch, der auch so hinreißend erzählen konnte. Manchmal, wenn dieser Karl Philipp Moritz zu ihm wohlgesinnten Menschen kam, fing er gleich zu schwärmen an: Was? Eine neue Uhr? Das ist ja ein ganz herrliches, ein wunderbares Stück! Ja, wer so etwas auch haben könnte! Dabei war er überhaupt nicht neidisch, sondern freute sich an schönen Gegenständen und konnte dabei so übermäßig lachen, daß mancher einen Schreck bekam. Ein andermal, bei anderen auf Besuch, setzte er sich irgendwo in eine Ecke und träumte so melancholisch, so in sich versunken vor sich hin, daß niemand ihn zu stören wagte. Manche hielten ihn für so exzentrisch, so verschroben, daß sie ihren Spott mit Moritz trieben. Dann war er verletzt und weinte.

Ansehnlich war Moritz nicht. Er hatte eine schlaksige Gestalt und ein plump wirkendes Gesicht. Doch gutmütig war er sehr. Kinder mochten sich darüber streiten, zu wem er eigentlich gehöre, zu Kindern oder zu Erwachsenen. Schließlich schreibe er doch Bücher, unterrichte Kinder und sei sehr weit herumgekommen – darum müsse er erwachsen sein, so die einen. Und doch spielte er noch wie ein Kind, baute Häuser, Türme, ganze Städte aus Papier, goß heißen Siegellack darüber und rief laut: Hilf! Hilf! Der Blitz hat eingeschlagen! Und, riefen nun die anderen Kinder, ist euch ein erwachsener Mensch bekannt, der sich darin übt, steif auf einem Bein zu stehen? Ja, auch das tat Moritz, und nun machten alle Kinder Moritz nach, stellten sich auf einem Bein steif wie Moritz hin und lachten.

War es so? Es *könnte* so gewesen sein.

Karl Philipp Moritz, zuletzt Professor für Altertumskunde, starb an der Schwindsucht schon mit siebenunddreißig Jahren. Noch heute lesen Menschen seinen autobiographisch bestimmten «Anton Reiser», einen berühmten psychologischen Roman. Stellen wir uns vor, Brendel Mendelssohn habe unter all den Menschen, die in ihrem Elternhaus verkehrten, diesen wunderlichen Mann besonders gern gemocht.

Und doch, bei allem Stolz, eine Mendelssohn zu sein, die mit Juden und mit Christen Umgang haben – es bleibt ein Gefühl des Andersseins und Nicht-dazu-Gehörens. Wenn Juden in Berlin auch nicht wie anderswo im Getto leben, so haben sie sich doch möglichst nahe beieinander in bestimmten Gegenden angesiedelt, zum Beispiel in dem Viertel, in dem die Mendelssohns ein Haus gemietet haben. Es gehört einer Tochter Veitel Ephraims (später werden sie es kaufen), und natürlich wohnen hier nur Juden: zusammen mit den Mendelssohns Fromets Stiefmutter, die Witwe Vogel Gugenheim, und Abraham Rechenmeister, wie ihn die Familie nennt, Herr Wolf, ein armer Sonderling, der die schwierigsten Rechenaufgaben im Kopf ausrechnet. Die Hauslehrer der Kinder, die zwei Bediensteten – auch sie sind Juden.

So ist es nur natürlich, daß Brendels Freundinnen ebenfalls aus ihrer jüdischen Umgebung kommen. Zum Beispiel Jeanette Ephraim, genannt Janny, eine Enkeltochter Veitel Ephraims, und vor allem Henriette Lemos, mit der Brendel bis zu ihrem Tod befreundet bleiben wird und die ihre Eltern mit fünfzehn dem Doktor Marcus Herz antrauen.

Die Gäste kommen und gehen, der engste Freundeskreis der Mendelssohns besteht aus Juden, jedenfalls solange der Vater lebt. Es sind auch Demütigungen, die verbinden.

Als Brendel ein siebenjähriges Mädchen ist, 1771, beschließt die Königliche Akademie der Wissenschaften, Moses Mendelssohn als Mitglied aufzunehmen. Doch nach vollzogener Wahl versagt Friedrich II. die Bestätigung, obwohl Mendelssohn zu den Preisträgern der Akademie gehört. Der für seine Toleranz so oft gepriesene König wendet diese schöne Eigenschaft nicht auf Juden an, jedenfalls nicht auf solche, die ihm nicht direkt von Nutzen sind. Erst nach längerem Drängen eines Franzosen hatte er schließlich einen Schutzbrief für Moses Mendelssohn gewährt und ihm damit das Wohnrecht garantiert; doch für Frau und Kinder galt der Schutzbrief nicht. Sie erhielten ihn erst nach Friedrichs Tod.

«Allhier in diesem sogenannten duldsamen Lande lebe ich gleichwohl so eingeengt, durch wahre Intoleranz so von allen Seiten beschränkt, daß ich meinen Kindern zu Liebe mich den ganzen Tag in einer Seidenfabrik einsperren muß», schreibt Mendelssohn in einem Brief. «Ich ergehe mich zuweilen des Abends mit meiner Frau und meinen Kindern. Papa! fragt die Unschuld, was ruft uns jener Bursche dort nach? Warum werfen sie mit Steinen hinter uns her? Was haben wir ihnen getan? – Ja, lieber Papa! spricht ein Anderes, sie verfolgen uns immer in den Straßen und schimpfen: Juden! Juden! Ist denn dieses so ein Schimpf bei den Leuten, ein Jude zu sein? Und was hindert dieses andere Leute? Ach! Ich schlage die Augen unter und seufze mit mir selber: Menschen! Menschen! Wohin habt ihr es endlich kommen lassen?...»

Die Speisegesetze unterscheiden sich. Während die Jüdinnen nur koscheres Fleisch, frei von Blut, gewässert und gesalzen, zubereiten und mit ihrem koscheren Haushalt viel mehr Arbeit als die Christinnen haben, braten diese unbekümmert Schweinefleisch und halten auch die Töpfe für Fleisch- und Milchspeisen nicht getrennt, wie das bei den Juden selbstverständlich ist. Doch in einem gleichen sich christliche und jüdische Küchen: Sie sind Lehrstätten der Mütter für die Töchter. Hier lernen diese, was ihre künftigen Ehemänner von ihnen erwarten werden: schmackhaft zu kochen, sparsam zu wirtschaften und mit Fleiß ein ordentliches, reinliches Haus zu führen, in dem sich die Familie wohl fühlen kann.

Von ihrer Mutter hat Brendel von klein auf hauswirtschaftliche Fähigkeiten und Tugenden gelernt: die jüngeren Geschwister hüten, flicken, nähen, handarbeiten, den Vater bedienen, auch die jüngeren Brüder, und, wo immer dieses nötig ist, zurückzustecken, selbstlos für die anderen dazusein.

Die Menschenbildung ist Sache des Familienoberhaupts, des Vaters, des «wahren Lehrers», wie Rousseau ihn nennt. Moses Mendelssohn besaß eine natürliche pädagogische Begabung und hatte Freude daran, bei jüngeren Menschen Verstandeskraft und Phantasie zu wecken, belehrend auf sie einzuwirken. «Melden Sie mir doch, liebste Fromet!», bat der Bräutigam die Braut, «Womit Sie sich gegenwärtig beschäftigen, was Sie im Deutschen lesen? Haben Sie sich Rousseau seine Briefe... holen lassen?... Ich werde Ihnen nächstens andere nützliche Schriften zu lesen schicken...» In seiner Jugend hatte er die Kinder des Seidenfabrikanten Bernhard unterrichtet. Selber nun Familienvater, beriet er Freunde und Bekannte in Erziehungsfragen, korrespondierte mit den angesehensten Pädagogen seiner Zeit und unterrichtete neben seinen Kindern auch andere Schüler. Manchmal erzählte er von seiner eigenen Kindheit. Wie er als Sohn eines armen Thoraschreibers vierzehnjährig allein von Dessau nach Berlin gekommen war, in einer winzigen Mansarde für das Nötigste zum Leben hebräische Texte kopieren mußte und wann immer möglich über Büchern saß: hungernd, übermüdet, von Ausweisung bedroht, doch zugleich verzückt vom Lernen, belebt durch fremde Sprachen, berauscht von Wissenschaft. Sieben Jahre hatte Moses Mendelssohn das durchgehalten. Die Kinder sollten es mal leichter haben.

«Ihr Vater liebte meine Freundin vorzugsweise und bildete sie selbst», berichtet Henriette Herz. Zunächst war auch nur Brendel da, die er bilden konnte, und man kann sich vorstellen, welche Freude es dem Vater machte, ein eigenes, aufgewecktes Kind zu unterrichten – soweit ihm das bei seiner angegriffenen Gesundheit möglich war.

Brendels religiöse Erziehung wird sich beschränkt haben auf die für Kinder faßlichen Geschichten aus der Bibel, das Erlernen hebräischer Gebete und frommer Lieder, das Einprägen der Gebote und Ritualvorschriften; denn jüdische Frauen und Mädchen sind, um ihren Haushaltspflichten zu genügen, vom Studium des Talmud befreit. Auch war dem Vater sicherlich daran gelegen, die jüdische Tradition auf eine Weise zu vermitteln, die dem aufklärerischen Geist der Zeit nicht widersprach, Wohltätigkeit zu üben, Gutes zu tun, mit humanistischen Idealen zu verbinden. Als junge Ehefrau hat Brendel ihrer damals dreizehnjährigen Schwester Henriette einen Brief geschrieben, aus dem recht deutlich wird, welche religiös-moralischen Prinzipien der Vater ihr, der Ältesten, vermittelt hat:

«... beschäftige Dich nützlich, lerne so viel Du kannst, sei Nothleidenden behülflich so viel Du vermagst, mit Rath, Trost, oder Geld, höre nie auf Dich selbst zu vervolkomen, bessere beständig, und werde nicht müde Fehler die Du an Dir bemerkst aus zu rotten, glaub mir, der einzige Weg zur Glükseeligkeit ist immer besser werden...»

Doch wissen wir über die Erziehung Brendels ungleich weniger als über die des erstgeborenen Sohnes. Joseph erhielt beim Vater Bibelstunden, dessen Freunde lehrten ihn Latein, hebräische Grammatik, deutschen Stil; Hauslehrer wurden engagiert. Gelehrsamkeit sollte den Sohn auszeichnen, nicht die Tochter.

«Gelehrt werden? Dafür behüte Sie Gott! Eine mäßige Lectür kleidet dem Frauenzimmer, aber keine Gelehrsamkeit. Ein Mädchen, das sich die Augen rot gelesen, verdient ausgelacht zu werden», schrieb Mendelssohn an seine Braut. Solche und ähnliche Warnungen wurden damals allenthalben ausgesprochen. Man liest sie in Väterbriefen an die Töchter, in Ermahnungen von Ehemännern, Almanachen und Traktaten. Überall der gleiche Tenor: Zuviel Belesenheit schade den Frauenzimmern, bringe sie bei Männern in Verruf. Frauenzimmer sollten nach Mendelssohns Meinung so wie eine ihm bekannte Madame Gutsche sein: klug im Sinn von common sense, artig und bescheiden, nicht zuviel reden und wenn, dann, bitte sehr, Vernünftiges.

Es ist deshalb unwahrscheinlich, daß Brendel, wie Biographen der Familie schreiben, regelmäßig an jenen philosophisch-religiösen Vorlesungen des Vaters teilgenommen hat, die dieser in seinen letzten Lebensjahren jeweils in den frühen Morgenstunden für Joseph, Simon Veit, seinen Schwiegersohn, und ein, zwei Schüler hielt. Vielleicht haben Brendel und ihre Schwester Recha ab und an mal zugehört, doch muß dem Vater ferngelegen haben, sie gründlich philosophisch auszubilden.

Überall, wohin er blickt, ringsum in jener aufgeklärten Welt, die ihn umgibt, findet Moses Mendelssohn Bestätigung für seine eigenen Überlegungen, wie Kinder zu erziehen seien. Er sowie alle mit ihm befreundeten Pädagogen fühlen sich als Schüler Jean-Jacques Rousseaus, der das pädagogische Hauptwerk jener Zeit, «Emil oder Über die Erziehung», geschrieben hat.

Alle diese Herren sind sich darin einig, daß der Vorrang der Erziehung Knaben gelten müsse; einmal, weil sie von Natur aus Mädchen überlegen und mit höheren körperlichen und geistigen Gaben ausgestattet seien: stärkerer Muskelkraft und strafferen Nerven, Mut, Kühnheit, Unternehmensgeist und einem ungleich schärferen Verstand. Zum zweiten, weil ihnen aufgrund ihrer naturgegebenen Überlegenheit auch die erste Rolle überall zufalle. Selbstverständlich sei der Mann das Oberhaupt in der Familie, die Frau hingegen seine folgsame Gefährtin. Dem entspreche eine naturgegebene, gottgewollte Arbeitsteilung der Geschlechter; der Mann: zuständig für das öffentliche Leben, Beruf, Gesellschaft, Politik; die Frau für das Private, Mutterschaft und Hauswirtschaft. «Die ganze Erziehung der Frauen muß ... auf die Männer Bezug nehmen», heißt es im «Emil». «Ihnen gefallen und nützlich sein, ihnen liebens- und achtenswert sein, sie in der Jugend erziehen und im Alter umsorgen, sie beraten, trösten und ihnen das Leben angenehm machen und versüßen: das sind zu allen Zeiten die Pflichten der Frau, das müßen sie von ihrer Kindheit an lernen.»

Die Frau: das Dummerchen, dem höhere Schulen verschlossen bleiben, nicht viel mehr als eine Magd? Nein, die Pädagogen der Aufklärung waren überzeugt, daß Ehefrauen ihre Ehemänner nur dann umhegend beglücken könnten, wenn sie auch ihren Gedanken folgen und an ihren Sorgen Anteil nehmen könnten; daß nur jene Frauen gute Mütter seien, die die Fähigkeit besäßen, ihre Kinder gründlich und zu tugendhaften Menschen zu erziehen. Schöngeister, gelehrte Frauen wollten deutsche Bildungsbürger weder in den Betten noch für ihren Seelenhaushalt haben, wohl aber Gattinnen, mit denen man zu Hause plaudern und sich in Gesellschaft sehen lassen konnte. «Für einen Mann von Bildung», befahl Rousseau, «schickt es sich nicht, eine Frau ohne Bildung zu heiraten...» Und so, auf dem Weg über das neue Frauenideal der Bürger, fanden Bürgertöchter des 18. Jahrhunderts, besonders einige jüdische, zu jenem aufgeklärten Denken, das ihnen half, sich aus der Welt, die andere ihnen zugewiesen hatten, zu befreien und das zu tun, was sie für richtig hielten. Zu ihnen gehörte Brendel Mendelssohn.

Die Eltern erziehen ihre Älteste zu jenem Höheren-Töchter-Dasein, das bis ins 20. Jahrhundert als Lebensform von Bürgermädchen galt. Sie sorgen für Klavier-, Zeichen- und Französischunterricht, und die musikalisch begabte Brendel spielt bald der Familie Menuette vor, paukt Vokabeln, übersetzt – sie wird mal davon leben müssen, doch das ahnt sie zu der Zeit noch nicht. Besonderen Wert legt der Vater auf korrekte gesellschaftliche Umgangsformen und lehrt seine Tochter, Fremde stets mit der genauen Nennung ihres Titels anzusprechen. Das wahrt den Abstand und fordert den anderen seinerseits zur Höflichkeit heraus. Nur wer die Umgangsformen beherrscht, wird sich in der erstrebten christlich-jüdischen Gesellschaft frei und souverän bewegen können. Brendel bringt es zu großer Perfektion darin.

Doch vor jeder anderen Fertigkeit soll sie die seltene Kunst erlernen, reines und gepflegtes Deutsch zu sprechen. Wer kann das schon in Preußen? Der König nicht und auch nicht Louis Ferdinand, sein Neffe; bei Hofe hält man französische Erzieher. Im Berliner Kadettenkorps gibt es pommersche Junker, die weder lesen noch schreiben können. Lessings Eltern fanden, es genüge, wenn die Söhne richtiges Deutsch beherrschten; die Schwester spricht es miserabel. Von den Juden schreiben noch viele in hebräischen Lettern und sprechen Judendeutsch. Auch Fromet ist es vertrauter als das Hochdeutsche, und sicherlich fällt sie im Umgang mit den Kindern oft ins Jiddische zurück. Dies vertrackte Hochdeutsch! Wohin gehört der Akkusativ? Wann soll der Dativ herrschen? Es dauert Jahrzehnte, bis Brendel das begreift. Noch als junge Ehefrau schreibt sie einem Bekannten: «Empfelen Sie mich dem Profeßor Oeser, seiner ehrwürdigen Gattin, die beiden Töchter, das Enkel, erinnern Sie alle diese Menschen an den beiden Weibern aus Berlin.»

Brendels Kinderleben teilt sich in zwei Hälften. Die kattunene Schürze um den Leib geschlungen, hilft sie der Mutter beim Gemüseputzen, Fleischbrühe abschäumen, gefilte Fisch zu kochen, hütet ihre jüngeren Geschwister. Befreit von allen Pflichten, flüchtet sie zu Sennebuben auf die Alm oder auf Robinson Crusoes Südseeinsel, verliert sich in Geschichten, Lehrgedichten, Liedern, die moderne Pädagogen eigens für «die zarte Jugend» ausgewählt und herausgegeben haben. Kinder- und Jugendbücher – so etwas war ganz neu. Und nie zuvor hatten jüdische Kinder Nichtjüdisches, Deutschgeschriebenes lesen können. Dem Kind der Aufklärung erschloß sich eine neue Welt. Es dauerte nicht lange, und mit Feuereifer stürzt sich Brendel auf die Literatur. Dem Vater kann nur recht sein, daß die Tochter so viel liest. Das ist doch, was er will: die Gettomauern durchbrechen, den Juden deutsche und europäische Kultur erschließen. Die Dichter, meint er, seien berufen, den Sinn für Schönheit und das Mitleid wachzurufen, und in der Dichtkunst will Mendelssohn die erste Schule der Tugend und der Weisheit sehen.

Einmal in der Woche treffen sich Freunde der Familie – das junge Ehepaar Herz, Karl Philipp Moritz und auch die beiden Brüder Humboldt sind dabei – bei den Mendelssohns zu einem Leseabend, an dem gewiß auch Brendel und später die Geschwister teilgenommen haben. Mit besonderem Vergnügen liest man Theaterstücke mit verteilten Rollen. Lessings dem Herrn Moses nachempfundener «Nathan» steht jährlich neu auf dem Programm, und jedem, der es miterlebt, bleibt unvergeßlich, wie vortrefflich Moritz den Tempelherrn liest.

Brendels Lektüre läßt sich nur ahnen. Claudius mag sie gern, das ist bekannt. Klopstock gehört zum Bildungsgut. Goldsmiths «Der Landpfarrer von Wakefield», Fieldings «Tom Jones» sowie Rousseaus berühmter Briefroman «Julie oder Die neue

Heloise» gehen von Hand zu Hand. Ein Lieblingsautor vieler Damen ist Lawrence Sterne. Hat sich Brendel in dem heillosen Durcheinander seines neunbändigen «Tristram Shandy» überhaupt zurechtgefunden, oder war ihr lieber, Sterne auf seiner empfindsamen Reise durch Frankreich und Italien zu begleiten, deren Beschreibung den Autor so berühmt in Deutschland machte?

«Keine von uns, die nicht damals für irgendeinen Helden oder eine Heldin aus den Romanen der Zeit schwärmte», berichtet Henriette Herz, «und obenan stand darin die geistreiche, mit feuriger Einbildungskraft begabte Tochter Mendelssohns...»

Im Herbst 1774 erscheint, gebunden in zwei schmale Bändchen, Goethes «Werther». Wie so viele andere junge Menschen geraten auch Brendel und ihre Freundinnen, sobald sie den Roman gelesen haben, ins Schwärmen. Bei der Erinnerung an einen Kuß Tränen der Glückseligkeit vergießen, in Ohnmacht fallen bei einem Wiedersehen, aus Liebeskummer aus der Welt zu scheiden – ach, dieser Dichter weiß, wovon die Eltern keine Ahnung haben – Leben, Liebe, Leidenschaft: Brendel fühlt so wie der junge Werther.

Eine ihrer Freundinnen, Sarah Meyer, berichtet später Goethe, wie sie den «Werther» von einem hübschen Kaufmannssohn aus Hamburg als Geschenk erhielt und ihn nach der Lektüre «mit 1000 unterstrichenen Stellen und einem sehr glühenden Billett zurück» an diesen senden wollte. Doch der Vater fing die Sendung ab, sperrte seine Tochter ein und rief Herrn Mendelssohn zu Hilfe, der Sarah die Leviten las und den «Werther» aus dem Fenster warf. Ungefähr zur gleichen Zeit, da Goethe seinen Roman entwarf, beschrieb Mendelssohn, in welchem Ausmaß der Selbstmord das göttliche Gebot verletze. Der Sterbliche, heißt es im «Phaedon», habe weder Fug noch Recht, den Erhaltungskräften der Natur zu trotzen. Und nun erdreistete sich einer dieser sentimentalen Dichter, Selbstmord als Heldentat zu feiern! Moralisch gesehen war das Sittenlosigkeit; literarisch betrachtet schlug Herrn Mendelssohn da ein Gefühlsüberschwang entgegen, der den Verkünder der Vernunft befremdete. Und so etwas gefiel den Mädchen?

Brendel und ihre Freundinnen blieben unbeirrt; sie warfen ihren Eltern heimlich vor, nichts von großen erhabenen Gefühlen zu verstehen. Zwischen der vernunftbestimmten Welt der Väter und der gefühlsbestimmten ihrer Helden entschieden sie sich für die «wahre Welt» – die Welt der Sternes und Goethes. Dort empfanden die Menschen wie sie selbst: ungestüm und leidenschaftlich, ihre Stimmungen wechselten wie die der Mädchen. Es waren keine Juden; lag es auch daran, fragten sich die Mädchen, daß sie so viel freier lebten?

Die Eltern verwiesen auf die jüdischen Gebote, sprachen vom unbedingten Gehorsam, den die Kinder schuldig seien. Doch in den Romanen, zum Beispiel in Sophie La Roches «Fräulein von Sternheim», lasen die Mädchen, wie standhaft die Heldinnen sich unbilligen Autoritätsansprüchen widersetzten und lieber Leiden auf sich nahmen, als sich zu unterwerfen.

Brendels halbes Leben wird bestimmt von jenen Gegensätzen und Konflikten, die in ihrer Jugendzeit entstehen. Gegen ihre Väter wagen sich die jungen Jüdinnen nicht offen aufzulehnen, eher schon gegen die Mütter, diese strengen Traditionsbewahrerinnen. Den Müttern bedeuten die Söhne mehr als ihre Töchter, und die Töchter spüren das. Ihren Müttern hingegen mißfällt die laxe Auffassung religiöser Traditionen bei den Töchtern, ihr aufmüpfiges Betragen, diese Herablassung, mit der sie über einen Rabbiner, diese Arroganz, mit der sie über einen tüchtigen Juden sprechen, dessen Zeit zu kostbar für unnütze Romane ist.

Der Konflikt zwischen Brendel und ihrer Mutter ist früh angelegt. Die Nachricht von ihrem Tod im März des Jahres 1812 flicht die Tochter in einen Brief an ihren Schwager zwischen Informationen über Buchauktionen, Zeitschriftenhonorare und ihr Bedauern über Kränklichkeiten der Madame de Staël. Ich muß «befürchten, daß sie unzufrieden mit mir gestorben ist».

WIE ENG ICH IN MEINEM HÄUSLICHEN KREIS ZUSAMMENGEDRÄNGT WERDE

Die Ehefrau des Simon Veit

In einer unglücklichen Ehe hat
der Schmerz eine Kraft, die alle
übrigen Leiden dieser Welt übertrifft.
Germaine de Staël

Liebt oder leidet, lacht oder weint sie? Ist Brendel Veit mit ihrem Simon glücklich oder nicht?

Die Zeugen widersprechen sich.

Glücklich sei sie, sagt der Vater und teilt die frohe Botschaft bald nach der Hochzeit dem Familienfreund Herz Homberg mit. Die Freundin widerspricht: «Nicht glücklich», und Henriette Herz nennt auch den Grund: Moses Mendelssohn habe seine Tochter wenn auch nicht direkt gezwungen, so doch überredet, einem ungeliebten Mann zu folgen. Der Freund bestätigt: «Unbeschreiblich unglücklich» habe er die Veit getroffen. Sie erinnere ihn an eine schöne Blüte, schreibt Wilhelm von Humboldt seiner Braut, die mutwillig zerstört worden sei. Sie dauere ihn, weil ihr das Unglück «so eine Härte der Verzweiflung» gebe.

Aber die Eheleute gehen doch einträchtig und freundlich miteinander um, sie zeugen Kinder, fahren zusammen in die Sommerfrische, und manchmal begleitet Brendel ihren Mann, wenn er geschäftlich unterwegs sein muß. Sieht so eine schlechte Ehe aus?

Auf den Schein darf man nichts geben. Die bürgerliche Etikette läßt die Offenbarung menschlicher Tragödien nicht zu. Sittenrichter des aufgeklärten Bürgertums verfügen: Verheimlichen, was «nicht in Ordnung» ist, Uneinigkeit verbergen, Unglück nicht ruchbar werden lassen, Contenance bewahren!

Siebzehn Jahre dauerte die Ehe, und von Scheidung wurde erst am Schluß gesprochen. Wie bewahrt man siebzehn Jahre Contenance? Und der Ehemann? Läßt er sich täuschen, oder täuscht auch er Zufriedenheit nur vor? Was für ein Mensch ist dieser Simon Veit?

Wieder widersprechen sich die Zeugen.

Der junge Humboldt nennt ihn hart und weibisch, hohl und platt, ringt nach Worten, seinen Abscheu auszudrücken. Die Herz teilt mit, wie unansehnlich Veit gewesen sei, mokiert sich über die «begrenzte Bildung», «jüdische Manieren». Nur Mendelssohn spricht liebevoll von seinem Schwiegersohn, und als fehlten auch ihm Worte – nein, nicht seinen Abscheu, vielmehr seine Anerkennung auszudrücken –, nennt er ihn «Brendels unvergleichlichen Veit». Zärtlichkeit und väterlicher Stolz schwingen darin mit und eine erschreckende Gewißheit, dieses sei der rechte Mann für sie. Oder soll die Übertreibung Zweifel überdecken?

Was sagt Brendel über Veit? Sie schweigt, läßt Henriette und den Wilhelm reden, später ergeht sie sich in hochmütigen Klagen und schimpft mit bitterer Verachtung. Am Ende seines Lebens nennt sie Veit den «wahren, hochgeehrten Freund» und bittet ihn, ihr zu verzeihen.

Eine Ehe – geschlossen, gebrochen, gescheitert, geschieden – wie ging das zu? Gibt es Schuldige? Und wenn ja, wen trifft die Schuld?

Seit Urgedenken war es üblich, daß Ehen vermittelt und durch väterliche Vereinbarungen zustande kamen, die Geschäftsabschlüssen glichen. Doch als Brendel noch ein Kind war, kam Widerspruch dagegen auf. Es widersprachen: ein alter Mann, nicht mehr weit entfernt vom Sterben, und jungverliebte Paare, die gerade erst zu leben begannen; es widersprachen sowohl Jean-Jacques Rousseau, der aus unserer Sicht im Blick auf Frauen ein altmodischer Patron gewesen ist, wie auch leidenschaftliche, mutige junge Frauen, begeistert unterstützt von empfindsamen Poeten, beargwöhnt von besorgten Vätern, beanstandet von Müttern und Tanten sowie anderen Anverwandten und bekämpft von den Pastoren.

Ausgerechnet Rousseau, mit dem sich Moses Mendelssohn und andere Väter in so vielem im Blick auf ihre Töchter einig waren, erklärte im «Emil»: «Bei Ehen, die durch die Väter geschlossen werden... verheiratet [man] nicht Menschen, sondern Stände und Vermögen... all das kann sich ändern.» Aber wie?

«Die Eheleute müssen einander selbst wählen», hieß es bei Rousseau, und ihre Augen sowie ihre Herzen müßten dabei ihre ersten Führer sein. Ja, riefen die begeisterten Verliebten, nicht Geld und Rang soll über unseren Bund entscheiden, sondern einzig und allein die Liebe.

Aber die Liebe kommt doch mit der Ehe, erwiderten die Alten. Die Ehe ist die Voraussetzung der Liebe, jedenfalls der dauerhaften. Doch die Jungen riefen, künftig solle das Umgekehrte gelten: Die Liebe solle die wichtigste Voraussetzung der Ehe sein.

Entsetzt über diesen Geist des Aufruhrs, der Revolte, wiesen die Alten auf die Überlieferung hin. Schließlich sei die Ehe nicht um ihrer selbst willen, nicht etwa zum Vergnügen da, sondern habe dem Wohl der Familie, der Erhaltung des Geschlechts, des Stamms, der Sippe, schließlich der Nation zu dienen. «Seid fruchtbar und mehret euch!» Sie schlugen ihre Bibeln auf und wiesen auf die Stelle, wo dies geschrieben steht. Das verschüchterte die Jungen; doch einige Mädchen hielten noch immer nicht den Mund. Zwar bekamen sie ein bißchen Angst vor ihrer eigenen Courage und flüsterten nur noch, doch wer hören wollte, der verstand: Die Mädchen forderten ihr Recht auf Glück. Das galt als eine solche Blasphemie, daß die Alten überzeugt waren, sich verhört zu haben. Es erschreckte auch Rousseau. So hatte er es nicht gemeint.

Moses Mendelssohn mußte sich entscheiden. Wollte er, wenn es um die Zukunft seiner Tochter ging, die Konvention durchbrechen oder Traditionen bewahren? Die Formel «moderner Denker und gesetzestreuer Jude» ging in diesem Fall nicht auf.

Die Religion gebot ihm, den Mann der Tochter zu bestimmen. Aber taten das nicht auch die Christen? Kein Jude sonderte sich ab, wenn er dieser Pflicht nachkam. Also sah sich Mendelssohn nach einem Ehemann für Brendel um. Doch sollte sich das ausgewählte Paar genügend lange kennen und zu nichts gezwungen werden – dies war der Tribut an die Moderne.

Auch auf Neigung legte der aufgeklärte Vater Wert. «Eine Parthie, die nicht Eigennutz zu Grunde haben soll, muß aus Neigung entstehn», schrieb er an Herz Homberg. Als Beispiel konnte ihm die eigene Ehe gelten. Auch er hatte seine Braut durch die Vermittlung anderer gefunden: Sein Mentor, Dr. Gumpertz, und sein Prinzipal, Herr Bernhard, hatten die Idee gehabt. Auch er hatte zuerst das Ja des Vaters eingeholt und mit ihm langwierige Verhandlungen geführt. Aber all das schloß nicht aus, daß er und seine Frau sich liebten! Warum sollte es bei Veit und Brendel anders sein? Mendelssohn war überzeugt, den rechten Mann für seine Älteste gefunden zu haben, und er war stolz auf diese Wahl.

Für Veit sprach die Familie. Der Name hatte unter den Juden einen guten Klang, denn unter den sieben jüdischen Familien, die, angeworben vom Großen Kurfürsten, im 17. Jahrhundert von Wien nach Berlin gekommen waren, befand sich auch die des angesehenen und reichen Baruch Veit. Auch Simons Großväter hatten es weit gebracht; der väterlicherseits als Kurhessischer Landrabbiner in Witzenhausen, der mütterlicherseits als Gründer der ersten Samtfabrik in Preußen. Der Fabrikherr hatte durch seine guten Beziehungen zum Hof durchgesetzt, daß nicht nur Simons Vater, sondern auch dessen Kinder, Simon und die vier Geschwister, den Schutzbrief für Berlin erhielten. Ein Schwiegersohn mit einem Schutzbrief – davon träumte jeder jüdische Familienvater, der nach einem Eidam Umschau hielt.

Für Veit sprach auch der gegenseitige Nutzen, den die Mendelssohns und Veits aus der Verbindung zogen. Als Baumwollfabrikant und -händler führte Juda Veit mit seinen fünf Söhnen ein aufstrebendes, vielversprechendes Geschäft. Sie hatten sogar eine Bank gegründet. Die Tochter des berühmten Philosophen als Schwiegertochter, Gattin, Schwägerin – das schmückte, und es förderte Ruf und Ansehen der Veits.

Den Mendelssohns hingegen, um Sicherheit für ihre Älteste bedacht, lag viel daran, Brendel gut versorgt zu wissen. Sie waren ja nicht reich und konnten der Tochter nur eine geringe Mitgift geben. Und mit der Heirat stieg Brendel in die jüdische Oberschicht der Hauptstadt auf; das schmeichelte dem Philosophen. Dabei ließ sich Simon Veit zu dieser Heirat nicht großmütig herab, wie es vielleicht ein anderer getan hätte. Beide Familien begegneten sich von gleich zu gleich, und das tat ihrem Stolz sehr wohl. Die Väter kannten sich aus dem Vorstand der jüdischen Gemeinde; man schätzte sich. Bei den Vorstandszusammenkünften mag auch der Eheplan entstanden sein.

Für Veit sprach schließlich sein Charakter. Ehrenhaft, untadelig, tüchtig – solche Attribute mögen Mendelssohn im Sinn gewesen sein, wenn er an Brendels Gatten dachte. Der junge Veit stellte sich rechtschaffen und von edler Gesinnung dar, ihm konnte man die Tochter anvertrauen. Auch drückte sein Verhalten fast andächtige Verehrung aus. Rührend strebte er danach, Brendels Wissen nachzueifern, ihrer Intelligenz gerecht zu werden, sich all das anzueignen, was ihr und ihrem Vater wichtig war. Um seine Kenntnis fremder Sprachen zu verbessern, nahm er Englisch- und Französischunterricht. Zusammen mit Joseph,

Brendels Bruder, besuchte er die Mendelssohnschen Morgenstunden. Obgleich ihn manchmal der Schlaf zu überwältigen drohte, nahm er auch an Vorleseabenden und Liebhaberaufführungen teil – Brendel zuliebe. Für Mendelssohn erfüllte er die entscheidenden Voraussetzungen eines guten Ehemannes: Er kam aus einer angesehenen jüdischen Familie, besaß eine angemessene soziale Position sowie genügend Geld, um Frau und Kinder zu ernähren, und er galt als tugendhafter Mann. Vierzehnjährig wurde Brendel mit dem zehn Jahre älteren Simon Veit verlobt.

Neigung «lässt sich aber nicht voraussetzen... weiß nichts von Tradition oder Köhlerglauben, kennt nur Evidenz der Sinne und übrigens keine Versicherung...; wie ein neckisches, launiges Mädchen ist sie gerade da, wo Ihr sie am wenigsten vermuthet, und läßt Euch vergebens warten, wo Ihr auf sie Rechnung gemacht habt.» Der weise Mendelssohn! Theoretisch wußte er genau, wie unberechenbar Gefühle sind; poetisch hat er es beschrieben. Doch Selbstgerechtigkeit hinderte ihn zu erkennen, daß in diesem Fall Warten ganz vergebens war: Brendel liebte Simon nicht.

Das Mädchen hatte sicherlich das Idealbild eines Mannes vor Augen, das dem Vater ähnlich war. Es war absurd, den jungen Veit daran zu messen. Da hätte schon ein anderer kommen müssen: einer dieser Helden, die aus Romanen in die Träume steigen, oder ein wahrhaftiger Dichter, dessen Verse man im Brustausschnitt bewahrt. Veit sprach Judendeutsch und schmatzte sicherlich. Verse schrieb er nicht.

In Büchern, die das Mädchen liebte, erklärten Kavaliere ihren Bräuten eindrucksvoll das Leben und die Welt. Was konnte Veit erklären? Wie Kattun verkauft und Cochenille gehandelt wird. Sie wußte von den neuesten Romanen, kannte Klopstocks Oden, Gleims Gedichte und war bewandert in den Werken Lessings, Sternes und anderer. Er hingegen wußte, wie man von Plauen Musselin und von Lauban Leinwande debitierte. Das interessierte Brendel nicht. Sie träumte von der Gemeinschaft schöner Seelen und der großen Liebe. Er träumte von den Preisen für Cresette und Charge de Rome. Er wirkte wie ein Durchschnittsmensch, und sie haßte Durchschnittsmenschen. Sie wollte aufsehen und bewundern können.

Hätte das Mädchen sich nachdrücklich gewehrt, vielleicht hätten seine Eltern einen Weg gefunden, die Ehe abzuwenden. Aber das Mädchen wehrt sich nicht. Der verehrte große Vater hatte die Verlobung arrangiert, sollte die Vierzehnjährige ihn des Irrtums zeihen, einen Streit riskieren, in dem sie unterliegen mußte? Herzliche Vertraulichkeit, kindlich-unbefangene Offenheit – so etwas gab es damals nicht. Brendel, weinend an der Brust des Vaters, die Arme fest um seinen Hals geschlungen und von ihren Nöten redend – der Vater, erschrocken, nachgebend, verständnisvoll – ein solches Bild paßt schlecht in unsere Vorstellung von jüdischem Familienleben zur Zeit des Moses Mendelssohn.

Doch fragt man sich natürlich, ob die Eltern in den fünf Verlobungsjahren niemals merkten, daß ihre Älteste nicht glücklich war. Waren sie so schlechte Psychologen? Oder merkten sie es doch und dachten, dem Mädchen würden irgendwelche Flausen nach der Heirat schon vergehen? Wahrscheinlich waren ihnen Elternrecht und kindliche Gehorsamspflicht so selbstverständlich, daß ihnen gar nicht der Gedanke kam, sie könnten falsch gehandelt haben. *Ihnen* gefiel der Mann. *Sie* mochten Veit.

Rührte daher die frühe Ergebenheit der Tochter? Sah sie keinen anderen Weg? Einen eigenen Lebensplan besaß sie nicht. Sich selber einen Mann zu wählen – in einer jüdischen Familie erschien das immer noch undenkbar. Kein Mädchen, das sie kannte, hatte das getan. Es war auch gar keiner zum Wählen da. Ledig bleiben? – Nein, dann lieber Veit. «Wer nicht verheiratet ist, heißt kein voller Mensch», sagt der Talmud. Vermutlich fürchtete sich die Braut und freute sich zugleich, bald Ehefrau zu sein: weg von zu Hause, der Bevormundung entronnen, eigene Kinder und ein eigenes Heim zu haben, eigenes Wirtschaftsgeld und eigene Zeit, vielleicht gar eine eigene Opernloge, selbst ausgesuchte Kleider, Hüte, Preziosen. Wer weiß – ein freieres Leben. Was wußte Brendel schon?

Die Trauung wurde auf den 30. April des Jahres 1783 festgesetzt. Die Braut mit ihren fast neunzehn Jahren war ungefähr so alt wie Pessel Zülz bei ihrer Heirat, und auch Sarah Itzig und Rebecca Solomon, andere jüdische Töchter in Berlin, waren um die zwanzig, als sie Hochzeit machten. In diesem Alter sollte eine Jüdin unter der Haube sein. Dabei war die Brautmutter gerade erst von Nathan, ihrem jüngsten Sohn, entbunden worden. Doch manchmal kamen Mütter sogar zusammen mit den Töchtern nieder.

Der Brautvater hatte für die Hochzeit vorgesorgt. Um «einander die Last und schweren Ausgaben bei der Ausstattung und Verheiratung der Töchter zu erleichtern», hatte er schon vor Jahren, nach der Geburt der dritten Tochter, innerhalb der jüdischen Gemeinde eine Heiratsgesellschaft mitbegründet. Jetzt profitierte er davon. Immer dann, wenn ein Mitglied eine Tochter «ausgab», hatten alle anderen, die dazugehörten, ungefähr dreihundert Männer, «nicht weniger als sechszehn Groschen und nicht mehr als einen Reichstaler» zu zahlen. So sammelten sich für den «Auszugebenden» zweihundert Taler an. Damit bezahlte er die fälligen Steuern, die Ausstattung der Braut sowie das Hochzeitsmahl, und manchmal blieb auch noch ein Zuschuß für die Mitgift übrig.

Das Geld war da, das Hochzeitsfest begann. Wenn alles so vonstatten ging, wie es üblich war, saß die Braut am Hochzeitsmorgen auf ihrem mit Blumen geschmückten Platz im Hochzeitszimmer. Man verhüllte ihren Kopf mit einem Schleier; erst später, während der Trauungszeremonie, durfte er zurückgeschlagen werden. Der Rabbiner reichte den Weinkelch, aus dem sie und Simon tranken, sprach die Segenssprüche, verlas den Ehevertrag, die Kettuba. Dann hörte Brendel, wie Simon im vorgeschriebenen Hebräisch die Trauungsformel sprach, und sie spürte, wie er den Ring an ihren Finger steckte. Damit waren sie Mann und Frau.

Religion und bürgerliches Selbstverständnis wiesen Simon eine überlegene Stellung, die Rolle des Gebieters in der Ehe zu. Doch die überlegene Persönlichkeit war seine Frau. Dieser Widersinn war ihr bewußt. «In einer schönen Ehe ist es notwendig», schrieb sie einmal in ihr Tagebuch, «daß die Frau gerade so viel Verstand besitze, um den des Mannes zu verstehen; was darüber ist, ist von Übel.» Die behauptete naturgegebene Überlegenheit des Mannes zweifelte sie nicht an. Sie verübelte Veit nur, daß er nicht überlegen war. Sie achtete ihn nicht.

Offen zutage lag ein anderer Widerspruch, verkörpert in der Gestalt des Moses Mendelssohn. Als Aufklärer predigte er Freiheit und Selbstverwirklichung des Menschen. Als frommer Jude verwehrte er seiner Tochter dieses Recht, meinte selbstherrlich entscheiden zu können, welcher Mann für sie der richtige und beste sei. Der Aufklärer unterlag dem Patriarchen. Den Patriarchen trifft am Unglück seiner Tochter ein gerüttelt Maß an Schuld.

In dieser Ehe hat sie den unglückseligen und er den undankbaren Part. In gewisser Weise hat auch Veit ein weibliches Geschick, denn er ist eine Zweitfigur: der Gatte seiner Frau, der Schwiegersohn des Schwiegervaters, der Vater seiner Söhne – abgeleitet erscheint ein solches Leben. Abgeleitet wird auch sein Charakter. Die Nachwelt übernimmt Urteile und Vorurteile seiner Frau. Verwirft sie ihn, verwirft ihn auch die Nachwelt, verzeiht sie ihm, verzeiht ihm auch die Nachwelt. Es ist schwer, dem Mann gerecht zu werden; man weiß so wenig über ihn. Ein paar Briefe an die Söhne sind bekannt, auch ein Gedicht, auf seinen Tod verfaßt – der Nachlaß ist nicht auffindbar, ein Teil ist wohl im Zweiten Weltkrieg bei einem Luftangriff auf Köln in der Wohnung eines Nachfahren verbrannt.

Wie er sich in dieser Ehe auch gefühlt haben mag – Simon hatte die Geschäfte, den Beruf. Zur Zeit der Eheschließung gehörte er zur Leitung des Bankgeschäfts «Gebrüder Veit», in dem der ältere und bedeutendere Bruder Salomon den Ton angab, der später der erste Jude im Berliner Abgeordnetenhaus war. Banken im heutigen Sinn gab es noch nicht. Die etwa zehn Bankiers der Hauptstadt waren zugleich Kaufleute oder Fabrikanten und wickelten ihre Bankgeschäfte in ihren Produktionsstätten oder Handlungen ab. Freilich, sich Bankier zu nennen bedeutete, die höchste Stufe der Kaufmannschaft erreicht zu haben. Es bedeutete, Barkapital zu besitzen oder auftreiben zu können, Geld zu verleihen, die Gründung von Fabriken zur Herstellung von Gewehren, Munition und Militärtuch, von Seide und anderen vom Staat für nützlich und notwendig gehaltenen Produktionen mitzufinanzieren. Auch Münzpächter wie Itzig, Isaak und einige andere nannten sich Bankiers, doch damit hatten die Veits nichts zu tun. Sie handelten mit Farbstoffen wie Indigo und Cochenille, und da Juden der Handel mit Wolle und Wollprodukten verboten war, verkauften sie Weißwaren, unbedruckte, gebleichte Stoffe aus Baumwolle und Leinen. Eine Vorstellung von ihren Geschäften vermittelt eine alte Dresdner Akte:

Derzufolge hat Fromet Mendelssohn 1788 unter Berufung auf die früher gewährte Befreiung ihres Mannes von sonst Juden auferlegten Leib-Zöllen und Steuern bei den sächsischen Behörden um einen Freipaß nachgesucht, der nun auch ihren Schwiegersohn und dessen Ehefrau, Salomon Veit und drei jüdische Bediente von allen für Juden festgelegten Abgaben befreien sollte. Das war wichtig für die Leipziger Messe.

In dem nach dem Antrag angelegten Schriftstück wird die Tätigkeit der Veits beschrieben: «Eingezogener Erkundigung nach handeln die Gebrüder Veit besonders mit Englischen und Ostindischen Waren; zogen aber auch aus hiesigen Ländern von Sebnitz und Burgstädt halbseidene Waaren, von Plauen Musseline und von Lauban Leinwande; welche sie nach Königsberg und von da weiter nach Liefland und Rußland debitiren. In den beygefügten Attestaten bezeugen mehrere Kaufleute und Fabrikinhaber aus besagten Orten hiesiger Lande, daß gedachte Gebrüder Veit ansehnliche Qualitäten von ihren Fabrikwaren veräußerten, und daß sie überhaupt dieselben als ehrliche und rechtschaffene Leute kennten, deren Handlungs-Gewerbe dem Lande zum Nutzen gereiche. Die Deputation ist daher des Dafürhaltens, daß den Gebrüdern Veit die gesuchte Befreyung... mittels eines unter Höchster Unterschrift auszufertigen Freypasses zu bewilligen unbedenklich seyn würde. Dresden, den 7. Dezember 1788.»

Schon bald darauf wurden die Veits samt den Bedienten durch den Herzog von Sachsen «von den gewöhnlichen Leib-Zoll, Aufschläge, Gleite, Schutz-Waage und Brücken-Gelde, so die Juden sonst für ihre Personen entrichten müßen, in Gnade befreyet».

Die Dresdner Akte zeigt, daß die Veits internationale Geschäftsverbindungen bis nach Rußland, England und womöglich auch Ostindien pflegten. Das war für jüdische Kaufleute nicht ungewöhnlich, denn diejenigen unter ihnen, die zur Oberschicht gerechnet wurden, konnten sich auf jüdische Gemeinden auch in fernen Gegenden stützen und nutzten diesen Vorteil, günstige Verbindungen zu knüpfen. Das war schon seit langem so. Doch offensichtlich reichten so weitreichende Kontakte und ein guter Leumund unter sächsischen Geschäftspartnern den Veits nicht aus, selbst an die Behörden heranzutreten. Sie setzten, um den Freipaß zu erhalten, auf den berühmten Namen Mendelssohn.

Indem der Text des Freipasses alle gewährten Befreiungen aufführt, zeigt er zugleich, wieviel Beschränkungen auch noch Ende des 18. Jahrhunderts für die Juden galten. Wohlhabenden jüdischen Kaufleuten begegnete man mit einer Mischung aus Vorsicht und Neid, Mißtrauen und Anerkennung. Ein aufgeklärter, progressiver Mann wie Knigge, der 1788 sein populäres Benimm-in-allen-Lebenslagen erscheinen ließ, kam darin zu dem Schluß, daß der Jude ein allgegenwärtiger, grenzenlos tüchtiger und durch keine ethischen Rücksichten gehinderter Geschäftsmann sei. Wehe dem, warnte Knigge, der sich dem Juden gegenüber schwach, auf Hilfe angewiesen gebe. Er müsse gewärtig sein, zur leichten Beute für dessen raffinierten gnadenlosen Sinn zu werden. Die Schuld an solchem Verhalten, meinte Knigge, hätten allerdings Nichtjuden, die Juden unterdrückten und ihnen nur begrenzte Lebensräume überließen. Jedenfalls, auf unbeschränkte Achtung und gesellschaftliche Anerkennung konnten die Gebrüder Veit nicht hoffen.

Auf der Suche nach Simon Veit findet ihn die Phantasie meist außerhalb des Hauses, in dem er nun mit seiner Brendel wohnt. Entweder im Kontor, Ware prüfend, Aufträge erteilend, finanzielle Transaktionen dirigierend, im Gespräch mit seinem Bruder Salomon; auf ausgedehnten Reisen nach Warschau oder Amsterdam, in die Messestädte Braunschweig, Frankfurt, Leipzig. Als Brendels Gatte bleibt er schemenhaft.

Unschlüssig durchstreift die junge Ehefrau in der neuen Wohnung Flur, Salon und Gästezimmer, die Küche und den Boden. Man sieht sie die Gardinen stecken, Wäsche in die Spinde legen, den Sabbatleuchter putzen, kochen, nähen, sticken, lesen... Eintönig vergehen die Tage. Ein Gefühl des Ungenügens am Leben. Es fehlt Wärme. An Sommertagen kann Brendel mit Henriette, der Freundin, hinausfahren nach Charlottenburg, dort im Park spazieren oder Bekannte in ihren Landhäusern besuchen. Traurig sind die langen Winter. Dem Freund Brinkmann, einem schwedischen Diplomaten, klagt Brendel später, «wie eng ich immer im Winter in meinen häuslichen Kreis zusammengedrängt werde und wie meine Existenz dadurch so unangenehm wird... ich finde alsdann nur selten einen Augenblick, in dem ich heiter und gesammelt bin». Oft quält sie eine Unrast, die sich noch steigert, wenn ihr Mann zu Hause ist.

Macht es denn nicht Spaß, sich neu herauszuputzen? Die Mode ändert sich. Anstelle mit Stoff bezogener Gestelle, Reifröcke genannt, tragen die Damen nun lange fließende Gewänder aus wollenem Burat, Linon und Musselin, Röcke, Schoßjacken und Westen. Sie werfen die Stöckelschuhe und die hohen Haargerüste mit den pistaziengrünen und zeisiggelben Federn fort;

alles wird einfacher, bequemer. Anstelle einer Haube, wie sie noch die Mutter trägt, trägt Brendel nun Perücken, denn die Rabbiner erlauben den Ehefrauen neuerdings zwar nicht ihr eigenes, doch falsches Haar zu zeigen. Veit bringt gewiß feine Stoffe mit, ein seidenes Brusttuch, Spitzen. Doch Brendel gibt nicht viel auf Putz.

Zum Zeitvertreib bei Langeweile empfiehlt der Vater «einige geringe Handarbeit». So steht es im Vierten Hauptstück seiner Schrift «Ritualgesetze der Juden», das von Ehesachen handelt. Und dort ist auch vermerkt, daß jede Ehefrau verbunden ist, «ihrem Ehemann Liebesdienste zu erweisen, d. i. ihm sowohl bey Tische, als auch sonst Handreichungen zu thun, und für seine Reinlichkeit und Bequemlichkeit zu sorgen».

Brendel füllt ihrem Mann die Suppe auf, legt ihm gefilte Fisch nach, stärkt die Hemden und packt das Nötige für seine Reisen ein. Gewissenhaft erfüllt sie ihre Pflicht. Aber Simon glücklich machen – Humboldt meint, sie «kennt kaum die Idee».

Dabei ist Simon weder roh noch frech, betrinkt sich nicht und schlägt nicht seine Frau. Er ist gutmeinend und treu. Ihr Leid rührt daher, einem Mann anzugehören, der sie nicht versteht, nichts von ihr weiß. Sie beklagt, einem Gegenstand zu gleichen, der seinem Besitzer fremd bleiben muß. Obwohl sie sehr begabt ist, beherrscht sie nicht die Kunst, sich abzufinden, «sich dreinzuschicken», wie man sagt. Gegen die Leblosigkeit des abgetöteten Gefühls entscheidet sie sich für den lebendigen Schmerz. Humboldt berichtet seiner Braut, Brendel habe alle Grazie, alle Sanftheit, alle wahre Weiblichkeit durch ihren Schmerz verloren. Aber «am eigentlichen Wert des Charakters bleibt sie mir immer hier die erste Frau».

Im Abstand von vier Tagen sterben die beiden Väter, Moses Mendelssohn und Juda Veit. Mendelssohn – nur über seinen Tod ist Näheres bekannt – erlag am 4. Januar 1786 einem Schlaganfall; er war nur siebenundfünfzig Jahre alt geworden. Am Tag seiner Beerdigung blieben alle jüdischen Geschäfte in der Stadt geschlossen, fast die ganze jüdische Gemeinde folgte seinem Trauerzug. Kurz darauf, am 8. Januar, starb Simons Vater.

Die Nachrufe rühmten Mendelssohn, den Philosophen und Schriftsteller, den Menschenfreund und großen Juden. «Ach! er war so gut, so bescheiden, so liebenswürdig!» klagte Biester in der «Berlinischen Monatsschrift», «sein Gespräch so lehrreich, seine Gefälligkeit so erquickend, sein Leben und Wandel so erbaulich... Er war der Stolz und die Zierde unser Stadt.» Für die Gedächtnisfeier der jüdischen Gemeinde dichtete Freund Ramler eine Ode auf den Toten, und der junge Wessely, einst sein Hörer in den Morgenstunden, komponierte die Musik. Mirabeau, der französische Reformer, nannte den «ohne alle Glücksgüter geborenen» einen der größten deutschen Schriftsteller, der der deutschen Sprache Wohlklang und Klarheit, Anmut und Kraft verliehen habe.

Brendel, nun einundzwanzig Jahre alt, verlor mit dem Vater den Menschen, den sie mehr als jeden anderen liebte.

Aber seine Stellung als jüdisches Familienoberhaupt, seine Berühmtheit und ihre ehrfurchtsvolle Bewunderung hatten auch Distanz geschaffen, intime Nähe ausgeschlossen, die Tochter gehindert, in Mendelssohn den väterlichen Freund zu sehen. Ihr Vertrauter war der Vater nicht. Zu seinen Lebzeiten hätte es sie nie gewagt, sich von Veit zu trennen und vom Judentum zu lösen. Insofern war der Tod des übermächtigen Vaters eine Voraussetzung der Selbstbefreiung.

Mit Energie und Umsicht übernahm Fromet Mendelssohn die Rolle des Familienoberhauptes, denn ihr ältester Sohn war noch zu jung dazu. Zunächst übertrug sie einigen Freunden ihres Mannes, seinen Nachlaß zu sichten und herauszugeben. Sodann wandte sie sich an den Nachfolger Friedrichs II. und erbat ein Generalprivilegium, das ihr Friedrich Wilhelm II. «wegen der bekannten Verdienste» ihres Mannes zugestand. Sie und die Kinder wurden nun als «ordentliche Schutzjuden» eingetragen und erhielten damit offiziell das Wohnrecht in Berlin. Schließlich, 1788, beschloß die Witwe, mit der restlichen Familie nach

Neustrelitz umzuziehen, denn dort wohnten enge Freunde, die Familie des einflußreichen Hofagenten Meyer, zu denen die Mendelssohns früher oft in die Sommerferien gefahren waren und deren Sohn, Mendel Meyer, nach einer Vereinbarung der beiden Väter mit Recha Mendelssohn verheiratet worden war.

Von Henriette, ihrer jüngsten Schwester, getrennt zu werden, fiel Brendel schwer, denn die beiden hingen aneinander. Dennoch unterstützte sie den Plan der Mutter; diese werde in Neustrelitz ruhiger leben. Vermutlich war es Brendel lieb, die Mutter weiter weg zu wissen, unbeobachteter zu leben.

Von Neustrelitz aus verkaufte die Mutter das Berliner Haus und beauftragte einen Familienfreund und ihren Schwiegersohn, «den Kaufcontract hierüber zu errichten, die Kaufgelder zu empfangen, darüber zu quittieren» und auch sonst in ihrem Sinn zu handeln. In den Jahren nach Moses' Tod wurde Veit der Beistand und verläßliche Berater Fromet Mendelssohns; er kümmerte sich auch um die Söhne. So entstanden feste Bande zwischen den Mendelssohns und Simon Veit, die auch dann nicht rissen, als Brendel Veit verließ. Im Gegenteil, Fromet und ihre Söhne nahmen Veits Partei.

Erst im vierten Ehejahr gebar Brendel Veit ihr erstes Kind. Ihr Vater erlebte es nicht mehr. Wie er hatten alle anderen Mendelssohns und Veits Jahr für Jahr darauf gewartet, daß Brendel endlich schwanger würde. Wem inzwischen schwante, daß in dieser Ehe Harmonie und Liebe fehlten, mag dem Aberglauben nachgehangen sein, wären erst mal Kinder da, käme alles andere ins Lot. Und war es nicht die wichtigste gemeinschaftliche Pflicht der Ehegatten, «das Gebot der Vermehrung» zu halten, «die vorgeschriebene Anzahl der Kinder zur Welt zu liefern»! Doch zwei, drei Jahre vergingen, und noch immer war kein Nachwuchs da. Nun endlich, am 17. Juli 1787, wurde der erste Sohn geboren und nach seinen Großvätern Moses Juda Veit genannt.

Man möchte lachen und zugleich darauf vor Mitleid weinen, wenn man an die werdenden Mütter damals denkt. Mit Sicherheit konnten Ärzte erst im fünften Monat eine Schwangerschaft feststellen, und es bleibt erstaunlich, daß das überhaupt gelang. Die Frauen erschienen zur Untersuchung bis oben zugeknöpft; der Gedanke, der Doktor könne zufällig etwas von ihrem Bein oberhalb der Waden sehen, entsetzte sie. Ließ es sich beim besten Willen nicht vermeiden, «eine Stelle am Unterleib» zu besichtigen, knöpfte die Patientin oben ein paar Knöpfe auf und ließ die fremde Hand angestrengt nach dieser Stelle suchen – natürlich nur so viel und nur so lange als unbedingt erforderlich.

Die meisten Frauen fürchteten sich vor ihrer Niederkunft, denn zu gebären hieß oft genug zu sterben. Wer es sich leisten konnte, holte einen Geburtshelfer ins Haus, doch es waren gerade die Ärzte, die den Tod mitbrachten. Durch ihre unreinen Hände oder verunreinigte Instrumente entstanden Gebärmutterinfektionen und Kindbettfieber, aber das wußte man noch nicht. Unzählige Frauen, darunter Meta Klopstock und Sophie Mereau, Achim von Arnims Mutter wie auch Lessings Frau, Eva König, sind im Wochenbett gestorben.

Noch häufiger als ihre Mütter starben die Kinder: mehr als ein Viertel aller Neugeborenen schon im ersten Lebensjahr, mehr als ein Drittel im zweiten und mindestens die Hälfte, bevor sie fünf Jahre alt waren. Auch Moses Juda starb noch in der Wiege.

«Ich war eine kurze Zeit betäubt, und Sinnlos, da mein großer, mein geliebter Vater starb!», schrieb Brendel, «doch stiller, Gesundheit nagender, drückender *Gram* verlies mich nicht, da mir mein Erstgeborener starb; ein Säugling, deßen Existenz mit der meines Vaters in gar keinen Vergleich zu bringen war, und doch!»

1790 wird Jonas, 1793 Philipp Veit geboren, beide überleben. Doch Abraham, zwischen ihnen zur Welt gekommen, war nur zwölf Wochen alt geworden.

Der frühe Tod zweier Söhne, die Furcht, auch Jonas und Philipp zu verlieren, machten Brendel zu einer übervorsichtigen, ängstlichen Mutter. Zwar gab es eine Kinderfrau, dennoch traute Brendel sich oft nicht aus dem Haus. Ich «bin fast beständig in der Kinderstube, und es ist kein vernünftiges Wort mehr mit mir zu sprechen». Freunde, die sie sehen und sprechen wollten, Henriette Herz, Humboldt, auch die jüngere Rahel Levin, besuchten sie zu Hause, und manchmal nahm Rahel den kleinen Jonas ein paar Stunden mit zu sich.

Bei dem geringsten Unwohlsein der Kleinen geriet die Mutter in panikartige Angst, fürchtete Keuchhusten und Masern, rätselhafte Fieber, die weitverbreitete Ruhr, die Rotsucht, Seuchen wie die Blattern, deren Opfer Abraham geworden war, oder Pocken, an denen in einem der letzten Jahre des 18. Jahrhunderts schätzungsweise 450000 Menschen in Europa starben. Als Philipps erste Zähnchen kamen, fürchtete Brendel gleich das Schlimmste, «ich wüßte nicht wie ich seinen Tod (den ich doch alle Augenblick sehr nahe sehe) wie ich den ertragen sollte!».

Gewiß hatte sie für alle nur denkbaren Fälle Arzneien und andere Heilmittel im Haus, auch Ratgeber für Kinderpflege und andere medizinische Hausbücher, die seit einiger Zeit erschienen. Sie enthielten ausführliche Empfehlungen, wie man mit kleinen Kindern umzugehen habe und wie ihr Leben zu erhalten sei: «Kein Häubchen, keine Binden, keine Steckkissen... allen Gliedern Freiheit geben» und die Kinder recht oft waschen.

«Was ist dem kleinen, hilflosen Kinde das größte Bedürfnis?», fragte ein Gesundheitskatechismus und antwortete darauf:

«Die Liebe und Sorgfalt der Mutter.»

«Kann diese Liebe und Sorgfalt der Mutter durch andere Menschen ersetzt werden?»

«Nein, nichts kommt der mütterlichen Liebe gleich.»

«Mad. Veit geht fast gar nicht aus und stillt beständig», ließ Rahel Levin David Veit, einen Neffen Brendels, wissen. Einen Säugling selbst zu stillen war zu einem Postulat der Aufklärung geworden. Rousseau hatte es zuerst gefordert, auch Kant sich dafür eingesetzt, und schließlich hatte sogar der Staat sich diese Forderung angeeignet. Das «Allgemeine Landrecht für die preussischen Staaten» von 1794 verpflichtete die Mütter, ihre Kinder selbst zu säugen. «Wie lange sie aber dem Kinde die Brust reichen solle, hängt von der Bestimmung des Vaters ab.»

Kaum vorstellbar, daß Veit da irgend etwas zu bestimmen hatte. Sowohl Rousseau als auch die Ärzte priesen das Stillen als Allheilmittel für feste und dauerhafte Gesundheit und schalten Mütter pflichtvergessen, die statt zu säugen Milchbrei anrühren wollten. Alles spricht dafür, daß Brendel ihren Kindern so lange wie möglich die Brust gegeben hat. Die Söhne sollten leben – und sie sollten es einmal besser als ihre Vorfahren haben.

Brendel hatte es ja noch selbst erlebt, wie sie als Juden verspottet und verunglimpft worden waren. Konnte sie hoffen, daß ihre Söhne Respekt und Toleranz finden würden? Das Werk des Vaters, schien es, trieb die schönsten Blüten. Pädagogen, Schüler Moses Mendelssohns, waren am Werk, Vorurteile abzubauen, junge Menschen Achtung vor dem Andersgläubigen zu lehren und sie zu überzeugen, daß alle Menschen gleichermaßen Kinder Gottes seien. Schon dichtete ein Reimeschmied:

«Bald pflügt, und sä't mit Bruder Christ/ Der Bruder Jude, und genießt/ Des Lebens Freuden allgemein,/ Wie unseres Gottes Sonnenschein.»

WOHIN MIT DEM VORRAT AN HERZ UND LEBEN

Die Freundin der Henriette Herz und Rahel Levin

Unsere Jugend war kein Blendwerk.
Wir lieferten ihre Grüne und Leben;
sie bestand nicht nur aus Unkunde und
ungekränkter Haut, sondern aus
Fülle, Tiefe, Leben und Keimdrang.
Rahel Varnhagen

Wie befreit sich eine leidenschaftliche, weltaufgeschlossene und wache junge Frau aus den bedrückend engen Räumen des Privaten; wie entgeht sie der Ausschließlichkeit des Ehelebens?

Brendel Veit und einige andere Jüdinnen im Berlin des ausgehenden 18. Jahrhunderts haben ihren Lebensraum bemerkenswert erweitert, Luft zum Atmen, Freiheiten gewonnen und mit der Veränderung des eigenen Lebens zugleich gesellschaftliche Veränderungen herbeigeführt.

Diesen Wandel bewirkten vor allem Freundschaften und Freundschaftsbünde sowie neue Formen der Geselligkeit, die großstädtische Salonkultur.

Der junge Alexander von Humboldt, der zusammen mit seinem Bruder Wilhelm ein gerngesehener Gast gebildeter Berliner Juden war, träumte eines Nachts einen so sonderbaren Traum, daß er sogleich beschloß, ihn aufzuschreiben. Neben ihm, so erinnerte der Erwachte sich, stand plötzlich ein ehrwürdiger Greis, drückte ihm freundschaftlich die Hand und sagte: «Folge mir Jüngling, ich will Dir Menschen zeigen.» Der Greis führte den Jüngling in eine Stadt mit vielen Leuten, «die alle große Mäntel trugen und das Gesicht verhüllten, so daß man kein Geschlecht von dem anderen unterscheiden konnte». Etwas abseits, auf einem Spaziergang, trafen sie auf drei Wesen, die in dem Jüngling ein sonderbares, sehnsuchtsvolles Gefühl erweckten. Unbemerkt folgte er der rätselhaften Dreiheit. «Alles, was ich hörte, war so verständig, so männlich schön, daß ich zu glauben anfing, es wären 3 edele Jünglinge, welche die Weißheit ihres Lehrers wiederholten.» Wie groß war sein Erstaunen, als er bemerkte, daß es Damen waren. «Ich nahm sie näher in Augenschein und fand, daß die mittlere groß und majestätisch schön, wie Minerva war.» Sie hatte einen weißen Mantel über die Schultern geworfen, während die beiden anderen einen veilchenblauen und einen schwarzen trugen. Die in Schwarz gekleidete Dame ging mit geneigtem Haupt umher, und als der Jüngling wagte, ein Stückchen ihres Mantels umzuschlagen, bemerkte er, daß die Innenseite rosenfarbig war. «Eine schöne Seele in einer etwas finsteren Hülle, dacht ich.»

Den «liebenswürdigen Geschöpfen» folgend, sah der Jüngling am Wegrand ein halbnacktes, von Räubern mißhandeltes, unglückliches Mädchen liegen. Im Unterschied zu anderen, die ziemlich ungerührt vorbeigezogen waren, warfen die drei Damen sogleich ihre Mäntel ab, und jede stritt um den Vorzug, dem Mädchen den ihrigen zu geben. «Es war mir, als sähe ich drei Tugenden in der Seele eines großen Mannes streiten. Die größte unter den Damen siegte, sie stand nun enthüllt vor mir, ich wollte sie anschauen, aber eine unsichtbare Macht entzog mir den Anblick, und ich saß auf einmal neben meinem alten Führer auf der Rasenbank. ‹Ich habe Menschen gefunden›, rief ich in den Taumel des Entzükkens. ‹Dank, tausendfacher Dank sei Dir, ehrwürdiger Greis.›»

Die Dame in Weiß, jene, die dem Mädchen ihren Mantel überwarf, war Henriette Herz, darf man vermuten, die schöne Seele in der finsteren Hülle Brendel im schwarzen Mantel und die dritte vielleicht Rahel Levin. In Gestalt der Mantelträgerinnen sah der junge Humboldt die drei Frauen als Sinnbilder der Menschlichkeit; souverän und zupackend, wie man sich eigentlich nur Männer dachte, und zugleich anmutig und sanft, wie man sich Frauen wünschte.

Henriette Herz oder «Jette», wie man sie auch nannte, sowie Rahel Levin waren die beiden engsten Freundinnen Brendels in Berlin. Doch als Kleeblatt darf man sich die drei nicht denken, dazu waren sie zu verschieden. Brendel wußte auch genau zu unterscheiden, was Jette und was Rahel ihr bedeutete, diese beiden hingegen mochten sich nicht sonderlich.

Henriette Herz war eine der schönsten Frauen in Berlin; die beiden anderen hatten nichts von ihrem Glanz. Rahel galt als unansehnliches, blasses, schmächtiges Mädchen, und auch Brendel besaß kaum äußere Reize. Die meisten Menschen fanden sie häßlich. Doch schön waren ihre leuchtend schwarzen Augen, und weich und sanft war ihre Stimme. Sie ließ das Männliche in dem Gesicht vergessen, nahm ein, verbreitete Wärme, Wohlgefühl. Mancher, der die beiden Frauen zusammen sah, war von Brendel mehr beeindruckt als von Henriette, denn die Veit wirkte in allem wach und lebhaft, Jette hingegen wie eine Statue.

Überall, wo sie erschien, lenkte sie die Blicke auf sich und nahm wie eine Diva Huldigungen entgegen. Von ihrem Mann, dem siebzehn Jahre älteren, war sie derlei nicht gewöhnt, der lebte nur der Wissenschaft. Die Anbeter entschädigten seine Frau. Doch weckte die Schöne bei ihnen Erwartungen, die sie nicht erfüllen wollte. Ihr gefiel, wenn andere sie vergötterten, doch sie blieb kühl dabei. Deshalb galt sie als kokett.

Doch Brendel blieb sie bis zu deren Tod eine liebevolle Freundin und war immer für sie da. Geistig war Brendel ihr weit überlegen. Jette las zwar viel, lernte sieben, acht Sprachen, aber ein selbständiges Urteil fiel ihr schwer. «Selbst sagen und machen kann ich gar nichts.» Für die Freundschaft war das unerheblich. Die beiden Frauen vertrauten einander, und es war unanstrengend, miteinander umzugehen. Man sah sich fast täglich, plauderte, machte Handarbeiten, zum Beispiel goldbestickte Beutel zum Verschenken, und dabei klagte Brendel über ihr nutzlos vorübereilendes Leben. Jette riet und tröstete; sie besaß die Gabe, schreibt Dilthey, «alles zu verstehen, was ihr persönlich entgegengebracht wurde». Das galt für Freundessorgen wie für philosophische Ideen.

Ihre Ansprüche an das Leben waren geringer als die Brendels und leichter zu erfüllen. Sie verstand sich abzulenken, auch sich abzufinden, was Brendel überhaupt nicht konnte. Manchmal ging ihr Jette auf die Nerven, ihre Egozentrik, dieses halb gespielte und halb echt Naive. Wo Brendel Gefühlstiefe erwartete, traf sie auf Gutmütigkeit. Aber: «Man kann sie trotz aller ihrer Fehler... doch nicht verlassen!»

Die Freundinnen waren sich wenig ähnlich, doch sie ergänzten sich. Brendel mag Jettes So-ganz-anders-Sein angezogen haben: die Koketterie im Gegensatz zu dem Ungraziösen, Groben, das in ihr selber steckte, Jettes Schönheitssinn, der ihr fehlte, die Kühle im Gegensatz zu ihrer Leidenschaftlichkeit. Und gegen Brendels Unrast setzte die Freundin Maß und Ruhe.

Rahel hingegen rümpfte oft die Nase über Henriette, und aus der Feder floß ihr Spott: «Mad. Herz lebt geputzt; ohne zu wissen, daß man sich ausziehen kann, und wie einem dann ist.» Einmal – wer weiß, was da geschehen war – empörte sie sich, wie «kronendumm» und beinahe krankhaft stupid die Herz doch sei.

Gewiß, die beiden Frauen hatten kaum etwas gemein, die eine häßlich und die andere schön, die eine intellektuell, die andere halbgebildet, Rahel gefühlstief, reflexionsbegabt ihr Ich durchforschend – bei Henriette nichts von alledem. Doch Rahels Abneigung rührte wohl auch daher, daß sie in Henriette eine Konkurrentin sah: Wer von den Leuten, an denen beiden lag, ging wann zu wem? Wurde Rahels Salon bevorzugt oder Henriettes? Manchmal wunderte sich Rahel: «Mit der gehen kluge Männer um?» Da hörte man den Neid heraus.

Rahel war eine der eindrucksvollsten Frauen ihrer Zeit. Im 20. Jahrhundert wäre sie vielleicht eine berühmte Psychoanalytikerin geworden, denn sie war davon besessen, sich selbst und andere zu ergründen. Ja, auch aus Neugier auf die Menschen, mehr noch aus Anteilnahme; sie wollte mitfühlen, sich mitfreuen und trösten. «In meiner Seele las sie, wie in einem offenen Buch mit *breiten Rändern*, wo sie überall etwas hinzuschrieb und verbesserte; und wo irgend die Handschrift meines unruhigen Geistes mir selbst unleserlich schien, entzifferte *sie* solche oft schneller und fertiger als ich selbst», schrieb Freund Brinkmann über sie.

Rahel war gefühlvoll und konnte zugleich scharf und kritisch denken. Dieser doppelte Zugang zur Welt machte ihr Urteil oft so originell. Sie übernahm nicht einfach Meinungen, kopierte nicht Konventionen und Prinzipien, sondern eroberte Kunst und Natur, Philosophie und Leben neu für sich.

Zwar war sie in der Selbstbeobachtung und Selbstbeschreibung fast peinlich rücksichtslos mit sich, denn sie befand: «Wer sich nicht untersucht, hat nicht gelebt», doch war sie rücksichtsvoll und taktvoll gegenüber Freunden. Wie Mendelssohn beherrschte sie die Kunst, in jedem Menschen das Vorteilhafteste und Beste zu erkennen, auch dem weniger Wichtigen ein Gefühl von Wichtigkeit zu geben. Zwar war sie den meisten ihrer Bekannten überlegen, doch zuweilen von geringem Selbstvertrauen, von übermäßiger Empfindlichkeit. Sie lechzte danach, angenommen und geliebt zu werden, sie sehnte sich nach Harmonie: «Schreib ich doch ganz unwichtigen Menschen die *unterwürfigsten* Briefe; blos, daß; das... böse Seyn aufhören soll.»

Brendels Briefe an Rahel haben fast immer etwas Werbendes; sie drücken Zuneigung, doch auch Hochachtung gegenüber der Jüngeren, der einstigen Spielgefährtin ihrer Schwester Henriette, aus. An Rahels Freundschaft lag der Veit, das merkt man, wenn man ihre Briefe liest: «Wenn ich lange von Ihnen entfernt war, so wird es mir immer erst recht deutlich, daß wir eigentlich zusammen sein müßten, denn schwerlich werden zwei Frauen sich besser zusammenschicken als wir beide! So fühle ich; habe ich geirrt, wenn ich Ihnen dasselbe ahnde? Es kann nicht sein, denn unmöglich würde ich Sie so lieben können, wenn Sie mich nicht auch liebten.»

Auch Rahel mochte Brendel und hatte «hohe Meinungen» von ihr. Sie sei ein Mensch, befand sie, «der allein denkt, handelt, fühlt; und den die Anderen eigensinnig nennen». Und dann der Wunsch: «Wenns ihr nur gut geht!»

Diesen beiden Frauen war gemeinsam: das Bedürfnis, bewußt und intensiv zu leben, Wahrhaftigkeit, Liebeskraft und Leidensfähigkeit. Vor allem aber: in ihnen beiden kämpfte Selbstbehauptung mit dem Bedürfnis, sich hinzugeben und aufzuopfern.

Rahel verwand nicht, als Jüdin auf die Welt gekommen zu sein, in den Augen anderer als minderwertig, als Paria zu gelten. Von daher schien ihr alles Unglück, alles Leid zu kommen, die «Verblutung» ihres Lebens. Die Tochter Moses Mendelssohns hingegen brachte aus dem väterlichen Zuhause Selbstbewußtsein mit, wollte jedoch «mit dem alten Judentum, das ich sehr verabscheue», nichts zu tun haben. Während Rahel im letzten Jahrzehnt des 18. Jahrhunderts alle Kraft darauf verwandte, durch Einheirat in den preußischen Adel aus dem Judentum herauszukommen, war Brendels größter Wunsch, von Veit erlöst zu sein. Rahel war unglücklich verliebt, Brendel unglücklich verheiratet. Rahel glaubte sich nicht ausreichend geliebt, Brendel liebte nicht.

Doch beide Frauen sahen in der Liebe das Lebenselement, ohne das der Mensch als Schatten seiner selbst verkümmert. Ohne Liebe zu sein – der Schmerz darüber saß in ihren Herzen und in ihren Köpfen, spannte Nerven und durchfuhr die Glieder. Und dennoch: lieber leiden, als sich zu betäuben; sie wollten ihre Schmerzen spüren, um zu wissen, daß sie lebten. «Alles in der Welt! nur nicht ‹sich trösten›», die Verzweiflung nicht scheuen, «Schmerzen erleben heißt auch leben», hat Rahel geschrieben.

Ein Brief von Brendel, verschickt im Sommer 1793 aus Schönhausen, dem am Stadtrand von Berlin gelegenen Sommersitz der Veits, zeigt, wieviel die Ältere von der Freundin wußte, wie gut sie ihre Zweifel kannte, um ihrer selbst willen geliebt zu werden, wie gut sie ihr Verlangen kannte, mit der Anteilnahme, die ihr so natürlich war, mit Rat und Trost die Furcht zu überdecken, sie könnte unnütz, überflüssig sein: «Ich bin recht ergrimmt auf Ihnen *Rahle*! damit Sie es nun wißen! Was? weil ich Ihren Rath, Ihren Trost jetzt nicht bedarf, darum glauben Sie, Sie hätten nichts mehr mit mir zu thun? darum können Sie mich grade zu gehen lassen ohne sich um mich zu bekümmern? Wollen Sie denn durchaus nur Mitleid mit die Menschen haben? glauben Sie nicht daß ich Ihre Liebe, Ihre pure, klare, Liebe bedarf? Und liegt Ihnen denn gar nichts an meiner Liebe?»

Beide, Brendel und Rahel, liebten die Musik und besuchten als sachverständige Zuhörerinnen die Aufführungen in der von Knobelsdorff erbauten Königlichen Oper, die populären Abonnementskonzerte des Hofkapellmeisters Reichardt sowie sicherlich auch die öffentlichen Proben, die sogenannten Auditorien, der Singgesellschaft, der späteren Singakademie, die vom alten Fasch geleitet wurde, den Brendel sehr bewunderte.

Natürlich gingen die Damen nie ohne männliche Begleitung aus, das wäre unschicklich gewesen. Und wenn sie nicht zusammen mit ihren Brüdern oder anderen Anverwandten in die Oper und Konzerte gingen, so bot sich ihnen Freund Brinkmann als Begleiter an. Dieser Karl Gustav von Brinkmann war zu Beginn der neunziger Jahre als Legationssekretär an die Gesandtschaft seines Landes in Berlin berufen worden. Weder als Liebhaber noch als Dichter konnte der Schwede Brendel, Rahel und Jette imponieren, doch sie schätzten ihn als Freund. Er hatte viel gelesen, kannte viele Menschen und liebte die Geselligkeit. Er «lebt von einem zum anderen», hat Hannah Arendt abschätzig bemerkt.

Doch Brendel mochte ihn. Mit ihm zu plaudern heiterte sie auf, und er nahm teil an allem, was ihr wichtig war. Hätte der Schwede nur nicht so viel geschwatzt! Sein loses Mundwerk brachte Brendel in eine unangenehme Situation, in der sich zugleich zeigen sollte, wie sehr sie sich nach dem Tod des Vaters den Ihrigen entfremdet hatte und eigene Wege ging.

Ungefähr zur gleichen Zeit, da sie Brinkmann kennenlernte, freundete sich Brendel auch mit Sophie Fränkel an, einer Tochter des alten Meyer in Neustrelitz, die, dem vermögenden Berliner Bankier Fränkel angetraut, in ihrer Ehe so unglücklich wie sie selber war. Als nun Brinkmann durch Vermittlung Brendels für vierzehn Tage auf Besuch zu den Meyers nach Neustrelitz fuhr, hatte er nichts Eiligeres zu tun, als sowohl Brendels Schwester Recha, verheiratet mit einem Sohn der Meyers, als auch dem alten Meyer ausführlich zu erzählen, wie unglücklich die beiden Frauen seien.

Meyer war empört. Wie konnten es die beiden wagen, ihre Gefühle derart auf den Markt zu tragen! Einem indiskreten Diplomaten und womöglich auch noch anderen fremden Leuten Einblick in ihr Eheleben zu gewähren! Der Hofagent war überzeugt, einige Herren vom Adel, schöngeistige Schnösel wie zum Beispiel diese beiden Humboldts, hätten seiner Tochter durch Schmeicheleien den Kopf verdreht und ihr Schimären eingeredet, «weswegen sie sich nun einbildet, mit ihrem braven soliden Mann nicht glücklich leben zu können». Diese neunmalklugen Weiber brachten die ganze Familie in Verruf! Die empörten Neustrelitzer lasen ihnen gehörig die Leviten.

Brendel nahm sich sogleich Brinkmann vor. Welcher Teufel habe ihn geritten, ausgerechnet «diesen Menschen» die Sorgen der Freundinnen auszuschwatzen? Diese Neustrelitzer (dort lebte ja auch ihre Mutter) seien «platte Menschen», die von «Sachen des feineren Gefühls» nichts verständen. Menschen, die «von dem, was uns fehlt, um glücklich zu sein, keinen Begriff haben». Verständnis für Gefühls- und Glücksansprüche, für den Wunsch nach Ausbruch aus dem zu eng gewordenen jüdischen Milieu – all das konnte Brendel von «den Alten» nicht erhoffen, und das wußte sie.

Die Alten ihrerseits vermuteten, und zwar nicht ganz zu Unrecht, daß die hochmütige Herablassung, die ihnen aus Berlin entgegenschlug, etwas mit dem Umgang ihrer Töchter mit jenen jungen Leuten zu tun haben müßte, die sich Ende der achtziger Jahre in einem Tugendbund zusammenfanden.

Wie es zu der Gründung kam und wer als erster die Idee gehabt hat, weiß man nicht genau. Saßen Brendel, Jette, vielleicht auch noch Carl von Laroche zusammen und kamen gemeinsam, eher beiläufig und spielerisch auf den Gedanken? Oder entstand der Tugendbund zuerst in Jettes Phantasie, und die Freunde machten dann begeistert mit? Jedenfalls muß man sich Henriette Herz als Seele dieses Unternehmens denken, das nicht mit jenem anderen, bekannteren Tugendbund verwechselt werden darf, der 1808 in Königsberg gegründet wurde, um Deutschland von Napoleon zu befreien.

Anregungen lagen in der Luft, die Idee war trotzdem originell. Überall, in Berlin und anderswo, wirkten neuentstandene geheime Gesellschaften, Bünde, Orden, Logen, und trotz oder gerade wegen ihres geheimen Charakters waren sie populär. Viele der Herren, die im Hause Herz verkehrten, um die naturwissenschaftlichen Vorlesungen von Henriettes Mann zu hören, gehörten Freimaurerlogen und der geheimen Berliner Mittwochsgesellschaft an, einem gelehrten Treffpunkt aufgeklärter Bildungsbürger und Beamter. Frauen durften nicht dabeisein, und es wäre für sie auch ähnlich langweilig gewesen wie bei den Vorlesungen des Dr. Herz. Also beschlossen Jette, Brendel und ein paar andere Freunde, selbst einen Orden nach eigenem Geschmack zu gründen.

Man diskutierte über das Programm, die Ziele, entwarf die Bundesregeln, «die Statuta», wie Jette sie nannte, und wurde sich schnell einig: Im Unterschied zu all den Männerbünden sollte dieser Freunde und Freundinnen vereinen, «Bundesbrüder» und «Bundesschwestern», doch so vertraulich und geheim wie in den anderen Orden sollte es auch hier zugehen. Ring und Zirkel als Symbole, Aufnahmeriten, Prüfungszeiten, das vertraute Du – dies guckten sie den Logen ab. Sie entwarfen Zahlenkombinationen zur Verschlüsselung ihrer Korrespondenz sowie auch der Billette, die sie sich zusteckten oder überbringen ließen, und legten fest, innerhalb des Bundes müsse jeder jeden alles Wichtige wissen lassen, rückhaltlos sich offenbaren.

Und warum das Ganze?

Aus Ernst und kindlichem Vergnügen. Miteinander ein Geheimnis von dieser angenommenen Wichtigkeit zu haben, war aufregend und schön. In der Gesellschaft sich zu siezen und im geheimen Bund dann «Wilhelm, du», «das dir, geliebte Brendel» – es war, als schlüpfe man unbemerkt in eine andere, heitere Welt schöner Seelen, selbstgewählter Freunde.

Schwärmerei und Überschwang, verstohlene Gelüste ließen sich in statuarisch festgelegten Umgangsformen eines Ordens frönen; heimliche Umarmungen und Küsse, Liebeständeleien – die Beteiligten versicherten sich gegenseitig, all dies gehöre zum Geschwisterleben.

Die jungen Leute waren ausgiebig mit sich beschäftigt. Deshalb wollten sie auch nicht nur mit Schäferspielen und Tändeleien ihre Ordenszeit verbringen, sondern, darin Rahel ähnlich, auch Seelenkunde treiben, das eigene Ich im Freund begreifen und ergründen, ob auch die Freunde die bisher geheimsten eigenen Regungen oder doch ähnliche empfanden. Sie wollten das neuentdeckte Individuum, den Menschen kennenlernen.

Doch vor allem wollten sie der Tugend dienen, als Kinder der Aufklärung gut sein, Gutes tun, nach moralischer Vervollkommnung streben. Sie meinten, dazu gehörten auch teilnehmende Freundschaft und liebreiche Empfindsamkeit. «Der Zweck des Bundes», schrieb Wilhelm von Humboldt, sei «Beglückung durch Liebe», doch «der Grad des Glücks wahrer

Liebe» stehe «im genausten Verhältnis mit dem Grade der moralischen Vollkommenheit der Liebenden», und also sei «moralische Bildung das, wonach jeder Verbündete am eifrigsten» strebe.

Aber mußten denn auch diese hehren Ziele ganz im geheimen vertreten werden?

Vermutlich sahen die Tugendbündler einen reizvollen Kontrast in rückhaltloser Offenheit innerhalb des engen Zirkels und der geheimnisvollen Verschlossenheit nach außen. Hinzu kam, daß sie sich, wie in anderen Zeiten andere junge Leute, von ihrer Umwelt nicht verstanden fühlten. Diese unerträglich vernünftigen, verstandeskalten Alten, diese «platten Menschen» in Neustrelitz oder auf dem Humboldtschen «Schloß Langeweile» sollten vom Tugendbund nichts wissen. Sie waren in den Augen ihrer Söhne und Töchter unfähig, deren erhabene Empfindungen auch nur annähernd zu begreifen. Fehlte denen nicht jeder Sinn dafür, daß Menschen in einen Freundschaftsrausch geraten, in Gefühlen baden können? «Selten hat eine Jugend die Elterngeneration so übersehen, mit derart herablassender Ironie behandelt, wie diese in Selbstbewußtsein und Gefühlsüberschwang aufbegehrenden jungen Leute», schreibt Ernst Heilborn.

Mehr als ein Dutzend Mitglieder hat der Tugendbund wohl nie gehabt. Im Gründungszirkel hat man sich, außer Henriette Herz und Brendel Veit, die Gebrüder Humboldt zu denken, vornehmlich Wilhelm, und Carl, den Sohn der Romanschriftstellerin Sophie La Roche. Er arbeitete als Assessor beim preußischen Salinenamt und galt als schön und edel, «ein lauterer Charakter, voll ernsten Strebens». In den wenigen Beschreibungen bleibt er blaß. Carl warb im thüringischen Burgörner Caroline von Dacheröden für den Bund, und die Berliner Schwestern nahmen an, die beiden würden sich wohl bald verloben.

Es tauchte eine weitere Karoline auf, eine Freundin der Bundesschwester aus Burgörner und Schwägerin von Schiller. Diese Frau von Beulwitz war sehr erpicht darauf, auch Tugendbündlerin zu werden. Den Berliner Schwestern war sie nicht bekannt, und sie zögerten, sie aufzunehmen, aber Wilhelm sprach für sie, und so kam auch die Beulwitz als korrespondierendes Mitglied in den Bund. Dies wurde auch, von Wilhelm angeworben, Therese Forster, die Tochter des berühmten Göttinger Professors Heyne und seit einigen Jahren des berühmten Georg Forsters Frau, der an Kapitän Cooks Entdeckungsreise in die Südsee teilgenommen hatte.

Eine fehlte: Rahel. Jette hatte auch sie eingeladen, doch sich einen Korb geholt. Rahel «erkannte in allem ... nur empfindsames Tändelwerk», schrieb ihr späterer Mann Varnhagen. «Die Verbündeten trugen es ihr lange nach und rügten ihre Ablehnung als einen Mangel an edlem Streben.»

Hatte Rahel nicht recht? War nicht vieles sowohl Tändelwerk und Schöntun wie auch Selbstbetrug? Schon Mitte Zwanzig und Mutter eines kleinen Sohnes, war Brendel tagelang damit beschäftigt, Briefe Wilhelms, mit denen sie und Jette unzufrieden waren (offenbar ließ er es an Vertrauen fehlen), abzuschreiben, dies und das durch Unterstreichungen hervorzuheben und mit einem langen kritischen Kommentar an die anderen zu schicken. Die Dacheröden fand das lächerlich. Dieser Feuereifer, mit dem Brendel das Geschäft des Tugendbundes betrieb, läßt an ein Mädchen in den Pubertätsjahren denken; bei der Fünfundzwanzigjährigen wirkt es eher komisch. Warum nahm Brendel den Tugendbund so ernst?

Die Ziele erinnerten sie an den gerade erst verstorbenen Vater. Der hatte ihr von klein auf eingeprägt, nach Sittlichkeit zu streben, tugendhaft zu leben. Und als Jette in einer Herberge außerhalb der Stadt ein kleines Mädchen auflas, die Tochter jüdischer Bettler, beteiligte sie sich sogleich an dem Versuch, Tugend in Form praktischer Wohltätigkeit zu üben. Zusammen mit der Freundin nähte sie für das Kind und beriet Jette, wie es zu einem wertvollen Menschen zu erziehen sei. Ja, sie gründete in Schönhausen selbst ein Heim für jüdische Kinder. Wilhelm war begeistert: Das sei der Geist des Tugendbundes! Von praktischer Wohltätigkeit der Bundes*brüder* wurde nichts bekannt.

Zwar war ihr Rahel darin überlegen, doch auch Brendel wollte gern in diesen Gründerjahren der Psychologie die Kunst beherrschen, eigene und fremde Gefühlsregungen zu sezieren, auch sie liebte Seelenanalysen und meinte, im Gegensatz zu Rahel, all dies im Tugendbund üben zu können.

Der Tugendbund, das war für Brendel so etwas wie ein Zufluchtsort, wo sie ihren Hang zum Außerordentlichen auszuleben hoffte, Gefühle, die sie sich zu Hause nicht erlaubte. Madame Veit suchte im Tugendbund Entschädigung für die Freudlosigkeit der Ehe. Da sie nicht wußte, wohin mit ihrer Leidenschaft und Liebe, brachte sie diese in die Freundschaft ein. Freundschaft! Ja, das war das Feld, auf dem der Mensch sich frei bewegen, im Gegensatz zur Ehe selbst entscheiden konnte, wen er seinen Freund, wen seine Freundin nennen wollte. Nicht nur Brendel, auch andere unglücklich verheiratete Frauen trieben mit der Freundschaft einen wahren Kult. 1789 schrieb zum Beispiel Elisa von der Recke, eine Freundin Nicolais, in ihr Tagebuch: «Freundschaft! Freundschaft! – o du Beseligerin meines oft kummervollen Lebens! du tröstest auch jetzt mein verwaistes Herz! – Wie himmlisch gut ist meine erhabene Luise! – wie zärtlich liebt meine Amalia, meine Minna mich!... Habe ich nicht unter den edelsten Männern Deutschlands und meines Vaterlandes Freunde, deren Geist und innerer Wert mich emporhält, wenn trüber Mißmut sich meiner bemeistern will? –»

«Mit edlen Freundinnen», die sie für ihre «Empfindungen zu begeistern wußte», schloß auch Elisa einen Freundschaftsbund, und auch dessen Zweck bestand darin, «wechselseitig voneinander emporgehalten, in dem Geschäft der innern Veredlung immer weiter fortzuschreiten».

Die Aufklärung vereinigte sich mit dem Sturm und Drang.

Brendel gefallen ihre Freunde sehr. Unter den Männern befindet sich kein einziger Jude, diese Brüder entstammen einer Welt, zu der sie auch gehören möchte. Sie haben nichts Provinzielles, sie hängen nicht an religiösen Dogmen, sondern sind großzügig und tolerant. Nur so konnte dieser Bund zwischen Adligen und Bürgerfrauen, zwischen jungen Christen und etwas älteren Jüdinnen ja überhaupt entstehen! Von den Freundinnen ist keine als Ehefrau oder Verlobte, als Anhängsel ihres Mannes in den Bund gekommen, sondern jede durch eigenen Entschluß, und manche so wie Brendel: abgelöst vom Mann und gegen ihn. Auch Karoline von Beulwitz und Therese Forster leiden unter ihren Männern – das verbindet, unabhängig von Religion und Stand.

Was Simon Veit von den Versuchen seiner Frau mitbekam, außer Haus «Beglückung durch Liebe» zu erfahren, weiß man nicht. Sein Freund Marcus Herz «sah dem bündnerischen Treiben» laut Henriette «lächelnd zu, ohne jedoch störend einzugreifen».

Die Störungen kamen nicht von konsternierten Ehemännern, nicht von außen, sondern entstanden innerhalb des Freundschaftsordens. Schon sehr bald wurden Freundschaft und Geschwisterliebe von zwar nicht vorgesehenen, doch naheliegenden und äußerst komplizierten Liebesbeziehungen durchkreuzt. Um es kurz zu machen:

Wilhelm liebte zunächst Jette, diese wiederum Carl, doch der liebte Jette nicht, sondern offenbar die Dacheröden. Diese liebte Wilhelm, doch glaubte sie, dieser fühle sich nach Jette zu Therese hingezogen, während Wilhelm dachte, Caroline werde Frau Laroche. Bald klärte sich der Irrtum auf: Wilhelm besuchte Caroline in Burgörner, nicht viel später bat er sie um ihre Hand. Das Verlöbnis in Burgörner ist der Sprengsatz, der den Tugendbund in Stücke reißt.

Zunächst sieht es allerdings so aus, als seien Jettes geheiligte Statuta die Ursache entstehender Zwistigkeiten. Die thüringische Provinz probt den Aufstand gegen das Zentrum in Berlin.

Dies verweist darauf, daß die Mitglieder laut Statut nicht nur alles über sich zu offenbaren hätten, sondern auch, was ihnen von anderen anvertraut worden sei.

Das bedeute, protestierte die Dacheröden, Offenherzigkeit

sowie Vertrauen anderer zu mißbrauchen, und könne nicht als tugendhaft verstanden werden.

Ohne möglichst viel von möglichst vielen zu erfahren, entgegnen die Berliner, sei es nicht möglich, jene Menschenkenntnis zu erlangen, die ein Ziel des Bundes sei.

Doch die Thüringer bleiben bei ihrem Widerspruch und lehnen es ab, etwas wider ihre Überzeugungen zu tun.

Wilhelm und Therese schließen sich den beiden Carolinen an, denn die glücklichen Verlobten wollen nicht ihr Glück auf dem Bundesmarkt ausbreiten und die unglücklich Verheirateten, die Beulwitz und die Forster, nicht ihr Leid. Muß man nicht auch danach fragen, wie offen eigentlich Brendel und Jette zu den Freunden waren? Teilte Brendel allen Bundesbrüdern und -schwestern gleichermaßen mit, wie sehr sie in der Ehe litt? Wohl kaum. Sprachen sich die beiden Jüdinnen mit ihren nichtjüdischen Freunden gründlich aus, wenn sie sich zurückgesetzt, verletzt von Nichtjuden glaubten? Sprachen sie von ihrer Angst vor dem Beleidigtwerden? Von ihrer Empfindlichkeit, die sich in brieflichen Beteuerungen Brendels (übrigens auch Rahels) ausdrückt, daß man sich niemandem aufdrängen wolle? Gewiß verloren sie auch darüber zu den anderen kaum ein Wort. Ihre «Sucht, alles wissen zu wollen», wie Wilhelm über Henriette klagte, rührte ja gerade daher, daß sie immer noch so wenig von der Welt der Humboldts und thüringischer Landedelfräulein wußten, daß sie möglichst eng dazugehören wollten und doch wußten, daß auch tausend Freundschaftsküsse und geschwisterliche Liebesschwüre eine gesellschaftliche Kluft nicht überbrükken. Sie waren neugierig auf die Welt «der anderen», der Nichtjuden, sie wollten an ihr teilhaben, und sie waren enttäuscht, wenn sie Distanz und Abwehr spürten, eifersüchtig, wenn sich ihre Freunde ohne sie mit anderen vereinten.

Dies geschah, als Wilhelm von Humboldt sich verlobte.

Er und seine beiden Bundesschwestern kannten sich schon lange aus dem Mendelssohnschen Haus und von den Vorlesungen des Dr. Herz. Nachdem der Jette anbetende Jüngling sich wieder von seinen Knien erhoben hatte, bestand zwischen ihm, Jette und der Veit eine seltene schöne Freundschaft. Die beiden Frauen hatten schnell erkannt, was für ein genialer Bursche dieser Wilhelm war: ungewöhnlich interessiert an Kunst und Wissenschaft, hellhörig und neugierig auf Menschen, stets darauf bedacht, den interessantesten von ihnen möglichst nah zu kommen, genau hinzusehen, sich ein Bild von ihnen zu machen; nach seinen eigenen Worten darauf aus, «so viel nur immer und irgend möglich ist, sehen, wissen, prüfen». Von einem so bemerkenswerten Jüngling, noch dazu aus einem Schloß in Tegel, bewundert und verehrt zu werden, schmeichelte den beiden Frauen, und sie wachten sehr darüber, daß niemand die Beziehung störte.

Und nun kommt Wilhelm als Verlobter nach Berlin. Das ändert alles. Es bleibt nur zu versuchen, die Dreier- in eine Viererbeziehung zu verwandeln, doch erkennt man auf den ersten Blick, wie vertrackt das werden wird: auf der einen Seite die beiden Freundinnen, unausgefüllt, auf Aufmerksamkeit und Zuwendung angewiesen und von Wilhelm auch darin verwöhnt, auf der anderen Seite die beiden Liebenden, erfüllt von ihrem Glück und mit sich selbst beschäftigt. Noch zwei Jahrzehnte später erinnert sich Wilhelm in einem Brief an Caroline: «... freilich wurde ich den Schwestern gleich sehr untreu, als ich Dich kennen lernte.»

Seine Besuche werden seltener, und er sieht die Freundinnen, sie heimlich mit der Braut vergleichend, nüchterner als früher. Jette erscheint ihm nun ganz anders, als er sie in seinen verliebten Träumen sah. Auch mit Brendel kann er nicht mehr so herzlich sein. Ihrem Charakter, schreibt er der Braut, mangele es an sanfter Liebenswürdigkeit, an Schönheitssinn und Grazie, sie sei nicht fein genug.

Doch inmitten der Kritik hält Wilhelm oftmals inne, bemüht sich um Gerechtigkeit, spürt wieder die alten zärtlichen Empfindungen, sieht Jettes Gutmütigkeit und Brendels Stärke. Und dennoch: nichts ist mehr wie früher. Man versucht, sich auszusprechen, und bescheinigt sich nur die Entfremdung.

1791 heiraten Wilhelm und Caroline. Als Brendel der Freund

zum erstenmal als Ehemann gegenübertritt, hätte sie «gern laut aufschreien mögen, vor Mitleid – er kömt einen ganz unter die Füße getreten vor». Mit der Wirklichkeit der Humboldtschen Ehe hatte dieser Eindruck nichts zu tun.

Der Tugendbund hat Humboldts Ehe wider Willen seiner Gründerinnen gestiftet, doch das Hochzeitsfest kaum überdauert. Er zerfiel und wurde bald vergessen. Hochfliegende Gefühle, ein solcher Enthusiasmus, sind immer nur von kurzer Dauer. Auch anderswo beweist die Wirklichkeit, daß Menschen leider nicht so tugendhaft und edel sind, um ihre hochgesteckten Programme und Statuten einzuhalten; sie scheitern an dem Widerspruch zwischen Sein und Wollen. Und: Hätte ein Bund denn überdauern können, der allen gesellschaftlichen Regeln widersprach? Das war nun erwiesen: In Formen wie dem Tugendbund, befrachtet mit so vielen Emotionen, konnten Frauen und Männer im Verhältnis der Geschlechter, der Religionen, der Klassen und der Stände zusammen nichts Neues praktizieren – jedenfalls nicht über eine längere Zeit. Gab es andere, wirkungsvollere Formen?

Was im Tugendbund gedacht, gespielt worden war, die Überwindung künstlich aufgestellter Schranken, wurde in den Salons, hauptsächlich in denen von Rahel und Henriette, ungleich überzeugender praktiziert.

Jette hatte den ihren neben dem Gesellschaftszimmer eingerichtet, in dem ihr Mann seine wissenschaftlichen Diskurse über Kantsche Philosophie und Experimentalphysik abhielt. Damen durften da zwar zuhören, doch nichts sagen. Brendel beschwerte sich bei Brinkmann: «Die berühmten Freitags Abende bei H. dauern noch immer fort; aber sie werden jetzt so entsetzlich enuyant, daß ich ernsthaft Anstalten machen will, um mich von diesen Club los zu machen. Stellen Sie sich vor, H. führt die Leute mit keinen anderen Worten zusammen als ‹Der Herr… auch ein großer Kantianer!› und wenn er dann so recht viel zusammengehetzt hat, den können Sie sich den Lärm denken! Und unter dieser Philosophen Hetze müssen wir Frauen den sitzen, und hier und da kömt wohl einer, der sich unter unseren Schutz begiebt, aber wir dürfen nicht ein Wörtchen reden, wir würden die Philosophie profanieren.»

Die Frauen möchten aber gern «ein Wörtchen reden», und deshalb ziehen sie sich nach nebenan zurück, in den Salon von Henriette, um über das zu reden, was sie mehr bewegt als die Physik. Bald kommen auch junge Männer aus dem Gesellschaftszimmer zu den Frauen hinüber und finden Gefallen an der Salongeselligkeit.

Geselligkeit, allerdings ebenfalls zunächst als Männerangelegenheit, gab es auch im Haus Levin. Rahels Vater, ein wohlhabender und weitgereister, zwar kluger, doch zu Hause recht despotischer Juwelenhändler und Bankier, lud oft Schauspieler sowie auch seine adligen Kunden und Schuldner ein, Hofleute, Militärs und Diplomaten. Als er 1790 stirbt, beschließt seine neunzehnjährige Tochter Rahel, nun ihrerseits Freunde und Bekannte, interessante Menschen, einzuladen und bei einer Tasse Tee gebildete Konversation zu führen. So entsteht Rahels Salon.

In den neunziger Jahren des 18. Jahrhunderts erleben die zehn bis fünfzehn hauptsächlich jüdischen Salons in der preußischen Hauptstadt ihre Blütezeit. Alles spielte sich unter nicht viel mehr als hundert Menschen ab: Schriftstellern und Offizieren, Hofleuten und Intellektuellen, Schauspielern sowie Diplomaten und ihren jüdischen Gastgeberinnen – unter Menschen, die unabhängig von ihrem Rang und Stand nach wahrhaft menschlichen Beziehungen suchten.

Wo gab es die denn sonst?

Beim Adel, auf den Hofgesellschaften, ging es unbeschreiblich öde zu. Elisa von der Recke stellte fest, daß man anstelle von Menschen auch Automaten schicken könne, ohne daß die Hofgesellschaft es bemerken würde. Bei Bürgern eingeladen zu werden, war meistens auch kein größerer Gewinn. Die Schriftstellerin Friederike Unger beklagte sich darüber, wie geistlos und stumpf vor allem die Frauen seien, oft an nichts anderem interessiert als an Karten spielen und Walzer tanzen. In den Salons hingegen wurde anregend über neue Bücher, Theater- und Konzertaufführungen, Reisen, Tagesneuigkeiten, den Sinn des Lebens diskutiert.

Und während in den jüdischen Salons alle Standesunterschiede und gesellschaftlichen Gegensätze wenigstens für ein paar Stunden aufgehoben waren, dauerten diese Gegensätze in der übrigen Gesellschaft fort. Zwischen einem Grafen und einem Bürger mußten mindestens sechs Stühle stehen. Adlige durften, streng abgetrennt von Bürgern, nur mit ihresgleichen tanzen, und wenn sie öffentlich, zum Beispiel in der Oper, speisten, waren Bürger nur zum Zusehen zugelassen.

Ob bei Hofe, ob in einem Bürgerhaus – für Gesellschaften galt die Geschlechtertrennung. Friederike Unger hat das in ihren «Briefen einer reisenden Dame» anschaulich beschrieben: Die Männer blieben den größten Teil des Abends unter sich, frequentierten die Spieltische, besprachen die Geschäfte, während ihre Anhängsel, die Ehefrauen, Strümpfe für sie strickten und sich über Kinder und die Küche unterhielten. Ganz anders im Salon: Frauen luden ein, ihre Männer spielten dabei keine Rolle. Sich dessen oft nicht mal bewußt, zerstörten die jüdischen Salondamen das Klischee von der passiven, schwachen, ungebildeten Frau; sie ließen wenigstens für Stunden die angeblich gottgewollte Über- und Unterordnung im Verhalten der Geschlechter außer acht und verkehrten mit Männern wie mit ihresgleichen.

Einen Salon, der denen ihrer beiden Freundinnen auch nur annähernd vergleichbar wäre, hat Brendel anscheinend nicht geführt. Jedenfalls weiß man nichts davon. Bekannt ist lediglich, daß sie nach dem Vorbild ihres Vaters Leseabende veranstaltete, zu denen sie vornehmlich jüdische Freunde wie Friedländer und die Herzens, dazu Karl Philipp Moritz, einlud, um gemeinsam «dramatische Sachen» zu deklamieren. Zur großen Freude aller Gäste erschien gelegentlich auch Moses Mendelssohn.

Seine älteste Tochter muß man sich wohl hauptsächlich als

Gast in anderen Salons vorstellen, am häufigsten bei Henriette Herz. Gern gesehen als lebhafte Erzählerin, witzig, spöttisch, mitunter auch auf eigene Kosten, dann wieder ernst mit einem kenntnisreichen, doch sehr subjektiven Kunsturteil. Das war typisch für die Veit: immer entschieden für oder entschieden gegen etwas und nie von einer Liebenswürdigkeit zu sein, der Gleichgültigkeit zugrunde liegt. Diejenigen, die sie mochte, erfuhren, wie warmherzig sie war.

Durch diese Salonkultur ist Brendel Veit nachhaltig beeinflußt worden; sie hat die entscheidende Wende ihres Lebens mit herbeigeführt.

Nicht nur am Beispiel des berühmten Vaters, sondern zum erstenmal nun auf sich bezogen, erlebte Brendel, daß Menschen die Anerkennung anderer Menschen nicht von Geburt und Position, sondern von der Persönlichkeit abhängig machten. Das entsprach ihren eigenen Vorstellungen vom Wert des Menschen und gab ihr selbst die Chance, von Menschen mit unterschiedlichem Rang und Stand respektiert und akzeptiert zu werden.

Mehr noch: Als eine der bekanntesten Salondamen Berlins fühlte sich Brendel einer intellektuellen Elite zugehörig, gekennzeichnet durch gleiche Anschauungen und Interessen. Jeder stand mit einem Bein noch in seiner von der Geburt bestimmten alten Welt und mit dem anderen Bein schon in der neuen, selbstgewählten.

Adlige und andere nichtjüdische Salonbesucher traten aus der Welt heraus, aus der sie kamen; sie hielten deren Lebensregeln und Umgangsformen für antiquiert und nicht human. Es war unausbleiblich, daß Brendel und andere jüdische Salondamen ihrerseits das Judentum kritischer betrachteten. Je mehr sie sich ihren neuen Freunden und Bekannten verbunden fühlten, um so mehr entfernten sie sich von anderen Juden.

Brendel lebte nun an der Grenze zwischen der jüdischen und der nichtjüdischen Welt, schwankend zwischen Illusionen und Enttäuschungen. Sie konnte ja nicht übersehen, daß jene Herren vom Adel, denen sie in den Salons begegnete, zwar bereit waren, mit ihr im Tiergarten zu spazieren, aber kein einziger die jüdischen Salondamen, bei denen er aus und ein ging, auf das Schloß, den Herrensitz, in sein Zuhause lud. Rahel, von ihren aristokratischen Freunden liebenswürdig-herablassend «die Kleine» oder «die kleine Levin» genannt, beschwerte sich oft bei jüdischen Freundinnen, wie schlecht sie von aristokratischen Salonbesuchern zuweilen behandelt werde. Doch war sie nicht bereit, ihren Zorn offen den Beschuldigten zu zeigen und wollte auch nie zugeben, daß ihr angetane Kränkungen etwas mit dem Judentum zu tun haben könnten.

Brendel gehörte wohl zu jenen, die über den wohltuenden Freuden des Salons manchmal die Wirklichkeit ringsum aus ihren Augen verloren, die nur sahen (oder sehen wollten), wie sich der Abstand zwischen Juden und Nichtjuden immer mehr verringerte, und deshalb meinten, es käme darauf an, noch vorhandene Unterscheidungsmerkmale zwischen Juden und Nichtjuden soweit wie möglich abzuschaffen. Dazu gehörten auch die jüdischen Namen. Eines Tages verwandelte sich eine Malka in Amalie, und Pessel Zülz ließ sich nun Philippine rufen. Später wollten die Levins Familie Robert sein. So wurde ab etwa 1794 aus Brendel Dorothea Veit.

Ein neuer Vorname – was sagt das? Eine Mode mitzumachen? Eine neue Identität zu finden? Simon Veit, die Neustrelitzer und andere Freunde des Vaters sagten sicherlich auch weiter Brendel. Der erste erhaltene Brief, der mit Dorothea unterzeichnet ist, wird an einen Christen, an Brinkmann, abgeschickt. Kann die dem Vater so ähnelnde Tochter Moses Mendelssohns erwarten, aufgrund des neuen Vornamens für eine Nichtjüdin zu gelten? Auf jeden Fall will sie sich doch wohl von ihren neuen Freunden und Bekannten möglichst wenig unterscheiden. «Das unendliche Verlangen, nach Hause zu kommen, verwandelte sich bald in die ekstatische Illusion, zu Hause zu sein.» (Gershom Scholem)

Gemessen an Frauenrechtlerinnen des 19. und 20. Jahrhunderts waren Dorothea und ihre Freundinnen unpolitische und ichbezogene Damen. Bürgerinnen ohne geistige Interessen verachteten die Salondamen wahrscheinlich, und über Frauen der unteren Stände sahen sie hinweg. Sie wollten nichts für andere, ihnen ging es um die eigene Selbstverwirklichung, und dazu gehörte, als Jüdin und als Frau anerkannt zu sein. Das, so meinten sie, sei ohne Rebellion und Revolution zu schaffen, und keine wollte auf die Barrikaden gehen. Aber mit diesen Frauen beginnt die weibliche Emanzipation in unserem Land. Niemand kann andere befreien, der nicht weiß, was Freiheit ist. Die Salondamen des 18. Jahrhunderts, unfrei als Jüdinnen und Ehefrauen, haben bürgerliche Freiheitsräume eingerichtet und damit begonnen, eine der schönsten Utopien mit Leben zu erfüllen. In ihren Salons erstrebten sie *Gegenseitigkeit* in den Beziehungen zwischen Frauen und Männern, einen wechselseitigen Austausch von Fähigkeiten und Erfahrungen, Gefühlen und Energien.

Während in Preußen ein paar Damen und Herren am Rande der Gesellschaft den freien Umgang miteinander probten, erstürmten die Franzosen die Bastille, zerstörten die Schlösser des Adels, nahmen dem Klerus Pfründe weg und erhoben den Citoyen zum Souverän.

Die deutschen Intellektuellen waren hingerissen! Wahrhaftig! Da transportierten Massen die Ideen von Philosophen aus Studierstuben in die Wirklichkeit! Von Menschen aufgegriffene Ideen veränderten die Welt! In Berlin und anderswo erschienen Flugschriften, Zeitschriften und Bücher, die leidenschaftlich für die Revolution Partei ergriffen. Revolutionslieder wurden komponiert, Revolutionsromane und -schauspiele geschrieben, Oden auf die Revolution verfaßt. Die Mehrheit der deutschen Schriftsteller, Künstler und Philosophen sah in der Revolution «die größte allgemeine Wohltat» und stimmte dem Kapellmeister Johann Friedrich Reichardt zu, daß «das ganze weiße, schwarze, braune und gelbe Menschengeschlecht, rund um den Erdball herum, ein allgemeines feierliches ‹Herr Gott dich loben wir› dafür anstimmen sollte».

Auch Dorothea sah die Wirklichkeit mit neuen Augen. Von einem Besuch in Rheinsberg berichtete sie Rahel: «... die Menschen leben hier von, und durch den Prinzen [Heinrich]; das ist gut berechnet, damit man für sein langes Leben bete! aber es ekelt einem, für diese Sinnlose Macht, und Reichthum. *sein* Haus, *sein* Garten, und alles was er aus *seinem* Fenster übersehen kann; ist üppig und prächtig; gehen Sie nur um ein Haus weiter, nur die Ekke herum, und Sie finden kein ganzes Dach, keine reine Straße, kein ganz angezogenes Kind. Dürftigkeit und Elend allenthalben; und auch diese elende Existenz, ist nur sehr precair: mit seinem Leben endigt auch das ihrige, sie erhalten sich nur vom Abgang seines Ueberflußes; und durch den tausend überflüßigen Dingen die sie ihn verschaffen müßen, ohne daß sie das nothwendige haben, oder die Außsicht haben es künftig, oder durch eigenen Fleis zu besitzen. Das Land in dem *er* launenhaft genug war einen Pallast zu bauen, ist schlecht, rings herum nichts als tiefer Sand und nur die Wege die *er* betritt, sind durch Aufwand blühend gemacht. Verdammter Aristokrate! konnte ich mir nicht erwehren auszurufen. Es ward sehr lebendig in mir, wie ein ganzes Volk mit einemmale sich gegen die schwelgenden Tirannen auflehnen kann, die sich ewige Simphonien vorspielen laßen, und so das Geschrei des Elends nicht hören, daß ihnen sonst zu Ohren kommen würde. So eine Oper, kostet mehr, als es kosten würde, ein eingefallenes Häuschen wieder aufbauen zu laßen, in dem Friede und Wohlhaben wohnen könnte. ich dachte mir ganz Frankreich so, und nun verstand ich die Franzosen. Verzeihen Sie meinen Eifer liebe Aristokratin, – Sie sollten nur Reinsberg sehen.»

Das war nicht die Sprache der «lieben Aristokratin» und der anderen Damen aus den jüdischen Salons. Das ist Dorotheas – und Jahrzehnte später dann Bettinas Sprache. Diese Anklage aus Rheinsberg verbindet Dorothea mit der zwanzig Jahre jüngeren Bettina von Arnim, die im Zeitalter der 48er Revolution zu den Armen geht und für die Unterdrückten spricht – allerdings mit weit mehr Mut und Konsequenz als Dorothea.

Deren Verständnis für die Franzosen wird zwei, drei Jahre nach dem Rheinsberg-Brief schnell vergangen sein. Als diese begannen, die Revolution durch die Guillotine zu vollstrecken, wandten sich viele der bisher Begeisterten mit Schrecken ab. Fast schlagartig verstummte die politische Poesie; die deutschen Intellektuellen kehrten in den Elfenbeinturm zurück.

Oder hatten sie diesen nie verlassen?

Durch die Türen und Fenster der Salons drang politischer Zugwind nie direkt. Golo Mann schreibt in seiner Gentz-Biographie, die Gäste Rahels «diskutierten vom Abend bis zum Morgen über die Geheimnisse der Seele, Traum, Liebe, Tod... fast nie jedoch über Politik und Staat».

Der Gastgeberin und anderen Salondamen war das nur recht, denn sowohl als Jüdinnen wie als Frauen war ihnen der Zugang zu der Welt der Politik versperrt; das war ein Metier, von dem sie nichts verstanden. Außerdem hätte politischer Streit auch jene harmonische Geselligkeit zerstört, an der ihnen so gelegen war.

Auch die meisten männlichen Salonbesucher lebten nur am Rand der Politik. Der junge Theologe Schleiermacher beschwor die Freundin Henriette Herz: «Laß uns lieber an Zeit und Raum gar nicht denken, sondern nur an uns und was uns das Liebste ist, dieses Innere und Wahre.»

Dorothea und ihrem Freundeskreis war nicht einmal die Paradoxie bewußt: Was sie dachten und empfanden, ihre modernen Auffassungen über den freien Umgang zwischen Ständen und Geschlechtern – das alles ist nicht denkbar ohne die tiefgreifenden gesellschaftlichen und politischen Veränderungen, die sich in ihren Jugendjahren vollzogen. Und dennoch blieben sie im engeren Sinn des Politikbegriffes unpolitisch. Ihre Welt war und blieb die Literatur und ihr literarischer Abgott der Autor des «Werther». Die jüdischen Salondamen trugen erheblich dazu bei, Goethe auch in Preußen populär zu machen.

Der Sturm und Drang war hier nicht durchgedrungen. Im Adel galt selbst Lessing als suspekt, während man im Kreis der Aufklärer um Mendelssohn, Friedländer und Marcus Herz über diesen nie hinausgekommen war. Die Salondamen hatten das im «Werther»-Streit erlebt. Doch nicht nur der junge, selbst der arrivierte Goethe fand in Berlin wenig Resonanz. Spielte man Iffland oder Kotzebue, waren die Theater voll, gab man «Iphigenie», «Egmont» oder «Tasso», blieben sie leer.

Die gebildeten Berliner Jüdinnen, besonders Rahel, hingegen machten aus ihren Salons wahre Goethe-Tempel. Sie legten Wert darauf zu wissen, wie es Goethe ging, woran er arbeitete, wohin er reiste, und die, die der Exzellenz schon mal begegnet, womöglich gar von ihr empfangen worden war, berichtete bis ins Detail.

Die Verehrenden wie der Verehrte hatten davon Nutzen. Goethe, so schreibt Adolf Muschg, sei so etwas wie der Taufpate der jüdischen Salondamen gewesen: «In ihm bekehrten sie sich weniger zum christlichen Glauben, zum preußischen Staat oder zur bürgerlichen Gesellschaft als zur deutschen Kultur, im Zeichen ihrer Universalität. Umgekehrt hat kaum eine Gruppe engagierter dazu beigetragen, Goethes Namen und Geltung über alle Grenzen zu tragen. Was ihn nicht davon abhielt, Frauen und Juden bei Gelegenheit gemeinsam seine Malice fühlen zu lassen.»

Das tat auch der Verleger Nicolai; er verfolgte in Berlin die jüdischen Salondamen und Goethe-Verehrerinnen mit Boshaftigkeit und Spott. Der Freund Mendelssohns und Lessings nannte sie «Goethe-Sklaven» und «kriechende Lobhudeln», die den «Wilhelm Meister» rückwärts läsen, «wo er viel größere Wirkung» tut.

Der Verleger, selbst darauf bedacht, allerlei prominente Leute in seinem Haus zu empfangen, empfand die jüdischen Salons als Konkurrenz und lästerte, wo er nur konnte. Dabei übersah der alte Herr oder nahm in Kauf, in welche Gesellschaft er dabei geriet. Kritik an den Salons war häufig mit heftigen antijüdischen Ressentiments verbunden, übrigens auch bei Friederike Unger. Begierig hörte man den kleinbürgerlichen Klatsch über Verhältnisse, illegitime Kinder, Scheidungen und Schulden der

Salongesellschaft. Und sowohl der aufgeklärte Friedrich Nicolai wie auch Autoren moralischer Wochenzeitungen und primitivster antijüdischer Pamphlete waren sich darin einig, gelehrte, arrogante Frauenzimmer, die sich für philosophische Systeme, Kunst, Goethe und Italien interessierten und deshalb in den jüdischen Salons verkehrten, könnten unmöglich gute Hausfrauen und Mütter sein, denn sie würden ihre eigentliche Bestimmung verachten. Nicolai war überzeugt, Salondamen könnten nicht mal Suppe kochen, und damit war alles über sie gesagt.

Doch während sich die Hämischen und Spötter ihre Zungen zerreißen, erlebt Dorothea zum erstenmal, wie das ist, zu lieben und geliebt zu werden, und wie schön es sein kann, so zu leben.

Mitte der neunziger Jahre kommt ein junger Reisender nach Berlin, ein vielseitiger, bemerkenswerter Mann, der, wissensdurstig und neugierig auf Menschen, schon eine Weile durch Europa schlendert, Museen besichtigt und Gestüte, denn er ist sowohl ein Kunstliebhaber wie ein Pferdenarr, der unterwegs skizziert, zeichnet und radiert, Archäologie und Anatomie studiert, wer weiß was noch. Er besucht Theater, Konzerte und Salons und kommt so in das Herzsche Haus. Dort hat Dorothea ihn wahrscheinlich zum erstenmal gesehen.

Der junge Mann heißt Eduard d'Alton. Er ist schlank, doch zugleich kräftig, in seinen Bewegungen gewandt und rasch, und manchmal spielt um seinen Mund ein feines, überlegenes Lächeln. Im Gespräch streicht er die langen, dunkelbraunen Locken aus der Stirn, einmal, noch einmal, immer wieder fallen sie zurück. Alle, die Eduard begegnen, später auch Goethe, Varnhagen, die Gebrüder Schlegel, sind beeindruckt, wie lebhaft und gedankenreich er reden und erzählen kann. Man wird nicht satt, ihm zuzuhören. Auf Gelderwerb, auf irgendein Amt ist Eduard nicht aus. So etwas überläßt er Durchschnittsbürgern ohne Vermögen und Abenteuerlust. Er strebt nach Freiheit, redet davon, nach Amerika zu gehen, und will noch viel erleben. Eduard ist selbstbewußt und ein Genie der Lebenskunst.

Seine Herkunft liegt im dunkeln; ein weiterer Grund, ihn interessant zu finden. Zwar erfährt man, daß er aus Aquileja stammt, einer im Isonto-Delta zwischen Venedig und Triest gelegenen frühen Römersiedlung; auch erzählt er, er sei im Florentiner Jesuitenkolleg erzogen worden und habe später die Militärakademie in Wien besucht – doch wer ist d'Altons Vater?

Er komme aus einer Offiziersfamilie, sagt man, Verwandte bekleideten hohe Ämter in der österreichischen Armee. Aber bis ins 20. Jahrhundert hält sich bei Kind- und Kindeskindern dieses Eduard d'Alton das mit der Zeit zur Überzeugung verdichtete Gerücht, der Urahn sei ein Kaisersprößling, gezeugt von Joseph II. mit der Komteß d'Alton. Alles, was Dorothea von d'Alton selber oder durch andere erfährt, beschäftigt so nachhaltig ihre Phantasie, daß sie ihn später zu einem romantischen Romanhelden machen wird, zum Vorbild ihres «Florentin».

Dieser vornehme Abenteurer ist tatsächlich eine leibhaftige Romanfigur und nach Charakter, Herkunft und Interessen das genaue Gegenteil von Simon Veit. Zunächst sieht man sich im Salon; d'Alton kann es nicht schwergefallen sein, Gefühle bei der Veit zu wecken. Er weiß, wie gewinnend er auf Menschen wirkt, er kennt seine Wirkung auf die Frauen. Auch Henriette, Dorotheas jüngerer Schwester, hat er den Kopf verdreht. Und die Ältere sehnt sich nach Liebe. Schon ein paar Jahre früher hatte Humboldt seiner Braut geschrieben, er sei sicher, von der Veit geliebt zu werden, doch wisse sie sehr wohl, «daß sie mir nicht ist, was ich ihr bin, und nun läßt bald Stolz, bald Liebe selbst... sie schweigen. Das gibt ihr so eine edle, hohe und gehaltene Stimmung, und wenn sie sich einmal hingibt, so unendliche Fülle der Empfindung.»

Nach möglichen Täuschungen, nach zielloser Sehnsucht, unbestimmten Wünschen nun endlich Liebe: die Angespannte ganz entspannt; die Herbe, Ungraziöse sanft und zärtlich. Eduard muß ihr das Gefühl gegeben haben, auch von ihm geliebt zu sein. Sie träumt von ihm, sie fiebert ihm entgegen – «unendliche

Fülle der Empfindung» in seinen Armen. – Oder ist dies nur ein zartes Seelenbündnis, das leidenschaftlich platonische Verhältnis einer Dreißigjährigen mit einem acht Jahre jüngeren Mann? Da möchte man, von Seligkeit für Dorothea träumend, doch lieber Caroline folgen, ihrer späteren Schwägerin; die nannte, obgleich eher hämisch, diesen Eduard den Liebhaber der Veit.

Wenn es so war, kann es nicht lange so gewesen sein. Nach ein paar Wochen, höchstens Monaten, reist d'Alton weiter; vielleicht nach England, wer weiß, vielleicht auch nach Italien.

«Und wohin, mit dem entsetzlichen Vorrat, mit dem Apparat von Herz und Leben!» (Rahel Levin)

Dorotheas Lage erscheint aussichtslos; sie scheint entschlossen, sich in das Unabänderliche zu fügen und bei Veit zu bleiben. Doch vor Jahren schon, an einem Sommertag in ihrer Sommerwohnung, hat sie einmal Rahel gestanden: «... ich kann mich nicht auf der lumpigen Mittelstraße herumtreiben, und die halbverwelkten Blumen mit Mühe und schweißbedeckter Stirne aufsuchen, die dem seeligen Glück in seinem Taumel entfallen.»

Sie ist dreiunddreißig Jahre alt, als sie im Herbst des Jahres 1797, taumelnd wie das «seelige Glück» und diesem folgend, die «lumpige Mittelstraße» endgültig verläßt.

ICH KANN MICH NICHT AUF DER LUMPIGEN MITTELSTRASSE HERUMTREIBEN

Die Geliebte Friedrich Schlegels

Wer sicher ist,
die Folge nie zu bejammern,
darf tun, was ihm gutdünkt.
Caroline Schlegel

Friedrich Schlegel ist fünfundzwanzig Jahre alt und ein vielversprechender junger Intellektueller, als er im Sommer 1797 überraschend, ja fast hastig seinen Wohnsitz von Jena nach Berlin verlegt. Reichardt, der Kapellmeister und Komponist, führt ihn bei Henriette ein, Brinkmann vermittelt das Entree bei Rahel – in den Salons ist Schlegel bald ein gerngesehener Gast: Er hat sein Publikum und seine Welt.

Im Unterschied zu den preußischen Männern, die immer noch den Zopf im Nacken tragen, trägt Schlegel sein dunkles Haar kurz rund um den Kopf geschnitten, ungekräuselt, ungepudert – so zeigt man republikanische Gesinnung. Jetzt ist er noch schlank; in einigen Jahren wird er Fett ansetzen. Seine Züge wirken regelmäßig schön, er hat ein geistvolles Gesicht. «Sein Äußeres gefällt mir», urteilt Rahel.

Der junge Mann beeindruckt durch seine ungewöhnliche Belesenheit. Wie ist es möglich, daß ein Mensch in diesem Alter soviel weiß? Man hört, er habe Jurisprudenz und Philosophie in Leipzig und Göttingen studiert. Doch dieser Schlegel muß von den Vorlesungen der Philosophen und Juristen zu denen der klassischen Philologen und von dort wiederum zu den Historikern gelaufen sein, wie Julius, sein späterer Romanheld der «Lucinde», von «gefräßiger Wißbegier» erfüllt, ganze Bibliotheken leergelesen haben. In der neuentdeckten Antike lebt er wie zu Hause; seine Aufsätze und Essays, seine Rezensionen bestechen durch Urteilskraft und Originalität. «Das ist ein Kopf, worin Operationen geschehen», schreibt Rahel.

Der Mann verblüfft durch seine Wechselhaftigkeit. Mal spricht er mühsam langsam, stockend, fast unbeholfen und tut sich schwer, Gedanken auf den Punkt zu bringen. Ein andermal fliegen die Ideen wie aus einem Taubenschlag ins Licht. Dann formuliert er leicht und glänzend, mit Witz und Geist, setzt flink und sicher die Pointen, reißt hin durch jungenhafte, fast kindlich wirkende Beredsamkeit. Er will beleben und belehren, und es gelingt ihm auch. Kaum einer wirkt so anregend wie er.

Warum ist der junge Schlegel eigentlich nach Berlin gekommen? Er war ja erst seit einem Jahr bei seinem Bruder und der Schwägerin in Jena heimisch und hatte seinen Freund Friedrich von Hardenberg, der sich bald Novalis nennen wird, für den Sommer dorthin eingeladen. Plötzlich aus heiterem Himmel erhielt der erstaunte, ja bestürzte Freund die Nachricht von dem Umzug nach Berlin.

Soviel man weiß, ging der Rat dazu von Goethe aus. Friedrich Schlegel hatte sich mit Schiller angelegt, durch scharfe, provozierende Kritik sich dessen Feindschaft zugezogen; den Bruder und die Schwägerin in den Konflikt verwickelt. Offenbar hatte Goethe ihm geraten, eine Zeitlang, bis die Wogen sich geglättet haben würden, aus Jena zu verschwinden.

Friedrichs polemische Natur lernen auch die neuen Freunde in Berlin bald kennen. Wenn er kritisiert, geschieht das oft einseitig und hart; der junge Heißsporn mag, «wenn man sich öffentlich und entschieden sagt, was man will und meynt». Die einen goutieren das, andere stößt es ab. In der für scharfzüngige Kritiker oft typischen Naivität, die die anderen zugefügten Verletzungen nicht wahrnimmt, fragt sich Schlegel zuweilen verwundert, warum ihn mancher offenbar nicht mag.

Er ist klug, er ist geistreich – liebenswürdig ist er nicht. Er ist bedeutend, interessant und witzig, doch nicht herzlich, und von Güte weiß er nichts. Ist er liebebedürftig? Ja, das sehr. Aber ist er liebesfähig?

Eines Tages, als Dorothea wieder einmal zu ihrer Freundin kommt, wird ihr dort der neue Gast aus Jena vorgestellt. Henriette Herz hat den Augenblick nie vergessen: «Sogleich bei diesem ersten zufälligen Zusammentreffen machte sie einen so gewaltigen Eindruck auf ihn, daß er sogar mir bemerkbar wurde.»

Was ist es denn, was Friedrich so beeindruckt an der Veit?

Sein neuer Freund, der Theologe Schleiermacher, hat ihn als einen Mann beschrieben, dem das Sanfte und das Schöne wenig sage, der an Menschen die großen, starken Züge liebe. Alles, was nicht feurig und nicht stark erscheine, halte er für schwach. Friedrich Schlegel interessieren keine Püppchen, keine Durchschnittsdamen, er sucht nicht siebzehnjährige zarte, anmutige Naivität, sondern «erhabenen Verstand» und «fest gebildeten Charakter». So einem muß die Veit gefallen. Der Altersunterschied spricht eher für als gegen sie. Jünglinge mit großen Plänen, das hat auch Friedrich schon erfahren, finden eher Verständnis bei älteren, starken, mutigen Frauen als bei Unschuldsmädchen.

Viel Glück bei Frauen hat Friedrich bisher nicht gehabt. Caroline Böhmer, die er hätte lieben können, uneingestanden liebte, war seine Schwägerin geworden. An eine von ihm heftig umworbene Leipziger Dame dachte er nicht gern zurück, sie hatte ihn bankrott gemacht. Ein Flirt hier, ein Techtelmechtel dort – «die Frauen kannte er eigentlich gar nicht», wird er in «Lucinde» von seinem Ebenbild, dem Julius, sagen. Vom weiblichen Geschlecht enttäuscht, hatte dieser «seinen ganzen Sinn auf die

Freundschaft mit Jünglingen» geworfen, die wie er «der Begeisterung fähig» waren und nach «großen Gegenständen» strebten. Nun entdeckte Friedrich solche Jünglingszüge an einer Frau, bemerkte an ihr diesen «Trieb nach dem Unendlichen», den er bisher nur bei Männern gefunden hatte.

Madame Veit begreift: Das ist einer, der auch nicht auf der «Mittelstraße» wandern will, einer von den womöglich Außerordentlichen, die, umgetrieben von Ideen und Plänen, Einspruch erheben gegen alles, was Gültigkeit besitzt. Dieser Junge bringt den Mut auf, philosophische Systeme und bürgerliche Konventionen einzureißen – manchmal aber kann er wie ein Kindskopf sein. Ihn zieht das Männlich-Starke Dorotheas an. Sie liebt die Mädchenaugen dieses Götterbuben, wie Wieland ihn und seinen Bruder nennt, liebt die femininen Züge, seine Kindlichkeit.

In seiner Ruhelosigkeit erinnert Friedrich Schlegel sie an Eduard d'Alton. Beide, begabt, gebildet und mit jugendlich-genialen Zügen, verachten vorgezeichnete Karrieren. Mögen andere, Friedrichs Bruder August Wilhelm, Schleiermacher oder auch Jean Paul, sich als Hauslehrer und Hofmeister verdingen – Eduard und Friedrich nicht. Sie sind gelehrt und unstet, seriös und abenteuerlich.

Sich näherkommend, entdecken die Dreiunddreißigjährige und ihr fast acht Jahre jüngerer neuer Freund wie später Julius und Lucinde «eine wunderbare Gleichheit». Beide spotten gern, sind heftig in ihren Neigungen und Wünschen, sehr parteilich. Manchmal nimmt das für sie ein, doch wenn sie hassen, sind sie unausstehlich.

Vor allem verbindet diese beiden Menschen ihre Fähigkeit zum Enthusiasmus, eine Leidenschaft, die nach einer Definition der Madame de Staël «die Liebe zum Schönen, die Erhebung des Gemüts, den Genuß der Hingabe» verbindet und die Existenz des Menschen bis zum Göttlichen ausdehnt. Enthusiastisch sehnen sich die Veit und Schlegel nach einer Aufhebung des Gegensatzes von Vernunft und Gefühl, nach einer Liebe, die Körper und Sinne, Geist wie Seele, den ganzen Menschen gleichmäßig erfaßt.

Doch ein paar Wochen nach ihrer ersten Begegnung äußert sich Dorothea in einem Brief an Rahel enttäuscht und abschätzig über diesen «S.». Sie beklagt seine «Impertinenz» und «Arroganz», seinen Verkehr mit adligen Damen: «Und welche Unverschämtheit! Die Augen gar zu Ihnen zu erheben!» Die Veit ist eifersüchtig, denn sie ist verliebt. Hat sie Grund zur Eifersucht? Schwankt Friedrich zwischen beiden Frauen, zieht er womöglich gar die jüngere vor?

Rahel hat schon einen Geliebten, einen bildschönen Kavalier, den blonden Grafen Karl von Finkenstein, und obgleich es zwischen beiden im Sommer 1797 zu Verstimmungen und im Herbst zu einer Krise kommt, zieht sich das Verhältnis doch noch mehrere Jahre hin.

Trotzdem, so ganz unbegründet ist Dorotheas Argwohn nicht. Friedrich hat ein Faible für Rahel Levin, und diese war von Schlegel schon beeindruckt, als sie ihn noch nicht persönlich kannte, wohl aber seine Aufsätze und Rezensionen. Die beiden mögen sich, und die gegenseitige Sympathie wird dauern. Doch nicht Rahel und Friedrich, sondern er und Dorothea werden ein Paar.

Im Tiergarten verblühen die letzten Rosen, und die ersten Stürme wirbeln Buchenblätter durch die Luft. Unter den Linden, der großen Promenade, bieten Händler ihre Waren feil: Mausefallen und Würste, Parapluies und Pumpernickel, Bücher, Barometer, Obst. Dorothea mag den Rummel nicht. Viel lieber geht sie wie seit Kindertagen ins Theater, um den berühmten Iffland oder die Damen Fleck und Unzelmann in ihren Glanzrollen zu sehen. Friedrich kann sich dies Vergnügen selten leisten, es kostet einen halben Taler, und das geht zu sehr ins Geld. Er behilft sich, mit neuen Freunden Shakespeares «Was ihr wollt» zu deklamieren, auf Einladung der Madame Veit, beim Tee, an ihren Leseabenden teilzunehmen.

Friedrich und Dorothea begegnen einander bei Henriette, sicherlich auch in anderen Salons, im Veitschen Haus oder in der Taubenstraße, wo Schlegel wohnt. Die beiden stellen fest, wieviel gemeinsame Bekannte sie nicht nur in Berlin, sondern auch woanders haben, etwa in Leipzig, und welche Berührungspunkte es zwischen den Mendelssohns und Schlegels gibt. Friedrich kommt aus einer hochangesehenen, traditionsreichen protestantischen Familie. Sein Vater wie auch dessen Bruder waren sowohl Pastoren wie Poeten, und bald stellt sich heraus, daß Moses Mendelssohn Werke von Johann Elias Schlegel, Friedrichs Onkel, in den «Literaturbriefen» besprochen hat.

Wie mag die verliebte Dorothea sich verhalten haben? Sicherlich ist sie unruhig und mißmutig geworden, wenn sie Friedrich irgendwo zu treffen gemeint hatte und er nicht gekommen war. Sicherlich strahlten ihre Augen, wenn er ins Zimmer trat. «Ihr Aussehen... schien jugendlicher und blühender in seiner Gegenwart», wird Friedrich über Lucinde und Julius schreiben.

Angewiesen auf unsere Phantasie und angeregt durch einen zum rechten Zeitpunkt, und zwar 1797 bei Oehmigke dem Jüngern in Berlin erschienenen Ratgeber zur Gewinnung von «Anmuth und Schönheit aus den Misterien der Natur und Kunst», stellen wir uns vor, daß Dorothea plötzlich ein ungewöhnliches Interesse an Schönheitsmitteln zeigte, die jugendlicher, blühender machten, denn sie wollte ihrem Freund gefallen.

In der neuen Schönheitsfibel, die sie sich gekauft haben mag, überwogen auf den ersten Blick Verbote. Nur nicht zu oft waschen! Alle acht bis vierzehn Tage einmal, das genügt! Und ja nicht Seife nehmen, sondern frische reine Molke, Bohnenwasser oder abgekochtes und im Keller wieder kalt gewordenes Brunnenwasser, in das man ein paar Hände Lindenblätter wirft. Hat die Veit, sonst lieber mit einem Buch als mit Kosmetik beschäftigt, Zeit und die Geduld gefunden, alle jene Ingredienzen aufzuspüren, anzurühren, einzukochen, die zur Erhaltung eines sanften Teints mittels italienischer und anderer Masken unerläßlich waren: Wachs und Pomeranzenblütenwasser, Mandelöl und

Schmer, Rosenwasser, Eidotter und Tragakant, den Pflanzenschleim? Bereit, «aus den Misterien der Natur und Kunst» zu schöpfen, löst sie in einem Quart warmen, weißen Weins ein halbes Lot gereinigten Alauns und ein Lot Tragakant auf, vermischt das mit zwei Lot Kalbfußgallerte, dem Eiweiß von zwei Eiern und einem Quentchen feingestoßenen Gewürznägelein und destilliert das Ganze auf dem Herd. In die so entstandene Flüssigkeit weicht sie feine weiße Schnupftücher ein, und zwar dreimal zwölf Stunden lang, wringt sie aus und läßt sie trocknen. Dann legt sie ein so präpariertes Tuch nachts auf ihr Gesicht und reibt ihr Antlitz tagsüber mit dem Schnupftuch ab. Ihr Haar verbirgt sie nicht mehr länger unter Hauben und Perücken, sondern trägt es nach der neuesten Mode «frei wallend», «in ungezwungenen Locken», in die man nachts die Wickler dreht. Leicht aufgelöst, mit freiem Hals und in die langen dunklen Haare ein helles Band gebunden, so hat sie Anton Graff gemalt.

In den letzten Septembertagen 1797 schreibt Schlegel seinem Freund Novalis, er «erwarte kommende Nacht ein schönes Notturno». Das war die Zeit, «als sie sich ihm auf ewig ergab und ihm die Tiefe ihrer großen Seele öffnete, und alle Kraft Natur und Heiligkeit, die in ihr war. Auch sie lebte lange in gewaltsamer Verschlossenheit, und nun brachen zwischen den Umarmungen in Strömen der Rede das zurückgedrängte Zutrauen und die Mitteilung mit einemmale hervor aus dem innersten Gemüt. In einer Nacht wechselten sie mehr als einmal heftig zu weinen und laut zu lachen. Sie waren ganz hingegeben und eins und doch war jeder ganz er selbst, mehr als sie es noch je gewesen waren, und jede Äußerung war voll von tiefstem Gefühl und eigenstem Wesen. Bald ergriff sie eine unendliche Begeisterung, bald tändelten und scherzten sie mutwillig und Amor war hier wirklich, was er so selten ist, ein fröhliches Kind.» («Lucinde»)

Mit dreißig hatte Dorothea in einem Brief an Rahel über eines der unabänderlichen Übel, das sie zu erwarten habe, über das Alter räsoniert: «doch seien Sie ruhig Liebe! das Mittelalter ist eben so dumm nicht bei gescheuten Leuten, manchmal steht es einem für die Jugend!» Als Dorothea im Oktober 1797 dreiunddreißig wird, fühlt sie sich über alle Maßen jung; doch ist sie auch so «gescheut», wie sie mit dreißig war?

Gemessen an den Geboten der jüdischen Orthodoxie war Dorothea zu einer von Gott abgefallenen, mit einer Todsünde belasteten, Mördern gleichzusetzenden Ehebrecherin geworden.

Gemessen an der Freizügigkeit der Sitten im Adel, besonders an den Höfen und in Intellektuellenkreisen, war das Verhältnis der Madame Veit mit einem jungen Gelehrten nichts Außergewöhnliches. Um die gleiche Zeit, da Dorothea die Geliebte Friedrichs wurde, verliebte sich die jungverheiratete Caroline von Humboldt in einen Herrn von Burgsdorff, den die Humboldts als Hausfreund mit auf Reisen nahmen; die Ehe hing an einem Faden.

In christlich-bürgerlicher Sittenstrenge glich das Urteil über Dorothea dem der gläubigen Juden. Ähnlich wie im Judentum maß man männliches und weibliches Verhalten nicht mit gleichem Maß. Nach Rousseau machte sich die Frau schon schuldig, wenn sie des Ehebruchs verdächtigt wurde: «Das was man über sie denkt, ist nicht weniger wichtig als das, was sie wirklich ist.» Ehebruch oder verleumderische Bezichtigung, eine Ehebrecherin zu sein – für die moralische Verurteilung der Frau kam es aufs gleiche heraus. Zwar rechtfertigte Rousseau nicht den Ehebruch des Mannes, aber weibliche Untreue hielt er für unvergleichlich schlimmer. Dem stimmten deutsche Aufklärer wie die Pädagogen Basedow und Campe zu, und dem entsprach auch, was der Freiherr von Knigge in seiner Schrift «Über den Umgang mit Menschen» formulierte: «In Rücksicht auf die Folgen ... ist ... die Unkeuschheit einer Frau weit strafbarer als die eines Mannes. Jene zerreisst die Familien-Bande ... zerstöhrt die heiligen Rechte des Eigenthums und widerspricht laut den Gesetzen der Natur ...»

Wie soll sich also eine Frau verhalten, die leidenschaftlich liebt, deren Liebe jedoch als unerlaubt in der Gesellschaft gilt? Darauf können sich Männer wie etwa Nicolai und Goethe, gemeinhin heftige Widersacher, leicht verständigen: Vernunft (in diesem Fall uneingeschränkt den Frauen zugestanden) und Sittlichkeit gebieten zu entsagen. So unvergleichbar Adelheid in Nicolais «Vertraute Briefe» sowie Charlotte und Ottilie in Goethes «Wahlverwandtschaften» auch sind – alle drei entsagen ihrer Liebe und werden so den von Männern ersonnenen Maßstäben für Sittlichkeit gerecht. Die Brüder Goncourt können sich eine bürgerliche Frau des 18. Jahrhunderts, die ihren Ehemann betrügt, nur «mit einer Art Ekel vor sich selbst» vorstellen, schließlich vergraben in Reue, dahinsiechend unter der Wirkung ihrer Schande, aufgerieben in Verzweiflung, sterbend an Gewissensbissen.

Das ist es ja gerade, was diejenigen, die jetzt über Dorothea klatschen, ihr noch zusätzlich verübeln: Sie bereut nicht. Ja, in der Ehe mit dem ungeliebten Mann hat sie Verzweiflung, Ekel vor sich selbst empfunden, da man sie in Umstände gezwungen hat, die ihrem Selbstverständnis widersprechen. Jetzt, da sie sich zu befreien beginnt, jetzt, da sie liebt, sollte sie sich ihrer Liebe schämen? Unsittlich sind für sie eine Ehe ohne Liebe, aber doch nicht Menschen, die ihren innersten Gefühlen folgen. Nur mediokre Frauen verraten ihren Glücksanspruch, sie will ihn einfordern. Ihre Liebe soll obsiegen über Vernunft und Schicklichkeit, über den Kleinmut, Heuchelei und Vorurteile, verlogene Sitten und Religionsgebote.

Doch der Euphorie dichtauf folgen Skrupel. Diese Heimlichtuerei, die Lügen und Verstellungen widerstreben Dorotheas Bedürfnis nach Wahrhaftigkeit. Das Geheimnis öffentlich zu lüften, hieße, die Gesellschaft willentlich herauszufordern. Hinzu kommt die Sorge vor einem drohenden Bruch mit der Familie. Wie wird die Mutter reagieren, die seit zehn Jahren in Neustrelitz lebt und vor der sie die Beziehung zu Friedrich sicherlich nicht lange mehr vertuschen kann. Was wird aus dem Verhältnis zu Joseph, ihrem ältesten Bruder, und den anderen Geschwistern werden? Joseph hat gerade erst begonnen, in Berlin ein eigenes Bankhaus einzurichten. Ob er erfolgreich sein wird, hängt nicht unbeträchtlich vom Ruf seiner Familie ab. Gar nicht auszudenken, was der Vater sagen würde... Dorotheas Rücksicht auf ihren Mann hält sich in Grenzen. Aber was wird mit den Kindern werden; verbaut sie egoistisch deren Glücksanspruch? Ihre Zukunft erscheint ungewiß.

Was soll sie tun und was soll werden?

Friedrich ist weit weniger bedrückt. Intensiv ist er damit beschäftigt, das Konzept für eine neue Zeitschrift zu entwerfen, die er zusammen mit dem Bruder demnächst herausgeben will. Und er hat für sich und auch für Dorothea einen neuen Freund gewonnen, der die beiden in den kommenden Jahren selbstlos unterstützen wird: Friedrich Schleiermacher, ein aus dem Schlesischen stammender Theologe, der im vorangegangenen Jahr als Prediger an die Charité berufen worden ist. Seinen 29. Geburtstag feiert man schon gemeinsam, und zwar bei den Veits, Dorothea hat einen Geburtstagspunsch bereitet – und ein paar Wochen später, zu Weihnachten, zieht Friedrich zu Schleiermacher in dessen Wohnung um.

Der junge Prediger ist glücklich, endlich einen Freund gefunden zu haben, mit dem er philosophieren, auch über Pädagogik, Theologie und andere Wissenschaften disputieren kann, der scharfsinnig und bedacht seine Überlegungen aufgreift und ihnen durch originelle Ergänzungen und Schlüsse, den Strom seiner Einfälle und Ideen, neue, ungeahnte Richtungen weisen kann. «Er wird immer mehr sein als ich», meint Schleiermacher und überläßt in seiner Bescheidenheit und Bewunderung für Schlegels Intellekt diesem die Dominanz in ihrem Freundschaftsbund. Doch «Schleier», wie ihn seine Freunde manchmal nennen, ist ein ungleich besserer Menschenkenner als sein neuer Freund, denn im Unterschied zu diesem liebt er Menschen und kann sie deshalb vollständiger erfassen. Deutlicher als Dorothea sieht er in Friedrich das Unfertige, dessen unbefangene, naive Selbstbezogenheit.

Friedrich wiederum ist viel zu klug, um nicht zu wissen, was Schleiermacher ihm voraus hat: Einfühlungsvermögen und Bedachtsamkeit, Beharrlichkeit und Ruhe; sein Freund ist der menschlich Überlegene. «Er ist nur drey Jahre älter als ich», schreibt Schlegel seinem Bruder, «aber an moralischem Verstand übertrifft er mich unendlich weit. Ich hoffe noch viel von ihm zu lernen. – Sein ganzes Wesen ist moralisch.» Und an den Freund: «Als Objekt würdest Du mir für die Menschheit sein, was mir Goethe und Fichte für die Poesie und die Philosophie wären.» Noch zweihundert Jahre später beeindruckt dieser zarte, leicht verwachsene kleine Mann durch seine Menschlichkeit und Freundschaftsfähigkeit.

Durch sein Beispiel widerlegte er die Vorstellung vom vernunftbegabten Mann und der gefühlsbetonten Frau, denn er selbst war beides, warmherzig und klug. Seine Freundschaften gerade auch mit Frauen waren bestimmt durch gegenseitiges Anteilnehmen, gemeinsame geistige Interessen. Ob er der größte Mann seiner Zeit gewesen ist, dessen war Bettina von Arnim sich nicht sicher; «aber der größte Mensch ist er gewiß».

Schleiermacher ist auch gemütvoller als Schlegel und hat mehr Sinn für Atmosphäre, für Behaglichkeit und «die lieblichen Kleinigkeiten des Lebens». Darum genießt er das Zusammenleben mit dem Freund noch mehr als dieser.

«Wie neu ist mir das», schreibt er der Schwester, «daß ich nur die Türe öffnen brauche, um mit einer vernünftigen Seele zu reden, daß ich einen guten Morgen austeilen und empfangen kann, sobald ich erwache, daß mir Jemand gegenüber sitzt bei Tische, und daß ich die gute Laune, die ich Abends mitzubringen pflege, noch früh Jemand mitteilen kann. Schlegel steht gewöhnlich eine Stunde eher auf als ich... ich erwache gewöhnlich durch das Klirren seiner Kaffeetasse. Dann kann er von seinem Bett aus die Türe, die meine Schlafkammer von seiner Stube trennt, öffnen, und so fangen wir unser Morgengespräch an. Wenn ich gefrühstückt habe, arbeiten wir einige Stunden, ohne daß einer vom anderen weiß... ich bekomme mein Essen, wie Du weißt, aus der Charité, Schlegel läßt sich seines aus einem Gasthause holen. Welches nun zuerst kommt, das wird gemeinschaftlich verzehrt, dann das andere, dann ein paar Gläser Wein getrunken, so daß wir beinahe ein Stündchen bei unserem Diner zubringen... wenn ich abends zwischen 10 und 11 nach Hause komme, finde ich Schlegel noch auf, der aber nur darauf gewartet zu haben scheint, mir gute Nacht zu geben und dann bald zu Bette geht. Ich aber setze mich dann hin und arbeite gewöhnlich noch bis gegen 2 Uhr, denn von da bis halb 9 kann man noch vollkommen ausschlafen. Unsre Freunde haben sich das Vergnügen gemacht, unser Zusammenleben eine Ehe zu nennen und stimmen allgemein darin überein, daß ich die Frau sein müßte, und Scherz und Ernst wird darüber genug gemacht.»

«Ich meyne, ich habe hier nur Einen Freund und Eine Freundin, aber diese sind auch darnach», schreibt Friedrich Anfang 1798 über Schleiermacher und die Veit. Noch weiß er nicht, was für ein entscheidendes Jahr begonnen hat – sowohl für ihn und seine Freunde wie auch für die Geistes- und Kulturgeschichte. 1798 beschließt Dorothea, sich von Veit zu trennen. In Jena lernt der Philosoph Friedrich Wilhelm Schelling Caroline Schlegel kennen; ihre Liebe zueinander wird die Ehe August Wilhelms sprengen. In Berlin beginnt Schleiermacher auf Drängen Friedrichs, seine Reden «Über die Religion» zu schreiben, und es erscheinen «Franz Sternbalds Wanderungen», ein Roman des jungen Ludwig Tieck, sowie die Zeitschrift «Athenaeum», eine von den Brüdern Schlegel herausgegebene Halbjahresschrift. Sowohl Tiecks Roman wie auch die Zeitschrift und dann Schleiermachers Reden bezeichnen einen geistigen Einschnitt: Die Aufklärung erweitert sich zur Frühromantik.

Dorothea, die Tochter des Aufklärers Moses Mendelssohn, erlebt nun an der Seite Schlegels das Aufbegehren des Gefühls, der Phantasie gegen die Vorherrschaft der Rationalität. Doch wird ihr nicht bewußt, welche Rolle sie und ihre Freundinnen dabei spielen: Das romantische, vom Sturm und Drang geprägte Lebensgefühl der Goethe-Schwärmerinnen aus den jüdischen

Bürgerhäusern, der Bundesschwestern aus dem Tugendbund, der Salondamen in Berlin war ein früher Protest gegen jegliche Verstandesenge. Nicht nur Friedrich Schlegel, auch Dorothea Veit gehört zum Gründerkreis der Frühromantik. Sie personifiziert schon die Romantik, als diese noch gar nicht als Kulturepoche existiert.

Friedrichs «Eins und Alles» ist das «Athenaeum». Im Winter 1798 kümmert er sich intensiv um Bogenzahl, Format, Schriftgrad und die Honorare und behält, die ersten Nummern konzipierend, beständig das Prinzip im Auge: Das «Athenaeum» soll eine philosophisch-literarische Programmzeitschrift werden.

Widerwillen soll sie züchten gegen das eintönig Geregelte und Systematische, gegen die Spaltung von Vernunft, Natur und Sinnlichkeit. Weg mit den Gewißheiten! Verachtung soll sie wecken für die Konventionen der Philister. Weg mit dem Althergebrachten! Plädieren soll sie für die Subjektivität und die Macht der Phantasie, für alles, was sich nicht in Regeln bringen läßt, für das Ungeordnete des Lebens, «wechselnd zwischen Chaos und System, Chaos zum System bereitend und dann neues Chaos». Ein gewaltiger Anspruch wird erhoben: Die Poesie soll erneuert werden und mit ihr durch sie die Philosophie, Religion, Moral. Wie Mohammed will Friedrich «mit dem feurigen Schwert des Wortes das Reich der Geister welterobernd ... überziehen». Überspanntheit ist «von jeder Neuerung unzertrennlich» (Franz Grillparzer).

Dem Anspruch muß die Form entsprechen. Sie soll sich unterscheiden von dem pädagogischen Ernst und der umständlichen Langeweile biederer Gelehrter. Der «Athenaeum»-Stil soll schneidend witzig, «durch erhabne Frechheit» ausgezeichnet sein; «Meisterstücke der höheren Kritik und Polemik» sollen Aufsehen erregen. Chamfort, einem Franzosen, folgend, entwickelt Friedrich neue Ausdrucksformen, das aphoristische Fragment; «Randglossen zu dem Text des Zeitalters» will August Wilhelm darin sehen. Jedermann im Freundeskreis wird aufgefordert, so ein Fragment, womöglich mehrere, eine ganze

Sammlung beizubringen. Friedrich und Schleiermacher durchforschen gegenseitig ihre Notizhefte, um kluge Formulierungen aufzuspüren. Caroline Schlegel soll aus Briefen, «woher sie will», Geeignetes an Friedrich senden. Dorothea, Schleiermacher und Novalis – niemand kommt daran vorbei, «Fragmentensamen» abzuliefern; Novalis' «Blüthenstaub» erscheint gleich in der ersten Nummer. Die Zeitschrift wird zum Freundschaftswerk.

In ihrem Buch über «Die Romantik» hat Ricarda Huch beschrieben, wie beschwingt Friedrich damals war: Er wurde «liebenswürdiger, zuversichtlich, froher» und sah «mutig und stolz» ins Leben. Niemals zuvor war er so begeistert, so einfallsreich, so produktiv gewesen. Er besaß nun, wonach er sich gesehnt hatte: geniale Freunde, die verstanden, was er wollte, und ihn unterstützten, einen Gegenstand, mit dem er in den Köpfen der Menschen eine Revolution entfachen, einen neuen Zeitabschnitt einleiten wollte, und eine Frau, die ihn leidenschaftlich liebte.

Doch in seinen Briefen an den Bruder und die Schwägerin in Jena wird Dorothea kaum erwähnt. Zunächst teilte er den Verwandten überhaupt nichts von ihr mit, und nachdem sie von anderen über seine Beziehung zu der Veit erfahren haben, beschwichtigt er sogleich: «Meine Freundin lebt glücklicherweise sehr eingezogen und schont meine Zeit aufs äußerste. Es ist selten genug, daß ich einige Stunden der Convenienz opfre und wird immer seltner.» «Wird immer seltner»? Dann wieder schildert er Dorothea als eine einfache und wackre Frau mit Sinn für Liebe, Musik, Philosophie und Witz, in deren Armen er wieder jung geworden sei, betont jedoch, ihr «die Gränzen unsrer Verbindung ... mit aller Härte meiner Offenheit» bestimmt zu haben.

Zurückhaltend bis an die Grenze des Verrats an Dorothea, so zeigt sich Friedrich in seinen Briefen, wenn von der Veit die Rede ist. Ausführlich, schwatzhaft, amüsiert berichtet er hingegen von seinen Erfahrungen mit einer anderen Dame, die sowohl August Wilhelm wie auch Caroline wohlbekannt ist: Friederike Unger.

Ihr Mann, der Verleger von Goethes «Wilhelm Meister», gilt als tüchtiger und honoriger Geschäftsmann; an einer solchen Verbindung liegt den Brüdern. Er wird Friedrichs «Geschichte der Poesie der Griechen und Römer» und August Wilhelms Shakespeare-Übersetzungen verlegen. Friederike, seine Frau, eine bekannte und vielseitige Autorin, gibt Kochbücher heraus, übersetzt Bücher und Theaterstücke, schreibt für Journale und verfaßt Romane. Ihr bekanntester heißt «Julchen Grünthal».

Diese Friederike Unger, so will Friedrich glauben machen, sei in ihn verliebt, schreibe ihm so viele Liebesbriefe, daß man sie per Pfund verschicken könne, und habe ihm so lange zugesetzt, bis sie schließlich «a toute bride meine Freundin» wurde – eine Geliebte, die Friedrichs Gunst mit Dorothea teilt?

Ist das wahr? Die Unger stellt es anders dar. Sie zählt Schlegel zu den jungen Gelehrten, «welche ihr zwar eben nicht den Hof machen, die aber doch von ihr gern gesehen sind». Zugleich beklagt sie, schon so alt zu sein, daß sie nur noch herzliche, gelegentlich auch eifersüchtige Freundin, doch nicht mehr Frau oder Geliebte für einen Mann sein könne. Doch gerade dies, freundschaftliche Beziehungen zum anderen Geschlecht, würden Frauen, schreibt sie öffentlich, so schwer gemacht; man mißdeute sie, es hafte ihnen «der Argwohn des Unerlaubten an» – eine Deutung, die mancherorts bis heute gilt.

Immerhin ist Friederike Unger, im Briefwechsel zwischen Jena und Berlin als «die Alte» lächerlich gemacht, fast doppelt so alt wie Friedrich Schlegel. Eine «kränkliche, ältliche, grämliche Frau» (so Schleiermacher), die sich, da sie merkt, nicht ernstgenommen zu werden, beleidigt abwendet. Lange vergißt sie Friedrich nicht, sie «grausam verkand» und schwer gekränkt zu haben. Als Varnhagen, Rahels späterer Mann, zehn Jahre später eine Abendgesellschaft in Berlin besucht, klatscht man dort noch immer: Ob er wisse, daß Schlegel mit der Unger eine Liebschaft unterhalten habe? Und zwar zu dem einzigen Zweck, Unger, dem Verleger, Vorschuß abzujagen.

Was kann den Mann bewogen haben, so unverschämt und

maßlos zynisch eine ältere Frau der Lächerlichkeit anheimzugeben? War er stolz darauf, bei den Ungers aus und ein zu gehen? Schmeichelte ihm die Gunst der Frau so sehr, daß er alles Taktgefühl vergaß? Wollte er in Jena damit protzen? Oder schob er die Tändelei mit Friederike Unger in seinen Briefen deshalb vor, weil er fürchtete, die Beziehung zwischen ihm und Dorothea könne seine Bindung an den Bruder und die Schwägerin gefährden?

August Wilhelm ist für Friedrich Bruder, Vater, Freund in einem, der Mensch, der ihm am nächsten steht. Caroline – das ist die Frau, die er verehrt und der er lange, wie ein Biograph es nennt, mit «schwärmerischer Erbötigkeit» begegnet ist. Ihre Meinung und ihr Rat sind ihm in allem wichtig, und er leidet, wenn sie sich nicht freundlich zeigt. Mit diesen beiden und Auguste Böhmer, Carolines Tochter, fühlt er sich in einem festen Bund und macht durch seine Anhänglichkeit erst eine Familie aus den dreien. Friederike Unger kann diese schöne Bindung nicht gefährden, man lacht gemeinsam über sie; auf Dorothea hingegen könnte Caroline eifersüchtig sein. Friedrich scheint zu ahnen, daß seine Jenaer Familie, so wie sie eingerichtet ist, durch eine zu ihm gehörende Frau Gleichgewicht und Harmonie verlieren könnte. Darum, so könnte man vermuten, hält er Dorothea so im Hintergrund und verleugnet sie.

Und weiß er denn schon so genau, was ihn an Dorothea bindet? Vielleicht weiß er mehr von ihren als von seinen Gefühlen, denn das ist ihm klar: Dorothea ist in seinen Armen nicht «schwach geworden», wie man das nennt, er hat sie nicht verführt. Dafür fehlt der Veit die Leichtigkeit und Leidenschaft des Augenblicks. Ihre Liebe zu ihm bestimmen Heftigkeit und Stärke, eine ihm fremde Energie, Hingabe, die ihn beglückt und leise irritiert. Fürchtet er um seine Freiheit oder weiß er nur nicht, was das eigentlich ist – Hingabe?

Sein eigenes Gefühl – wie soll er es benennen? Julius, sein Roman-Ich, hält die Beziehung zu Lucinde lange Zeit für eine heftige Leidenschaft und entdeckt erst sehr viel später, daß es Liebe ist.

Zunächst einmal, im Frühsommer 1798, sieht man die später so entfremdeten, Friedrich und Friederike Unger, noch friedlich vereinigt in Berlin. Ende Mai 1798 kommt August Wilhelm Schlegel auf Besuch und wohnt auf Einladung der Ungers in deren Sommerhaus. Auch Friedrich ist oft da. Mit dessen neuem Freund, dem Prediger Schleiermacher, wird der ältere Bruder nicht recht warm, aber die junge Henriette Mendelssohn, Dorotheas so sympathische und kluge Schwester, die kürzlich aus Neustrelitz zu den Veits gezogen ist, die gefällt ihm – und er ihr. Einen Augenblick kommt der Gedanke an eine doppelte Geschwisterliebe auf. Doch nach ein paar Wochen reisen die beiden Brüder gemeinsam nach Dresden ab, wo sie ihre Schwester Charlotte wie auch Caroline und Auguste, deren Tochter, schon erwarten. Nach einem Jahr der Trennung ist die Jenaer Familie glücklich, wieder vereint zu sein. Auch Novalis und Schelling kommen hinzu, man besucht Museen, macht Ausflüge, redet sich die Köpfe heiß, verlebt gemeinsam einen schönen Sommer.

Um Dorothea soll sich Schleiermacher kümmern. Offenbar ahnt Friedrich, wie verunsichert sie durch seine Abreise nach Dresden ist, und bittet seinen Freund um Unterstützung. Gerade erst hat Dorothea eine schwere Krankheit überstanden, eine innere Entzündung, heißt es, die Familie und Freunde ein paar Tage um ihr Leben fürchten ließ. Danach hatte sie, betreut von Marcus Herz, mit heftigen Schmerzen wochenlang zu Bett gelegen. Man darf vermuten, daß ihr Zustand, daß die Krankheit Ausdruck ihrer Unruhe und Angst, des Konflikts und der Verzweiflung ist. Je stärker ihre Gefühle für Friedrich werden, um so unhaltbarer wird ihre Situation. Sie weiß, daß sie zu einer Entscheidung kommen muß.

Was soll sie tun, und was soll werden?

In einer solchen Situation wünscht sich der Mensch einen Freund wie diesen Schleiermacher. Er nimmt sich Zeit für Dorothea, führt sie im Tiergarten spazieren, besucht sie in ihrem Sommerhaus. Dorothea muß sich schlüssig werden, was *sie* will. Einfühlsam folgt Schleiermacher ihren Überlegungen und erläutert seine Meinung.

Was gebietet die Moral in Dorotheas Situation? Ein Pastor sollte das wohl wissen. Jedenfalls nicht, meint dieser revolutionäre Gottesmann, eine Ehe aufrechtzuerhalten, die nicht aus Liebe geschlossen worden ist. Eine Ehe ohne Liebe – auch für ihn ist das eine Entheiligung der Ehe. Sie darf nicht herabgewürdigt werden zu einem bloßen Versorgungsinstitut oder zu einem Objekt der Konvention. Sie darf nicht durch Aufopferung zu einem «Grab der Freiheit und des wahren Lebens» werden. Die wahre Ehe, davon ist Schleiermacher überzeugt, schwächt nicht die Persönlichkeit, sondern erweitert sie. Der Mann gewinnt «an Klarheit des Charakters; die Frau dagegen an Selbstbewußtsein, an Ausdehnung, an Entwicklung aller geistigen Keime, an Berührung mit der ganzen Welt». Dieser Schleiermacher, schreibt Ludwig Marcuse, gehörte zu den «leisen Umstürzlern», zu den «stillsten, liebenswertesten Auflösern».

Im Sommer 1798, während Friedrich noch in Dresden ist, entschließt sich Dorothea, bei Veit die Scheidung durchzusetzen. Sie will nicht mehr weiterleben wie bisher. Sie weiß, daß sie viel aufgeben muß: Sicherheit, Gewohnheit, viel Vertrautes, eine wenn auch bedrückende, so doch vorhandene Geborgenheit. Sie weiß, daß sie mit diesem Entschluß erneut, und diesmal aus eigenem Willen, zur Außenseiterin geworden ist.

Was steht dafür, die Scheidung dennoch zu begehren?

Die Chance, noch einmal anzufangen! Wie viele Frauen wünschten sich das damals, ohne die Möglichkeit, ohne den Mut dazu zu haben!

Das Recht auf den Raum für seine eigenen Füße, wie Rahel den Persönlichkeitsanspruch der Frau umschreibt.

Ein Glücksanspruch, den Dorothea mit so vielen Frauen im 20. Jahrhundert teilt.

Mendelssohns Tochter emanzipiert sich von den strengen Gesetzen ihrer Religion, dem Urteil der Familie, erhebt sich über alles, was nach den Normen der Mehrheit Moral und Sittlichkeit gebieten, und folgt ihrem Gefühl und ihrem Willen. Das erfordert am Ausgang des 18. Jahrhunderts eine Kraftanstrengung, von der sich Dorothea nie erholen wird.

In der Erinnerung an diesen Sommer und die Freundeshilfe schreibt sie Schleiermacher fünf Jahre später aus Paris:

«Wissen Sie noch, lieber S., wie Friedrich nach Dresden gereißt war, und Sie im Thiergarten mit mir spazieren gingen, und mir zuredeten? Sie wissen vielleicht gar nicht einmal was Sie mir thaten; ehe ich Ihnen damals klagte, glaubte ich mich unglücklich über Friedrichs Abreise; nachdem Sie mir aber trostreich zugeredet hatten, und ich allein war, und mich besann, fand ich daß ich gar nicht deshalb unglücklich war, sondern daß ich nur geängstet wäre von der Ahnung daß, nun mein Schicksal unwiderruflich beschlossen sey, nicht mehr auszuweichen, – welch eine Fülle von Ideen und Entschlüßen, und Sorgen kamen in jenem Augenblick über mich, und verdrängten alles Wehklagen; ohne Ihre Worte, ohne Ihren sanften eindringlichen Trost und Ihr festes Zureden, hätte ich lange mich noch mit den wüsten unnützen Wehklagen herumgetrieben. Wie oft gedachte ich seitdem jener Stunde! Es ist doch etwas was ich Ihnen nie werde genug danken können; es war das Erstemal, daß ich mir bestimmt bewußt war was ich wollte, und was ich thun müße.»

VON EINER LANGEN SKLAVEREI BEFREIT

Die Scheidung

Warum sollen die Weiber
keine Personen sein?
Warum nicht wissen:
es ist mir gut und das ist gut,
oder das ist vorteilhaft,
und das ist recht?
Theodor Gottlieb von Hippel

«Es erscheint vor uns – dem Rabbinatsgericht – der ehrenwerte Herr Simon Veit, Sohn des ehrenwerten Herrn Juda Witzenhausen s. A. nebst dessen Frau, Frau Brendel, Tochter des verstorbenen ehrenwerten Herrn und Lehrers Moses aus Dessau. Und der Mann sprach folgendermassen: Meine Frau Brendel will sich von mir scheiden lassen. Ich habe alle Mittel angewendet, um sie von diesem Vorsatz abzubringen. Sie aber besteht fest darauf. So habe ich... in diese Ehescheidung eingewilligt.»

Das ist der Anfang des GET, des Scheidebriefes, den der Sofer, der Gerichtsschreiber, nach den Angaben Simon Veits in hebräischer Quadratschrift niederschrieb und mit dessen Übergabe an Dorothea (hier noch Brendel) ihre Ehe am 11. Januar 1799 von einem jüdischen Gericht geschieden wurde.

Lange hatte Simon Veit nicht begriffen, was geschehen war. Zuerst begriff er nicht das Unglück seiner Frau, dann entging ihm auch ihr Glück. War er zu beschäftigt, um Veränderungen zu bemerken? Oder waren die Beziehungen der Eheleute so freundlich-konventionell oder sachlich-distanziert, daß die Veränderung der verliebten Dorothea ihm verborgen bleiben mußte? Was hatte er sich denn gedacht, als dieser Schlegel ständig in sein Haus gekommen war? Hatte er gemeint, das sei einer der harmlosen jungen Herren aus den Salons? Vielleicht wollte Simon gar nichts merken, verdrängte wieder, was er sah. Was der Mensch nicht wahrhaben will, sieht er nicht.

«Veit wollte anfangs von einer Trennung nichts wissen», erinnert sich die Herz. Brendel konnte doch nicht die Kinder aufgeben wollen! Sie hatte es doch gut bei ihm! Trennung? Scheidung? Eine Verirrung, die vorübergehen wird! Nur nichts übereilen! Alles wird in Ordnung kommen! «Ich war genötigt, ihm einen Blick in [Dorotheas] Inneres zu eröffnen und dies hatte seine endliche Einwilligung zur Folge.» So wieder Henriette Herz.

Doch Simon hörte auch dann nicht auf, seine Frau zu lieben, und hoffte immer noch, daß sie sich besinnen und bei ihm bleiben möge. Dorothea wünschte sich sicherlich einen auch in seinem Schmerz würdevollen Veit. Aber Simon weinte. Und wie ein trauriger Mensch, der sich nicht scheut, seine Trauer und Bestürzung auch zu zeigen, fragte er nur immer wieder, ob das Unheil denn nicht abzuwenden sei. Dorothea ging das auf die Nerven. Später schrieb sie, von Veits «erbärmlichen Hoffnungen» und vom «weichmüthigen Brey», der ihr Herz bewegen solle, einfach nichts mehr hören zu wollen.

Nachdem Veit erklärt hatte, einer Scheidung nichts mehr in den Weg zu legen, mußten die Kautelen ausgehandelt werden. Als Vermittlerinnen betätigten sich die Herz und Dorotheas Schwester Henriette. Mitte November 1798 berichtete Friedrich seinem Freund Novalis, man befinde sich in einem «Chaos von Verdrießlichkeiten», und noch seien die Veit und er nicht sicher, mit ihrem «Gegner gütlich aus einander» zu kommen.

Doch in der ersten Dezemberhälfte einigte man sich. Glücklich berichtete Friedrich nach Jena, alles sei gütlich verhandelt und die Welt nun klar. Im Gegensatz zu anderen Männern und den bei Scheidungen üblichen Ergebnissen hatte sich Simon Veit einsichtig und großmütig gezeigt.

Gewiß hoffte Dorothea bis zuletzt, die Söhne zu behalten. Aber im 18. Jahrhundert gab es nirgendwo ein Recht, das Müttern bei Scheidungen die Söhne ließ. Nach dem Preußischen Landrecht von 1794 hatte der Vater selbst dann ein Anrecht auf die Söhne, wenn er schuldig geschieden worden war. Auch das Rabbinatsgericht sprach Jonas und Philipp ihrem Vater zu. Doch Simon Veit erklärte sich bereit, der Mutter den sechsjährigen Philipp zu lassen, und zwar bis zu dessen zehntem Lebensjahr. Über die für Dorothea schwerwiegenden einschränkenden Bedingungen heißt es im Scheidebrief:

Die Mutter ist verpflichtet, «in der Zwischenzeit den Sohn Philipp dem Vater zurückzugeben, wenn Fälle eintreten sollten, wo der Vater ihr den Sohn schlechterdings nicht lassen will, als

a) wenn sie sich wiederum verheiratet

b) wenn sie die vertragliche Religion ändert und zu einer anderen übergeht».

In den nächsten Jahren war eine Ehe mit Friedrich Schlegel also nur möglich, wenn Dorothea sich von Philipp trennte.

Die zweite für Dorotheas Zukunft so entscheidende Frage, nämlich die, wovon sie künftig leben sollte, wurde ebenfalls im Scheidebrief geklärt. Auf die Rückgabe der Mitgift sowie des väterlichen Erbanteils konnte sie nicht hoffen; auch das entsprach nicht dem Recht der Zeit. Veit erklärte sich bereit, ihr von ihrem Geld gut tausend Reichstaler zu überlassen und die restlichen dreitausend für die Söhne anzulegen; und zwar zunächst in königlich-preußischen Obligationen, Pfandbriefen und Tabakaktien und später als günstige und sichere Hypothek. Für die Mutter blieben die Zinsen. Zählte man zu diesen noch Veits Kostgeld für den jüngsten Sohn hinzu, konnte Dorothea mit jährlich vierhundert Talern rechnen, das reichte für ein eingeschränktes Leben hin.

Verglichen mit anderen Frauen hatte Dorothea es noch gut getroffen. Caroline von Beulwitz, ihre Bundesschwester aus dem Tugendbund, erhielt von ihrem geschiedenen Mann sechzig, die Schriftstellerin Sophie Mereau für sich und ihre Tochter zweihundert Reichstaler im Jahr. Elise Hahn, der dritten Ehefrau des Dichters Gottfried August Bürger, des Ehebruchs bezichtigt, wurde bei der Scheidung sogar gerichtlich untersagt, «eine zweyte Verehelichung zu vollziehen, so wie denn dieselbe ihres brautschazes für verlustig erkläret und zur Erstattung sämtlicher verursachten Kosten hiermit schuldig ver(ur)theilet wird».

Eine Scheidung, noch dazu auf Betreiben der Frau, war am Ausgang des 18. und auch im 19. Jahrhundert außergewöhnlich und sehr selten. In Preußen wurde die gesetzliche Ehescheidung überhaupt erst 1794 mit dem Allgemeinen Landrecht eingeführt – eine Folge der Aufklärung und der Französischen Revolution. Doch auch in diesem Fall bildeten die Salons und Intellektuellenzirkel, in denen Dorothea Veit verkehrte, eine Ausnahme von der gesellschaftlichen Norm. Fast die Hälfte der jüdischen Salondamen in Berlin ließ sich im Lauf der Zeit von ihren ihnen zugewiesenen jüdischen Ehemännern scheiden. Nur: keine der anderen geschiedenen Frauen war eine Tochter Moses Mendelssohns. Nur: die meisten von ihnen, aus wohlhabenden Elternhäusern stammend, heirateten in den verarmten preußischen Adel ein und söhnten Familie und Freunde so mit der vorangegangenen Scheidung aus. Die Tochter Moses Mendelssohns hingegen schlüpfte nicht in eine neue Sicherheit. Sie lebte fortan in freier Liebe mit einem gänzlich unbemittelten Gelehrten, gab Wohlstand und Sicherheit für Anstrengungen, Ungewißheit und Entbehrungen auf.

Neubeginn – das tiefe Glücksgefühl, im letzten Augenblick von einer schweren Last erlöst, von einem unerträglich gewordenen Leben sich selbst befreit zu haben, spricht aus einem Brief, den Dorothea am 2. Februar 1799 an Brinkmann schrieb:

«Seit 3 Wochen bin ich, nach vielen Contestationen, Scenen, – nach manchem Schwanken, und Zweifeln – endlich von V. *geschieden*, und ich wohne allein – aus diesen Schiffbruch, der mich von einer langen Sklaverey befreit, habe ich nichts gerettet, als eine sehr kleine revenue, von der ich nur äußerst sparsam leben kann, vielen guten, frohen Muth, meinen Philip, einige *Menschen*, mein Klavier, und das schöne bureau, den ich von Ihnen habe, und vor den ich Ihnen jetzt schreibe – da haben Sie in wenigen Worten alles was ich nun *besitze* – aber wie soll ich Ihnen alles herrechnen was ich *los geworden* bin?... Seit langer Zeit (fühle ich) wieder einmal recht lebhaft, recht tief im Herzen das Bedürfnis..., alles was mir lieb, was mir werth ist recht eng um mich zu versammeln, und mich meines erworbnen, meines kostbaren Eigenthums zu erfreuen; wie eine freygelaßne, die nun erst etwas ihr eigen nennen darf, nachdem sie sich selbst angehört; und nun mit eifersüchtiger Sorgfalt es bewacht. Denken Sie sich mein Gefühl, so lange ich lebe, ist dies das erste Mal, daß ich von der Furcht frei bin, eine unangenehme Unterhaltung eine lästige Gegenwart, oder gar eine demütigende Grobheit ertragen zu müßen. Kaum fühle ich mich noch recht – noch bis jezt ist mir wie einer, der lange eine große Last getragen, er glaubt sie noch zu fühlen nachdem er ihrer schon längst entledigt ist. Jezt bin ich was ich längst hätte sein sollen lieber Freund! jezt bin ich glücklich und *gut – keine Gruseley* mehr, keine Beschämung vielleicht würden Sie mich auch nicht mehr so hart finden, ich lebe in Frieden mit allem was mich umgiebt! Es war noch eben Zeit – hätte ich diesen lezten glücklichen Moment nicht festgehalten, und benuzt, so wäre es dann zu spät gewesen, und – glauben Sie mir – ich hätte es nicht ertragen – was die Welt ein geehrtes Alter nennt, wäre für meine Überzeugung ein schmachvolles Alter gewesen, und dies wollte ich nicht erleben – *mein Tod* war beschloßen wenn ich hätte unwürdig leben müßen! Diese innere nothwendigkeit hat mich bestimmt einen Schritt zu thun, der wie Sie län(g)st denken werden die öffentliche Meynung gegen sich hatt –... ich habe nach meiner Überzeugung gehandelt; daß ich es bis jezt (noch) nicht gethan habe, ist unverzeihlich von mir, zu meiner Vertheidigung kann ich nur das einzige anführen, das ich bis jezt meine Rechte eigentlich gar nicht kannte...»

Kaum war die Scheidungsabsicht Dorotheas bekanntgeworden, da brachen Klatsch, Entrüstung los. Die verheiratete Tochter Moses Mendelssohns und der liederliche Sohn eines Generalsuperintendenten und Pastor Primarus in Hannover – es würde ja noch heute ein Skandalblatt interessieren. Die Selbstgerechten und die Heuchler führten nun das große Wort, und sie drängten darauf, Dorothea aus einer Gesellschaft auszustoßen, zu der sie nie zugelassen worden war und nie gehören wollte; «welch ein Pack von Lumpenhunden», schimpfte Friedrich.

Die einen sahen in Dorothea die Verführte und gaben Schlegel die Hauptschuld. Für den ordentlichen Bürger war dieser Bursche ein Nichtstuer, ohne geregelte Existenz, ohne Einkommen und Vermögen. Nicolai sah in Friedrich einen von diesen «excentrischen Schiefköpfen», die immer nur forderten und nichts leisteten. Noch fast hundert Jahre später empörten sich Autoren, Biographen der Familie Mendelssohn, über diesen «Wollüstling» und «Egoisten», dessen «dämonischen Zwang» Dorothea erlegen sei.

Freunde und Verehrer Moses Mendelssohns, besonders innerhalb der jüdischen Gemeinde, warfen Dorothea vor, den Namen ihres Vaters in den Schmutz gezogen zu haben. Hatten die Leichenredner und Nachrufschreiber nicht ausdrücklich «seinen untadelhaften Wandel, seine hohe Rechtschaffenheit» gepriesen? Hatte er den Christen durch sein Beispiel nicht bewiesen, auch ein Jude konnte Tugend und Religion befördern? Und nun dies! Das in den Augen frommer Juden sittenlose Verhalten der Tochter ging nicht nur sie allein, sondern, der Tradition entsprechend, die ganze jüdische Gemeinde an, denn sie war in den Augen Gottes für das Verhalten jedes ihrer Mitglieder verantwortlich. Die Orthodoxen konnten nicht laut genug darauf verweisen, wohin es führe, wenn man sich erdreiste, den Glauben seiner Väter zu mißachten. Es ende im Verderben.

Mendelssohns Freund, Friedrich Nicolai, bemühte sich in seinem Roman «Vertraute Briefe», den Skandal um die Tochter seines Freundes vordergründig ganz zu ignorieren und den Lesern am Beispiel seiner Heldin Adelheid zu zeigen, wie eine Frau sich zu verhalten habe: Umworben von dem Jüngling Gustav, weist sie ihn sogleich auf «das Mißverhältnis des Alters» hin, das eine Verbindung zwischen ihnen verbiete. «Sie sind fünfundzwanzig Jahre alt und ich fünfunddreißig... ich kann nun einmal die fatalen neun Jahre nicht aus dem Sinne kriegen... Selbst unsere edelste Leidenschaft bedarf des Zügels der Vernunft.» Sie schickt sich nicht «zur Buhlerin» und läßt sich durch Opfersinn und Dulden von «der gesunden Vernunft» durchs Leben führen.

«Man ist sogar todt nicht mehr für Klätschereyen sicher», hat Dorothea prophezeit. Genauso kam es. Kaum war sie tot, wurde «die Tochter des pedantischen aber ehrenhaften Mendelssohns» in Erinnerung an ihre Scheidung in einer Leserinnenzuschrift der «Allgemeinen Zeitung» eines «Majestätsverbrechens» beschuldigt, «das nicht groß genug gedacht werden kann». Damals lag die Trennung von Veit vierzig Jahre zurück. Und noch nach über hundert Jahren, zu Beginn des 20. Jahrhunderts, nannte die Katholikin Margarete Hiemenz als «wahre» Scheidungsgründe Dorotheas die «moralische Unbestimmtheit ihrer Kreise» und «Individualismus in einer sehr häßlichen Form».

Das hat Dorothea nicht mehr treffen können. Aber damals, im Winter 1798/99, müssen sie die öffentliche Empörung über ihr Verhalten, die Angriffe, der Klatsch, tief verletzt haben. Irregeworden an ihren Entschlüssen ist sie nicht. «Der Mensch soll seinem innersten Herzen leben», hat Rahel gesagt, soll sich nicht fürchten, leidenschaftlich den schönsten Gefühlen in sich nachzugehen, den Mut dazu für eine Tugend halten. Was anders heißt denn Emanzipation? Sich freizumachen von allem, «was die Leute denken», nicht nachzubeten, nicht nachzutun, nicht nachzugeben. Sich selbst zu finden und den Mut zu haben, selbst zu sein.

«Du würdest Dich an ihr freuen, an einer Frau, die sich in einem so langen Elende ohne eine Stütze als die Energie der Verzweiflung mit dieser Würde emporgehalten hat, und nun mit dieser stillen Kraft daraus hervortritt», schreibt Friedrich Schlegel im Winter 1798 seinem Freund Novalis und versichert ihm zugleich, daß er sich nie mehr von Dorothea trennen, ewig mit ihr leben werde. Überwältigt von ihrer Liebe und dem großen Opfer, das sie in seinen Augen durch die Scheidung für ihn bringt, stellt Friedrich in diesen Monaten sein künftiges Leben ganz auf die Gemeinsamkeit mit Dorothea ein. Er stellt sich vor, an ihrer Seite das Unstete, Ruhelose, die düsteren Stimmungen, den Lebensüberdruß zu überwinden, «Grund und Boden, Mittelpunkt und Form» zu finden. «Nun können außerordentliche Dinge geschehn!» versichert er der Schwägerin.

Noch während die Einzelheiten des Scheidebriefes ausgehandelt werden, malen sich die beiden ihre Zukunft aus. Denn das ist gewiß: Sie wollen zusammenbleiben. Die Pläne, wo man künftig wohnen will, wechseln von Monat zu Monat, manchmal von Woche zu Woche, und unter Lebensplanung hat man sich die Planung für höchstens zwölf Monate zu denken. Als Wohnsitz bieten sich Berlin, Jena oder Dresden an. Berlin? Es spricht mehr dagegen als dafür. Zwar bliebe Dorothea in der Nähe ihres älteren Sohnes, aber sie möchte gern dem Klatsch entkommen und in einer landschaftlich schöneren Gegend leben, wo die Winter weniger hart, nicht so «ertödtend» wie in Preußen sind. Zudem ist das Leben in Berlin sehr teuer. Also wird beschlossen, im kommenden Sommer vorläufig nach Dresden oder Jena umzuziehen.

Friedrich bevorzugt Dresden, wo seine Schwester Charlotte mit dem königlich-sächsischen Hofwirtschaftssekretär Ernst verheiratet ist, bei der er schon einmal, während seiner Dresdner Studienjahre, wohnte. Von dieser Schwester Friedrichs schwärmen alle, die sie kennen. Novalis sagt, das sei eine Frau nach seinem Herzen, und auch Henriette Mendelssohn, auf der Durchreise nach Wien in Dresden auf Besuch, berichtet, wie einzig diese Schwester sei. «Sie gefällt mir ungemein.» Doch Charlotte gibt ihrem Bruder höflich zu verstehen, das ginge nicht, das sei zu heikel: ein unverheiratetes Paar im Hause eines Hofbeamten. Also bleibt nur Jena.

Doch Jena ist wiederum für Friedrich heikel. Einmal schreibt er dem Bruder, wie schön es wäre, wenn sie alle recht bald zusammenleben könnten, dann wenig später, daß es recht bald doch nicht werden könne, weil er nicht mit Dorothea nach Jena kommen wolle, ehe Caroline sie nicht kenne. Er hat Angst. Doch dann, im Frühjahr 1799, lädt Caroline Dorothea ausdrücklich ein, zusammen mit Friedrich und ihrem Sohn nach dort zu kommen, und Dorothea antwortet sogleich, wie sehr auch sie sich wünsche, «einmal eine Zeit lang mit Ihnen leben zu können!... In Berlin kann ich aus vielen Gründen nicht immer leben; wo könnte ich lieber seyn wollen als bey Ihnen, mit Ihnen. Und welches Heil für Friedrich!...» Nun scheint es beschlossene Sache, daß das Paar zumindest eine Zeitlang nach Jena gehen wird. Das Wann bleibt zunächst offen.

Die Bedingungen des Scheidebriefes in Hinblick auf den kleinen Philipp entheben Friedrich einer Entscheidung, die ihm auch vorher schon nicht angenehm gewesen war; will er, für den die Ehe der bürgerliche Tod der Liebe ist, Dorothea heiraten oder nicht? Ein Brief an Caroline vom November 1798 gibt wohl am klarsten seine Meinung dazu wieder:

«Uns bürgerlich zu verbinden, ist eigentlich nie unsere Absicht gewesen, wie wohl ich es seit geraumer Zeit für nicht möglich halte, daß uns etwas andres als der Tod trenne. – Zwar widersteht es meinem Gefühl ganz die Gegenwart und die Zukunft auszugleichen und zu berechnen; und wenn die verhaßte Ceremonie (welches aber nicht füglich, nicht möglich ist) die einzige Bedingung jener Unzertrennlichkeit würde, so würde ich nach dem Gebot des Augenblicks handeln, und meine liebsten Ideen vernichten. – Wenn ich aber davon und von allem übrigen wegsehe, so wäre schon die Verschiedenheit des Alters für mich Grund genug dagegen. Jezt da wir beide jung sind, macht es eigentlich nichts aus, daß sie sieben Jahre älter ist. Aber wenn es ihr nicht länger anständig ist, meine Frau in diesem Sinne zu seyn, dann bin ich noch sehr jung, und werde, wenn ich mich auch ganz ohne Rücksichten wie ein Fremder beurtheile, eben so wenig ohne Frau leben als mich mit einer Gesellin begnügen können. Sie würde wahrscheinlich nicht meine letzte Liebe seyn, wenn sie auch meine einzige wäre; so wie ihre zu mir nicht ihre erste ist.» – Dies als Anspielung auf d'Alton.

Dieser Brief ist ein frühes Zeugnis dafür, daß im Verhältnis Friedrichs zu Dorothea immer beides nahe beieinander liegen wird: Bindung und Distanz, Gefühl und Eigennutz.

Dorothea war gerade erst geschieden, da äußerten auch schon Novalis sowie Charlotte Ernst den Wunsch, die neuen «Verhältnisse auch bürgerlich sanctioniert zu wissen... da die Unannehmlichkeiten nicht zu übersehen sind, die sonst für euch daraus entspringen können». Doch Dorothea war sich längst darüber klar, daß an eine Ehe mit Friedrich jedenfalls vorerst nicht zu denken war. Sie hätte Philipp an den Vater geben müssen, auch jeden Einfluß auf die Erziehung ihres Ältesten verloren, und sie hätte durch einen damit notwendig verbundenen Übertritt zum Christentum ihrer Mutter und den Geschwistern zu allem bisherigen Schmerz den schwersten noch hinzugefügt. Nein, auch ihr Interesse konnte keine zweite Ehe sein. Die Unannehmlichkeiten mußten in Kauf genommen werden. Zugleich erwog sie, später einen gemeinsamen Haushalt mit ihrer Schwester Henriette einzurichten, und während diese als Lehrerin und als Erzieherin Geld verdienen konnte, wollte auch sie sich eine geeignete Beschäftigung suchen, um ihre Finanzen aufzubessern. Wie die aussehen könnte, das wußte sie noch nicht.

Zum erstenmal Verantwortung nicht mehr allein für sich empfindend, faßt Friedrich viele gute Vorsätze, künftig für Dorothea mitzusorgen. «Damit muß ja aller Erwerb und Handel, ja das Eigenthum selbst anfangen: mit der Familie», schreibt er an Novalis und ist gewiß, fortan werde «der merkantilische Geist» ihm hold und sein Leben nicht mehr ein Chaos sein, sondern neu, «auf festem Grund» angehen. Feste Gründe sind gemeinhin mit Geld gepflastert. Woher soll das kommen?

Wird es vielleicht das «Athenaeum» bringen? Immerhin, es gibt Autoren, die auf diese Weise gut verdienen. Gottfried August Bürger zum Beispiel, der Dichter der «Lenore», hat fünfzehn Jahre lang den «Göttinger Musenalmanach» herausgegeben und dafür jährlich fünfhundert Taler bezogen. Und Christoph Martin Wielands «Teutscher Merkur» existiert schon fünfundzwanzig Jahre. Auch viele andere Journale werden von Schriftstellern herausgegeben und von diesen ganz allein geschrieben. Viele der neuen Zeitschriften gehen allerdings nach ein, zwei Jahren wieder ein. Auch das «Athenaeum» hat sich nicht erfolgreich angelassen, und es sieht nicht danach aus, als werde es von Dauer sein.

Immerhin, Friedrich kann auf Einnahmen aus seiner Tätigkeit als freier Autor hoffen. Er hat bereits Abhandlungen, zahlreiche Rezensionen und ein Buch veröffentlicht. Jetzt schreibt er an einem neuen, seinem Roman «Lucinde», von dem er sich viel verspricht. Doch als freier Autor leben zu wollen, ist eine abenteuerliche Idee. Selbst Lessing hatte es nicht durchgehalten. Die Honorare sind niedrig, nur Verleger werden reich. Geistiges Eigentum galt noch weniger als heute. Und im Falle Friedrichs kommt noch seine Unbeständigkeit hinzu. Der ist kein Autor, der sich Tag für Tag an seinen Schreibtisch setzt, um sein Pensum zu erfüllen. Der wirft das eine weg und fängt das andere an: fertig wird dann beides nicht.

Auf eine feste Anstellung mit einem auskömmlichen Gehalt kann er nicht hoffen; arbeitslose Intellektuelle gibt es viele. Friedrich hat auch schon als Zwanzigjähriger wissen lassen, daß er nicht die Absicht habe, sich in ein bürgerliches Joch einspannen zu lassen. «Man kann die menschlichen Dinge nur recht fassen, wenn man frey ist, und gleichsam von aussen. Es springt in die Augen, daß unsere besten Köpfe durch ihre bürgerliche Bestimmung verstümmelt sind... Ich weiß, daß ich gar nicht leben kann», schrieb er dem Bruder, «wenn ich nicht groß bin, d. h. mit mir zufrieden.»

Auf Friedrichs «merkantilischen Geist» verläßt sich Dorothea also besser nicht. Er beginnt denn auch sein neues Leben auf dem «festen Boden» mit bisher üblichen Methoden: Er bittet Freund Novalis, ihm möglichst schnell viel Geld zu pumpen. «Aus welchem losen Faden ist der Traum eures Glücks gesponnen?» (Dorothea Schlegel, «Florentin»)

Knapp vier Wochen vor der Scheidung war Dorothea bei Veit ausgezogen – nicht im Unfrieden mit Simon, nicht im Zorn. Anfang 1799 bezog sie eine kleine Wohnung in der damals am Stadtrand von Berlin gelegenen Ziegelstraße. Eine schöne Gegend war das nicht; in unmittelbarer Nachbarschaft der neuen Bleibe lagen eine Kalkbrennerei und an der Stelle des heutigen Friedrichstadtpalastes die Erste Artillerie-Regiments-Caserne. Dorotheas Nachbarn waren ein Viehmäster, ein Destillateur und der Fischer Busse. Der Neuhinzugezogenen fehlte viel, was zu einer Einrichtung gehört; für Teppiche, Bilder, schöne Möbel war das Geld nicht da. Auch eine Kinderfrau und eine Köchin konnte sie nicht länger engagieren; für die gröbste Hausarbeit fand sich eine alte Frau.

So sah das also aus: Die Tochter des großen Moses Mendelssohn und geschiedene Frau aus der jüdischen Oberschicht Berlins, die geistreiche und gebildete Salondame, die Geliebte eines genialen jungen Mannes, der dabei war, zusammen mit ein paar Freunden eine neue literarische Bewegung in Deutschland, die Romantik, zu begründen, lebte in der halbleeren Wohnung einer abgelegenen Straße von Berlin.

Eine Frau, eine Jüdin, eine Intellektuelle zu sein – jedes für sich allein genügte, ein Leben schwerzumachen. Nun kam noch hinzu, eine Geschiedene zu sein, die mit ihrem nichtjüdischen Liebhaber in wilder Ehe lebte. Das war selbst zuviel für Wilhelm von Humboldt, ihren Freund seit Jugendtagen. Er hätte es für besser gefunden, wenn Dorothea sich ohne Aufsehen von Veit getrennt und sich allein irgendwohin still zurückgezogen hätte. Es bestrafe sich doch immer, schrieb Humboldt später seiner Frau, «wenn man auf eingebildete höhere Ideen gestützt, den einfachen Weg der Pflicht» verlasse. Andere äußerten sich drastischer. Jean Paul, nach der Madame Veit gefragt, sprach verächtlich von der «Kebse».

Damals gab es Stunden in Dorotheas Leben, ausgefüllt von Sorgen um die Zukunft, «Angst vor Schiffbruch», wie es Schleiermacher nannte. Doch sie besaß auch etwas Zupackendes und Resolutes, das ihr gegen Schwermut anzukommen half. Darauf verließ sie sich: «Mein Mut hat etwas von der Spargelnatur an sich; je öfter er abgeschnitten wird, desto dicker wächst er nach.»

Schlegel, der nicht gut allein sein konnte (Schleiermacher hielt sich längere Zeit in Potsdam auf), verlegte seine Arbeit in die Ziegelstraße und verbrachte seine Tage nun bei Dorothea. Sie beschäftigte sich mit allem, was zu seiner Welt gehörte, lernte sein Denken immer besser kennen und machte sich seine Ideen zu eigen.

Vieles kam ihren Vorstellungen entgegen. Er las aus Büchern oder seinen Studienheften vor, sie hörte zu und stellte Fragen. Am Abend vergnügten sie sich miteinander. «Helfen Sie uns lachen», schrieb Dorothea an den Freund nach Potsdam, «denn weiter wird doch nichts gethan, wenn Feyerabend ist...»

Aus Dresden hatte Friedrich seiner Freundin eine von ihm verfaßte Abhandlung «Ueber die Philosophie» mitgebracht, angelegt in Form eines langen Briefes «An Dorothea» – eine ausführliche Anleitung zur Beschäftigung mit der Philosophie. Welche Freude er am Lehren hat! Es zeigt sich immer wieder.

Im Unterschied zu den Aufklärern, die nichts von gelehrten Frauenzimmern wissen wollten, riet Friedrich Schlegel den Frauen, ihre Scheu vor Kunst und Wissenschaft, vor jeglicher Gelehrsamkeit zu überwinden und sich geistig auszubilden. (Das war auch Schleiermachers Meinung.) Dorothea forderte er auf, nicht nur andere lesen und sich dann erzählen zu lassen, sondern sich selbst in philosophische Schriften zu vertiefen:

«Was ich Dir von Spinosa erzählte, hast Du nicht ohne Religion angehört; Hemsterhuys hat Dir viel Freude gemacht; und sogar die Übersetzungen haben Dich vom Plato nicht abschrekken können, den Du wahrscheinlich etwas anbeten würdest, wenn Du ihn ganz kenntest. Auch bist Du gesonnen, ‹Dich nicht nur mit Deiner Naturphilosophie zu begnügen, sondern Du willst, so der heilige Geist Dir beysteht, es zu ganz etwas Ordentlichem bringen.› Ich freue mich, daß es Dir so ernst ist. Wie sollte es auch anders seyn? Eitle Neugier ist Dein Hang zur Philosophie gewiss nicht: denn wer das Rechte weiss, weil er es besitzt in seinem Innern, der hascht nicht bloss nach diesem und jenem, dem ists nicht bloss darum zu thun, nur allerley zu wissen, was die Mode eben stempelt oder die Laune wählt. Warum solltest Du Dich also nicht diesem Hange überlassen? Die Furcht vor dem, was die sogenannte Welt dazu sagen möchte, wird Dich schwerlich davon abhalten können.»

Und wozu das alles? Es ging Schlegel um die Erweiterung des verengten weiblichen Bewußtseins, um die Stärkung des angenommenen weiblichen Hangs zum Unbedingten, zur Religion, verstanden als höchster Ausdruck des Gefühls, um geistige Vervollkommnung und menschliche Veredelung. Auch das Zusammenleben von Mann und Frau mußte dadurch an Lebendigkeit und an Gehalt gewinnen. Es ging Schlegel nicht darum, Frauen zu befähigen, «sich um die Welt zu kümmern»; das blieb Männersache. Darum verstand er auch, wenn seiner Freundin «das gewöhnliche Treiben der Menge» vollkommen gleichgültig war. «Selig, wer sich nicht in das Gewühl zu mischen braucht und in der Stille auf die Gesänge seines Geistes horchen darf.»

Obwohl Schleiermacher in seinem «Katechismus der Vernunft für edle Frauen» eindringlich gebot, die Männer so zu sehen, wie sie sind, und nicht so wie erträumte Helden, ging es der wirklichen Dorothea ähnlich wie später Tolstois Anna Karenina. Wenn diese in den Monaten nach ihrer Trennung von dem ungeliebten Mann an ihre Begeisterung für Wronski dachte, «dann erschrak sie vor sich selbst und suchte nach irgendetwas, was sie an ihm auszusetzen haben könnte, entdeckte jedoch nichts, was nicht über allen Lob erhaben gewesen wäre». Auch Dorothea begeisterte sich an Schlegels «reicher üppiger Fülle von Geist, Seele und Leben», an dem «Genuß» seiner Existenz. Da Friedrich, der zu dieser Zeit Begriffe wie Religion, Gott und Göttlichkeit ziemlich großzügig gebrauchte, gerade erst verkündet hatte, durch die Liebe kehre der Mensch zu seiner ursprünglichen Göttlichkeit zurück, ja, die liebende Lucinde-Dorothea in ihrer «Gottähnlichkeit» gefeiert hatte, so wollte auch diese nicht zurückstehen, ihrem Friedrich einen Tempel zu erbauen: «er ist doch ein Gott, wo nicht mehr!» Manchmal beschlich sie das Gefühl, dem Geliebten nicht zu genügen. In einem solchen Augenblick gestand sie Schleiermacher, all «mein Muth, und mein Uebermuth fürchte ich werden mich nicht ganz von der Angst befreyen, daß ich zu gering für (den) Herrlichen bin...»

Dorotheas Selbstbewußtsein gegenüber Männern, deren Geist und Wissen sie bewunderte, war nie besonders groß, und da sie Schlegel an Charakter weit übertraf, mag ein solcher Brief abstoßend unterwürfig klingen. Aber auch andere, selbstbewußtere Frauen aus Dorotheas Kreis waren sich des großen Bildungsabstands zu ihren Männern sehr bewußt. Wie konnte es auch anders sein? Schließlich konnten Frauen nicht mal höhere Schulen besuchen, geschweige denn studieren. Es war ihnen auch klar, nicht mit Durchschnittsmännern, sondern mit außergewöhnlichen Persönlichkeiten verheiratet zu sein. Caroline, Friedrichs Schwägerin, sah bewundernd zu dem Philosophen Schelling, ihrem späteren Mann, auf, und Frau von Humboldt schrieb an ihren Wilhelm, «wie wenig ich eigentlich bin, und wieviel Du verdientest». Ausgeschlossen von der Arbeits- und Berufswelt ihrer Männer und nicht ausgebildet, wissenschaftlich zu denken und zu arbeiten, hatten es die Frauen dieser Männer schwer, sich als Persönlichkeiten zu behaupten.

Erst der Begegnung mit Friedrich verdankte Dorothea das Bewußtsein, eigene Rechte zu besitzen, und die Vorstellung von Freiheit. Aber wie sollte sie das nun verbinden, ein freier Mensch, eine eigene Persönlichkeit und zugleich eine liebende Frau zu sein? Eigenständigkeit – schloß das nicht Lieben aus? Hieß Lieben nicht, im anderen aufzugehen?

Eine für ihre Zeit typische Antwort auf solche Fragen hielten am Ausgang des 18. Jahrhunderts der deutsche Philosoph Johann Gottlieb Fichte und zu Beginn des 19. Jahrhunderts die französische Autorin Germaine de Staël bereit. Fichte, ein glühender Anhänger der Französischen Revolution, bekannte sich wie fast alle Autoren um die Jahrhundertwende zur frei geschlossenen Liebesehe, und er plädierte dafür, Mann und Frau gleichermaßen das Recht auf Scheidung zu gewähren. Doch weibliche Bestimmung in der freiwillig eingegangenen Ehe war für Fichte die freiwillig vollzogene Aufopferung für den Mann:

«Das Weib *gibt*, indem sie sich zum *Mittel* der Befriedigung des Mannes macht, ihre Persönlichkeit, sie erhält dieselbe, und ihre ganze *Würde* nur dadurch wieder, daß sie es aus Liebe für diesen *Einen* getan habe... Sie hat aufgehört, das Leben eines *Individuums* zu führen; ihr Leben ist Teil seines Lebens geworden... Die Ruhe des Weibes hängt davon ab, daß sie ihrem Gatten *unterworfen* sei, und keinen anderen Willen habe als den seinigen... Je größer das Opfer, desto vollkommener ist die Befriedigung ihres Herzens.»

Mit seinem Werk «Grundlage des Naturrechts nach Prinzipien der Wissenschaftslehre» wurde Johann Gottlieb Fichte zu einem der wichtigsten deutschen Ideologen des Aufopferungsgebots für Frauen. Die Staël folgte ihm darin und nannte in ihrem Buch «Über Deutschland» Aufopferung die «erste aller Tugenden», der man enthusiastisch huldigen solle. Doch im Unterschied zu Johanna Fichte und zu Dorothea Veit, die solche Lehren auf sich bezogen, erwartete Germaine de Staël solchen Enthusiasmus in der Praxis vornehmlich von Männern, jedenfalls von solchen, die ihr nahestanden. Die wohlhabende Germaine de Staël hätte niemals so wie Dorothea Sicherheit aus Liebe aufgegeben, eher schon, wie ihre Auseinandersetzung mit Napoleon zeigt, aus politischer Überzeugung.

Aufopferungsgefühle der gänzlich unpolitischen Dorothea konzentrierten sich auf Friedrich Schlegel sowie auf ihre Söhne. Sie meinte, ihr sei fast nichts geblieben außer Schlegels Liebe, und sah ihren Lebensinhalt nun darin, diesem gleichermaßen zur Ausgelassenheit und Schwermut neigenden, so oft mit sich unzufriedenen, zerrissenen, ruhelosen Mann Zufriedenheit, ja Frieden zu verschaffen. Sie wollte seine frühe Sehnsucht nach einem Menschen stillen, der fähig wäre, «nur in einem zu leben, und über einem alles zu vergessen», und eine Zeitlang glaubte sie wohl auch, «dieselbe Stärke der Liebe» bei ihm zu finden. Vereint mit Schlegel, verhielt sich Dorothea, wie eine gute Jüdin und eine gute Bürgerin sich verhalten sollte: Sie unterstellte sich dem Mann.

Die Scheidung Dorotheas und ihr Zusammenleben mit Schlegel galt als Herausforderung für jeden ihrer Freunde. Jeder mußte sich entscheiden, ob er ihr Handeln billigen und ihr beistehen wollte. Brinkmann, der nur aus der Ferne Anteil nehmen konnte, denn er arbeitete jetzt an der schwedischen Gesandtschaft in Paris, bewährte sich als treuer Freund und genoß auch weiterhin Dorotheas Vertrauen. Das galt auch für Rahel. Doch sie war zu dieser Zeit unglücklich wie nie zuvor. Finkenstein ließ sich immer seltener sehen, und mit seiner Liebe schwand sogleich die Hoffnung Rahels auf Befreiung aus dem Judentum. Henriette Herz bekam ziemliche Schwierigkeiten mit ihrem Mann, der ihr nahelegte, den Verkehr mit Dorothea abzubrechen. Doch sie beharrte darauf, die Freundin nicht im Stich zu lassen, und stand ihr weiter bei. Auch Schleiermachers Freundschaft blieb unberührt von dem Skandal.

So bildete sich ein Freundschaftsbund, «unsere kleine Coalition», sagte Dorothea, bestehend aus zwei so unterschiedlichen Paaren wie der Veit und Schlegel sowie der Herz und Schleiermacher. Auf eine andere, ernstere Weise als im längst vergangenen Tugendbund erlebten die beiden einstigen Bundesschwestern erneut Freundschaft zwischen Frauen und Männern als einen wesentlichen Teil des Lebens. Diesmal zusammen mit zwei Männern, von denen jeder in der Freundschaft, wie es Schlegel einmal von sich selber sagte, eine «unersättliche Bestie» war. Wie im Tugendbund, so hatte auch dieses Freundschaftsverhältnis bei aller Kompliziertheit der Beziehungen etwas Überschwenglich-Emphatisches. Wieder ging es darum, einem anderen Menschen «das innerste seines Wesens, seines Herzens» kundzutun (Schleiermacher), sich ganz, «bis in alle feinsten Falten der Sinne und des Herzens» einem Freund zu öffnen, verstanden zu werden und zu verstehen, das heißt, sich auch in den anderen ganz zu versenken und dort, wie in einem Spiegel, das eigene Ich zu sehen. Auch diese Freunde meinten, im Freund ihr Ich zu finden. So schrieb Schlegel in einem «Athenaeum»-Fragment: «Aber das Höchste ist, wenn zwei Freunde zugleich ihr Heiligstes in der Seele des anderen klar und vollständig erblikken, und ihres Werthes gemeinschaftlich froh ihre Schranken nur durch die Ergänzung des anderen fühlen dürfen. Es ist die intellektuelle Anschauung der Freundschaft.» Dies war bezogen auf die Freundschaft zwischen ihm und Schleiermacher. Dieser aber hatte neben dem Freund noch eine Freundin, die ihm viel bedeutete: Henriette Herz.

Die beiden sahen sich täglich, einmal in der Woche möglichst einen ganzen Tag, und wenn sie nicht beisammen waren, schrieben sie sich regelmäßig. Sie lehrte ihn Italienisch, er sie Griechisch, sie lasen zusammen, unter anderem Shakespeare, und sprachen dann darüber und gingen viel spazieren. Einer gehörte zur Existenz des anderen.

Immer wieder versicherte Schleiermacher seiner Schwester und den Freunden, auch Henriette und sich selbst, was sie verbinde, sei nicht Leidenschaft, nicht Liebe, sondern eine innige Freundschaft; sie seien auch nie versucht gewesen, sich zu lieben. Henriette sei ein leidenschaftsloses Wesen, sie habe ihn als

Frau auch nie erregt und angesichts des körperlichen Unterschiedes zwischen ihnen wäre er sich als Liebhaber lächerlich-grotesk vorgekommen.

Ingeborg Drewitz hat geschrieben, erst durch Schleiermachers Freundschaft habe Henriette Herz Fraulichkeit gewonnen, man kann auch sagen: Menschlichkeit. Er macht die Herz liebenswert durch seine Anhänglichkeit an sie.

Aber war sie ihm denn geistig ebenbürtig? Das spielte für Schleiermacher keine Rolle. Er ging auch gern mit Menschen um, die weniger intelligent waren als er; geselliges Zusammensein war für ihn das Schönste, was es gab.

Aber er hatte doch schon einen engen Freund. Diese Freundschaft füllte ihn nicht aus. Es sei so viel in seinem Gemüt, schrieb er der Schwester, was Männer selten nur verstehen könnten, und deshalb schließe er sich auch so gern an Frauen an, bedeute ihm Frauenfreundschaft so viel.

Schleiermachers Biograph Dilthey hat bemerkt, dieser Friedrich und Henriette seien sich innerlich ähnlich, eng verwandt gewesen, und es habe zwischen ihnen eine Art Wahlverwandtschaft eigener Art bestanden. Das überzeugt nicht recht. Schleiermacher war alles andere als leidenschaftslos, er besaß auch nichts von Henriettes Oberflächlichkeit und Naivität. Es bleibt etwas Unerklärliches in dieser Freundschaft. Vielleicht tat es einem so großen Frauenfreund wie diesem Theologen einfach wohl, daß eine der schönsten Frauen in der Stadt ihm ihr Innerstes erschloß, immer für ihn da war, zum Zuhören bereit, und ihm so herzlich zugetan. Vielleicht erfreute er sich an ihrer Anhänglichkeit, Gutmütigkeit, tätigen Hilfsbereitschaft, liebte ihre kindliche Naivität, und es beglückte ihn, sie anzusehen.

Kollegen verübelten ihm, mit einer Frau, noch dazu mit einer Jüdin, so eng zu verkehren; er tat es als eines dieser jämmerlichen Vorurteile ab. Die Zeitungen veröffentlichten Karikaturen, auf denen zum Beispiel die üppige Juno Jette den kleinen mageren Friedrich als Knicker, als winzigen, zusammenlegbaren Sonnenschirm, in ihren Armen trug. Darüber amüsierten sich die beiden.

Schleiermacher erregte und bekümmerte, daß das Verhältnis Friedrichs und Dorotheas in den Augen einer selbstgerechten Mitwelt als verwerflich galt, und es dauerte ihn, daß Menschen, die in seinen Augen redlich und konsequent gehandelt hatten, soviel Kränkungen erleiden mußten. Die Veit und Schlegel nannten ihn ihr Kleinod, ihr «Bijou». Die beiden waren auf verschiedene Weise freundschaftsbegabte Menschen. Friedrich, indem er aus dem Freund alles herauszuholen verstand, was in ihm an Begabung steckte, ihn zu schöpferischen Leistungen anzuspornen verstand. Dorothea durch ihre Warmherzigkeit und freundschaftliche Parteinahme. Außer Henriette besaß sie keinen Menschen, von dem sie soviel Verständnis und Aufgeschlossenheit für ihre Sorgen erwarten konnte wie von Schleiermacher. Oft kam er zum Mittagessen in die Ziegelstraße, und sie erörterte mit ihm, was sie bedrückte.

Ähnlich wie im Tugendbund fraß auch an diesem Freundschaftsbund die Eifersucht. Dorothea und Friedrich fühlten sich durch das andere Paar zurückgesetzt. Friedrich beschwerte sich, ihm bleibe nur der Verstand des Freundes, Jette hingegen habe sein Gemüt. Zuerst behaupteten er und Dorothea, Schleiermacher täusche sich über seine wahren Gefühle für Henriette, dann wieder waren sie, besonders Friedrich, der Meinung, Schleiermacher bedürfe der echten Liebe zu einer Frau; Freundschaft könne diese nicht ersetzen und sei auch gar nicht zwischen den Geschlechtern möglich. Die enge Bindung an Henriette paßte ihnen nicht.

Hinzu kam, daß sich Schlegel und die Herz nicht viel zu sagen hatten. Sie mißtraute ihm und meinte, es fehle diesem Menschen an Gemüt; sie fürchtete um Dorotheas Lebensglück. Friedrich hingegen warf Henriette vor, sie mißbrauche seinen Freund als fünftes Rad am Wagen «der gemeinen Weiblichkeit». Als es im Sommer 1799 auch noch zu einer ernsthaften Verstimmung zwischen den beiden Freunden kam, geriet die «kleine Coalition» ins Wanken und hielt nur mühsam, bis die Veit und Schlegel aus Berlin abreisten.

Schlegels Freund zu sein war ein unvergeßlicher Gewinn. Er habe durch ihn vom Baum der Erkenntnis gekostet, Himmel und Hölle kennengelernt, schrieb Novalis. Aber es war auch anstrengend, denn es verlangte, sich auf einen Menschen einzustellen, der, ob der vielen Schwierigkeiten mit sich selbst, anmaßend und arrogant sein konnte, Freunde eifersüchtig tyrannisierte oder egoistisch von sich stieß. Es gehörte viel Geduld dazu, mit Friedrich Schlegel umzugehen.

In den ersten Julitagen 1799 wird die neue Wohnung in der Ziegelstraße durch einen neuen Gast belebt: einen kleinen, stämmigen und etwas schroff wirkenden Mann in Dorotheas Alter, der mit seiner starken breiten Nase, großen graubraunen Augen und seinem schwarzen krausen Haar wie ein kantiger, gebieterischer Bauer wirkt. Es ist Johann Gottlieb Fichte.

Älteren Menschen heute mag das Wandgemälde im Auditorium Maximum der alten Berliner Universität noch in Erinnerung sein, denn es war früher oft in Schulbüchern abgebildet und zeigte Fichte, den ersten gewählten Rektor dieser Universität, bei seinen «Reden an die deutsche Nation». Doch im Sommer 1799, als er auf Zureden Friedrich Schleiermachers erstmals nach Berlin kommt, ist er ein gekränkter, deprimierter Mann. Obwohl von den Studenten hoch verehrt und von Kollegen hoch geachtet, war er, des Atheismus angeklagt, von der Jenaer Universität verwiesen worden, ohne daß auch nur ein einziger seiner Kollegen aus Protest dagegen seinen Lehrstuhl aufgegeben hätte. Dem verbitterten Philosophen tut die Gastfreundschaft der Veit und Schlegels wohl. Sie haben ein hübsches Chambre garnie für ihn gemietet und bieten Fichte an, das Mittagessen bei Dorothea einzunehmen; sie kocht ohnehin für Schleiermacher und Friedrich.

Im Vergleich zu diesen beiden ist Fichte ein gutsituierter Mann. Durch seine Popularität unter den Jenaer Studenten hatte er jährlich allein dreitausend Taler an Vorlesungsgeldern eingenommen, während Schlegel davon träumte, im Jahr sechs- bis siebenhundert Taler zu verdienen. Das gute Einvernehmen mit Fichte mag also von der Zahlungskraft des neuen Kostgängers nicht unabhängig sein; doch ist auch wahr, daß Schlegel ihn bewundert und seiner Wissenschaftslehre die gleiche Bedeutung wie Goethes «Wilhelm Meister» und der Französischen Revolution beimißt. Die beiden Männer schätzen sich.

Und Dorothea? Fürchtet sie anfangs diesen vierschrötigen Mann? Auf die Juden, diesen «Staat im Staate», wie er sagt, ist er nicht gut zu sprechen und warnt davor, ihnen Bürgerrechte zu gewähren. Und wie wird er die Ehe ohne Trauschein sehen? Aber auch Dorothea und dieser Fichte liegen sich. Schon bald nach seiner Ankunft teilt sie Freunden mit, wie selbstverständlich sie sich doch in ihrem «Philosophen Convent» bewege und wie exzellent sie mit dem Gast auskomme. Gewiß, er flöße viel Respekt ein und manchmal habe sie auch noch ein bißchen Angst vor ihm, doch das liege weniger an Fichte als an ihr, er sei gegen alle Erwartung sanft und liebenswürdig.

Fichtes Sympathie für Dorothea steht der ihrigen für ihn nicht nach. «Das Lob einer Jüdin», schreibt er seiner Frau, «mag aus meinem Munde besonders klingen. Aber diese Frau hat mir den Glauben, daß aus dieser Nation nichts Gutes kommen könne, benommen. Sie hat ungemein viel Geist und Kenntnisse, bei wenig oder eigentlich keinem äußeren Glanze, völliger Prätentionslosigkeit und viel Gutherzigkeit. Man gewinnt sie allmählich lieb, aber dann von Herzen.»

So war es und so blieb es: Juden, die man persönlich kannte oder mit denen man befreundet war, blieben ausgenommen von antijüdischen Ressentiments und Pöbeleien. Es waren stets «die anderen», denen die Ausfälle galten.

Das gute Einvernehmen zwischen Dorothea und ihren disputierenden Philosophen spricht sich bald herum, und in einem anonym erschienenen Buch, «Diogenes Laterne», stand daraufhin folgende fiktive Anzeige zu lesen:

«Demonstrativer Beweis, daß Fichte und Schlegel die größesten Männer des achtzehnten Jahrhunderts sind. Diese Schrift des Charitépredigers, Schleyermacher, welche derselbe in der litterarischen Gesellschaft, unter dem lauten Beyfall aller darin befindlichen Judenweiber, vorgelesen, empfehlen wir dem Publikum zum voraus.»

Es war nur ein übler Vorgeschmack auf das, was Dorothea und der Autor der «Lucinde» künftig zu erwarten hatten.

WIE IN EINEM TRAUM, DEN MAN TRÄUMT MAN TRÄUMT

Von der Gleichheit der Geschlechter

Ja! ich würde es für ein Märchen gehalten haben,
daß es eine solche Freude gebe und solche Liebe,
wie ich nun fühle, und eine solche Frau,
die mir zugleich die zärtlichste Geliebte
und die beste Gesellschaft wäre
und auch eine vollkommene Freundin.
Friedrich Schlegel

Es begann so vielversprechend. Dann kam Dorothea wieder in Verruf, und früher als geplant nahm sie Abschied von Berlin. Das bewirkte der Skandal um die «Lucinde».

Darauf versessen, die amtierenden Moralapostel aus dem Amt zu jagen und zur gleichen Zeit auch darauf aus, endlich mal ein Buch zu schreiben, das Ruhm und Reichtum bringt, hatte Friedrich im Winter 1798 sich daranbegeben, beide Pläne zu vereinen und die neue Schlegelsche Religion in Romanform zu verkünden. Angefeuert von der Veit und Schleiermacher, war er gut und schnell vorangekommen; die Freundin und der Freund hatten anfangs nicht mit Lob gespart. Doch nach einiger Zeit kamen ihnen Bedenken.

Der Roman ist noch gar nicht auf dem Markt – Dorothea und ihre Schwester schreiben noch das Manuskript ins reine –, da zerreißen sich die Leute schon die Mäuler, wie unanständig die

«Lucinde» sei, und rufen Unerhört! und Pfui!, bevor sie noch die erste Seite kennen.

Die Unger versteigt sich zu dem verschrobenen Appell, man müsse dafür sorgen, daß das Manuskript schon in der Druckerei von jungen Leuten ferngehalten werde.

Schleiermacher beginnt zu ahnen, daß auch Friedrichs Freunde damit ihre Not bekommen werden; vorsorglich warnt er die Herz. August Wilhelm meldet sich aus Jena und fragt skeptisch nach. Novalis prophezeit nichts Gutes: «Viele werden sagen: Schlegel treibt's arg – nun sollen wir ihm auch noch das Licht zu seinen Orgien halten.» Wäre es nicht besser, Friedrichs Kind erst in zehn Jahren auf die Welt zu schicken?

Der überhört die Freundessorgen. Frühes Lob spielt er munter gegen spätere Bedenken aus, erklärt, daß dem einen seiner Freunde doch gefalle, was ein anderer zu bemängeln habe, mag nichts hören, was gegen die «Lucinde» spricht. Nicht zehn Jahre, nur zehn Wochen nach Novalis düsterer Prophezeiung zeigt der Verleger im Mai 1799 das Erscheinen an – und nach dem vorausgegangenen Geraune erwartet er nun einen Käufersturm. Der bleibt aus. Bis heute streiten sich die Leute, ob «Lucinde» moralisch oder lüstern sei – gelesen haben sie das schmale Bändchen nicht.

Liegt das an der schwierigen Form? Schlegel bietet keine richtige Story, kein Geländer, an das sich einer halten kann, sondern eine Mischung der verschiedensten Elemente; «ein allerbuntestes Quodlibet» schon vorhandener und neuerfundener Formen nennt es Rudolf Haym. Absichtlich systemlos folgen aufeinander Reflexionen und Impressionen, Arabesken und Allegorien, Teile, Stücke, Briefe, Stimmungsbilder, psychologische Betrachtungen, philosophische Erörterungen über eine neue Ethik im Verhältnis zwischen Mann und Frau. Heute nennen Kritiker die Zertrümmerung der klassischen Romanform durch Schlegel kühn und sehr modern; für sie ist die «Lucinde» ein frühes Vorbild des «Ulysses» von James Joyce. Doch damals zuckte man die Achseln, hielt die Romanform für verfehlt.

Oder lag es an «Lucindes» frühem schlechten Ruf, an dem Geruch, obszön zu sein, daß Leute die Lektüre scheuten? Was war denn eigentlich so schlimm an diesem Un-Roman?

Protestantischen Preußen, diesem puritanischen, verklemmten Schlag, genügte schon, daß Julius und Lucinde in freier Liebe, ohne Trauschein miteinander lebten. Andere, die das noch hingehen ließen, empörte die «schamlose Sinnlichkeit» des Paares, ihr Vergnügen an der Lust. Bezog das Bürgertum sein Selbstbewußtsein gegenüber dem verderbten Adel nicht gerade aus der Wohlanständigkeit? Lüsternheit und Wollust – das waren Begriffe aus den fernen Welten moralisch verkommener Feudaler sowie der unteren Schichten; der Bürger hatte damit nichts zu tun – oder doch nur insofern, als er seine eigene uneingestandene Lust in der Entrüstung auszudrücken versuchte.

Heftig protestierten Tugendwächter gegen den Revolutionsversuch im Boudoir, denn der Autor ließ Julius und Lucinde beim Liebesspiel die Rollen tauschen, und sie taten es mit großer Lust. Dagegen wurden aufgeboten: die Kantsche Morallehre, die öffentliche Meinung und auch Medizin-Ratgeber.

Erst kürzlich hatte der große Königsberger Philosoph verkündet: «Das Weib ist weigernd, der Mann ist werbend» – wie durfte da das Weib im Liebesspiel den Mann nachäffen? Der hatte in allen Lebenslagen obenauf zu sein. Seit langem galt: Das Weib ist unwissend, es weiß nichts von der Sexualität, darf nichts von ihr wissen, nur der Mann ist wissend und erfahren. Schlegels unanständiger Rollentausch setzte ein «gleichwissend» voraus, das für Lotterweiber, Flittchen, Dirnen gelten mochte, aber nicht für eine Frau, die auf sich hielt. Gottlob wurde in medizinischen Ratgebern beschrieben, wie es richtig und in Ordnung war: «Die natürliche, in dem Bau des Menschen begründete Begattungsart ist der Beischlaf, Concubitus, eigentlich das Beiliegen, wobei der weibliche Mensch der unterliegende, Succuba, der männliche der aufliegende Theil incubus s. Compressor ist.» Vom Beischlaf im Stehen, Sitzen oder auf der Seite wurde abgeraten.

Bald pfeifen es die Spatzen von den Dächern, der Verfasser beschreibe in den unzüchtigen Szenen der «Lucinde» nichts anderes als sein Verhältnis mit der Veit. Das ist das Allerschlimmste, der Höhepunkt der Unmoral: Lucinde ist nicht irgendeine der Phantasie entsprungene Romanfigur, kein Kunstprodukt – sie lebt! Die wirkliche Lucinde heißt Dorothea und ist die Geliebte des Autors. Zwischen ihr und der Romanfigur gibt es mannigfache Übereinstimmungen: Sie haben die gleichen Augen, Haare und Figuren, sie lieben beide die Musik, ihr Wesen ähnelt sich, und beide haben kühn bisherige Bande, Rücksichten zerrissen und leben «frei und unabhängig».

Der Vater stand Modell für Lessings weisen Nathan, die Tochter für Schlegels sinnliche Lucinde – kann es etwas geben, was noch schlimmer ist?

Ausgedachte Sünde, bemerkt Ludwig Marcuse, sei nach Volkes Meinung nicht so schlimm wie die reale; man sage sich, das sei nur Kunst und keine Wirklichkeit. Der autobiographische Roman hingegen, der die Vorstellung von einem bestimmten Paar in einem bestimmten Bett erwecke, gelte als schlimmste Ausgeburt der Unanständigkeit, und eben deshalb habe man in «Lucinde» den Ausbund der Schamlosigkeit gesehen.

Lucinde, ohne jene «fatalen Kleider», die Julius «oft von der Geliebten riß»; Lucinde mit ihren «schwellenden Umrissen» und dem «frischen Reiz der Brüste»; Lucinde mit dem «Anhauch von Begeisterung und Tiefe», dem Gestammel in den Armen des Geliebten, hinreißend in der «Kraft und Wärme der Umschliessung» – jeder Eingeweihte sieht die hingegossene Veit vor sich; er kann sich nicht von diesem Bild befreien.

Auch die Freunde sind befangen. Sie werfen nicht nur Friedrich vor, Dorothea derart ausgestellt zu haben, sondern indirekt auch dieser, «den Markt zur Brautkammer» zu nehmen (Novalis); sie hätte, heißt es, das Erscheinen dieser Liebesszenen verhindern müssen. «Wenn ich seine Geliebte wäre, so hätte es nicht gedruckt werden dürfen» – Caroline Schlegel ist da sehr bestimmt.

Wußte Friedrich, was er Dorothea antat? Die gerade erst vollzogene Scheidung und die Trennung von dem ersten Sohn, der Zwist mit der Familie, all der Klatsch – sie hatte genug hinter sich; sie brauchte Ruhe. Und nun, nur sechs Monate nach ihrem Auszug aus dem Veitschen Haus, wieder ein Entrüstungssturm, der mit ihrem Namen verbunden war – wie sollte Dorothea das ertragen?

«O beneidenswürdige Freiheit von Vorurteilen! Wirf auch du sie von dir, liebe Freundin, alle die Reste von falscher Scham... Und sollte dir ja dieser kleine Roman meines Lebens zu wild erscheinen: so denke dir, daß er ein Kind sei und ertrage seinen unschuldigen Mutwillen mit mütterlicher Langmut und laß dich von ihm liebkosen», bittet Julius. Das war typisch Friedrich: kindsköpfig-unbekümmert und naiv. Jeder Roman, so ließ er wissen, sei eine Art von Selbstbekenntnis, und was man fühle, müsse man auch sagen wollen, dürfe man auch schreiben.

Schleiermacher dachte sicherlich an seinen Freund, als er in einem Fragment für das «Athenaeum» schrieb, es gebe Charaktere, die es als Ausdruck ihrer Originalität betrachteten, «Schranken umzureissen, wo andere hängenbleiben, neue Bahnen zu eröffnen, wo andere einen geschlossenen Kreis zu sehen glauben, große Leidenschaften in reißendem Fluge zu durchlaufen» und «das Endliche wegzuwerfen», weil sie auf das Unendliche losgehen wollten.

So ein Charakter war Friedrich: darauf aus, um des höheren Zieles willen zu provozieren, zu schockieren, andere Menschen zu benutzen, den Skandal nicht scheuend. Halb bewundernd und halb resignierend meinte Caroline, seine Schwägerin, er sei ein tiefsinniger, oft tiefgrübelnder, innerlich großer Mensch und zugleich ein Tor; kindlich zuversichtlich, kindisch verwundert über Kopfschütteln und Widerspruch, aufrichtig und naiv.

Wer kommt gegen einen solchen Menschen an?

Dorothea war zwischen Glück und Scham, Verständnis und Verzagtheit hin- und hergerissen.

«Ja! Ich würde es für ein Märchen gehalten haben, daß es eine solche Freude gebe und solche Liebe, wie ich nun fühle, und eine solche Frau, die mir zugleich die zärtlichste Geliebte und die beste Gesellschaft wäre und auch eine vollkommene Freundin... In dir habe ich alles gefunden und mehr als ich zu wünschen vermochte...»

Was empfand sie, als sie diesen Jauchzer ihres Julius in Schönschrift setzen mußte? Ein Kunstwerk war entstanden und zugleich ein Liebeslied für sie, ein Liebeszeugnis ihres Friedrich. Konnte Dorothea sich gegen die «Lucinde» wenden?

Gegenüber Caroline versuchte sie, den Roman zaghaft zu verteidigen. Sie hoffe, die Schwägerin würde doch noch ihre Freude am «Lucindchen» haben, wenn sie erst mehr davon gelesen habe. Doch gegenüber Schleiermacher, ihrem besten Freund, sprach sie von Schrecken, Schmerzen, aber auch von ihrem Trost:

«Was Lucinde betrifft – – ja was Lucinde betrifft! – Oft wird mir es heiß, und wieder kalt ums Herz, daß das Innerste so herausgewendet werden soll – was mir so heilig war, so heimlich; jezt nun allen Neugierigen, allen Hassern Preiß gegeben. Umsonst sucht er [Friedrich] mich durch den Gedanken zu stärken: daß *Sie* noch kühner wären, als er. – Ach es ist nicht die Kühnheit die mich erschreckt! Die Natur feyert auch die Anbetung des Höchsten in offnen Tempeln, laut durch die ganze Welt – aber die Liebe? – Ich denke aber wieder: alle diese Schmerzen werden vergehen, mit meinem Leben, und das Leben auch mit, und alles was vergeht, sollte man nicht so hoch achten, daß man ein Werk (drum) unterließe das *Ewig* seyn wird. – Ja dann erst wird die Welt es recht beurtheilen, wenn alle diese Nebendinge wegfallen.»

Doch zunächst einmal *ver*urteilte die Welt. Dorothea erlebte die öffentliche Meinung, wie sie Friedrich in seinem Roman beschrieben hatte: als ein furchteinflößendes, von Gift geschwollenes Ungeheuer, hervorbrechend aus einem duftenden Blumenbeet in einem bunten Garten. Unter seiner schillernden, durchsichtigen Haut wanden sich die Eingeweide wie Gewürm, und um den Leib herum öffneten sich Krebsscheren nach allen Seiten. So nahm es die Verfolgung auf.

Eine zusätzliche Unanständigkeit des Buches sahen einige Zeitgenossen darin, daß das Modell für die Lucinde eine Jüdin war. Ressentiments und Haß gegen Andersgläubige und Andersdenkende drückten sich schon damals in dem althergebrachten Vorwurf aus, die jeweils anderen seien besonders lüstern und sexuell geradezu pervers. Als der Dichter Clemens Brentano zwei jungen Damen den Roman vorlas, äußerten diese tiefe Abscheu gegen «Madame Veit, das gemeine, häßliche Judenweib». In der «Diogenes Laterne» veröffentlichte ein Berliner Pastor einen von ihm erfundenen, Dorothea zugeschriebenen Liebesbrief:

«Billet-doux der geschiedenen Madam Veit, jüdischer Nazion, nunmehr halbverehelichten Friedrich Schlegel, an Herrn Friedrich Schlegel, über seinen Roman, Lucinde.

Theurer, auch mitten im Unmuth geliebtester *Hellene* meines Herzens!... wie *Juno* möchte ich *zürnen*, wie *Ajax* möcht ich *rasen*; wenn ich bedenke, wie schnöde du, in diesem Werk deines *göttlichen* Genies, unser beyder Blößen vor den schauenden Augen des ehrsamen teutschen Lesepublikums aufgedeckt!» Auf dem Gipfel dieser Infamie erfolgte die Erinnerung an Moses Mendelssohn: «Neulich komm' ich zu einer Freundin, und finde auf ihrem Lesetisch, neben deiner Lucinde, den Phädon meines Vaters aufgeschlagen. Welch eine Kränkung! wie mich das durchbohrte! Ach Geliebter! Freue dich meiner geheimsten Geheimnisse; aber schreibe davon nichts in's Publikum.»

Nicht nur in Berlin, auch in Dresden, oder später in Paris und Wien, hielt man sich was darauf zugute, den «Lucinde-Schlegel mit seiner Schönen» gesellschaftlich zu ignorieren. Noch dreißig Jahre nach Erscheinen des Romans überlegten Dresdner Damen, ob sie Schlegel denn empfangen dürften.

Selbst unter den Freunden und näheren Bekannten des Autors kam es nach dem Erscheinen der «Lucinde» zu Protest. Besonders Schelling war entrüstet, denn er fürchtete Auswirkungen des Buchskandals auf die gerade erst entstehende romantische Schule; andere Jenaer Bekannte weigerten sich, das Werk zu lesen. Fichte hingegen nannte es ein Genie-Produkt, und Schleiermacher schrieb eigens zur Verteidigung ein Buch, das allerdings noch schwieriger zu lesen war als der Roman. Während die Wisperer, die Schwätzer, Mundzerreißer, die mißgünstigen alten Jungfern beiderlei Geschlechts gegen die lasterhafte, lüsterne «Lucinde» wetterten, setzte der junge Theologe Amt und Prestige aufs Spiel, um das Publikum zu überzeugen, wie würdig und wahrhaftig, wie tugendhaft «Lucinde» sei.

Das freute Friedrich sehr, und Dorothea versicherte dem Freund, wie sehr sie ihn auch darob liebe. Ansonsten blieb die Verteidigung ziemlich wirkungslos. Schleiermachers «Vertraute Briefe» über die Lucinde sowie diese selbst lagen wie Blei in ihren Verlagen herum.

Dorothea überstand die Stürme mit jenem Stoizismus, jener irritierenden Härte, die sie in den Unglücksjahren mit Veit erworben hatte. Unbeschwertes Glück hat sie in ihrem Leben nie erlebt.

Einen Kulturrevolutionär des ausgehenden 18. Jahrhunderts könnte man den jungen Schlegel nennen, in manchem sogar einen frühen Vorläufer des Feminismus, denn er wußte schon, daß sich auch zu Hause bei den Menschen, in ihren Wohnungen, den Schlafzimmern vieles ändern muß, wenn sie frei und emanzipiert sein wollen. (Nur die Küchen beachtete er nicht.)

Darauf aus, Moral, die für ihn keine war, und Konventionen einzureißen, die er als verlogen und heuchlerisch empfand, erstrebte Friedrich den radikalen Wandel im privaten Umgang der Geschlechter. Wahre Liebe hat für ihn nichts zu tun mit Über- oder Unterordnung, sondern setzt nach seiner Vorstellung gegenseitige Achtung der Liebenden voraus. Friedrich war davon überzeugt, daß zu lieben und geliebt zu werden dem Menschen hilft, sein Ich zu finden, er selbst zu werden: vollständig und wahr. «Sie waren ganz hingegeben und eins», heißt es in «Lucinde», «und doch war jeder ganz er selbst, mehr als sie es noch je gewesen waren.» Dem entsprach, daß er auch in der Ehe ein Mittel der Selbstverwirklichung, der Selbstvollendung beider Partner sah, eine sittliche Vereinigung, keine kirchlich und juristisch abgesegnete. Trauschein und Traualtar – mit der wahren Ehe hatte die «verhaßte» Zeremonie oder Eheschließung nichts zu tun; darauf konnte man verzichten. Weibliche Unschuld, Unwissenheit und Unterwerfung – solche Voraussetzungen konventioneller Ehen widersprachen seinem Frauenbild und seiner Partnerschaftsvorstellung.

Ehrbare Bürger waren empört; da behauptete so ein Skribent, die Ehe ohne Trauschein sei wenigstens so moralisch wie die ihre! Doch junge, aufgeweckte Leute waren begeistert. Rahels späterer Mann, Varnhagen von Ense, hat das in seinen Erinnerungen beschrieben: Wir «stimmten schreiend in den Spruch von Friedrich Schlegel ein, den wir in den Fragmenten des Athenäums lasen: ‹Fast alle Ehen sind nur Konkubinate, Ehen an der linken Hand...› und bei allen Vorstellungen und Absichten, die ich meiner Zukunft aneignete, war der Gedanke, Bräutigam und Gatte zu werden, als ein lächerlicher und verkehrter gänzlich ausgeschlossen».

In der *wahren* Liebe und der *wahren* Ehe stellt der Mensch in Friedrichs Vorstellung seine ursprüngliche Einheit wieder her, indem er künstliche Gegensätze überwindet. Aufgehoben wird das Entweder-Oder der Hingabe und Persönlichkeitsentfaltung, der Gegensatz zwischen Sinnlichkeit und Geistigkeit, der Widerspruch von Spiel und Ernst, Leidenschaft und Scherz, denn in der Liebe, so sagt Schlegel, existiert das alles miteinander, eins verstärkt das andere oder lindert es, belebt, erhöht durch die Verbindung den Genuß. Keine Sinnlichkeit ohne Liebe, aber auch keine Liebe ohne Sinnlichkeit!

Wieder schrien die Moralapostel auf. Sinnlichkeit als Liebesausdruck beider Partner – dahinter steckte doch die Forderung nach sexueller Gleichberechtigung!

Das hielten sie für eine Schweinerei. Lust durch die Frau, das ja, aber doch nicht auch für sie! Das Weib hüte sich davor, «hier eine Stimme haben zu wollen», riet ein Dr. Becker. «Mitten im Rausch der Sinne sey doch stets die holde Schaamhaftigkeit in ihrem Busen mächtig... Sie dulde, gleich der sanften Rose, daß der Mann ihre Reize geniesse, aber... Geilheit und Schaamlosigkeit, Unersättlichkeit im Genusse der ehelichen Freuden schänden das Weib, und entkräften den Mann, erfüllen ihn mit Ekel für ein Wesen, das nie den Genuß suchen, das ihn, nur aus Liebe sich hingebend, gewähren darf.» Friedrich dachte an solche Prüderie «nicht ohne innerliche Wut».

Durch die Romane des ausgehenden 18. Jahrhunderts schwirrten die naiven innigen Unschuldsengel, aus denen Hausfrauen und Mütter wurden, wie sie Dr. Becker wünschte, und neben ihnen existierten Seelenfreundinnen, die ihr Geschlecht verleugneten, sowie Mänaden, wüste Weiber, aus nichts als dem Geschlecht bestehend. Sie alle erfüllten streng geschieden männliche Begierden und Bedürfnisse, und jede wurde dabei um Teile ihres Selbst betrogen. Und nun kam einer und erklärte, ähnlich wie bei Männern vereine sich auch bei Frauen Liebe, Geistigkeit und Lust.

Während die Gesellschaft seiner Zeit den Geschlechtergegensatz betonte, war Friedrich darauf aus, Gemeinsames, das Menschliche in den Geschlechtern zu entdecken. Weiblichkeit und Männlichkeit sollten sich auf einer höheren Stufe zur Menschlichkeit vereinen.

Bis dahin wurden Frauen allein auf ihr Frausein festgelegt, die Begriffe Mann und Mensch gleichgesetzt. Friedrich hielt dagegen: Frau und Mann sind gleich, weil beide Menschen sind.

Solche Gleichheit ist jedoch nur vorstellbar, wenn es anstelle eines antagonistischen Gegensatzes auch Gemeinsamkeiten der Geschlechter gibt, und beides, Männlichkeit und Weiblichkeit, sich im Menschen vereinen.

Es gibt Picasso-Bilder, auf denen die im Kuß verbundenen Gesichter wie zusammengefügte Hälften eines Kopfes wirken. So ähnlich stellte sich Schlegel die Geschlechter vor: als Hälften einer früheren Einheit, als «Blüten Einer Pflanze oder Blätter Einer Blume». Der androgyne Mensch entdeckt in sich auch das andere Geschlecht, und indem er sich bewußt dazu bekennt, erweitert und bereichert er sein Ich. «Nur selbständige Weiblichkeit, nur sanfte Männlichkeit ist gut und schön», heißt es bei Schlegel.

Unter seinen Freunden waren Menschen, die die Spannung zwischen den Geschlechtern auch in der eigenen Person erlebten und die androgynen Züge ihres Wesens kultivierten. Bei Dorothea verbanden sich Mütterlichkeit und Wärme, die Hingabe an den Geliebten, mit einem starken Willen, Entscheidungskraft und Energie. Caroline Schlegel vereinigte «Kieselhärte», Selbstbewußtsein und Verstandeskraft mit der «Weichheit des weiblichsten, zartesten und liebevollsten Herzens» (Schelling). Rahel nannte sich im Umgang mit ihr Nahestehenden «nicht bloß Ihre Freundin, sondern auch Ihr Freund» und wurde von einigen ihrer Freunde auch in dieser doppelten Gestalt gesehen: «Sie sind ein unendlich produzierendes, ich bin ein unendlich empfangendes Wesen», schrieb ihr Friedrich Gentz, «Sie sind ein großer Mann; ich bin das erste aller Weiber.»

Doch nicht nur Frauen, auch sensible Männer überwanden früh Verarmungen des Lebens, die durch engen Rollenzwang entstehen. Schleiermacher war so sanft, so einfühlsam, wie man es eigentlich nur von einer Frau erwartete. Und Wilhelm von Humboldt berichtete an seine Braut: «Man sagte mir mehr als einmal, man könnte mit mir wie mit einer Frau reden, und neulich schrieb mir die Forster, sie möchte mich Schwester nennen. Ich finde es nicht unwahr.»

Die Aufklärung hatte das Individuum entdeckt. Und nun, in der beginnenden Romantik, entdeckten Individuen, die sich gegen die Alleinherrschaft der Vernunft auflehnten, die Ambivalenz ihres Geschlechts, menschliche Vielschichtigkeit und Weite, den Reichtum des Gefühls. Friedrichs Frauen- und Menschenbild wurde von seinen Freunden mitbestimmt und wirkte wiederum zurück auf diese. Den stärksten Einfluß darauf hatten

Dorothea Veit und Caroline Schlegel; in ihrem Fühlen und Denken, so sah es Friedrich, lebten Ideen der Antike wieder auf.

Beeinflußt von der Wiederentdeckung des klassischen Altertums im 18. Jahrhundert, hatte sich Friedrich Schlegel während seines Studiums intensiv mit griechischer Philosophie und Poesie beschäftigt, und schon die ersten wissenschaftlichen Abhandlungen des Zwanzigjährigen zeigen, daß sein früheres Frauen- und Menschenbild hauptsächlich von antiken Autoren geprägt worden ist. Platons «Gastmahl» enthält die älteste und schönste Begründung für den androgynen Menschen. Platons Geist spricht aus den Ideen Friedrichs über die Gleichwertigkeit von Mann und Frau, und die Sappho und Diotima setzte er gegen die Rousseausche These, daß Frauen echter Begeisterung und Kunst nicht fähig seien.

In der Auseinandersetzung mit zeitgenössischen Schulen und Autoren festigten sich Friedrichs Thesen.

Vor allem focht er gegen Rousseau. Die Abhängigkeit der Frau, ihr Da-Sein um des Mannes willen entspreche der Natur? Das sei ins reine gebrachter Unsinn, das seien Plattheiten, zu einem System verbunden.

Zum zweiten focht er gegen alle aufgeklärten Dichter und Gelehrten, für die Sinnliches und Geistiges nur im entschiedenen Gegensatz, Natürlichkeit nur im Vernünftigen und Herkömmlichen bestand.

Zum dritten focht er gegen den Sturm und Drang, die Aufspaltung der Weiblichkeit in die Rollenklischees jugendliche Naive, Seelenfreundin, hausbackene Matrone und männermordende Mänade.

Schließlich focht er gegen die Klassik, hauptsächlich gegen Schiller. Auf den Autor der «Lucinde» wirkte der armselig und lächerlich: die züchtige Hausfrau aus der «Glocke», diese blassen Schillerschen Frauenzimmer.

Bei Friedrich Schlegel ist das Private das Politische; das macht die Modernität und zugleich auch die Beschränktheit seiner Ideen aus. Ihm geht es um Persönliches, Privates. Zwar fordert er in einer frühen Arbeit das Wahlrecht auch für Frauen, aber die Frau im öffentlichen Leben, die Bürgerin und ihre Rechte hat er doch kaum im Blick. Die «selbständige Weiblichkeit», von der er spricht, hängt abgekapselt von der Realität, der wirtschaftlichen Situation, in Friedrichs Liebeshimmel. Der Anspruch der Frau, als eigenständige Persönlichkeit gesehen zu werden, wird auf das Privatleben beschränkt.

Ganz anders die Französin Olympe de Gouges, die Engländerin Mary Wollstonecraft und auch der Deutsche Hippel. In ihren etwa zur gleichen Zeit entstandenen Deklarationen und Schriften geht es um die konsequente Übertragung der in der Revolution erstrittenen Menschenrechte auf die Frauen. Es geht um die materielle Unabhängigkeit von Frauen als Grundvoraussetzung für die Gleichberechtigung, um gleiche Bildungschancen, die Gewährung aller bürgerlichen Rechte, Teilhabe am öffentlichen Leben. Hier wiederum bleiben Erotik und Sexualität, bleibt das Private ausgespart.

Doch die Revolutionäre in der französischen Nationalversammlung kümmerte weder das eine noch das andere Konzept. Was sie von der politischen, ökonomischen und sozialen Gleichstellung der Frauen hielten, demonstrierte Robespierre. Er schickte Olympe de Gouges auf das Schafott. Was sie von einem revolutionären Wandel im privaten Umgang der Geschlechter hielten, demonstrierte Mirabeau. Ganz im Sinn Rousseaus wies er die Frauen an zur Häuslichkeit, zur Ausübung stiller, sanfter Tugenden, denn darauf beruhe das Glück der Familien und damit auch des Staates.

Feministinnen heute werfen Friedrich Schlegel vor, es sei ihm gar nicht um die Frau, sondern einzig um den Mann gegangen. Sich der eigenen Unvollkommenheit bewußt, suche dieser die Anreicherung des Ichs durch als weiblich geltende Eigenschaften und Ausdrucksformen. Allein darum ginge es, wenn von androgyner Vollkommenheit die Rede sei. Dazu gehöre die Verklärung des Weiblichen als Urbild der Gottheit, der Natur, des Lebens. Die Frau als Trägerin der Liebe, Erlöserin, Eros-Priesterin und geistiges Wesen – das sei kein Abbild ihrer Existenz, sondern ein männliches Wunschbild, anspruchsvoll und unreal.

Freilich läßt sich manches gegen Friedrichs Ideen einwenden. Gewiß macht er es sich zu leicht, wenn er den Zwiespalt zwischen Hingabe und Persönlichkeitsentfaltung, der Frauen immer noch bedrückt, beiseite schiebt. Gewiß blieben seine Vorstellungen vom Verhältnis der Geschlechter Theorie; nicht mal er selbst hielt sich daran. Sein schöner Emanzipationsentwurf vertrug sich nicht mit seinem Egoismus; ihn jedenfalls hat Liebe nicht vollkommen gemacht. Und der älter gewordene Schlegel verriet sein eigenes Werk, er distanzierte sich davon und nahm die «törichte Lucinde» in seine Gesammelten Werke nicht mehr auf.

Und doch! Was für ein Unterschied zwischen Schlegel und Rousseau! Während sich dieser weibliche Bildung nur als Unterhaltungswert für den Mann vorstellt und gelehrte Frauen verachtet, ermuntert Schlegel seine Dorothea öffentlich, solche Vorurteile kühn zu ignorieren und gründliche philosophische Studien zu betreiben.

Schlegels Frauenbild ist auch ungleich progressiver als das vieler seiner Zeitgenossen. Jean Pauls Vorstellung von echter, rechter Weiblichkeit verkörperte sich in Christoph Martin Wielands Frau, und er wünschte jedem Dichter «eine so anstellige, weichanfassende, feste, nachsehende und nachlaufende, biedere, klare Frau». Was für eine Persönlichkeit war Dorothea im Vergleich zu diesem Frauenideal!

Anfang September 1799 reiste Friedrich nach Jena ab; so bald wie möglich will ihm Dorothea folgen.

Wenn sie durch das altvertraute Viertel geht, in dem sie einst mit ihrer Freundin Henriette spielte, oder am Arm von Schleiermacher im Tiergarten spaziert, stellt sich Abschiedsstimmung ein. Wie lang scheint es her, daß sie hier mit dem verehrten Vater ging! Und wie hat sich Berlin verändert!

Noch immer lustwandeln feingeputzte Damen auf den Plätzen und den Promenaden, aber sie tragen keine gen Himmel ragenden Perücken und keine pistaziengrünen und zeisiggelben Federbüsche mehr. Keiner kann mehr unterscheiden, ob sie die Frauen von Kammerherren oder Kammerjägern sind. Selbst der Schneider trägt nun einen Degen, und der gutgekleidete Konditormeister gleicht äußerlich den Herren von Adel. Jeder kleidet sich nach Gutdünken und Geschmack und zieht sich an, was er sich leisten kann; eine Kleiderordnung existiert nicht mehr. Im «Journal des Luxus» wird beklagt, selbst Handwerkersfrauen gingen «mit frisirten Köpfen unter den Linden und im Thiergarten einher». Damen, die sich etwas Besseres dünken, sprechen von Verderbnis und Verfall.

In den östlichen Stadtteilen Berlins wachsen die Fabrikschornsteine. Arbeiterfamilien mit vielen Kindern ernähren sich von trocknem Brot und trinken mit Sirup versüßten Zichorienkaffee. Fast jeder zehnte Stadtbewohner lebt von Almosen.

Zwei Frauen herrschen über Berlin, die es in Dorotheas Kindheit noch nicht gab: eine Königin und eine Göttin. Die Königin heißt Luise. Alle Preußen sind froh, daß mit der Thronbesteigung ihres Gemahls, Friedrich Wilhelm III., die Mätressenwirtschaft am Hof beendet worden ist; der Sohn macht der Geliebten seines verstorbenen Vaters den Prozeß. Und da die Berliner seit Jahrzehnten keine richtige Königin mehr hatten, begeistern sie sich für Luise um so mehr. Männer bewundern «die reizende Außenseite» ihrer Königin; Frauen versuchen den Faltenwurf der Kleider, den Schwung des Federschmuckes «abzustehlen». Die leibhaftige Luise sticht in der Gunst die Göttin aus.

Diese steht oben auf dem neuerbauten Brandenburger Tor und lenkt einen Wagen mit vier Rössern. Von Schadow, ihrem Schöpfer, war sie nackt erschaffen worden, doch das genierte die Berliner. Ein nacktes Frauenzimmer hoch oben auf dem Tor, als erster Eindruck von Berlin? Die Göttin muß sich etwas überziehen! So kam sie zu dem wehenden Mantel, den sie noch heute trägt. Schlimmer war, daß die Berliner aus der Friedensgöttin später eine Siegesgöttin, die Viktoria, machten. Doch das erlebte Dorothea schon nicht mehr.

Empfand sie Wehmut beim Abschied von der Stadt? Am schwersten fiel ihr, den neunjährigen Jonas zu verlassen. Würden sich der Vater und die Lehrer auch genügend kümmern? Wann würde sie den Jungen wiedersehen?

Auch der Abschied von den Freunden wurde ihr nicht leicht. Wer konnte ihr in Jena Jettes Anteilnahme und Verläßlichkeit, die Gespräche mit der klugen Rahel ersetzen? Und wie dem treuen Schleiermacher danken für die Selbstlosigkeit, mit der er sie umsorgt, aufgerichtet und getröstet hatte?

Ein letzes Mal besucht Dorothea zusammen mit Rahel ein Auditorium der Singakademie. Noch einmal mit den Herzens im Königlichen Schauspielhaus, geht die Erinnerung zurück an jenen Abend vor zwanzig Jahren, als sie zusammen mit den Eltern in die Premiere von Lessings «Nathan» ging, der Züge ihres Vaters trägt. Wie stolz war sie an diesem Tag gewesen, eine Mendelssohn zu sein!

Ahnt Dorothea, daß sie mit ihrem Weggang eine gerade erst begonnene Familientradition durchbrechen wird? Die Brüder sind gewiß: Die Mendelssohns gehören zu Berlin. Hier hat der Vater das höchste Ansehen erworben, hier lebt sein Ruhm am stärksten fort. Kind- und Kindeskinder begründen und erweitern das Berliner Bankhaus Mendelssohn, fördern Kunst und Wissenschaft, errichten Stiftungen in der Stadt, werden geadelt und Mitglieder im preußischen Herrenhaus.

Nicht nur Dorotheas Brüder, auch die beiden Schwestern kommen später in die Vaterstadt zurück, sterben dort, werden dort begraben. Die Älteste bleibt fort. Später wird sie von Dresden schwärmen und von der Lieblichkeit der Rheinlandschaft; sie wird ihr Herz an Wien verlieren und von Berlin nur mit Verbitterung sprechen: «Es scheint die Berliner können nicht ruhen... Wie wäre es, wenn sie mich todt seyn liessen?»

An der Hand den kleinen Philipp, in Begleitung von Madame

Levin, Rahels Mutter, die nach Leipzig will, so bricht Dorothea Anfang Oktober 1799 aus ihrer Heimatstadt nach Jena auf: eine nicht mehr junge Frau, die Tochter Moses Mendelssohns und geschiedene Gattin eines wohlhabenden Bankiers auf der Flucht vor übler Nachrede, Gespött, Verleumdung und den langen harten Wintern in Berlin.

MIT DICHTERN UND DICHTERISCH GESINNTEN

Im Kreis der Jenaer Frühromantiker

Denn in der Literatur, wie in
den Wäldern der nordamerikanischen Wilden,
werden die Väter von den Söhnen totgeschlagen,
sobald sie alt und schwach geworden.
Heinrich Heine

Von Weißenfels herkommend, erblickte sie zuerst die Berge, die die Stadt umschließen; dann sah sie die Stadt von oben her im Tal, unten floß die Saale. In der Mittagsstunde fuhr der Lohnkutscher durchs Tor, sodann auf leeren, sonntäglichen Straßen bis zum Roten Turm und hielt vor dem kleinen, dazu noch halbversteckten, unscheinbaren Haus am Löbdergraben. Philipp an der Hand, verließ sie das Gefährt.

Es dauerte ein Weilchen, bis Friedrich, der die Freundin längst erwartet hatte, von seiner Dachstube herabgestiegen kam. Von der Ungeduld der letzten Tage merkte man ihm nichts mehr an. Caroline leitete die Ankömmlinge ins Haus. Es war Sonntag, der 6. Oktober 1799. Dorothea hatte endlich Jena, ihr neues Domizil, erreicht.

Die Entfernung zwischen Berlin und dieser kleinen thüringischen Stadt war weitaus größer, als die Wegstrecke vermuten ließ. Dorothea, die an Salonbesuche und an Wachparaden, breitangelegte Straßen mit hohen Bürgerhäusern, Schloß, Oper und Theater gewöhnte Städterin, kam aus Preußens Hauptstadt aufs thüringische Land, aus einem Zentrum europäischer Politik in die abgelegene Provinz. Man spricht ein anderes Deutsch als das Berlinische, ißt grüne Klöße, eine strenggewürzte Bratwurst, auf runden Blechen gebackenen «nassen» Pflaumenkuchen, lebt bezogen auf die Universität. Entfernt von der Familie und den alten Freunden, ist Dorothea nun auf sich gestellt und auf die Schlegels angewiesen.

«Glücklich, recht glücklich» war ihr erster Eindruck von allem, was sie hier empfing. Friedrich war gesund und besserer Stimmung als letzten Sommer in Berlin. Wilhelm wirkte freundlich, Caroline liebenswürdig; alles, sagte Dorothea, ließe sich vergnüglich an. Heiterer Überschwang sprach aus ihren ersten Briefen nach Berlin.

Alle, die nun im Haus am Löbdergraben wohnten – Dorothea mit Philipp im Parterre, die Schlegels über ihnen, Friedrich oben im Dachgeschoß –, hatten die besten Vorsätze gefaßt, wie Freunde miteinander umzugehen. Aber war der ursprüngliche, langgehegte und schließlich praktizierte Wunsch nach einem Zusammenleben nicht unter anderen Voraussetzungen entstanden, nämlich als Unter-einem-Dache-Leben des Bruders mit dem Ehepaar? «Mit Euch leben... Es wird eine glückliche, seelige, herrliche Zeit seyn» – solche Jauchzer Friedrichs hatten dem Dreierbund gegolten! Ließen sich die Neuankömmlinge darin einschließen? Würde Dorothea nicht als Eindringling empfunden werden?

Zäh warb sie um August Wilhelms Gunst, wünschte in dessen Liebe zu Friedrich als Dritte einbezogen, vom älteren Bruder in die Schlegelsche Familie mit aufgenommen zu werden. Aber konnte sie denn wissen, wie Wilhelm über die Verbindung seines Bruders mit der geschiedenen und gesellschaftlich gemiedenen Jüdin dachte? Konnte er nicht meinen, sie behindere Friedrich nur? Bei aller Wechselhaftigkeit in ihren künftigen

Beziehungen – nie wird Wilhelm um Dorotheas Sympathie, nur immer sie um seine werben.

«Wo könnte ich lieber seyn wollen als bei Ihnen ... Und welches Heil für Friedrich!» Auch Caroline hatte Dorothea schon vor ihrer Ankunft umworben, für sich einzunehmen versucht. Sie wußte, daß Friedrich die Schwägerin vergötterte, wie sehr er litt, wenn die Harmonie sich zwischen ihnen trübte. Gewiß wollten beide ihr besonderes Verhältnis durch die Gegenwart der neuen Freundin nicht geschmälert sehen.

Es sollte sich bald zeigen, daß die Verhältnisse am Löbdergraben noch weitaus komplizierter waren, als Dorothea annehmen konnte. Aber sie waren auch so schon kompliziert genug. Viel hing von dem Miteinander der Frauen ab.

Wider alles Erwarten – die beiden Frauen mochten sich. Leicht obenhin, vielleicht auch einfach so, wie eine Mutter ihrer vierzehnjährigen Tochter schreibt, berichtete Caroline ihrer in Dessau weilenden Auguste, daß die Veit recht lachen könne, allen gut gefalle und zum Liebgewinnen sei.

In ihren Briefen nach Berlin stellte Dorothea Caroline als eine angenehme und graziöse kleine Dame dar, kurzes Lockenhaar, erstaunlich junge Züge, geschickt und mit Geschmack gekleidet. Madame Veit gefiel, mit welch leichtem Anstand Wilhelms Frau die Wirtin machte: «dienstfertig, gefällig ... unermüdlich es jedem Recht zu machen.» Auch verstehe sie vortrefflich, «das Gouvernement» zu teilen und ihr, Dorothea, ein Gefühl von «Mitherrschaft» zu geben.

Madame Veit meinte auch beobachtet zu haben, daß sich Caroline in Gesellschaft nicht in Szene setze, sondern «gewöhnlich», «wie eine jede andre artige Frau» erscheine. Sie schmeichle nie, verhalte sich gegenüber Kunst und Menschen unbefangen, unbekümmert, fast unbesonnen dreist, dabei aufrichtig, gerade – obgleich sie das bisweilen etwas hart und rücksichtslos erscheinen lasse. Dorothea hatte «eine etwas scharfe Prüfung ausstehen» müssen und stand danach auf bestem Fuß mit der Schwägerin. Von unumschränkten Zutrauen war die Rede.

Lag es an ihren Gemeinsamkeiten, daß die beiden Frauen sich so gut verstanden? Ihre toten Väter waren beide international bekannt, berühmt. Dorotheas Vater als Aufklärer, als Philosoph, Carolines Vater, der Göttinger Professor Michaelis, als Orientalist und Theologe. Mendelssohn hatte mehrere von Michaelis' Schriften rezensiert, mit dem Göttinger Professor auch in Briefwechsel gestanden, doch einig wurden sich die Väter nie. Michaelis mit seinen starken Vorurteilen gegen die Juden blieb ein Gegner der jüdischen Emanzipation.

Beide Töchter prägte die Herkunft aus dem Bildungsbürgertum. In der geistigen Atmosphäre ihrer Elternhäuser, im ungezwungenen Umgang mit Autoren und Gelehrten, entstanden ihre Ansprüche, Maßstäbe und Erwartungen. Beide lasen leidenschaftlich gern; Freundinnen bewunderten ihr Wissen, ihren Geist und ihren Stil.

Doch hochfliegende Erwartungen beider versanken in der Alltagsmelancholie mißglückter Ehen mit zwei Männern, die keine geistig ebenbürtigen Partner für die jungen Frauen waren: weder Veit, der Kaufmann und Bankier, noch Böhmer, der Bergmedikus in Clausthal-Zellerfeld. Weltersatz boten die geliebten Bücher. Erst später erweiterte das Leben sich.

Als Böhmer starb, war Caroline fünfundzwanzig Jahre alt. 1792 entschloß sie sich, in das von französischen Revolutionstruppen besetzte Mainz zu ziehen, wo ihre Jugendfreundin Therese Heyne als Frau des Weltumseglers, Publizisten und Gelehrten Georg Forster lebte. Forster und sein Kreis erschlossen der jungen Witwe eine neue Welt. Sie begeisterte sich für die Französische Revolution und nahm Anteil an der ersten, in Mainz gegründeten deutschen Republik. Als herannahende deutsche Truppen die Stadt umzingelten, versuchte Caroline mit ihrer Tochter aus Mainz zu fliehen, wurde aber auf der Flucht verhaftet und zusammen mit anderen Republikanern und der damals achtjährigen Auguste auf die Festung Königstein gebracht. Zwar bewirkte ein Bruder schließlich die Entlassung, aber Caroline war geächtet: als Abenteurerin und Revolutionsanhängerin, als angebliche Mätresse Forsters und auch als Franzosenliebchen. Ausweisung aus Göttingen, keine Aufenthaltsgenehmigung für Dresden, verschlossene Türen, allerorten Warnungen, sie zu empfangen. «Hier hat man nicht vergessen, daß sie die Böhmer ist, die auf dem Königstein gesessen», schrieb 1797 eine Dresdnerin; da war sie schon seit einem Jahr August Wilhelms Frau.

Auch ihr zwiespältiges Verhältnis zur bürgerlichen Gesellschaft, geprägt durch Unabhängigkeit und Zugehörigkeitsbedürfnis, verband die beiden Frauen. Abgesehen von Carolines bald verflogener Revolutionsbegeisterung – weder sie noch Dorothea wollten die Gesellschaft ändern, sondern geachtet in ihr leben. Zwar verachteten sie die bürgerliche Mehrheit ob des Durchschnitts, ihrer Mittelmäßigkeit, wollten aber auch nicht abgedrängt am Rande der Gesellschaft stehen. Gleichzeitig war ihre Sehnsucht nach einem erfüllten Leben so bestimmend, daß sie moralische Vorschriften ignorierten, gängige Wertvorstellungen mißachteten. «Göttern und Menschen zum Trotz will ich glücklich sein» – dieses Bekenntnis Carolines könnte auch von Dorothea stammen. Anerkennung der bestehenden Verhältnisse bei gleichzeitigem Anspruch auf die unverfälschte Durchsetzung des eigenen Ichs und seiner Glücksvorstellung – was für ein Widerspruch, zumal in einem Frauenleben – und welcher Selbstbehauptungswille!

Bei näherem Umgang fielen die Unterschiede zwischen beiden Frauen auf. Caroline liebte es, sich schönzumachen; zu gefallen bedeutete ihr viel. Dorothea fehlte das Adrette; auf äußeres Gefallen legte sie weniger Wert, glaubte auch nicht an den Erfolg: Anstelle der reifen Frau mit den barocken Formen galt nun die anmutig Zarte, jugendlich Schlanke als Schönheitsideal.

Caroline besaß die Selbstsicherheit anziehender Frauen und liebte es, im Mittelpunkt zu stehen. Menschenliebe lag ihr ziemlich fern. Dorothea war sich ihrer selbst viel weniger sicher, doch sie kam den Menschen uneigennützig und warmherzig entgegen. Das nahm für sie ein.

Frauen spielten in ihrem Leben eine große Rolle; wo sie auch hinkam, überall gewann sie Freundinnen, einige liebte sie abgöttisch. Caroline setzte in der Männerwelt auf Männer; Männer waren ihre Helfer, Partner, Freunde. Auf Freundschaft mit Frauen gab sie nichts, befand, daß es unter Weibern keine gebe. Frauen, die studieren, publizieren wollten, galten ihr als unweiblich und unbescheiden, über manche zog sie recht verächtlich her. Die zahlten es ihr heim; Charlotte Schiller sprach von «Madame Lucifer».

Ungeachtet der charakterlichen Gegensätze und der Schwierigkeiten Carolines, mit anderen Frauen warm zu werden, lebte sie mit Dorothea gut zusammen, «besser als ich hoffte», bemerkte Friedrich. Auch Dorothea berichtete von glücklichen Empfindungen: Ich «habe mich... einer zärtlichen und achtenden Behandlung zu erfreuen».

Aber Friedrich machte Sorgen. Seine gute Laune war schon bald verflogen; er kam mit seiner Arbeit, der Fortsetzung der «Lucinde», nicht voran, saß in seinem Dachgehäuse, entwarf, verwarf, schrieb und strich – irgendwann gab er es auf. Wieviel fing er an und wie oft blieb er auf der Strecke! Die Literaturhistoriker – Haym zum Beispiel, doch auch Dilthey und Ricarda Huch – haben seine Schwierigkeiten zu erklären versucht:

Er las zuviel, stopfte sich seinen ideenüberladenen Kopf noch zusätzlich mit Wissen voll und wurde dann der Fülle nicht mehr Herr. Er wollte auch zuviel. In Jena wollte er beweisen, daß er, der Kritiker, der Denker, auch ein Dichter sei, verfaßte Kanzonen und Sonette, Stanzen und Romanzen; anderes blieb liegen. Friedrich konnte Kunstwerke genial sezieren, und er sah genau, wo die Stärken und die Schwächen ihrer Schöpfer lagen. Im Umgang mit sich selbst versagte das kritische Genie: Er schwankte zwischen erhabenen Vorstellungen von seiner Größe – Friedrich, der Religionsstifter, der Begründer philosophischer Systeme! – und dem Gefühl der Ohnmacht, des Versagens. Vom Enthusiasmus fiel er in die Lethargie, Besessenheit und Phlegma lagen nahe beieinander.

Spätestens in Jena muß Dorothea Veit begriffen haben, wie schwer es sein würde, mit diesem schwierigen, unsteten Mann zu leben. Sie sah, wie er sich quälte:

«Wird er schwer über den Dingen oder die Dinge schwer über ihm, das ist nicht zu entscheiden, aber gewiß ist, daß das Leben ihm sauer wird.» Sie bemühte sich, es ihm in allem recht zu machen, auch das war schwierig: «Friedrich hat wunderwürdige Terzinen gemacht, kommt mit jeder einzelnen Terzine drei Treppen herunter, liest es mir einzeln vor, und da ich stupider Weise unmöglich gleich den Sinn fassen kann, obgleich der Glanz der Verse mich trifft und mir behagt, so fährt er mich dermassen an, daß ich vor Angst fast gestorben bin.»

Solche Erfahrungen wurden Schleiermacher anvertraut, und ihn ließ sie auch wissen, wie sie auf Schlegels Schwierigkeiten zu reagieren gedachte. Ihn ihre Besorgnis spüren zu lassen und ihn zu bedrängen – das, meinte Dorothea, werde Friedrich vollends niederdrücken; «auch Wilhelms [Caroline und der Bruder] sind mit mir darüber einverstanden, daß man ihn nicht quälen dürfte, und man läßt ihn in Ruhe, das ist wirklich das einzige was man für ihn thun kann...».

Knapp ein Jahr später heißt es: «Ich bin jetzt still und ergeben, denn darüber hat kein Mensch Gewalt.» Friedrich quälte sich noch immer mit dem unvollendeten Roman.

In Jena kam Dorothea zu dem Schluß, als freier Autor werde Friedrich auf Dauer sicherlich nicht existieren können. «Ich träume mir noch immer, daß F. einmal eine andere *carriere* ergreift, als die er jezt hat. Giebt uns das Schicksal einen *Staat*, so wird er gewiß auch noch *Bürger*» – soll heißen, ein öffentliches Amt bekleiden, nicht länger Außenseiter sein. Bis es soweit sei, meinte sie, bis alles besser werde, müßten ihn die Freunde über Wasser halten. Sie selbst will Arbeit annehmen und hinzuverdienen. Bald nach ihrer Ankunft beginnt sie, einen Roman zu schreiben.

Dorothea will Friedrich «Ruhe schaffen, und selbst in Demuth als Handwerkerin Brod schaffen, bis *er* es kann». Was

Friedrich um des schnöden Mammons willen niemals zugemutet werden soll, nämlich Kunst als Handwerk zu betreiben, das will sie als Handwerkerin im Kunstbetrieb versuchen: für Geld zu schreiben. Von Freude am Fabulieren und Formulieren, am Gestalten und Sich-selbst-Erproben ist da nicht die Rede. Auch soll der Eindruck nicht entstehen, sie setze sich mit Friedrich gleich. Aber als Schleiermacher staunt, mit welchem Eifer Dorothea die neue, ungewohnte Tätigkeit betreibt, da antwortet sie ihm: «Wie können Sie, mein Freund! sich so sehr über meine poetischen Fortschritte verwundern? habe ich es nicht immer gesagt, und darauf getrotzt, daß ich etwas werden könnte; wenn es mir wohl ginge? hätte ich meine Freiheit umsonst erlangt?»

Es geht um mehr als nur um Geld. In diesem Künstlerhaus am Löbdergraben, in dieser Wohn- und Arbeitsgemeinschaft der Jenaer Romantiker, erwachen Dorotheas schlummernde Talente. In anderen Häusern schreinert, schustert oder schneidert man, hier denkt und diskutiert und dichtet man. Das steckt an.

Beim Lesen entdeckt die Veit um diese Zeit Paul Flemmings «Geist und Weltliche Poemata» für sich. Besonders liebt sie das Sonett «An Dich»:

Sey dennoch unverzagt. Gieb dennoch unverlohren.
Weich keinem Glücke nicht. Steh höher als der Neid.
Vergnüge Dich an Dir, und acht es für kein Leid,
hat sich gleich wider Dich Glück, Ort, und Zeit verschworen.
Was Dich betrübt und labt, halt alles für erkohren.
Nimm Dein Verhängnis an. Laß alles unbereut.
Thu, was gethan muß seyn, und eh' man Dir's gebeut...

In ihren Briefen tauchen nun Begriffe wie Demut, sich fügen und ergeben auf. Doch sie verbinden sich mit fester, starker Hoffnung, die Zukunft werde Rettung aus vorübergehenden Schwierigkeiten bringen. Nur nicht aufgeben, nicht verzagen! «Thu, was gethan muß seyn...» Sich zu fügen heißt nicht, die Hände in den Schoß zu legen.

So wie Dorothea glaubte auch Wilhelm fest an Friedrichs Bedeutung; das verband die beiden Menschen, die ihm am nächsten standen. Hätte sie vor August Wilhelm nur nicht einen so übermäßigen Respekt gehabt! Schüchterte sie seine Persönlichkeit so ein? Beeindruckte sie so stark, was Wilhelm vorzuweisen hatte?

Der Anfang dreißigjährige Professor an der Jenaer Universität galt nicht nur als einer der ersten Kritiker in Deutschland, er war auch schon ein Übersetzer, ein Nachdichter von europäischem Rang. Obgleich später Heinrich Heine Friedrich weitaus höher schätzte als dessen älteren Bruder, gestand er dem doch zu, seine Shakespeare-Übersetzungen seien unübertreffbar, meisterhaft.

Ganz entspannt und unbefangen wurde das Verhältnis Dorotheas zu dem älteren Schlegel nie. Für sie bleibt er übergeordnet, eine Autorität, der gegenüber man Rechenschaft ablegt und sich verteidigt.

Natürlich wußte sie, was Friedrich diesem Bruder zu verdanken hatte. Ohne ihn hätte sich der Jüngere vielleicht umgebracht; im Schuldturm wäre er gewiß gelandet. Immer wenn alles ganz verloren schien, half der Ältere aus. So war es während Friedrichs Studentenzeit gewesen, so blieb es auch in Jena, und so wird es auch in Zukunft sein.

August Wilhelms Korrektheit, die Penible seines Wesens und sein «Hofmeisterton» gingen selbst Freunden auf die Nerven. Doch wünschte Dorothea sich gewiß, ihr Friedrich besäße wenigstens ein wenig von dem Fleiß und der Verläßlichkeit des Älteren, von seiner Besonnenheit, dem Sinn fürs Praktische. Eigentlich kann Wilhelm ihr nicht sehr gelegen haben. Sie war ein leidenschaftlicher, wahrhaftiger Mensch, er liebte das Gefällige, das Schickliche und Elegante. Sie stand durch, was ihr als recht und billig schien, er war weich und wurde «wie eine Springfeder, einmal von dieser, dann von jener Seite zusammengedrückt», bemerkte Dorothea später. Wilhelm verstand, mit Menschen umzugehen, ohne von Menschen etwas zu verstehen; vollends in seinem Verhältnis zu Frauen verließ ihn jede Menschenkenntnis. Einige haben ihn schamlos ausgenutzt. Doch konnte er auch launisch, arrogant und egoistisch sein.

Gewiß schmerzte es die Veit, mitanzusehen, daß Friedrich zwar der Begabtere, der tiefere Denker war, Wilhelm ihn aber an Erfolg weit übertraf. Und so mag es ihr sicherlich ganz wohlgetan haben, daß Schleiermacher diesen Wilhelm ziemlich abwertete: «Dieser Bruder», schrieb er, «hat weder die Tiefe noch die Innigkeit [Friedrichs], er ist ein feiner eleganter Mann, hat sehr viel Kenntnis und künstlerisches Geschick und sprudelt von Witz, das ist aber auch alles.»

Gleich nach ihrer Ankunft durchstreifte Dorothea die Stadt mit ihren engen Gassen und besah die kleinen Häuser, in denen große Geister wohnten. Alteingesessene sprachen stolz von ihrem «Saal-Athen». Wilhelm hingegen meinte, dieses Jena sei ein «Lumpennest»; doch es war schön gelegen. An sonnigen Oktobertagen wanderte die Veit entlang der Saale, vielleicht zur «Schneidermühle», wo man Kaffee trank, und genoß, einen Uferberg ersteigend, die weiche, unverbrauchte Luft.

Auf einem dieser Spaziergänge, den sie im November zusammen mit den Freunden unternahm, begegnete sie Goethe. Er kam häufiger und gern nach Jena, besuchte Schiller oder den Verleger Frommann, traf sich mit Professoren. Entbunden von gesellschaftlichen Verpflichtungen, konnte er hier auch ungestört arbeiten. Schon im Oktober – Dorothea war gerade angekommen – war er in der Stadt gewesen; doch die Schlegels hatten sich gescheut, ihn einzuladen, denn sie wußten, daß er nicht besichtigt werden mochte. Dorothea klagte: «Ich werde in Rom gewesen seyn ohne den Pabst den Pantoffel geküsst zu haben.» Doch: «Nun hören Sie!», schreibt sie an Schleiermacher. «Gestern Mittag bin ich mit Schlegels. Caroline, Schelling, Hardenberg, und ein Bruder von ihm ein Lieutenant Hardenberg, im Paradise (so heißt ein Spaziergang hier), wer erscheint plötzlich vom Gebirg herab? kein andrer als die alte göttliche Excellenz, Goethe selbst. er sieht die große Gesellschaft, und weicht etwas aus, wir machen ein geschicktes Manöver, die Hälfte der Gesellschaft zieht sich zurück, und Schlegels gehen ihn mit mir grade entgegen. W.[ilhelm] führt mich. F.[riedrich] und der Leutenant gehe hinterdrein. W. stellt mich ihm vor, er macht mir ein auszeichnendes Compliment, dreht ordentlicher Weise mit uns um, und geht wieder zurück und noch einmal herauf mit uns, und ist freundlich und lieblich, und ungezwungen und aufmerksam gegen Ihre gehorsame Dienerin. Erst wollte ich nicht sprechen, da es aber gar nicht zum Gespräch zwischen ihn und W. kommen wollte, so dachte ich, hohl der T. die Bescheidenheit, wenn er sich ennuirt, so habe ich unwiederbringlich verloren! ich fragte ihn also gleich etwas, über die reissenden Ströhme in der Saale, er unterrichtet mich, und so ging es lebhaft weiter. ich habe mir ihn immer angesehen, und an alle seine Gedichte gedacht; dem W. Meister sieht er jezt am ähnlichsten. Sie müssten sich todt lachen wenn sie hätten sehen können wie mir zu Muthe war, zwischen Goethe und S. zu gehen. Die Wasserprobe des Unmuths habe ich ehmals glücklich überstanden, werde ich auch die Feuerprobe des Uebermuths überstehen?»

«Er hat einen großen und unauslöschlichen Eindruck auf mich gemacht», erfuhr Rahel, «diesen Gott so sichtbar und in Menschengestalt neben mir... ein großer, ein ewig dauernder Moment!»

Der Gott war damals fünfzig. Dorothea übersah die leicht herabhängenden Backen, die Augensäcke und die gelben Zähne, sie störte nur, «daß er so korpulent wird»; das zerstöre «die Imagination».

Sechs Wochen nach dieser Begegnung im Paradies lud Goethe den jungen Schelling zusammen mit Schiller zur Silvesterfeier ein. Wollte man gemeinsam den Anbruch des 19. Jahrhunderts feiern? Das ist ungewiß, denn wer weiß, zu welcher Partei die Herren gehörten: zur Minorität, zu den «Nullisten», die im 1. 1. 1800 das entscheidende Datum sahen, oder zur Majorität, den «Einsern», die darauf bestanden, daß das Jahrhundert erst ein Jahr später zu begrüßen sei.

Wann es auch immer richtig begonnen haben mag – hoffnungsvoll begann es nicht. Die schönen Träume von der Revolution der freien, gleichen Brüder waren zerstoben; die Brüder, die einst die Bastille stürmten, rückten bald als von Napoleon befehligte Besatzer an. Alte und neue Unterdrücker gaben sich als Befreier aus und hier für diese, dort für jene waren sie es auch. Schiller schrieb zum «Antritt des neuen Jahrhunderts» einen pessimistischen Gesang: «Edler Freund! Wo öffnet sich dem Frieden,/ Wo der Freiheit sich ein Zufluchtsort?/ Das Jahrhundert ist im Sturm geschieden,/ Und das neue öffnet sich mit Mord.»

Die Phantasie des Menschen reicht nicht aus, sich im voraus ein Jahrhundert auszumalen. Den nahen Zusammenbruch des Heiligen Römischen Reiches deutscher Nation und Jahrzehnte später die Errichtung eines anderen, neuen, den Wechsel zwischen Revolution und Restauration nun im europäischen Ausmaß – wer konnte das um 1800 ahnen? Und wie hätte sich ein dreißigjähriger Revolutionär von damals ausmalen können, was Gleichaltrige um 1900, Lenin oder Rosa Luxemburg, unter Revolution verstehen würden?

Gewonnene und verlorene Kriege, Teuerung, Hungersnot und Seuchen, Entdeckungen sowie Eroberungen in unerforschten Kontinenten – darauf waren «Einser» wie «Nullisten» vorbereitet. Aber doch nicht darauf, daß Kind- und Kindeskinder mit der Eisenbahn von Jena bis nach Weimar und weiter nach Frankfurt und Paris fahren würden! Weder vom Frauenplan noch vom Löbdergraben aus konnte man erkennen, was für ein Monster vor den Toren stand: lebenserleichternd und menschenfressend, aus dem feuerspeienden Rachen dampfte, pfiff und fauchte es, und manchmal zuckte der gewaltige Leib, als wolle er sich in die Luft erheben. Es begann das Industriezeitalter, das Jahrhundert der Telegrafendrähte und Benzinmotoren, der Edinsons, der Krupps, aber auch des in Mietskasernen und Fabriken eingepferchten Proletariats.

Und dennoch schrieb der altgewordene Henrik Steffens, der

ein Gefährte der Frühromantiker gewesen war, «daß kaum irgendein Jahrhundert großartiger anfing, als das neunzehnte», denn es war eine Blütezeit der Kunst und Wissenschaft. Wann lebten in Deutschland so viele große Künstler und Gelehrte? Goethe, Schiller, Kleist, Novalis, Hölderlin, Wieland, Klopstock, Herder, Tieck, die Schlegels und Jean Paul, die Maler Caspar David Friedrich und Philipp Otto Runge, Schadow, Schinkel, Schleiermacher, Schelling, Fichte, Hegel...

«Geister, die in allen Wissenschaften eine freiere Richtung annahmen, traten in ein Bündnis, um auf ein gemeinschaftliches großes Ziel hinzuarbeiten... in allen Wissenschaften fing eine andere Sprache an, einen neuen Sinn zu bezeichnen, der, wenn auch verborgen, in der scheinbar auseinanderliegenden Vereinzelung der Gegenstände, die getrennt sich fremdartig schienen, dennoch auf eine zukünftige großartige Vereinigung hindeutete. So unendlich reich war diese Zeit, daß in ihr eine allseitig bewegte Gegenwart alle bedeutenden Momente der Vergangenheit umfaßte, indem sie zugleich mit der großartigsten Zukunft geschwängert war; hoffnungsvoller erschien keine je in der Geschichte.» So sah es, rückblickend, der alte Steffens.

Als das 18. Jahrhundert endete und das 19. begann, hatte Dorothea Veit den Höhepunkt ihres Lebens erreicht. Sie war dabei, als eine kleine Schar romantischer Jünglinge gegen den Zeitgeist revoltierte, und sie bestimmte einen neuen mit.

Später, als die romantischen Jünglinge alt geworden waren, sehnten sie sich nach ihrer Gemeinsamkeit in Jena wie nach einem entschwundenen schönen Traum zurück. Sie gedachten ihrer Freundschaft und der Liebe, des leichten Spiels ihrer Gefühle und Ideen, und wem vor Augen auch die alten Fehden, die Zerwürfnisse erschienen, der löschte sie mit einer Handbewegung aus. Tieck redete zu Wilhelm von einer «der glänzendsten und heitersten Perioden meines Lebens. Du und Dein Bruder Friedrich, – Schelling mit uns, wir alle jung, aufstrebend, Novalis-Hardenberg, der oft zu uns herüberkam: die Geister und ihre vielfältigen Pläne, unsere Aussichten in das Leben, Poesie und Philosophie bildeten gleichsam ununterbrochen ein Fest von Witz, Laune und Philosophie.» Das Fest begann im Herbst des Jahres 1799.

Der sechsundzwanzigjährige Ludwig Tieck, von den Brüdern Schlegel für die romantische Schule als deren dichterischer Repräsentant entdeckt (soweit sie sich nicht selber dafür hielten), war um die gleiche Zeit wie Dorothea Veit, nämlich im Oktober 1799, aus seiner Vaterstadt Berlin nach Jena umgezogen und erweiterte nun zusammen mit Novalis den Freundeskreis am Löbdergraben.

Dorothea kannte Tieck schon aus Berlin; er war ihr dort oft in den Salons begegnet, und sie hatte ihn gleich gern gemocht. Wenn er erzählte oder vorlas, mochte sie an den geliebten Moritz denken. Auch dieser Jüngling namens Ludwig war ein Phänomen: Schon der Vierjährige hatte lesen gelernt, der Tertianer sich durch Leihbibliotheken durchgefressen, schon der Zwanzigjährige kannte so ziemlich die gesamte zeitgenössische Literatur, einschließlich der Schwarten, und hatte sein Œuvre im Schrank: Gedichte, Dramen, Novellen... Auch nahm Dorothea für ihn ein, daß er ihr und ihrer jüngeren Schwester Henriette seinen ersten großen Roman «William Lovell» vorgelesen hatte. Die beiden jungen Frauen hatten nicht mit Lob gespart und behielen die Bewunderung für Tieck auch bei. Ich fühle «die Tiefe und die Glorie Ihrer Kunst und Ihrer Liebe», schrieb ihm einmal Dorothea. Was die Liebe anbetraf, so trog sie das Gefühl.

Friedrich Schlegel bewunderte den Dichter Tieck, verglich ihn später gar mit Goethe, der Mensch lag ihm nicht sonderlich. Dorothea hatte die beiden in Berlin bekannt gemacht, man sah sich dort auch ziemlich oft, doch Schlegel fand Tieck gewöhnlich, roh, «an Geist und Leib [gleich] mager», und ließ den anderen Hochmut spüren. Sein Bruder Wilhelm war Tieck ein ungleich besserer Freund. Beide liebten Shakespeare, übersetzten Shakespeare, schätzten sich gegenseitig, und jeder lobte, was der andere schrieb.

Die Freundschaft zwischen Tieck und August Wilhelm festigte den Freundesbund in Jena, und niemand störte sich daran. Aber die enge Bindung zwischen Tieck und Hardenberg-Novalis vertiefte nicht die Harmonie der Freunde; sie erzeugte Eifersucht. Schon am fünften Tag nach ihrer Ankunft, als sie Novalis überhaupt noch nicht persönlich kannte, berichtete Dorothea nach Berlin, was ihr doch offensichtlich von anderen Hausbewohnern zugetragen worden war: «Er [Novalis] ist ganz toll in Tieck, und in seine Frau, als Tiecks Frau verliebt, und verachtet alles übrige. *Alles* übrige, sagt man. Wie lange dieses Delirium anhalten wird, weiß man nicht zu sagen.»

Doch wußte man, wann dies «Delirium» begonnen hatte; nämlich im Juli 1799, als sich die beiden Poeten zum erstenmal begegnet waren. Nur drei Wochen später schrieb Novalis seinem neuen Freund: «Deine Bekanntschaft hebt ein neues Buch in meinem Leben an... Du scheinst mir jeden in der Blüte zu berühren und verwandt zu sein. – Noch hat mich keiner so leise und doch so überall angeregt wie Du. Jedes Wort von Dir versteh ich ganz. Nirgends stoße ich auch nur von weitem an. Nichts Menschliches ist Dir fremd – Du nimmst an allem teil – und breitest Dich leicht wie ein Duft gleich über alle Gegenstände und hängst am liebsten doch an Blumen.»

«Noch hat mich keiner so angeregt wie Du» – das mußte Friedrich treffen, der sich seit den Studientagen in Leipzig als Mentor Hardenbergs verstand, und dieser hatte ihm versichert, durch Friedrich, den Freund, «Himmel und Hölle kennen gelernt», durch ihn «von dem Baum des Erkenntnisses gekostet» zu haben. «Du breitest Dich leicht wie ein Duft gleich über alle Gegenstände» – das hätte Caroline gerne über sich gehört. Die beiden, sie und Friedrich, die älteren Freunde des jungen Dichters, neideten Tieck Novalis' Liebe. Aber woran lag es, daß Dorothea kein Verhältnis zu ihm fand?

Auf der Fahrt nach Jena, im Oktober, hatte ihre Kutsche in Weißenfels Station gemacht, und einer der Mitreisenden, ein Doktor Lindner, hatte den Aufenthalt genutzt, Novalis aufzusuchen. Warum begleitete ihn Dorothea nicht, sondern teilte ihren Freunden mit, sie «habe nichts dazu gethan, ihn zu sehen, so begierig ich auch war». Lindner durfte nicht einmal erwähnen, wer da mit ihm reiste. «So stolz halte ich mich jetzt!», schrieb sie fast triumphierend Sophie Tieck, Ludwigs Schwester. Verletzt es denn den Stolz, den Freund des Freundes zu treffen?

Vielleicht war Dorothea sich nicht sicher, wie Novalis die geschiedene Ehefrau und das lebendige Vorbild der «Lucinde» wohl begrüßen würde; sie wußte, er hätte «die bürgerliche Verbindung», die möglichst rasche Legalisierung der Liebe zwischen ihr und Friedrich, gern gesehen. Doch Schleiermacher hat sie ihr seltsames Verhalten mit anderen Gründen erklärt: «mich sezt eine Bekanntschaft, vollends eine so interessante Bekanntschaft immer in einiger Verlegenheit, die hernach so sänftiglich almählich abnimmt; dazu gehört aber Zeit, und die hatte ich nicht... Dann gehört auch einiges – Selbstbewußtseyn – will ich es nennen, dazu um jemand so zu sich zu rufen um ihn zu besehen. Eine solche edle Dreistigkeit haben nur schöne Frauen, oder sollten nur diese haben.»

Ist es denn möglich! Da stand sie nun in Weißenfels, war fünfunddreißig Jahre alt geworden und traute sich nicht, unangemeldet einen jungen, weithin unbekannten, dichtenden Assessor aufzusuchen, von dem alle sagten, daß er besonders liebenswürdig sei.

Frauen, die sich für unattraktiv oder gar für häßlich halten, es vielleicht auch sind, kennen das: dies durch Erfahrung angefachte Lauern auf die erwartete Mißachtung bei der Begegnung mit Fremden, die auf den Gesichtern erscheinende Enttäuschung über das Erscheinungsbild der Gegenüber, und sie reagieren auf die Zurücksetzung mit aufgesetzter Forschheit oder, die neuerliche Verwundung scheuend, mit Rückzug, dem Entschluß, sich der Begegnung gar nicht auszusetzen. Solange sie noch jung sind, warten sie auf die die Regel durchbrechende Erfahrung, wie sie Madame Veit erlebte, als sie Friedrich traf.

So unglückselig wie es begonnen hatte, setzte es sich fort. Als

Dorothea Novalis zum erstenmal begegnete, beachtete er sie kaum; das trug nicht dazu bei, sie für ihn einzunehmen. Ganz anders ihre jüngere Schwester Henriette: Sie traf Novalis kurz in Dresden und, schwärmerisch veranlagt, wie sie war, fühlte sie sich sogleich durch ihn verzaubert: von der Milde und der Heiterkeit, die ihn umgaben, von der Freundlichkeit in seinen Zügen, den «verklärten Augen». Die einen nannten sie schwarz glänzend, andere braun. Friedrich behauptete, sie leuchteten «farblos geradeaus», aber alle sahen Geist und Glut darin. Dorothea und ihr Schlegel waren sich einig, Novalis sehe «wie ein Geisterseher aus».

Er war so faszinierend widersprüchlich; auch das erklärt, warum Novalis einen so starken Eindruck hinterließ. Gerhard Schulz, einer seiner modernen Biographen, hat ihn als einen Träumer und ganz Wachen, als vernunft- und phantasiebegabt, weich und willensstark beschrieben, als einen romantischen Dichter, «dessen Leben von der Leidenschaft zur Politik, von der Sehnsucht nach der Veränderbarkeit der Welt ebenso bestimmt wurde, wie von dem Drang, als Wissenschaftler die Gesetze der Natur zu erkennen und sie in praktischer Arbeit anzuwenden».

Das hatte Novalis allen seinen Freunden voraus: ein mit dem Staatsexamen abgeschlossenes Jura-Studium, ein Diplom der Freiberger Bergakademie und die Aussicht auf eine geregelte Berufslaufbahn. Sie begann auf einer mit jährlich vierhundert Talern dotierten Assessorenstelle bei der Salinendirektion in Weißenfels. Freilich, das war nicht mehr als auch der Mundkoch des Herzogs in Weimar ausbezahlt bekam; doch was hätten die besorgte Dorothea, die von Schulden ihres Mannes gedrückte Amalie Tieck für solch glückliche Voraussetzungen einer Autorenexistenz gegeben: Eine gediegene Ausbildung! Ein praktischer Beruf! Und jeden Monat sicheres Geld!

Am 11. November 1799 kam der Mann, der alles das besaß, was die beiden Frauen für ihre Männer sehnlichst wünschten, nach Jena auf Besuch. Tags zuvor hatte er zusammen mit seinem

Bruder Carl auf einem nahe gelegenen Gut an der Hochzeit seiner Schwester teilgenommen, und von dorther war er zu den Freunden geeilt. Die Brüder Schlegel, Caroline, Schelling und Novalis hatten sich schon im Jahr zuvor in Dresden, zu einem Wochenende im August, getroffen. Jetzt, in Jena, waren auch die Tiecks und Dorothea, Carl von Hardenberg sowie der junge Physiker Ritter dabei, der Novalis durch seine Arbeiten über den Galvanismus, seine Entdeckungen und Experimente faszinierte.

Novalis hatte eigene Gedichte, Lieder und einen für das «Athenaeum» verfaßten Aufsatz mitgebracht, um sie den Freunden vorzulesen. Seine geistlichen Lieder, entstanden unter dem Eindruck Schleiermachers, beeindruckten den Kreis; «die sind nun das göttlichste was er je gemacht», urteilte der jüngere Schlegel, aber Novalis Aufsatz «Die Christenheit oder Europa» löste eher Verwirrung aus. Unsicher darüber, wie so etwas sich in ihrer Zeitschrift ausnehmen würde, suchten die Freunde bald bei Goethe Rat; der riet ab, den Aufsatz zu veröffentlichen. Und so geschah es. «Es waren schöne glänzende Zeiten, wo Europa ein christliches Land war, wo *Eine* Christenheit diesen menschlich gestalteten Weltteil bewohnte; *Ein* großes gemeinschaftliches Interesse verband die entlegensten Provinzen dieses weiten geistlichen Reiches...» Wollte der Freund das Mittelalter neu beleben oder nur anknüpfend an die vergangene Zeit die Vision von einem durch die Religion geeinten und so wieder Frieden findenden Kontinent heraufbeschwören? Hoffte er auf eine Erneuerung der Welt durch das wiedervereinte Christentum, den Papst?

Tieck war beeindruckt, Schelling spottete. Friedrich, dem Novalis kürzlich erst versichert hatte, er werde «der Paulus der neuen Religion sein», «einer der Erstlinge» des neuen religiösen Zeitalters – Friedrich zauderte. Dorothea meinte, «die Herren sind etwas toll». Wie hätte sie ahnen können, daß die Zusammenkunft der etwas tollen Herren in der Literaturgeschichte als Höhepunkt der frühromantischen Bewegung gelten würde?

In ihren unmittelbar nach den ereignisreichen Tagen geschriebenen Briefen konzentrierte sie sich darauf, ihren Eindruck von Goethe, der ihr am 14. November begegnet war, und von Novalis wiederzugeben. Wieder die Beschwerde: Novalis «in Tieck, mit Tieck, für Tieck»; mit ihr habe er das Gespräch vermieden. Zwar gesteht sie zu, man müsse ihn persönlich kennen, um «sein ganz eigenes Wesen» zu verstehen, doch: «mir hat er's noch nicht angethan.»

Es mag ja etwas daran sein, wenn Dorothea später Caroline vorwarf, sie gegen Novalis beeinflußt zu haben. Doch entscheidender für das Verhältnis zwischen beiden war doch wohl, daß Dorothea so wenig Novalis Frauenideal entsprach, und das spürte sie. Gewiß war dieser Bergassessor moderner als viele, die auf seinen Spuren nach der blauen Blume suchen, aber in seinem Verhältnis zu Frauen blieb er altmodisch, weit hinter Friedrich zurück. Wie konnte eine Frau wie Dorothea hoffen, Eindruck auf einen Mann zu machen, der sich in eine Zwölfjährige verliebt hatte: Sophie von Kühn, die erste Braut, zart und leicht wie eine Wollgrasflocke und mit fünfzehn tot. Auch sollten Liebende nach den Vorstellungen des Bräutigams auf geordneten Pfaden einer glücklichen Häuslichkeit zustreben und nicht elterlichem Willen trotzen. Aus der Verantwortung, die nach seinen Vorstellungen ein Bräutigam, ein Gatte trug, hatte sich Novalis ja erst der Bergbaulaufbahn zugewandt. Wie schwer muß es ihn angekommen sein, Freund Friedrich mit dieser soviel älteren, eher männlich wirkenden geschiedenen Frau auf unordentlichen Pfaden verirrt zu sehen. Er begegnete in Dorothea einer Frau, die nicht nur ihren Mann, sondern auch ihren älteren Sohn verlassen hatte, die sich nun an einem Roman versuchte und über die Kunst der Stanze plaudern wollte, anstatt den Kaffee nachzuschenken. Nein, Novalis und die Veit – daraus wird kein Freundschaftspaar. Bis zu seinem frühen Tod im März 1801 bleiben sie sich fremd.

In ihrem Verhältnis zum jeweils anderen Geschlecht unterschieden sich die Romantiker und ihre Frauen. Sie kamen auch aus ganz verschiedenen Familien: Novalis aus dem Adel, Schelling, die Brüder Schlegel sowie deren Frauen aus dem Bildungsbürgertum. Tiecks Vater war ein Seilermeister. Dennoch überwog, was sie verband.

Sie waren Menschen, die wie Dorothea und Caroline, Tieck und Friedrich, von der Gesellschaft nicht aufgenommen oder ausgestoßen worden waren, junge Individualisten – die Männer fast alle unter dreißig und ungleich stärker als die beiden älteren Frauen der Melancholie und Angstgefühlen ausgesetzt – auf der Suche nach der wahren Freundschaft, wahrer Liebe in einer Gemeinschaft gleichgesinnter Seelen.

Manchmal wird sich Dorothea in die Zeit des Tugendbundes zurückgesetzt gefunden haben. Hier in Jena wie damals in Berlin vereinigten sich gleichgesinnte Menschen, entfremdet dem herkömmlichen Milieu, zu einem Freundschaftsbund, und auch die Jenenser trieben einen Freundschaftskult mit hohem Anspruch, hehren Zielen. Wiederum brachte Dorothea den ihr eigenen Enthusiasmus ein und wiederum war nicht vorauszusehen, ob das dem Bund nutzen oder schaden würde. Aber die Erfahrung mit den einstigen Bundesschwestern und den Bundesbrüdern hatte sie gelehrt, daß ein hoher Anspruch heftig mit der Wirklichkeit zusammenprallen, Freundschaft sich in Gleichgültigkeit und Mißgunst, wenn nicht in Schlimmeres kehren kann. Wird ihr die Erfahrung nützen? Welche Schlüsse wird sie daraus ziehen?

Die Jenaer Romantiker und die Berliner Tugendbündler – das waren junge Menschen der gleichen Generation. Aber seit der Gründung des Berliner Bundes war über ein Jahrzehnt vergangen. Die Romantiker hatten sich aus ihren Elternhäusern ganz gelöst und eigene Familien gegründet. Den Kern ihres Freundschaftsbundes bildete ein Familienbund, und als eine große Familie verstanden sie sich auch im übertragenen Sinn. «Bleiben Sie in der magischen Atmosphäre, die Sie umgibt, und mitten in einer stürmischen Witterung, mitten unter kümmerlichen Moosmenschen wie eine Geisterfamilie isoliert», schrieb Novalis Caroline.

Im Vergleich zum Tugendbund entstand in Jena eine höhere

Form der Geselligkeit und Freundschaft, eine Wohn- und Arbeitsgemeinschaft mehrerer Paare; geleitet von gleichen oder ähnlichen Vorstellungen von Lebenssinn und Glückserfüllung, probierten Intellektuelle alternative Lebensformen aus. Gemessen an Vorstellungen von biederen Bürgern über Lebensinhalt und Moral, lebte die Geisterfamilie mißachtet am Gesellschaftsrand. Aber sie bildete dort ein Zentrum deutschen Geisteslebens.

Tagsüber saßen die Männer schreibend in ihren Zimmern, und wenn es ihre Kinder und die Haushaltsführung erlaubten, taten es ihnen die Frauen gleich. Caroline half ihrem Mann beim Übersetzen, Dorothea schrieb an ihrem Roman. Tieck, von dem später Heinrich Heine sagte, erst durch die Berührung mit den Schlegels hätten sich alle Schätze seiner Phantasie und seines Gemüts erschlossen, arbeitete an einem Trauerspiel über die heilige Genoveva sowie an einer Übersetzung von Cervantes' «Don Quijote». Und da sich jedermann in diesem Kreis als Dichter fühlen wollte, selbst der Philosoph, Professor Schelling, so verfaßten alle nebenher Gedichte und lasen sie den anderen vor.

Dorothea entfachte eine wahre «Stanzen Wuth und Glut». Nach eigenem Bekunden hatte sie herausgefunden, «daß die Italiener in Stanzen improvisieren», und sich gleich darin versucht – und zwar so erfolgreich, daß ihre «niedlichen fließenden Stänzchen ... des Meisters Wilhelms ganzes Lob erlangten». Die anderen eiferten ihr nach, und so verging manch heitere Stunde mit dem Deklamieren schnell hingeworfener selbstverfaßter Reime. Madame Veit fühlte sich wie in einem ewigen «Conzert von Witz und Poesie und Kunst und Wissenschaft», das sie die «ganze übrige Welt und ... was die ... *Freuden* nennt» vergessen ließ.

Die anregende Geselligkeit, Lesen mit verteilten Rollen, das gelungene Gespräch – für die Freunde waren das Kunstformen, die den Gegensatz zwischen Kunst und Leben aufheben und zu jener umfassenden Bildung und Entfaltung beitragen sollten, die der Mensch nach ihrer Meinung nur im geselligen Umgang mit anderen erreicht. Da sie alle große Büchernarren waren, lasen sie sich abends gegenseitig nicht nur ihre eigenen Erzeugnisse, sondern auch aus Werken anderer Autoren vor. Besonders Tieck war ein hervorragender Vortragskünstler, ein Genie auf diesem Feld. Es war ein unvergeßlicher Genuß, ihn den «Sommernachtstraum» vorlesen zu hören, oder wenn er, ohne die Personen zu nennen, den Hamlet und Ophelia, Polonius und Laertes gab. Seine Sprache konnte im schnellen Wechsel den Ton eines feinen Fräuleins und eines Halunken annehmen, und entsprechend veränderte sich sein Mienenspiel. Hätte er nur gewollt, er wäre einer der größten Schauspieler geworden.

Das Gespräch der Freunde kam von den entlegensten Gebieten immer wieder auf die Literatur zurück. Sie stritten über Bücher, Rezensionen und Autoren, mischten sich in Dichterfehden, entdeckten und verwarfen, brachen einem Unbekannten Bahn und stimmten überein, daß der Sinn für die Poesie verlorengegangen sei und neu belebt werden müsse. Friedrich hatte das in einem «Gespräch über die Poesie» im «Athenaeum» neuerlich begründet.

Wenn er von seiner Dachstube herunterkam, um «mit Dichtern und dichterisch Gesinnten» über die Poesie zu reden, merkte Dorothea, wie er sich entspannte, wie gut ihm das Gespräch mit Freunden tat. Einen schwierigen Gedanken entwikkelnd, führte er den Daumen und den Zeigefinger von außen her auf seiner Stirn zusammen, sodann die Nase herunter und von ihrer Spitze in einer langen geraden Linie in die Luft. Seine außergewöhnliche Klugheit, sein Witz und seine Originalität beeindruckten alle in dem Kreis.

In den Tagen mit Novalis, da dieser den Jenaer Freunden seinen Aufsatz und seine Lieder vorgelesen hatte, da sie auch, wie so oft, über Schiller gelästert und Goethe als den wahren «Statthalter des poetischen Geistes auf Erden» gefeiert haben mögen – so sah ihn Novalis –, in ebendiesen Tagen begann in Frankreich ein neuer Zeitabschnitt, der unübersehbare Auswirkungen für Europa haben sollte. Am 18. Brumaire, dem 9. November 1799, stürzte Napoleon das Direktorium und ernannte sich zum unumschränkten Herrscher in Paris. Es darf vermutet werden, daß die Romantiker diesem Ereignis in ihren Gesprächen kaum einen größeren Raum als einem allenfalls anregenden Roman einräumten. Die Politik als Haupt- und Staatsaktion war aus ihrem Kreis verbannt oder spielte nur am Rande eine Rolle. Jedenfalls muß man das aus vielen Briefen schließen, die die Jenenser ihren Freunden schrieben und in denen das aktuelle Zeitgeschehen kaum Erwähnung findet.

Das gilt auch für ein anderes Thema: den Haushalt, das Alltägliche. Auch eine Geisterfamilie muß essen. Was aß diese? Wieviel kosteten die Butter und das Frühgemüse, Fleisch und Hülsenfrüchte? Wo kaufte man besonders günstig ein? Kaffee und Zucker waren offenbar teuer, Honig und Kartoffeln billig. Bier ließ man aus Weimar schicken, Wein aus Erfurt, Wurst aus Gotha – ein zusammenhängendes Bild ergibt sich nicht. Den Briefschreiberinnen war das Thema offensichtlich zu profan; sie schwiegen sich darüber aus.

Die Hauptlast der Haushaltsführung lag bei Caroline; sie legte wohl auch Wert darauf, nichts Wichtiges aus der Hand zu geben. Zwar hatte sie eine Köchin und eine tüchtige Dienstmagd namens Rose engagiert, doch war sie von früh an auf den Beinen, um das Haus behaglich «aufzuputzen», sich um die große Wäsche mitzukümmern, Vorhänge aufzustecken, Möbel umzustellen und für die Mitbewohner sowie auch andere Mittagsgäste, meistens waren es weit über zehn Personen, den Mittagstisch bereitzuhalten. Hinzu kam für sie und Dorothea die Sorge für die Kinder, für Augustes und Philipps Wohlergehen.

Für züchtige Hausfrauen, wie sie Schiller gepriesen hatte, wollten die beiden Damen nicht gelten. Als jemand beim Mittagessen das «Lied von der Glocke» vortrug, fielen sie vor Lachen fast vom Stuhl. Und auf Schillers «Würde der Frauen» («Ehret die Frauen! Sie flechten und weben/ Himmlische Rosen ins irdische Leben») verfaßte August Wilhelm zum Ergötzen aller eine gelungene Parodie: «Ehret die Frauen! Sie stricken die Strümpfe,/ Wohlig und warm, zu durchwaten die Sümpfe,/ Flicken zerrissene Pantalons aus;/ Kochen dem Manne die kräf tigen Suppen,/ Putzen den Kindern die niedlichen Puppen,/ Halten mit mäßigem Wochengeld haus.» Im Unterschied zu Schillers weiblichen Gestalten konnten Dorothea und Caroline für sich in Anspruch nehmen, auch «geistige Gefährtinnen» zu sein. Dies ist allerdings ein von Männern erfundenes Lobewort, mit dem darüber hinweggetäuscht werden soll, daß es sich dabei zu einem Gutteil um die gleichzeitige kostenlose Ausübung mehrerer anstrengender Berufe durch intelligente Ehefrauen im Dienste ihrer Gatten handelt. Dorothea und Caroline waren für ihre Männer auch als Übersetzerinnen, Redaktionsassistentinnen, Lektorinnen und Kopistinnen tätig, die stundenlang Manuskripte in Schönschrift übertrugen. Sie gehörten zu den ersten Frauen, die Haushalt, Familie und Beruf, intellektuelle Tätigkeiten und sich ständig wiederholende Alltäglichkeit vereinen mußten.

Und schließlich erwarteten die Männer noch von ihnen gesellschaftliche Talente. Zu der Geselligkeit, wie sie sich Friedrich oder auch Schelling und Schleiermacher dachten, gehörte die gebildete, möglichst auch künstlerisch begabte und erfahrene Frau: bereit, sich aus freien Stücken auf neue Lebensformen einzulassen, Wagnisse, Experimente einzugehen. In diesem Zusammenhang kam den beiden Schlegel-Frauen zugute, daß sie jene Souveränität besaßen, die dazu gehörte, ein materiell so ungesichertes und geistig so aufregendes Leben zu führen. Insbesondere Caroline füllte die ihr von den Brüdern Schlegel früh zugedachte Rolle, den weiblichen Mittelpunkt ihres Kreises zu bilden, bereitwillig und überzeugend aus. Sie verstand es, Menschen zusammenzuführen und sie anzuregen durch Geist und Bildung, Witz und Ironie. Caroline konnte großartig erzählen, geistreich spotten, liebenswürdig zuhören, umwerfend parodieren. Sie war hochtalentiert für die Kunst Geselligkeit, eine vielfache Vermittlerin.

Für Dorothea muß es nicht leicht gewesen sein, sich neben ihr zu behaupten, und der Bericht an die Berliner Freunde, Caroline erscheine «wie jede andere artige Frau», entsprach wohl eher ihrem Wunschdenken als der Wirklichkeit.

Caroline konnte auch leichter überspielen, wenn sie etwas nicht verstand, denn beide Frauen hatten manchmal rechte Schwierigkeiten, einem philosophischen Disput zu folgen. Caroline gestand Novalis offenherzig ein: «Sie glauben nicht, wie wenig ich von eurem Wesen begreife, wie wenig ich eigentlich verstehe, was sie treiben. Ich weiß im Grunde doch von nichts etwas als von der sittlichen Menschheit und von der poetischen Kunst... Was ihr alle zusammen da schaffet, ist mir ein rechter Zauberkessel.»

War es ein Trost für sie und Dorothea, daß die dritte Frau im Freundeskreis, die junge und jungverheiratete Amalie Tieck, noch viel größere Schwierigkeiten hatte, den «Zauberkessel» zu verstehen?

Die Frauen der Gebrüder Schlegel sahen in ihr ein Dummerchen, das um Ludwigs willen ertragen werden mußte. Je stärker sie zu spüren bekamen, wie angetan Novalis von Amalie war, um so häufiger wurden ihre spitzen Bemerkungen über Madame Tieck. Es werde behauptet, sie sei hübsch? «Hätte sie Anmut und Leben und etwas mehr am Leibe als einen Sack, so könnte sie als hübsch gelten», räsonierte Caroline. Aber so? Für Novalis sei sie die reizendste aller Frauen? «Malchen hält man... allenthalben für das Unbegreifliche an Tieck», wußte Dorothea. Sie «macht eine schlechte Figur im Familiengemälde». Wenig Kunstsinn und beschränkt – auch Friedrich schloß sich diesem Urteil an.

Dem Ehemann blieb gewiß nicht verborgen, wie abfällig über seine Frau am Löbdergraben geredet wurde, und er revanchierte sich, indem er seinerseits gegen die beiden anderen Damen vom Leder zog: «abgeschmackte Huren». Es war dies nicht das erste und auch nicht das letzte Wort, welches das Freundschaftsideal der Frühromantiker aus dem Dichterhimmel in die Gosse zog.

Eintragungen in ihr Tagebuch lassen darauf schließen, daß sich Dorothea im Jenenser Kreis manchmal unverstanden und einsam fühlte und in dem «ewigen Conzert von Witz und Poesie» auch falsche Töne hörte. Was empfanden die anderen eigentlich für Menschen außerhalb des literarischen Lebens? Sahen sie die überhaupt? Achteten sie die Leute, auch wenn sie sie belachten? Kannten sie Mitgefühl und Wärme? Es scheint, Dorothea argwöhnte mit der Zeit, es fehle in dem Haus an Menschenliebe.

Auch fand sie manches, was geäußert wurde, zu abstrakt, zu weit von der Wirklichkeit entfernt. Wie konnte es auch anders sein? Mit dem praktischen Leben hatten die jungen Künstler und Gelehrten kaum etwas zu tun; keiner brauchte sie, zog sie heran; sie gehörten nicht dazu.

«Ihr revolutionären Menschen müßt erst mit Gut und Blut fechten dann könnt ihr um auszuruhen schreiben wie Götz von Berlichingen seine Lebensgeschichte», meinte Dorothea. «Denn Euer Wesen, und Euer Wollen, das paßt zum litterarischen Gang, und zur Kritik, und all dem Zeuge, wie ein Riese ins Kinderbettchen. Ich sehe es jezt recht deutlich, daß die, die das Ruder führen, höfliche kalte geschmeidige Flachköpfe sind, und Euch nicht brauchen können zu den kleinen Maschinen, die sie für ihre schwächlichen Hände eingerichtet haben. Sie gehen tief gebückt durch die kleine Pforte und ihr wollt grade aufrecht durch; freylich zerstoßt Ihr Euch die Köpfe.»

Doch die mit den zerstoßenen Köpfen lachten bloß und warfen weiter leicht mit «modigen» Worten um: «antik», «gothisch», «himmlisch», «göttlich», «wunderbar» – Dorothea hat sie in ihrem Tagebuch notiert; sie scheute sich vor dem Gebrauch.

Es dauerte nicht lange – und die Freunde gingen sich auf die Nerven. Tieck vermißte jegliche Distanz und konnte das ewige Gerede nicht mehr hören. Man hockte zu eng aufeinander, vereinnahmte sich gegenseitig, und niemand hatte noch genügend Zeit, für sich, allein zu sein. So konnte es geschehen, daß sich Fama, die Nachrede, der Klatsch dem Hause näherte.

Im sechsten Gesang seiner «Aeneis» schildert Vergil ein Schreckbild sonderer Art: «Soviel Federn sie decken,/ Soviel spähende Augen – wer dächte es – stecken darunter,/ Soviel schwatzende Zungen und soviel lüsterne Ohren.» Das ist Fama. Schnelleren Schritts als sonst ein Übel macht sie ihren Weg, und wandernd mehren sich ihre Kräfte. «Durch die Dämmer der Nacht fliegt zischelnd und flüsternd sie zwischen/ Himmel und Erde dahin, kein Schlummer beschwert ihr die Lider,/ Wachsam hockt sie des Tags auf den obersten Firsten der Dächer,/ Blickt von den Zinnen der Türme und schreckt die mächtigsten Städte/ Zäh im schwindelnden Lug und zäh im Künden der Wahrheit...»

Während sich die sanften Berge rings um Jena mit grünsamtenen Teppichen überzogen, durchwirkt mit wohlriechenden Veilchen, Schlüsselblumen und Kräutern, und Dorothea sich nicht satt sehen konnte an den Maiblumen und dem Flieder, dem spiegelhellen Fluß – einem Frühling, wie sie ihn noch nie erlebt –, stieß Fama mit dem Federaugenkleid, den schwatzenden Zungen und lüsternen Ohren zerstörend auf den Löbdergraben nieder.

SOVIEL SCHWATZENDE ZUNGEN UND SOVIEL LÜSTERNE OHREN

Das Zerwürfnis mit Caroline Schlegel

In unserem Jahrhundert ist alles publik,
Briefe wie Sünden.
Jean Paul

Die Veit war ja nicht blind; das hatte sie schon früh erkannt: bei den Schlegels stimmte etwas nicht. Caroline war zwar freundlich, doch nicht fröhlich; nur eine Nichtigkeit – sie brauste auf, gewann die Herrschaft wieder über sich und nahm lächelnd die Heftigkeit zurück. Manchmal wirkte sie merkwürdig verloren und stand versunken irgendwo herum.

Darauf verstand sich Dorothea: Caroline Schlegel war verliebt, und der sie verwirrte, saß als Kostgänger am Mittagstisch: Schelling.

Der war mit seinen vierundzwanzig Jahren auf dem Weg zum Ruhm, hatte schon als Zwanzigjähriger Aufsehendes veröffentlicht und in den drei folgenden Jahren seinen Ruf als Schöpfer jener Naturphilosophie begründet, die unter den Gelehrten starken Eindruck machte. Seit einem Jahr lehrte er an der Jenaer Universität; Goethe hatte für den Ruf gesorgt. Mit seinen breiten Backenknochen, der leicht aufgeworfenen Nase und der hohen Stirn sehe Schelling eher wie ein General als ein Professor aus, meinte Dorothea, «durch und durch kräftig, trotzig, roh und edel».

Auch das durchschaute Dorothea: Wilhelm, ihren Mann, liebte Caroline nicht, und «die Art, wie der Ehestand zwischen den beyden existiert», hatte sie vom ersten Tag an irritiert. Dieser gereizte Neckton, diese ständigen Zänkereien – immer wenn ein neuer Streit ausbrach, flüchtete sie in ihre Stube. Dann wieder beeindruckte sie, wie sich Caroline und Wilhelm miteinander eingerichtet hatten. Sie lebten «als liebende Freunde zusammen... recht so wie ich es mir unter gebildeten Menschen denke; nemlich es ist nicht viel vom Sakrament zu merken». Für Schelling schien Wilhelm Hochachtung und freundschaftliche Gefühle zu empfinden; es sah so aus, als sähe er ihn gern im Haus.

Die Liebenden mochten noch an ihr Geheimnis glauben, da eilte schon schnellen Schrittes Fama durch die Stadt. «Macht denn der [Ehe]mann der Sache nicht ein Ende?» Fichtes Frage, aus Berlin an seine Frau gerichtet, beschäftigte auch Friedrich. Wilhelm war nach Leipzig abgereist, als sein Bruder Gewißheit über das wahre Verhältnis der Liebenden erhielt. Noch bevor er sie zur Rede stellen konnte, erklärte Caroline, «daß alles bald nach Recht und Schicklichkeit verbunden und getrennt werden sollte». So gab es Friedrich wieder. Das konnte doch nur heißen, sie wollte sich von Wilhelm trennen. Längere Zeit verging, doch nichts geschah. Friedrich kam nun zu dem Schluß, Caroline wolle beide Männer behalten und benutzen und drang heftig auf den Bruder ein, sich von ihr zu trennen.

Was ging das Friedrich an! Was mischte der sich ein! Caroline war empört. Was sie dem Schwager auch gesagt haben mochte – an einer schnellen Trennung von Wilhelm war ihr, der jetzt so Unentschlossenen und Verwirrten, nicht gelegen. Schelling war zwölf Jahre jünger, ihre Tochter Auguste hätte vom Alter her zu ihm gepaßt. Die Mutter galt mit ihren sechsunddreißig Jahren als eine abgelebte Frau. Nur nichts übereilen! Nur nicht schon wieder ein Skandal!

Die Ehe mit August Wilhelm beruhte auf weitgehender gegenseitiger Freiheit. So war es vereinbart worden. Jetzt machte sie Gebrauch davon. Auch Wilhelm stand das frei; ihre Toleranz war ihm bekannt. Warum auseinandergehen? Immer wieder drang Caroline auf den unentschlossenen Wilhelm ein, keine Veränderung herbeizuführen. Immer wieder drängte der Bruder ihn zur Trennung. So verwandelte sich die Freundschaft zwischen Friedrich und Caroline in Feindschaft und in Haß.

Niemand hatte Friedrich ein Mandat erteilt; ohne Auftrag, eifernd trat er als Anwalt seines Bruders auf und war sich seiner Motive sicherlich nicht mal bewußt. Gewiß trieb ihn die Bruderliebe. Gewiß war er empört, daß Wilhelm, der die Böhmer nach der Festungshaft aus höchster Not gerettet hatte, nun diesen Lohn forttrug. Doch als ebenso sicher konnte gelten, daß Friedrich in Schelling einen zweifachen Rivalen sah. Der Philosoph, so glaubte er, habe ihn, den Philosophen, ungerechtfertigt zurückgedrängt, und von dem Mann sah er sich ausgestochen.

Caroline war für Friedrich immer mehr als Wilhelms Frau gewesen. Er wurde ihr Bewunderer und Vertrauter, ein Wahlverwandter und geliebter Freund, als sie, schwanger von einem jungen Franzosen aus den Mainzer Tagen, gerade erst der Festungshaft entflohen, in dem kleinen Städtchen Lucka ihre Niederkunft erwartete. Das Kind, das sie gebar, ein Junge, starb sehr bald; mit dem Bruder hütete Friedrich das Geheimnis der Geburt. Caroline hatte ihn vom ersten Tage an in ihren Bann gezogen. Nie zuvor in seinem Leben war er einer solchen Frau begegnet: noch in der Verzweiflung selbstbewußt und doch hilfsbedürftig, klug und begehrenswert. Einzig um des Bruders willen hatte er die eigenen Gefühle unterdrückt. Und nun wagte Schelling, was Friedrich sich verboten hatte, hob den Verzicht als sinnlos, als vergebens auf.

Wilhelm folgte nicht des Bruders Rat, sondern Carolines Wünschen, und trat zu allem Überfluß in dem Streit der beiden als ein scheinbar unparteiischer Richter auf. Er beschwichtigte nach allen Seiten. «Daß die ganze Welt um das Verhältnis weiß, und ihn lächerlich findet, fällt ihm nicht ein, und läßt man etwas davon merken, so sagt er gleich: nun das müßen sie auch wissen, wenn sie alles wissen, daß es für mich kein Geheimnis war, also fällt kein ridicule auf mich, risquiert man es, ihn die Wahrheit zu sagen, so bringt er es in demselben Moment Carolinen vor, der es dann nicht schwer wird, es im gehäßigsten Licht gegen uns zu drehen...» Das schrieb Dorothea an Schleiermacher nach Berlin.

Um ebendiese Zeit, im März des Jahres 1800, erkrankte Caroline an einem wochenlangen schweren Nervenfieber, das einem psychischen Zusammenbruch gleichkam. Dorothea übernahm die Krankenpflege, und binnen kurzem veränderte sich ihre Rolle. Bisher hatte die Hausherrin in allem dominiert, jetzt war sie auf Dorotheas Beistand angewiesen. Doch Friedrich drängte, ihr diesen Beistand zu entziehen.

Dorothea zögerte. Schließlich war Caroline krank. Und Dorothea wußte, was sie ihr zu verdanken hatte; «sie war die *erste*», schrieb sie, «die mich öffentlich anerkannte; und wenn es auch nur der Muth sein sollte, so werde ich es ihr doch nicht vergeßen!»

Doch im Laufe des April änderte sich Dorotheas Haltung, und an seinem Ende ließ sie Schleiermacher wissen, von Caroline habe sich ihr Herz nun vollends abgewandt. Hatte irgend etwas sich verändert? Waren Tatsachen bekannt geworden, die eine Korrektur erzwangen? Das ist unwahrscheinlich. Dorothea erklärte lapidar, Caroline sei nun einmal Friedrichs Feindin, und das sollte heißen, damit auch die ihre. Schon vorher hatte sie in einem Brief an den Berliner Freund geschrieben, wer Friedrich nicht begreifen wolle, sich unwürdig gegen ihn benehme, bekomme es mit ihr zu tun. Nun hatte sie entschieden, Friedrichs Drängen nachzugeben, zu vergessen, was sie Caroline zu verdanken hatte, und eindeutig für ihn Partei zu nehmen. Frühere

Überzeugungen, eigene Meinungen stellte sie zurück; das war zum erstenmal ein Stückchen Selbstaufgabe.

Einmal entschlossen, mit Friedrich mitzuhassen, brachen bei der Veit wie aus einem aufgestauten Quell das Ressentiment und die Gehässigkeit hervor. Sie übertraf darin noch Schlegel, bestritt Caroline Geist und Klugheit, Urteilsvermögen, Sinn für Poesie, wurde geschmacklos und gemein: «hätte W[ilhelm] sich nicht vor Fried[rich] geschämt», schrieb sie an Schleiermacher, «so wäre zwischen den dreyen alles recht friedlich und aufgeklärt zugegangen, Car[oline] hätte heute einem, morgen dem anderen zugehört, und irgend ein hübsches Stubenmädchen oder gar Auguste selbst, hätte die Ehe *en quatre* vollständig gemacht.»

Den immer noch in ihren Kleidern hängenden Schmutz, den man einst auf sie geworfen hatte, warf Dorothea nun auf eine andere Frau. Offenbar war sie der Überzeugung, nur ihre Liebe sei so einzig und so stark, daß es gerechtfertigt gewesen sei, die Konvention zu brechen, doch Caroline stehe dieses Recht nicht zu. Oder projizierte sie nichteingestandene eigene Schuldgefühle auf die Schwägerin? Der Ehekonflikt und seine Weiterungen zeigten, daß es der Geisterfamilie nicht gelungen war, sich jenseits der bürgerlichen Gesellschaft auf eine freiere Moral zu einigen und danach zu leben. Jeder hielt seinen eigenen Fall für den besonderen, der nicht zu verallgemeinern sei. In ihrem Haß auf Caroline bewiesen Dorothea und der Autor der «Lucinde», wie stark sie immer noch der Moral verhaftet waren, über die sie sich in Leben und Dichtung erhaben wähnten.

Mitte Mai reiste Caroline in Begleitung Schellings und Augustes zunächst nach Bamberg – Schelling war eingeladen, dort den Sommer über Vorlesungen zu halten – und von Bamberg dann später nach Bad Bocklet, um zu kuren. Dorothea und Friedrich rechneten nicht damit, daß sie zurückkehren würde. Sie hofften, eine neue Dreieinigkeit am Löbdergraben zu begründen: die beiden Brüder – und anstelle der verstoßenen Caroline Dorothea Veit.

Schon sechs Wochen später machte sich die Verurteilung der Ehebrecherin bezahlt. Dorothea informierte Schleiermacher: «F[riedrich] und ich [fangen] an sehr beliebt bei den Menschen zu werden. Man nähert sich uns von mancher Seite, man gewinnt mehr und mehr Zutrauen zu uns.»

«Soviel schwatzende Zungen und soviel lüsterne Ohren» – endlich ist man selbst nicht mehr das Opfer; endlich ist es eine andere, über die man sich mit anderen erheben kann.

Noch zweimal schlug der Haß zwischen dem Paar und Caroline wie eine Flamme hoch; einmal entzündete er sich an einer Tragödie, das andere Mal an einer Farce.

Die Tragödie war Augustes Tod. Während ihrer gemeinsamen Kur in Bad Bocklet starb Carolines fünfzehnjährige Tochter dort im Juli an der Ruhr. Nun hatte die Mutter auch noch das letzte ihrer vier Kinder, das geliebteste, durch einen frühen Tod verloren. Auch die Zurückgebliebenen am Löbdergraben empfanden schmerzhaftes Entsetzen. Sie alle hatten Auguste geliebt. Wilhelm fühlte sich dem Wahnsinn nahe, als die Nachricht ihn erreichte; für ihn war Guste wie ein eigenes Kind gewesen. Und Friedrich bewies in seinem anrührenden Verhältnis zu Carolines Tochter vielleicht das einzige Mal in seinem Leben, daß er selbstlos lieben konnte. Mein «Herzblättchen», mein «Göttermümchen», «Ihre Nasenweisheit» hatte er ihr zärtlich aus Berlin geschrieben, immer neue Kosenamen für das Kind erfunden, es geneckt, geliebkost und bei ihm angefragt, ob seine verlorenen Gedanken vielleicht bei ihr gelandet seien: «so fang sie ein und schick sie mir». Er lehrte das Augustchen Rechnen, half ihr beim Griechischen, war seiner kleinen Freundin allzeit der gute, der geliebte Fritz. «Begreifst Du wohl», schrieb er 1797 an Novalis, «daß man so ein Kind so lieben kann, wie man nur einmal liebt... und wogegen alles andere nichts ist?»

Der Schmerz um den toten Liebling hinderte die einstigen Freunde der Mutter allerdings nicht daran, dieser Mitschuld aufzuladen. Novalis schrieb an Friedrich: «Für die Mutter ist es eine ernste Warnung. Ein solches Kind läßt sich nicht so leicht wie ein Liebhaber erhalten. Sie ist nun ganz frei, ganz isoliert. Ich zweifle, daß sie es so nimmt, wie es zu nehmen wäre.» Dorothea teilte Schleiermacher mit: «Denken Sie sich, die gute Auguste mußte zum Sühneopfer so viel fremder Schuld werden», und ähnlich wie Novalis zweifelte auch sie an Carolines Schmerz: «Die Mutter in Bamberg ist gefaßter und gesunder als es uns möglich schien. – O diese Frau!»

Auch in den kommenden Wochen erging sich Dorothea in heftigen Schuldzuweisungen. Karoline Paulus, die Frau des Jenaer Theologieprofessors, die bald Dorotheas engste Freundin wurde, hatte nach dem Tod Augustes in Bad Bocklet eine Kur gemacht und von dort allerlei Klatsch der Badefrauen heimgebracht. (Später nahm sie auch Dorothea nach Bad Bocklet mit. Wollte man noch mehr erfahren?) Über Augustes Tod kam Madame Veit nun zu dem Schluß, an der Ruhr sei sie eigentlich nicht gestorben, doch diese Krankheit habe sie in einer kritischen Zeit (offensichtlich in der Pubertät) getroffen, in der ein so zartes Kind mit der größten Schonung hätte behandelt werden müssen. Statt dessen habe sie heftige Erschütterungen erleiden müssen (offensichtlich durch die als unerlaubt geltende Liebe ihrer Mutter) und habe schon vor der Krankheit in einem gefährlichen Zustand gelebt. Statt rechtzeitig erfahrene Ärzte hinzuzuziehen, habe Schelling in die Behandlung hineingepfuscht. «Alles was weiblich in einem ist, muß sich empören bey dieser ruchlosen Verderbtheit... Schweigen wir von nun an ganz still... denn ich bin zu sehr indigniert.»

Während sich Caroline in Begleitung Wilhelms in Braunschweig aufhielt, tobte die Auseinandersetzung zwischen den verfeindeten Parteien auf einem neuen Schauplatz weiter, diesmal zwischen Friedrich und Schelling.

Angesichts des Abgangs von Fichte nach Berlin und Schellings Beschäftigung in Bamberg hatte Friedrich beschlossen, die «philosophische Lücke» in Jena auszufüllen. Er machte endlich seinen Doktor und beschloß, als Privatdozent im Wintersemester 1800 Vorlesungen über Transzendentalphilosophie zu halten. Die Jenaer Universität mit ihren etwa achthundert Studenten hatte zu dieser Zeit durch eine Anzahl bedeutender Gelehrter einen außergewöhnlich guten Ruf. Friedrichs Wunsch, hier ähnlich wie der Bruder eine wissenschaftliche Karriere zu beginnen, war verständlich. Außerdem kündigte sich das Ende des «Athenaeum» an, da sich nicht genügend Käufer fanden, und Friedrich mußte sich nach einem anderen Einkommen umsehen. Viel Geld war mit der Wissenschaft nicht zu verdienen; selbst bekannte Gelehrte konnten, wenn sie nicht ausgesprochene Stars wie Fichte waren, für ein bis zwei Veranstaltungen pro Semester höchstens mit zweihundert Talern rechnen. Für eine bürgerliche Existenz reichte das nicht aus. Aber zusammen mit dem Geld von Veit mochte es für Friedrich, Dorothea und den kleinen Philipp reichen. Doch vor allem trieb Friedrich der Ehrgeiz, es mit Schelling aufzunehmen.

Dorothea versprach sich einen «brillanten Succeß». Sie hätte allerdings gern eine ordentliche Ausarbeitung der Vorlesungen gesehen. Statt dessen nahm Friedrich nichts weiter als ein Quartblättchen, vollgekritzelt mit Notizen, aufs Katheder. Der Beifall war von Anfang an geteilt. Viele Studenten klagten, sie verstünden Schlegel nicht, und eilten, Schellings Auditorium zu füllen.

Der war, von Schlegels Initiative aufgeschreckt, an die Jenaer Universität zurückgekehrt und erklärte, nicht zulassen zu wollen, daß statt «echten wissenschaftlichen Geistes... der poetische und philosophische Dilettantismus... aus dem Kreis der Schlegel» auf die Studenten überkomme. Friedrich erreichte nicht annähernd Schellings Wirkung, und dieser meldete an Fichte, er habe den Dilettanten nach vier Stunden «totgeschlagen» und «begraben». Die Hauptschuld hatte sich Friedrich selber zuzuschreiben; er füllte «die Stunden mit Paradoxien und Polemik und mit rednerischen Ergüssen über den allgemeinen Geist des Idealismus, und wenn ihm die Zuhörer am Ende wegblieben, wenn sie ihm nachsagten, daß er zuweilen reinen Widersinn von sich gebe, so mochte er sich einreden, daß diese Menschen ‹unaussprechlich dumm› seien» (Haym). Nach einem Semester gab Friedrich auf.

Es ergab sich, daß Dorothea in Jena sowohl jener Caroline begegnete, die sie wie keine andere hassen lernte, und zu der gleichen Zeit am gleichen Ort in Karoline Paulus eine Freundin fand, die sie, jedenfalls für eine ganze Zeit, wie keine zweite liebte.

Der Beginn dieser Freundschaft läßt sich bis in den Frühsommer 1800 zurückverfolgen. Karolines Mann war unter den Jenaer Theologen ein von der Aufklärung geprägter Rationalist, der viel veröffentlichte und mit seinen schwäbischen Landsleuten, zum Beispiel mit Schiller und mit Wieland, aber auch mit Goethe, Fichte, Herder freundschaftlich verbunden war. Das Ehepaar hatte eine Tochter, die ungefähr so alt wie Philipp war, und beide spielten miteinander. Zwanzig Jahre später wurde dieses kleine blonde Mädchen August Wilhelms Frau und beschwor einen für ihn höchst peinlichen Skandal herauf.

Der Biograph ihres Mannes schildert Karoline als eine niedliche kleine Frau mit einem ovalen Gesicht, frischen roten Wangen, kastanienbraunem Haar und schönen dunklen Augen. Sie tanzte, spielte Klavier und sang sehr schön, «die ästhetische Bildung herrschte in ihr vor, und die Liebe zur Kunst, vielleicht auch zum Romantischen»; nach Dorotheas Urteil war sie «bey weitem die gescheuteste, die ich hier so unter den Damen habe kennen lernen».

Eine Zeitlang kam Goethe oft ins Haus, um ihr den Hof zu machen. Er erzählte Karoline Märchen und Geschichten, schickte ihr seine eigenen, handgeschriebenen Gedichte und freute sich an ihrem «neckischen Wesen». Das zog auch Friedrich Schlegel an, und er beschloß, ihr nachzustellen. Die Eheleute nannten sich «lieb Mütterle», «lieb Väterle», und dementsprechend war wohl das Verhältnis; von «einer rechten Ehe» entdeckte Dorothea «keine Spur».

Im Oktober 1800 lud Familie Paulus Dorothea, Friedrich und

den jungen Ritter ein, Madame Veits 36. Geburtstag in ihrem Haus zu feiern. Ritter, der Naturwissenschaftler, war beim Romantikertreffen vor knapp einem Jahr dabeigewesen. Auch zwischen ihm und Schelling gab es Streit; das verband mit Schlegel. Über das schöne Geburtstagsfest berichtete Dorothea nach Berlin: «... auf den Abend waren wir bey Paulus, da ward ich denn in ein Zimmer geführt, wo mir zuerst grüne, rothe und weiße Flammen entgegen brannten, die Ritter Chemisch veranstaltet hatte. Die Farben haben mehr als einen Sinn; für uns bedeuten sie Glaube, Liebe und Hoffnung, in der ersten Person wird Ritter gemeint, als die weiße Flamme, die zweite rothe ist Friedrich, und ich habe der Hoffnung Grün. Bey diesem Feuer brachten mir Philipp, und die kleine Paulus, beyde phantastisch aufgeputzt, ein Gehänge von Orangenblüthen, und einen Kranz von Mirthe und Lorbeer, mit den Kindern nahte sich die Paulus und bekränzte mich damit, neben ihr stand Friedrich und brachte mir reife Pommeranzen, und Rosen in einer Schaale und (hier erkennen sie den ganzen Friedrich) mitten in diesem Tumult von Leben, Feuer, Blüthen und Früchte, während Ritter auf dem Clavier die Arie aus Erwin und Elmire spielte: ‹mit vollen Athemzügen, saug ich Natur aus Dir› und die Paulus es sang; brachte er mir einen verwelkten Veilchen Kranz, den ihn Auguste einmal geschickt hatte, mit einem höchst rührenden Gedicht dazu. Die Fete war überaus schön, und ich war, als diese Dinge, wie bekannte Erscheinungen, so nach und nach heraustraten, wie in einem Traum, in dem man träumt daß man träumt.»

Durch den Theologieprofessor und seine Frau, ein in Jena angesehenes Ehepaar mit weitreichenden Verbindungen, würden sie auch weitere Freunde finden, hoffte Dorothea. Doch schon bald lebten sie wieder «entsetzlich eingezogen» und sahen nur Ritter und die Paulus. Durch diese fühlte sich Dorothea sehr in die Zeit ihrer Jugendfreundschaft mit Jette Herz zurückversetzt. Es war dieselbe Art von Zutrauen zwischen ihnen. Und wieder war es nicht die Ähnlichkeit, sondern eher das ganz andere, das die Veit an Karoline fesselte. Nicht von ungefähr beschrieb sie

sie als leicht und artig, liebenswürdig und gefällig, klein und kapriziös. Die Paulus erweckte in ihr das Bedürfnis, zu beschützen und liebevoll bestimmend auf sie einzuwirken. Ähnlich wie in ihrem Verhältnis zu Jette in Berlin fühlte sie sich selbständiger und überlegen. Doch nie erhielt die Herz so innige Liebesbriefe, wie sie Dorothea noch Jahre später an die Paulus schrieb. Sie sehnte sich nach Karolines Stimme und nach ihren Augen, wie es «ein Verliebter» tut, fühlte «Begierde» in der Erinnerung aufsteigen und versicherte der Paulus, noch keine andere Frau so heftig wie eben sie geliebt zu haben. «Mein liebes gutes herziges Weib» – und dann der Schwur der «ewigen Liebe».

Freundschaft und Liebe, zum anderen wie zum eigenen Geschlecht, lagen in der Romantik ungleich näher beieinander als in unserer Zeit – das erklärt auch Friedrichs Vorstellungen vom androgynen Menschen. «Die romantische Freundschaft», schreibt Brunschwig, «ist eine amouröse Freundschaft. Sie verwirrt die Herzen...» Selten haben Jünglinge so füreinander geschwärmt wie in diesen Jahrzehnten. Junge Männer, wie zum Beispiel Friedrich Schlegel und ein Graf Schweinitz in den Leipziger Studententagen, Tieck und sein früh verstorbener Schulfreund Wackenroder, Jean Paul und sein Freund Hermann, vergossen heiße Tränen über ihr «heiliges Geheimniß», von dem anderen geliebt zu werden. Nicht nur Schlegel und sein Freund Schleiermacher in Berlin, auch Achim von Arnim und Clemens Brentano, die später «Des Knaben Wunderhorn» herausgaben, lebten in Heidelberg «wie ein seltsames Ehepaar» zusammen, und Eichendorff hat von den beiden berichtet, Arnim habe den männlichen, Brentano «den weiblichen Part» dargestellt. Irgendwann tauchte dann meistens eine junge Dame auf, und die Leidenschaft wurde von dem Freund auf diese übertragen.

Doch während Männer, junge Dichter, ihre überschwenglichen Glücksgefühle zuerst einem anderen jungen Mann zuwandten und bei diesem lieben lernten, war es bei Frauen umgekehrt. Freundinnen entschädigten sich gegenseitig für zu geringe, enttäuschende männliche Gefühle, für Ehen ohne Liebe,

Gefühle der Verlassenheit und Einsamkeit. Nach zwei gescheiterten Verlobungen schrieb Rahel Levin an Rebecca Friedländer, häufig sei sie nicht beachtet, viel verachtet, lange nicht geliebt, oft gehaßt worden, wirklich geliebt übernatürlich selten, von Geliebten nur sehr kurz, aber von Freundinnen «sehr ernst und lange». Es war deshalb kein Zufall, daß Dorothea ihre innigsten Liebesbriefe zu einer Zeit an ihre Freundin schrieb, da sie von Friedrich mit schweren Sorgen allein gelassen wurde.

Im April 1801 kehrte Caroline Schlegel in ein leeres Haus zurück. Wilhelm hielt sich in Berlin auf; Dorothea hatte sich mit Friedrich ein anderes Domizil gesucht. Nichts war mehr wie damals, als Caroline mit der Tochter nach Bamberg und Bad Bocklet aufgebrochen war.

Sie brauchte Zeit, sich von mystischen Vorstellungen und wirren Plänen zu befreien, denn auch sie sah in dem Tod der Tochter so etwas wie ein Gottesurteil gegen ihre «verbotene Liebe» und hatte Schelling wissen lassen, ihn fortan «als Freund, als Bruder, als Sohn und Geliebten» sehen zu wollen, ohne Begierde, ohne Wunsch. Sie schien entschlossen, ihre Ehe fortzusetzen, und warb dafür bei ihrem Mann: «Lieber guter schöner Wilhelm», schrieb sie, «bleib nicht lange weg, sei Deiner Freundin gut, ich will alles thun um Dir eine angenehme Existenz zu machen»... «mein lieber Wilhelm und mein guter Wilhelm» – und wenn der «liebe Wilhelm» und der «gute Wilhelm» in Begleitung seiner Geliebten, der Aktrice Unzelmann, nach Jena kommen wolle – bitte sehr, auch recht, «ich meyne es blos gut mit Dir».

Hatte Caroline solche Briefe nötig, um versorgt zu werden? Sie besaß ein kleines Vermögen und wäre wohl auch ohne Wilhelm durchgekommen. Peinigte sie die Angst vor einem weiteren Skandal? Meinte sie, ihr Glücksanrecht verspielt zu haben? Wir wissen es nicht, und gewiß ist es verständlich, wenn Dorothea und Friedrich sich empörten, daß sie sich nicht, ähnlich wie einst Dorothea, scheiden ließ.

Friedrich und seine Freundin, über Carolines Rückkehr schon vorher informiert, hatten sich vorgenommen, der Schwägerin förmlich, höflich zu begegnen, so wie man Fremden gegenübertritt, an deren Gegenwart man nicht sonderlich Interesse nimmt. Sie meinten, mit dieser «Person» fertig zu sein; «da sie uns nur kränken konnte», schrieb Dorothea, «wenn sie uns *interessirt*, so ist dieses nicht mehr zu befürchten». Schlegel hatte mit der Arbeit an einem Trauerspiel begonnen, und Dorothea war vor Carolines Ankunft nach Leipzig gefahren; sie wollte sich dort neue Zähne machen lassen.

Caroline war erst ein paar Stunden von ihrem längeren Aufenthalt bei Freunden und ihrer Familie zurück, da begann sie schon, sich bei Wilhelm über den «ganz unerwarteten Grad von Verwahrlosung» zu beschweren, den der Schwager und die Veit im Haus am Löbdergraben hinterlassen hätten. Da, wo die Romantiker einst das Leben als ein ständiges Fest voll Heiterkeit, Witz und Laune hatten feiern wollen, stritten sie nun über abgebrochene Tassenhenkel, gesprungene Gläser und zerschlagenes Porzellan. Manchmal hielt einer inne und gab kund, er werde fortan Ruhe geben, doch bald darauf entbrannte dann der Streit erneut. Auf dem Bücherbord fehlte ein Buch. Hatte Friedrich es entführt? Ein verhunztes Sofa, Kratzer auf den Möbeln, das von Staub und Flecken verunzierte Klavier – war die Wohnung so verwüstet? Und bedeutete der gebrochenen Caroline eine Tasenscherbe noch so viel? Es gibt Zeugnisse, die dagegen sprechen, daß Caroline die akurate, Dorothea hingegen die liederliche Hausfrau war, doch lassen sich berechtigter Protest und übertriebener Vorwurf schwerlich auseinanderhalten. Noch neun Jahre nach dem Zank – Caroline lebte schon nicht mehr – meinte Dorothea, Wilhelm eine seitenlange Rechtfertigung zu schulden. «so viel glauben Sie mir nur: man hat Ihnen nicht die Wahrheit gesagt!... Hausrath und Meubles... meines Wissens nicht verdorben... alle Zimmer sauber und geordnet...» Es war ein makabrer Streit, weit über Carolines Tod hinaus.

Aus deren Briefen, die sie im Sommer 1801 an August Wilhelm schrieb, spricht zugleich Trauer über Friedrich, den verlorenen Freund, wie auch Haß auf Dorothea, die Verderberin. Caroline warf ihr vor, «mit einem starken Misgefühl ihrer [jüdischen] Nationalität nach einer bürgerlichen, wenigstens geselligen Existenz» gestrebt und diese «auf dem Ruin, den ich über mich gebracht hatte» gegründet zu haben. «So hat sie mich durch Wahrheit und Verläumdung Preis gegeben.»

Und wieder das Versprechen, von nun an schweigen zu wollen, und wieder ein neuer Zornausbruch.

Belastet mit antijüdischen Ressentiments aus ihrem Elternhaus, stellte Caroline Friedrich als einen Menschen dar, der die Veit längst nicht mehr liebe, aber von ihr und anderen Juden ausgehalten werde und erst unter solchem Einfluß schlecht geworden sei. Im Blick auf Philipp Veit sprach sie von «nationalem Abscheu» gegen den Jungen. Seiner Mutter wünschte sie: «Wenn sie nur jemand totschlagen wollte», und etwas später, es möge sie doch irgendwer ersäufen.

Wie schon zu Beginn des Streits nahm August Wilhelm wiederum Partei für seine Frau und brachte damit wiederum Friedrich und Dorothea gegen sich auf. So wäre denn das Ende die Feindschaft aller gegen alle, wäre es Caroline, August Wilhelm und Schelling nicht gelungen, zu einer gütlichen Einigung zu kommen.

Im Frühjahr 1802 beschlossen August Wilhelm und Caroline, sich zu trennen – mehr auf seinen als auf ihren Wunsch –, und gut ein Jahr später wurden sie geschieden. Nur sechs Wochen später heiratete Caroline Friedrich Wilhelm Schelling.

Während diese drei Menschen sich gesonnen blieben und Wilhelm in Würzburg, dem neuen Wohnsitz der Schellings, freundlich aufgenommen wurde, verharrten Friedrich und dessen Frau in Haß und Feindschaft gegen Caroline. Zwar versicherte Dorothea, daß sie weder zanken noch sich rächen könne, doch bewies sie mit der Beschimpfung ihrer «großen Feindin», daß sie beides sehr wohl konnte: «Das wäre ein Spaß wenn Caroline Schelling untreu würde.»

Ging es damals anders zu als heute? Die Menschen – Männer, Frauen gleichermaßen – klatschten sicherlich nicht mehr, nicht weniger als wir. Doch heutzutage verrauscht durchs Telefon, was damals in den Briefen stand und sich so über die Jahrhunderte erhielt. Wüßten unsere Freunde, wie wir, die Lippen dicht am Hörer, über ihre Eigenschaften wispern, kennten sie die Launen unserer Liebe, das abwertende Gerede – sie wären über den Verrat entsetzt.

In Jena erlebte Dorothea nun zum zweitenmal, wie ein Freundschaftsbund an einem Liebesbund zerbrach. Doch was im Berliner Tugendbund noch einer heiteren Komödie glich, kam diesmal einem Drama gleich. Es hatte sich herausgestellt, daß die Romantiker viel zu verschieden waren, um auf die Dauer zusammenleben zu können. Die, die die verschiedenen Künste einander annähern wollten, konnten sich nicht einmal selber einig werden. Die, die weit auseinanderliegende Bereiche umspannen wollten, konnten nicht einmal bei sich selbst Vernunft und Sinnlichkeit, Verstand und Leidenschaft vereinen.

Irgendwann beschlossen Dorothea und Friedrich, die vielen Briefe, die sie sich geschrieben hatten, zu vernichten. So haben wir nicht teil an den Beteuerungen ihrer Liebe, den Seufzern der Getrennten, an den Zärtlichkeiten, die sie in die Sätze legten, und an den gegenseitigen Schmeicheleien. «Zeiten des Glücks bleiben meist undokumentiert», hat Günter de Bruyn bemerkt. Das gilt auch für die Korrespondenz, die wir aus Jena kennen. Weniger, was sie beglückt, viel häufiger, was sie bedrückt vertrauen die Menschen ihren Freunden an.

Mit unserem derart eingeschränkten Wissen stellt es sich so dar, als habe die siebenunddreißigjährige, häufig kranke Dorothea schon in Jena für ihren Geliebten stark an Reiz verloren. Er machte anderen Damen die Cour, und sie fand sich damit ab.

Während eine Beziehung zu Frau Paulus nach kurzer Zeit beendet wurde – vielleicht, weil Dorotheas Freundin Friedrich nicht erhörte –, bestand ein Verhältnis zu der Schriftstellerin Sophie Mereau eine Zeitlang fort.

Diese «kleine Schönheit», wie sie Goethe nannte, war früher einmal korrespondierendes Mitglied des Tugendbundes gewesen und in ihrer Ehe mit Mereau nicht sonderlich zufrieden. Sie genoß, umschwärmt zu werden, sie hatte Freude an der Liebe und wählte selbstbewußt die Männer aus, die ihr gefielen. «Festeres Verhältnis mit S[chlegel]. Süße Lust», schrieb sie in ihr Tagebuch. Und dann den Satz: «gänzlich aufgehobener Umgang mit B[rentano]», ihrem späteren Mann, der vor Eifersucht verging.

Als Friedrich den Winter 1801/02 in Berlin verbrachte, flammte seine alte Sympathie für Rahel wieder auf. Ihre Beziehung zueinander, obgleich nicht frei von Mißverständnissen, war viel inniger und zarter, menschlicher und nachhaltiger als die Friedrichs zu Sophie. Mehrmals erwogen die Schlegels, mit Rahel irgendwo gemeinsam hinzuziehen, immer wieder begegneten sie sich und blieben freundschaftlich verbunden.

Hat Rahel Friedrich damals in Berlin erhört? Ihr Verhältnis zu Finkenstein war zerbrochen, und wie sie später mal bekannte, hielt sie es für «möglich, erlaubt, u. einzig heilsam ... einen Anderen *suchen*, coquettieren, sich *zerstreuen*». Dorothea schrieb leicht aufgeregt, freundschaftlich bittend: «Liebe behalten sie ihn mir nicht zu lange. Und überhaupt seyn Sie nicht gar zu *perfide* gegen mich. Sie wißen noch gar nicht, wie ich diesen Menschen hingegeben bin!»

Es nimmt für Friedrich ein, wieviel Geschmack er bei der Wahl seiner klugen Freundinnen bewies. Aber Dorothea muß es doch verbittert haben, selbst in den ersten Jahren ihrer großen Liebe Friedrich mit seinen Freundinnen teilen zu müssen und später auch noch zur Vertrauten seiner Liebeshändel gemacht zu werden. Das berührt und beschädigt das Selbstbewußtsein einer Frau.

In ihrem Buch «Über Deutschland» beschwerte sich später Madame de Staël über jenes Privilegium, das die Gesellschaft zwar dem Mann zugestand, der Frau hingegen verweigerte: «‹Ich werde dich›, sagt er, ‹zwei oder drei Jahre mit Leidenschaft lieben, und nach Verlauf dieser Zeit vernünftig mit dir reden.› (Und was sie Vernunft nennen, ist die Entzauberung des Lebens.) ‹Ich werde in meinem Hause Kälte und Langeweile blikken lassen; ich werde anderweitig zu gefallen suchen. Aber du, die du in der Regel mehr Einbildungskraft und Empfindsamkeit hast als ich; du, für welche es weder eine berufliche Laufbahn noch Zerstreuungen gibt, ... du sollst dich begnügen.›»

Langweilig war es mit Friedrich nie. Aber welche Kälte sprach aus ihm, als er sich bei Ludwig Tieck beschwerte, wie oft ihn doch in Jena «die Krankheit der Veit» gestört und «sehr unmutig» gemacht habe.

Dorothea hatte ungleich mehr Grund, unmutig zu sein. Er fiel ihr zur Last, nicht umgekehrt. Friedrich ritt aus, Dorothea hielt die Schuldner hin. Sie dachte tagsüber und nachts nur noch an das verfluchte Geld, er trank genüßlich seinen Wein. Dorothea hatte alle anderen menschlichen Beziehungen dieser einen unterworfen und sich völlig abhängig gemacht von Friedrichs Mißfallen und Wohlwollen. So etwas wird schnell Gewohnheit; umkehren läßt es sich nicht mehr. Auch in diesem Fall gilt Thomas Manns Satz aus dem «Tonio Kröger»: «Wer am meisten liebt, ist der Unterlegene und muß leiden.»

UNE FEMME DE BEAUCOUP D'ESPRIT

Heirat in Paris

Ihr Herren habt gut reden, die ihr nicht für
das tägliche Brot zu sorgen habt, und in aller Ruhe
ein Stück Arbeit fertig machet.
Dorothea Schlegel

Zu Beginn des 19. Jahrhunderts lebte in der französischen Hauptstadt ein achtzehnjähriges liebesbedürftiges Geschöpf, das sich Helmina nannte. Seiner Nasenspitze sah man Unternehmungsgeist und Keckheit an.

Bei gesetzten Bürgern besaß die übermütige junge Dame keinen guten Ruf. Man sagte, sie sei liederlich und bezog das doppelt: auf ihren Aufzug und ihr Wesen, denn sie lief etwas zu salopp herum, nahm es manchmal mit der Wahrheit nicht genau, wechselte die Liebhaber zu schnell und war, wie Henriette Mendelssohn bemerkte, mit einem «goldenen Leichtsinn» ausgestattet.

In den Salons der Stadt, bei den Intellektuellen sah man die Deutsche gern. Sie hatte nichts von dieser schamhaft-sanften Mädchensittsamkeit, die so nahe bei der Langeweile liegt, sondern war eine moderne, vorurteilsfreie und tüchtige junge Frau, die in einer eigens von ihr herausgegebenen Zeitschrift, den «Französischen Miszellen», Pariser Reportagen schrieb. Helmina hatte Sinn für Außenseiter, für Klatsch, Kleinigkeiten, Episoden. Sie sah mehr als andere, sie erlebte mehr und schrieb das auf.

Diese Achtzehnjährige war eine der ersten Deutschen, denen Dorothea und Friedrich in Paris begegneten. Sie profitierten von ihrer Gutmütigkeit und Hilfsbereitschaft, ohne ihr das recht zu danken.

Besonders zu Dorothea fühlte sich Helmina hingezogen. Sie stammten beide aus Berlin, und gewiß hat es die Jüngere berührt, daß die Tochter Moses Mendelssohns noch ihrer Großmutter, der Karschin, der berühmten Dichterin, begegnet war. Auch freute sie, daß Dorothea ihr so liebevoll entgegenkam. «Ihre Milde und Anmuth... wirkten... wohlthuend und sanft auf mich.»

Doch das überschwengliche Gefühl verstellte der vifen Helmina nicht den Blick, daß ihre neuen Freunde etwas von ihr wollten; auch deshalb schmeichelten sie ihr. Sie kannte sich schon aus; die Schlegels waren fremd. Sie besaß Verbindungen, Schlegels fehlten diese.

Bald erwies sich, daß niemand soviel Anteilnahme für das Paar aufbrachte, wie diese junge Frau. Selten sind Menschen mit soviel Initiative, Selbständigkeit und Abenteuerfreude gleichzeitig so anhänglich, wie es Helmina war. Sie riet, wie es sich in der teuren Stadt billig leben ließ, sie machte Friedrich und Dorothea mit ihren Freunden bekannt und munterte die beiden immer wieder auf. Dorothea in Paris – was sie erheiterte, bedrückte, wie die Stadt und ihre Menschen auf sie wirkten, welche Rolle sie dort spielte – niemand hat es so ausführlich beschrieben, wie diese liebenswürdige Journalistin, die eigentlich Wilhelmine hieß. Die Oma hatte daraus Minchen abgeleitet, doch Minchen wollte gern Helmina sein. Sie bei ihrem Nachnamen zu nennen, ist vorerst noch zü kompliziert.

Dorothea und die Ihren waren im Sommer 1802 auf Umwegen nach Paris gekommen. In den ersten Monaten des Jahres hatten sie sich bei Friedrichs Schwester in Dresden aufgehalten, wo Dorothea, seit der Scheidung aller Privilegien ihres Ehemannes verlustig, den Judenzoll entrichten mußte. Von Dresden war man zur Buchmesse nach Leipzig aufgebrochen, hatte August Wilhelm dort getroffen und sich mit ihm versöhnt. Ohne Jena noch einmal zu berühren, hatte das Paar in Weimar dann Station gemacht, um der von Goethe veranlaßten Premiere des von Friedrich verfaßten Trauerspiels «Alarcos» beizuwohnen. Anschließend war man über Eisenach, das Elsaß, weiter nach Paris gereist.

Hatte es hier wirklich erst vor gut zehn Jahren eine Revolution gegeben, die die Welt erschüttern sollte? Zwar stand an einzelnen Häuserwänden noch in großen schwarzen Lettern «Liberté, Égalité ou la mort!», aber alle Plätze sowie Straßen trugen wieder ihre alten Namen, aus dem Jardin d'Égalité war wieder Palais Royal geworden. Zwar hatten die öffentlichen Droschken an den Schlägen noch die Wappen ihrer einstigen Besitzer, aber die Kutscher sagten wieder Madame, Monsieur und nicht mehr Citoyen zu ihren Kunden.

Liberté? Über Bücher, Zeitungen, Theater wachten die Zensoren, und sie lasen auch die Post. Allenthalben herrschten Mißtrauen und Ängstlichkeit. Égalité? Fast ein Viertel der Pariser darbten, während eine neue Oberschicht, durch den Krieg und die Armee zu Geld gekommene Bürger, sich dem Luxus überließ. «Vom Rechte der Menschen, das allen gemein sei/ Von der begeisternden Freiheit und von der löblichen Gleichheit» (Goethe) war im Paris des Jahres 1802 nichts mehr zu spüren.

Hatte Dorothea nichts anderes erwartet? Kannte sie überhaupt das «eigentliche Paris»? An Schleiermacher schrieb sie, die Stadt sei herrlich, und sie wüßte keine andere, in der sie leben wolle.

Wie einst in Berlin sah sie auch hier auf schmutzigen, kotigen Straßen unzählige bettelnde Invaliden und Freudenmädchen, die ihre potentiellen Kunden wer weiß wie weit verfolgten. Und doch, was für ein Unterschied! Das weltläufige Paris, dieses Zentrum der Wissenschaft und Kunst, zog Menschen aus ganz Europa an.

«Daß wir die schönsten Stunden bey den Gemälden und Kunstsachen zubringen, werden Sie sich gewiß denken.» Schleiermacher hatte Grund, die Freunde zu beneiden. In den Pariser Museen hingen nicht nur Gemälde von David, Gérard und Isabey, zeitgenössischer Maler, nicht nur Rembrandts, Rubens und van Dycks, sondern hier lagerten auch die unermeßlich reichen Kunstschätze, die die französischen Armeen in Italien und Ägypten geraubt hatten. Was früher nur auf langen, anstrengenden Reisen zu besichtigen gewesen war – hier war es nun versammelt: die Werke Leonardo da Vincis und der Apoll von Belvedere, die Bronzepferde von St. Marcus in Venedig, Corregios und Raffaels, die Friedrich so liebte, erbeutete «Kostbarkeiten aus dem Vatikan, den Palästen der Pitti, der Este», die die Franzosen, «unbekümmert um den Wandel der menschlichen Dinge, sich für ewig angeeignet hielten, voll aufgehäuft, schnell ausgepackt, der Schaulust preisgegeben», erinnerte Helmina sich. Und wenn die Pariser an den Winterwochenenden zu Scharen in die Museen liefen, um sich an den großen Öfen dort zu wärmen, so war einem jeden so zumute, als hätte er die Schätze selbst erbeutet.

Schon während ihres Aufenthalts in Dresden hatte Dorothea zusammen mit Friedrich häufig die Museen besucht und sich erstmals intensiv mit bildender Kunst beschäftigt. In Paris erweiterten sich ihre Kenntnisse und ihr Kunstverstand.

Hauptsächlich aus drei Gründen war Schlegel nach Paris gekommen: Er wollte sich neuen wissenschaftlichen Themen zuwenden und gleichzeitig den Franzosen deutsche Literatur und Philosophie, besonders die romantische, vermitteln. Und schließlich hofften er und Dorothea in Frankreich zu erreichen, was ihnen in Deutschland nicht gelungen war: ihre Existenz zu sichern.

Nach der intensiven Beschäftigung mit dem Griechischen in den Studentenjahren fühlte sich der dreißigjährige Schlegel «unglaublich nach dem Orientalischen gezogen», und kein Ort war geeigneter, einer solchen Sehnsucht nachzugehen, wie dieser. In der Pariser Nationalbibliothek lagerten unzählige orientalische Manuskripte, auch die Beutestücke der Napoleonischen Armeen. Friedrich beschloß, Persisch und Sanskrit zu lernen, sich neue Welten zu erschließen.

Wie bei jedem Orts- und Wohnungswechsel hegte er auch dieses Mal die Illusion, neue Beschäftigungen «auf mannigfache Weise gleich zu Geld zu machen», indem er über das, was er studierte, auch sogleich berichten wollte. «Georg Forster hat auf diese Art ehedem jährlich an dreitausend Taler verdient.» Als relativ sicher konnten Einnahmen aus einer von Friedrich neu herauszugebenden Zeitschrift, der «Europa», gelten, für die er während der Leipziger Buchmesse einen Verlag gefunden hatte. Doch hoffte er zugleich, «eine andre äußere Existenz zu finden, als die literarische, von welcher zu leben mir je länger je unerträglicher wird». Das mißlang.

Auch der Wunsch, in Paris nicht nur zu lernen, sondern die Franzosen auch zu lehren, blieb unerfüllt. Sie schickten sich zwar an, Europa zu erobern, aber von den Europäern wußten sie erschreckend wenig; das machte ihnen nichts. «Man kann sich nichts Verworreneres denken als die dazumal allgemein herrschenden Begriffe von unserer Literatur», berichtete Helmina. Den Pariser Schöngeistern «standen Goethe, Schiller, Klopstock, Wieland, Kotzebue, und A. Lafontaine auf der selben Höhe. ‹Ihr Sinn war zu, ihr Herz war todt.› Sie blickten mit Dünkel auf die Erzeugnisse ihrer blühenden, romantischen Vorzeit, und anerkannten nur das Jahrhundert Ludwig XIV. und Voltaire.»

Dorothea und Friedrich hatten sich in der Vorstellung gewiegt, der Name Schlegel werde Türen und Portale der gebildeten Pariser öffnen, und diese würden eine Ehre darin sehen, den Kopf der deutschen Romantik zu begrüßen. Doch die gebildeten Pariser kannten nicht einmal «Lucinde». Sie feierten Kotzebue und nahmen von Schlegel kaum Notiz.

Ähnlich wie in Jena zeigte sich nach kurzer Zeit auch in Paris, Friedrich war nicht in der Lage, sich und die Familie zu ernähren. Die neue Zeitschrift reüssierte nicht. Seine auf deutsch gehaltenen Privatvorlesungen über neue Philosophie und Poesie besuchten nicht mehr als zwanzig Leute, darunter kein einziger Franzose. Die Einnahmen deckten kaum die Kosten für den Raum. Und das neue Studium «auf mannigfache Weise gleich zu Geld zu machen» – auch das erwies sich, wie vorauszusehen, als gänzlich falscher Schluß.

Mittelmäßige fanden Mäzene, Lehraufträge, Professuren, irgendwo ein Amt, dieser geniale Schlegel fand niemanden und nichts. Dorothea nannte das «himmelschreiend»; gab es denn keine Möglichkeit für ihren Mann, wenigstens ein Jahr lang ungehindert zu studieren? Sie beschloß, alle Kräfte aufzubieten und selbst das Geld herbeizuschaffen. «Ergebung in das Schicksal? – Kampf gegen das Schicksal», schrieb sie in ihr Tagebuch.

Obwohl sie für die Reise nach Paris «auf ein Jahr voraus» von Simon Veit Vorschuß erbeten und erhalten hatte, wandte sie sich wiederum an ihn, er möge sie «mit Geld versorgen». Sicherlich bekam sie wieder einen Scheck. Doch das reichte nicht.

Anfang 1803 schrieb sie einen weiteren, nur schlecht kaschierten Bettelbrief, dieses Mal an den in Paris lebenden Grafen Schlabrendorf, der zu Beginn der Französischen Revolution als einer ihrer glühendsten Anhänger nach Paris gekommen und später, während der Schreckensherrschaft, nur wegen seiner nicht aufzufindenden Stiefel der geplanten Hinrichtung entgangen war. Man kannte seine Großzügigkeit gegenüber in Not geratenen Menschen. Doch im Lauf des Jahres 1803 kam Schlabrendorf erneut in Schwierigkeiten und konnte den Schlegels schwerlich helfen.

Wie ließ sich zu Geld kommen, ohne andere anzubetteln? Dorothea und Friedrich beschlossen, vorzeitig, also schon vor dem Tod von Fromet Mendelssohn, Anspruch auf Dorotheas Erbe zu erheben. Da sie aber fürchteten, weder die Mutter noch die Geschwister würden damit einverstanden sein, Dorotheas Liebhaber zu finanzieren, entschieden sie, die Mendelssohns zu täuschen. Diese sollten glauben, Dorothea habe vor, sich von Friedrich zu trennen und brauche deshalb Geld.

Was die Familie von der schnell durchschauten Absicht hielt, erfuhr Dorothea durch Henriette, ihre Schwester, und Abraham, den Bruder, denn beide lebten in Paris, und zwar in Diensten eines angesehenen jüdischen Bankiers. Abraham arbeitete in dessen Bankhaus, und Henriette erzog die Kinder des Bankiers.

Abraham verhielt sich derart abweisend gegen seine ältere Schwester, daß es gleich beim ersten Zusammentreffen zu einer nachhaltigen Verstimmung kam. «Mein Bruder Abraham ist ein gefühlloser Barbar», schrieb sie an Schleiermacher, «und um nicht ein Haar besser als jeder junge Berliner Jude, nur daß er noch feinere Wäsche, und noch gröbere Arroganz besitzt... jeder Commis eines ordentlichen Hauses in Paris ist artiger und gebildeter als er... wir brachen... gleich Anfangs nach der ersten entrevue... mit ihm.»

Hinzu kam die Enttäuschung, daß Henriette, Dorotheas Lieblingsschwester, unmißverständlich zu verstehen gab, in dem Streit aufseiten Abrahams zu stehen. Dorothea schalt sie weniger als den Bruder, aber Friedrich schrieb an Tieck, Henriette führe sich ganz ohne Rückhalt wie eine Feindin gegen sie auf.

Aus verständlichen Gründen gaben sich beide als Ehepaar in der französischen Hauptstadt aus. Doch wie selbstverständlich leitete Friedrich aus seinem eheähnlichen Verhältnis auch ein Anrecht auf das Mendelssohnsche Erbe ab. Sowohl bei Freunden wie bei Verlegern klagte er, daß man ihn um das Vermögen seiner Frau betrüge.

Das Verhältnis Dorotheas zu ihren Geschwistern blieb nachhaltig gestört. In der eigenen Bedrängnis neidete sie Abraham und Joseph, daß die Brüder durch ihre Heiraten zu Wohlstand kamen. Joseph heiratete eine Tochter des Hofagenten Nathan Meyer; Abraham verband sich mit einer Enkelin des reichen Daniel Itzig und gründete mit seinem Bruder eine Bank. «Ist es nicht wunderlich?», schrieb Dorothea 1805 an Karoline Paulus, «wir sind drei Schwestern und drei Brüder; die drei ersten so arm als die letzten reich, und ebenso sind wir auch in der Gesinnung verschieden. Immer vornehmer nach dem Maße, daß sie ärmer sind, mein ältester Bruder als der reichste ist auch der gemeinste...» Zwar gehören Reichtum und Gemeinheit oft zusammen, doch auch Armut und die Bitterkeit. Und Dorothea liefert ihr Leben lang Beweise, wie voreingenommen und ungerecht sie sein konnte.

Das hatte Helmina ihren neuen Freunden gleich gesagt; in einer Pension zu leben – das ging auf Dauer nicht. Zwar hatten es die Schlegels gut getroffen, denn die Pensionsinhaberin war eine Tochter Nathan Meyers und Schwägerin von Joseph Mendelssohn; die beiden Frauen kannten sich seit Kindertagen in Strelitz, und Madame Pobecheim verhielt sich schwesterlicher als die Schwester: «recht liebenswürdig, recht gefällig». Aber das Pensionsleben war zu teuer. Schon Ende August 1802 schlug Dorothea vor, zusammen mit Helmina einen Hausstand zu gründen, und im November fand sie eine Wohnung in einer stillen Gegend, in der Rue de Clichy 19 am Fuße des Montmartre, im früheren Holbachschen Hôtel. Das alte Haus mit seinem nach hinten gelegenen und von alten Bäumen bestandenen Garten sowie eine Orangerie gehörte einem zurückgezogen lebenden, reichen Mann. Sei es nun, daß die meisten Zimmer bisher leergestanden hatten oder die bisherigen Bewohner nach und nach das Haus verließen – mit der Zeit dehnte sich die Schlegelsche Wohnung immer weiter aus, und Dorothea gründete innerhalb des Hauses ihre eigene Pension. Von den Fenstern sah man auf die Stadt. Der Horizont war weit, die Aussicht schön.

Zu der Hausgemeinschaft stießen in der Folge zwei mit Friedrich durch ihre Studien verbundene Orientalisten, ein deutscher Philologe und ein schottischer. Dieser letztgenannte, Alexander Hamilton, hatte früher in Ostindien gelebt, sortierte nun die von den Franzosen erbeuteten indischen Manuskripte in der Bibliothek und lehrte Friedrich Sanskrit, eine Zeitlang jeden Tag drei Stunden. Helmina, die sich darauf verstand, hinter verschlossenen Mienen und gemessenen Reden den Menschen aufzuspüren, fand bald heraus, daß sein Herz «in Indien geblieben» war, «wo ihn zarte, heilige Bande dreizehn Jahr lang beglückt, er hatte eine Eingeborene zur Ehe genommen, und einen Sohn von ihr».

Den Mittelpunkt der Hausgemeinschaft bildeten die Schlegels und Helmina. Die junge Frau, die als Gesellschafterin der Comtesse de Genlis nach Paris gekommen war, hatte es bei der Genlis nicht lange ausgehalten und war nach einigen Zwischenstationen mit in das Schlegelsche «Hotel» gezogen. Sie liebte Dorothea; alt, krank, erblindet diktierte sie Jahrzehnte später in der ihr eigenen schwärmerischen Ausdrucksweise, wie «großartig» und «mild», «feurig» und «zartfühlend» die Freundin in Paris gewesen sei, «duftend wie eine Blume, saftig wie eine Frucht». Wenn Helmina dichtete, übersetzte oder ihre Artikel schrieb, zeigte sie der Älteren, was dabei herausgekommen war, und diese sagte aufrichtig, was sie davon hielt und was man besser machen könne. Doch am schönsten war wohl, mit Dorothea Liebesabenteuer zu besprechen. Friedrichs Frau bestand darauf, von Liebe etwas zu verstehen, und was ihr an vergleichender Erfahrung fehlte, lieferte Helminas Praxis. Mit sechzehn hatte sie einen Herrn von Hastfer geehelicht, und obwohl sie ihm schon nach ein paar Monaten davongelaufen war, trug sie noch seinen Namen.

Und wie stand es mit der Liebe, als Helmina zu den Schlegels zog? War Schweighäuser, der Dichter, vor einigen Jahren als Hauslehrer mit den Humboldts nach Paris gekommen, schon passé? Kannte sie schon Chezy? Friedrich, der bei dem höflichen, zurückhaltenden französischen Orientalisten Persischstunden nahm, machte die beiden bekannt, und später wurde er Helminas zweiter Ehemann. Als Helmina von Chezy schrieb sich die Schlegel-Freundin in die Annalen der Publizistik und der nicht ganz seriösen Dichtkunst ein. Und so soll sie, obgleich erst in einigen Jahren mit Chezy vor den Traualtar und nach fünf weiteren auf lebenslangem Eheurlaub durch Europa streifend, von nun an die Helmina Chezy sein.

Dorothea machte sich mitunter mütterliche Sorgen um das liebe Kind, doch Friedrich lehnte ab, «den Vaterstand» zu übernehmen. Als Frau war diese Freundin nicht sein Typ; dazu war sie ihm zu unerwachsen und zuwenig intellektuell. Helmina, mit einem sicheren Gespür für Wirkung und zirzensischen Gaben, verlegte sich gegenüber dem durch seine Bildung einschüchternden Friedrich auf die Rolle der jugendlichen Naiven. Sie gab sich als zwar ungebildete, aber wissens- und lernbegierige junge Frau, und das wirkte: «So schnell als Dorothea sah Friedrich Schlegel ein, was mir fehlte, und es ergötzte ihn. Meine Unkunde aller Dinge des Lebens war ihm neu und erfreulich; er drehte mich gleichsam in seiner Hand herum, wie ein Bildhauer einen Marmorblock, den er beschauen will.» «Niemals verlangte ich still zu stehen, quälte ihn nie um Erläuterungen, sondern hörte gläubig zu, mit dem selten erfüllten Vorsatz, über seine Worte nachzudenken.» Zuviel nachzudenken, strengte Helmina zu sehr an, und da sie sich für ein vom lieben Gott verwöhntes lyrisches Talent hielt, nahm sie «genügsam kindlich hin», was Friedrich ihr dozierend beizubringen hoffte.

Die Woche über ging jeder in der Rue de Clichy 19 seinen eigenen Geschäften und Vergnügungen nach. Sonntags begleiteten Dorothea und Helmina Friedrich zu seinen Vorlesungen und danach ins Museum. Für den Abend luden die Schlegels gewöhnlich deutsche Gäste ein, bei ihnen den Tee zu nehmen.

An einem dieser Sonntage tauchte ein junger preußischer Adliger, Achim von Arnim, bei den Schlegels auf, der sich zusammen mit seinem Bruder auf einer sogenannten Kavaliersreise befand. Helmina war entzückt: Was für ein auffallend schöner Mann! Vornehm blaß, mit schmaler Nase, hoher Stirn und dunklem Haar – wie ein romantischer Romanheld sah der Arnim aus, er wurde schnell ihr Freund. Doch Friedrich und Arnim gerieten oft in Streit; der eine vertrat die Jenaer Romantik, der andere die Heidelberger, und dabei zeigte sich, daß für die Heidelberger von Beginn an Nation und Religion einen höheren Stellenwert besaßen als für Friedrich und seinen früheren Kreis.

Sicherlich bestand auch eine auf Brentano zurückzuführende persönliche Voreingenommenheit zwischen den Schlegels und Arnim. Die beiden hatten Clemens Brentano in Jena kennengelernt, und während sich Dorothea mit dem etwas exaltierten jungen Mann zunächst recht gut verstand und seine Begabung anerkannte, hatte Friedrich ihn nie ernstgenommen. Brentano war auch sein Rivale im Werben um Sophie Mereau, Clemens' spätere Frau, gewesen. Er wird seinen Freund Arnim nicht für die Schlegels eingenommen haben. Und dieser bestätigte ihm aus Paris, was Clemens schon angedeutet haben mag: Friedrich spiele mit seiner Frau «wie Bullenbeißer mit kleinen Hunden».

Auch gegenüber einer so auffallenden und ausgefallenen Dame wie der Frau von Krüdener war Helmina weniger kritisch als die Schlegels. Diese Mystikerin, ziemlich eitel und verschroben, zog predigend durch Europa und gewann später sogar Einfluß auf den Zaren. Damals in Paris bat sie Dorothea und Helmina um die deutsche Übersetzung eines von ihr verfaßten Briefromans, der gerade in Paris erschienen war. Während Dorothea, so erzählt Helmina, den ersten Teil gediegen, werkgetreu ins Deutsche übertrug, entfernte sich Helmina, überwältigt von ihrer Phantasie, so weit vom Original, daß die beiden auf ihrer Arbeit sitzenblieben. Schlegels, das war spürbar, hielten Distanz zu der verzückten Dame, aber Helmina fand es amüsant, auf ihre Gesellschaften zu gehen. Und während sich die Schlegels über die Krüdener mokierten, verteidigte Helmina sie: Das «Flammenherz» der frommen Frau gerate nur deshalb leicht in «Fiebergluth», weil sie das Höchste und Herrlichste erstrebe, und eben das sei schwerlich zu erreichen. Die Törichten standen ihrem Herzen nah, denn auch sie verhielt sich manchmal töricht – freilich auf andere Art als Frau von Krüdener.

Ausnehmend gut gefiel den Schlegels eine deutsche Dame,

die zuweilen in Begleitung ihres Geliebten, eines nach Deutschland emigrierten früheren französischen Offiziers, zu den sonntäglichen Teeabenden erschien: Dorothea Rodde-Schlözer, die als erste Frau in Deutschland schon mit siebzehn Jahren den philosophischen Doktorhut erworben hatte und deswegen allerorts bewundert wurde. Wenige ahnten, daß der Göttinger Professor Schlözer, ein besessener Aufklärer und Patriarch, seine Älteste aus Ehrgeiz, Rechthaberei und Geltungssucht geradezu abgerichtet hatte. Schlözer lehrte seine Tochter, mit sieben Jahren den pythagoreische Lehrsatz aufzusagen, er lehrte sie sieben Sprachen und die Mineralogie, um sie schließlich einem reichen Mann als Frau zu geben. Wissen sollte gegen Reichtum aufgewogen werden.

Dorothea begriff, daß sich hinter der Reserviertheit und der Strenge ihrer Namensvetterin Schüchternheit verbarg. Hat sie Verständnis für die unglücklich Verheiratete empfunden, weil sie nicht den Mut aufbrachte, sich von Rodde, ihrem Mann, zu trennen, oder erinnerte sie dieses Dreieck an das, das sie aus Jena kannte? «Dörtchen» Schlözer war in Göttingen zusammen mit Caroline Michaelis aufgewachsen. Jedenfalls, wenn die Schlözer und ihr Freund, der geistreiche Villers, am Sonntagabend kamen, las Friedrich nicht wie sonst oft vor, sondern man diskutierte angeregt.

Sowohl diese Gäste wie auch andere Deutsche, die zu Schlegels kamen, verkehrten in der großen Welt der Stadt. Man hatte sie entweder Napoleon, dem Ersten Konsul, oder einem seiner nahen Verwandten vorgestellt, und durch den preußischen Gesandten in die Pariser Gesellschaft eingeführt, besuchten sie festliche Assemblees der reichen Leute, die erst nach der Oper, gegen elf Uhr abends, begannen und gegen zwei Uhr früh mit einem Souper ihren Höhepunkt erreichten. Die Schlegels hatten nicht teil an dieser Welt, und manchmal mag sie das verbittert haben. Warum wurde ein so bedeutender Geist wie Friedrich von der Gesellschaft ignoriert? Andererseits: Was hatte er mit ihr zu tun?

Dorothea vermißte nicht Soupers und Assemblees, sie hätte auch gar nichts dafür anzuziehen gehabt, sie vermißte Karoline Paulus, Henriette Herz und Rahel. Lieb-Kind-im-Haus Helmina konnte die Freundinnen nicht ersetzen. Auch fehlte den Gesprächen in der Hausgemeinschaft jene Intensität, die Dorothea in Jena so genossen hatte. Das sollte sich ändern, als im Herbst 1803 die Kölner kamen.

Helmina war allein zu Hause, als sie erschienen: Drei steif daherstolzierende junge Kavaliere, wunderlich gekleidet, komisch anzusehen. Wer trug denn sonst noch in Paris Zopfperücken, weißgepudert? Wer lief denn noch mit seidenen Strümpfen, Schuhen mit Goldschnallen und bunten Fräcken herum? Die drei sahen aus wie übriggeblieben aus den Ancien régime. Was wollten die denn bloß?

Habe man die Ehre mit Frau Dr. Schlegel?

Helmina, immer aufgelegt zu einem Schabernack, bejahte. Ja, gewiß, so sei's. Die feinen Herren stutzten einen Augenblick und erwiderten dann keck, man habe ihnen die Frau Dr. Schlegel als «nicht ganz schön» beschrieben... Helmina schlug schelmisch die Augen nieder und bat die Herren herein. Man setzte die Komödie noch ein Viertelstündchen fort, dann erschienen die Schlegels, und Friedrich zog sich mit den Herren zurück.

Die Brüder Sulpiz und Melchior Boisserée sowie ihr etwas älterer Freund, Johann Baptist Bertram, erwiesen sich als Abgesandte der Fortuna oder als im Herbst erschienene heilige drei Könige vom Rhein. Jedenfalls trugen sie ein Füllhorn oder einen Becher reinen Goldes bei sich und bestanden darauf, den Schatz über den Schlegelschen Häuptern auszuleeren.

Eigentlich wollten die wohlhabenden Kaufmannssöhne aus Köln über Paris nach Jena reisen, um dort zu studieren. Aber da Sulpiz erkrankt war, hatten sie beschlossen, den Winter nutzbringend in der französischen Hauptstadt zu verbringen. Bei einem ersten Treff mit Schlegel hatten sie erfahren, daß dessen Frau im einstigen Holbachschen Hôtel noch mehrere Zimmer für Pensionsgäste gemietet habe, und als solche boten sich die

Kölner an. Friedrich baten sie, ihnen den Winter über ein Privatkollegium zu halten, das sie, wie die Unterkunft, «hart in Gold» vorauszahlen wollten. Dieser schlug vor, sie die Geschichte der europäischen Literatur zu lehren, und alle Beteiligten waren hoch zufrieden. «Aber nicht nur Schlegels Vorträge, sondern der ganze Umgang mit diesem genialen Mann und seiner an Geist und Gemüt sehr begabten Frau war höchst bildsam für uns», notierte Sulpiz, der ältere der beiden Brüder.

Gäste einer Tochter Moses Mendelssohns zu sein, bedeutete den Kölnern viel, denn sie waren schon in der Schule dazu angehalten worden, «diesen weisen Mann» hochzuschätzen. Sulpiz hatte für seine guten Leistungen mit elf Jahren eine Prachtausgabe des «Phaedon» erhalten und sich nie träumen lassen, später bei einer Mendelssohn zu wohnen. Er und seine Gefährten begegneten Dorothea mit «kindlicher Ehrfurcht» und «höchster Zuneigung». Sie spürte das, und es erfreute sie. Veit erfuhr, daß das Leben seiner früheren Frau in Paris «so sehr freudenvoll und nützlich» sei, «daß ich es wohl in der ganzen Welt nicht schöner zu finden hoffen darf».

Es muß Dorothea gutgetan haben, daß sie in der Rue de Clichy im Unterschied zum Löbdergraben die alleinige, uneingeschränkte Gastgeberin gewesen ist und in dieser Rolle mit niemandem konkurrieren mußte, an keiner anderen gemessen wurde. Mit den Kölner Gästen besuchte sie die Oper und Konzerte, und manchmal abends, wenn Friedrich arbeitete, las sie vor. Als Sulpiz Boisserée dank ihrer guten Pflege von seiner Hautkrankheit genesen war, mußte sie sich legen. Es war zuviel gewesen, sie kränkelte den ganzen Winter.

Am Montag, dem 6. April 1804, begaben sich Dorothea und Friedrich, begleitet von Helmina und einigen anderen Paten, in die evangelische Kapelle der schwedischen Gesandtschaft, wo der Pastor Gambs sie schon erwartete. Hinter ihnen wurde die Kirchentür geschlossen, und Gambs vollzog die heilige Handlung: Er taufte Brendel Veit, geborene Mendelssohn, auf den

Namen Dorothea, und danach wurde sie mit Friedrich getraut. Als die Zeremonie vorüber war, deutete sie weinend und erschüttert auf die rechte Seitenwand des Altars und sagte, dort habe sie während der Taufe ihren Vater gesehen, «er lächelte mir zu, indeß ich sie empfing, das hat mich wunderbar beruhigt, erkräftigt und erfreut!».

Während seine Älteste dem väterlichen Glauben abschwört, zeigt sich der Vater verständnisvoll, verzeihend, ohne Zorn – ein Wunschbild an der Wand, das die Phantasie zur Beruhigung des Gewissens malte.

Doch nicht die starke Bindung an den jüdischen Glauben, vielmehr die Furcht, dann Philipp zu verlieren, hatte Dorothea so lange davon abgehalten, diesen Schritt zu tun. Friedrich drängte schon seit Jahren; und zusätzlich gedrängt von der Dresdner Familie Ernst, hatte man beschlossen, die notwendigen Zeremonien in Frankreich nachzuholen, zumal nun abzusehen war, daß Philipp zurück zum Vater mußte. Aber in Paris ergaben sich Schwierigkeiten. Der preußische Gesandte, hieß es, müsse ein Papier ausstellen, daß Dorothea rechtmäßig geschieden sei. Konnte er das überhaupt? Schließlich handelte es sich um eine Entscheidung des Berliner Rabbinatsgerichts. Auch fehlten dem Paar Verbindungen zu dem Diplomaten, und Dorothea wußte nicht, wie das verlangte Zertifikat wohl zu beschaffen sei. «Von V[eit] kann ich es unmöglich fordern», schrieb sie nach Berlin.

Wieder verging ungefähr ein Jahr und nichts geschah. Dann, im Winter 1803, kam in Gesprächen mit den Kölner Gästen der Gedanke auf, Friedrich könne an einer höheren Schule Kölns womöglich eine Stelle finden. Ohne die Legalisierung seiner Verbindung ging das schwerlich. Dorothea vertraute sich Helmina an, äußerte jedoch neue Skrupel: Was würde Friedrichs Mutter, die protestantische Pastorenwitwe, zu der Heirat sagen? Und was wäre, wenn Friedrich später katholisch werden wolle? Doch Helmina riet, sich nun nicht länger zu besinnen und endlich den entscheidenden Schritt zu tun. Schließlich machte sie die Freundin mit dem Pastor Gambs bekannt. Er hatte einst Germaine, die Tochter des französischen Finanzministers Necker, mit dem Baron de Staël getraut und unterwies jetzt allzugern die Tochter Moses Mendelssohns in den Lehren seiner Kirche. Verzichtete Gambs auf das Papier? Oder war es aufgetrieben worden?

Eine Hochzeitsfeier scheint nicht stattgefunden zu haben. Dorothea fand an ihrem Hochzeitstag die Zeit, der Dresdner Schwägerin sowie dem Schwager ausführlich davon zu berichten und ihre innigsten Wünsche auszudrücken: «Erhalte Gott mir Friedrichs Liebe, und die Ihrige, mag es dann mit mir enden so früh als es wolle; ich wünsche nichts auf Erden als diese Liebe recht zu verdienen, und thätige Beweise von der meinen ablegen zu können! – Freuen Sie sich mit mir Geliebte, und theilen Sie dies mit wem Sie wollen, das heißt wer Theil an uns nimmt, und wer sich damit freuen wird.»

Doch schon vier Tage später, am 10. April, erhält die Schwägerin eine neue Order. Nun trägt ihr Dorothea auf, *«niemanden»*, ausgenommen Tieck und August Wilhelm, zu informieren, «denn ich mag über diese Sache am wenigsten, zum mindesten in der nächsten Zeit ein unangenehmes Geklatsch und Hin- und Herreden erfahren». Auch Helmina wird beschworen: «meine Liebe, erhalte mir über diese Sache das *strengste* Geheimnis, mache mit *niemand* eine Ausnahme von der Verschwiegenheit, sage es *niemand*, auch nicht in der besten Absicht. Du kannst gar nicht glauben, welch ein Meer von Verwirrung über mich losbrechen würde, wenn man etwas davon erführe, ehe es Zeit ist.»

Es lag nah, die Heirat nicht in Paris bekanntzumachen. Die meisten Leute, gewiß auch die Boisserées und Bertram, glaubten, die Schlegels seien längst getraut; die späte Offenbarung mußte ihnen peinlich sein. Aber warum dies Gebot strikter Verschwiegenheit für anderswo? Um «Herrn Veit zu schonen», wie es hieß?

Fürchteten die Schlegels, Philipps Vater werde nun, da der Kontrakt gebrochen worden war, den Sohn sofort zurückverlangen und seine Zahlungen einstellen? Oder war irgend etwas vorgefallen, das die Neuvermählten nicht erwartet hatten? Galt als so umstritten, was sie taten?

Gewiß, nach dem bürgerlichen Moralkodex, gültig bis ins 20. Jahrhundert, wechselte man nicht die Religion, ließ man sich nicht scheiden – und für Frauen galt das besonders. Aber dieses «Man darf» und «Man darf nicht» galt doch nicht in Dorotheas Kreisen. Auch wurde der durch den Verstoß erworbene Makel durch die Löschung eines anderen aufgehoben: Immerhin lebten die Schlegels nicht mehr in «anstößigen Verhältnissen» miteinander.

Auch mußte angesichts von Dorotheas Taufe kaum Verwirrung und Geklatsch befürchtet werden. Daß eine Jüdin zum Protestantismus übertrat, geschah schon ziemlich häufig. Und zwar nicht irgendwelche Außenseiterinnen, sondern Töchter aus reichen, gebildeten Familien. Fast alle bekannten Berliner Salondamen konvertierten.

Gewiß, für viele Juden war die Mischehe weiterhin tabu. Und Dorothea hatte noch zusätzlich gegen das Gesetz verstoßen: Eine Frau durfte nicht den Mann heiraten, mit dem sie Ehebruch begangen hatte. Aber Dorothea hatte doch nichts mehr mit dem alten Judentum zu tun.

Gewiß, sie war und blieb die Tochter Moses Mendelssohns. Doch dem Vater gegenüber konnte sie sich rechtfertigen mit Lessings Ringparabel, der Geschichte der drei gleichen Ringe als Gleichnis für die drei Religionen, das den Absolutheitsanspruch jeder einzelnen aufhob. Ja, für manche Juden war die Taufe sogar eine folgerichtige Konsequenz aus dem, was Mendelssohn erstrebte. Als sein Sohn Abraham später seine Kinder, wenngleich mit Skrupeln, taufen ließ, schrieb ihm sein Schwager Jakob Salomo Bartholdy: «Es ist geradezu eine Huldigung, die Du und wir alle den Bemühungen Deines Vaters um die wahre Aufklärung» zollen, «und er hätte wie Du für Deine Kinder, vielleicht wie ich für meine Person gehandelt. Man kann einer gedrückten, verfolgten Religion treu bleiben... solange man sie für die Alleinseligmachende hält. Aber sowie man dies nicht mehr glaubt, ist es eine Barbarei.»

Warum also Dorothea so eindringlich darauf drang, Taufe und Trauung vorerst nicht bekanntzumachen, muß ihr Geheimnis bleiben. Am naheliegendsten ist es wohl, daß sie schwierige Auseinandersetzungen mit ihren Geschwistern fürchtete. Alle waren damals noch jüdisch und fest entschlossen, zu verhindern, daß Schlegel an Geld aus dem Mendelssohnschen Erbe kam.

Sich auf die Konversion vorbereitend, hatte Dorothea viel in der Bibel gelesen und dabei entdeckt, daß der Protestantismus «ganz die Religion Jesu», ganz «die Religion der Bildung» sei und sie «im Herzen» eigentlich schon lange eine Protestantin sei. Doch das waren Lippenbekenntnisse, Selbstsuggestionen; im Grunde war sie soviel oder sowenig Protestantin, wie sie dem Bekenntnis nach Jüdin gewesen war. Wichtig war, mit Friedrich verheiratet zu sein und sich auch äußerlich vom Judentum getrennt zu haben.

Im Verlauf des Jahre 1803 veränderte sich das politische Klima in Paris; Schwüle drückte auf die Stadt. Seit Mai setzte Frankreich den nur für ein Jahr unterbrochenen Krieg mit England fort. Die Zensur verschärfte sich; es wurde noch gefährlicher, unliebsame Meinungen zu äußern, noch dazu als Deutscher. Im Winter deckte man eine royalistische Verschwörung gegen Napoleon auf, folterte die Anführer, erschoß den Herzog von Enghien, erdrosselte einen der Mitverschwörer. «Die Ungewißheit und die gewaltsame Spannung, worin die Bevölkerung während dieser Zustände gehalten wurde, drückte auf alle Verhältnisse», berichtete Sulpiz Boisserée, «die Fremden verloren sich immer mehr, die Theater und Spaziergänge waren weniger besucht, und wenn der mächtige Herrscher mit seinem finstern Blick erschien, gab sich selten ein Beifall kund. Da zog sich jeder auf seinen vertrauten Kreis zurück, und wer mit öffentlichen Dingen nichts zu schaffen hatte, freute sich, die äußere, überall verkümmerte Freiheit einigermaßen noch in seinem häuslichen Leben genießen zu können.»

In der Rue de Clichy verstärkte sich die antinapoleonische Stimmung. Die drei Kölner, gläubige Katholiken, sahen in dem Ersten Konsul einen Feind des Klerus, der das Zölibat aufheben wolle. Dorothea Rodde-Schlözer schrieb an ihren Bruder, dieser Napoleon sei eine «beauté du diable», derber ausgedrückt, «ein Rattenfänger». Helmina dichtete zwar noch heimlich an einer «Napoleonide», aber Friedrich, der mit seiner Meinung lange zurückgehalten hatte, begann im Winter 1804, so schreibt Helmina, Napoleon «herabzusetzen und mit Unwillen von ihm zu sprechen». Und als man den Herzog von Enghien erschoß, beschloß auch Helmina, die unvollendete Napoleon-Hymne im Schreibtisch ruhen zu lassen, um sie später einem Würdigeren zu widmen.

Wie viele deutsche Intellektuelle war auch Friedrich Schlegel einst ein glühender Anhänger des republikanischen Frankreich gewesen. Ja, er hatte vornan zu denen gehört, die die Französische Revolution auf den gesamten Bereich des geistigen Lebens hatten übertragen wollen. Und während sich andere, von der Gewaltherrschaft erschreckt, schon von der Revolution abzuwenden begannen, hatte Schlegel noch beklagt, daß sie, steckenbleibend, nicht konsequent und weit genug vorangekommen sei.

Doch nun, nach dem 18. Brumaire und unter dem Eindruck der Napoleonischen Eroberungskriege, gehörte auch er zu denen, die sich «Deutsche Patrioten» nannten, und schrieb, er sei niemals «halsstarriger und stupider deutsch» gewesen als eben jetzt. Den Boisserées stellte sich Friedrich als ein Mann dar «von der treusten Liebe zum deutschen Vaterland durchdrungen», der keine Gelegenheit vorübergehen ließ, «seinen Schmerz über dessen Erniedrigung, so wie seine Bewunderung für dessen ehemalige Größe und Herrlichkeit auszudrücken».

Die beiden Schlegels entwickelten in ihrer Pariser Zeit einen solchen Dünkel, um nicht zu sagen so feindliche Gefühle gegen die Franzosen, daß nichts mehr von den einst gemeinsamen Idealen und der doch auch gemeinsamen Ernüchterung erkennbar blieb. Dorothea, die wie ihr Mann fast nur mit Deutschen Umgang hatte, äußerte sich meist nur verächtlich über *die* Franzosen. Besonders die Frauen fand sie «abgeschmackt», viele närrisch, ungebildet. An Frau Paulus schrieb sie: «Ueberhaupt wüßte ich nicht was mir nicht besser gefallen könnte als Franzosen u(nd) besonders Französinnen sie sind dumm sage ich Dir, ohne Ausnahme alle dumm und leer, und solche Sklavenseelen, wie man sich kaum einbilden kann.»

Auch dies ist wieder eines der vielen Beispiele für Dorotheas Impulsivität. Zunächst hatte sie nirgends lieber leben wollen als in Paris; nun gefiel ihr jeder andere besser als Franzosen. Und während sie notierte, ausnahmslos alle Franzosen seien dumme, leere Sklavenseelen, war ihr ganz entfallen, wie sie sich noch kurz zuvor für einen von ihnen begeistert hatte.

Im Mai 1804 besuchte Madame Schlegel jene historische Sitzung des französischen Tribunals, auf der beschlossen wurde, Napoleon den Titel eines erblichen Kaisers zu verleihen. Es war das erste Mal, daß sie eine derartige politische Debatte hörte. Ich «kann Dir unmöglich beschreiben, wie heftig man aufgeregt wird», schrieb sie ihrem Mann nach Köln, «ich fühlte bestimmt, wie man in einem solchen Moment sich selbst vergißt und Leben und Gut *für die Sache* hingiebt; man ist wie im Fieber».

Dorothea begriff, was für eine historische Stunde sie da miterlebte, und sie erinnerte sich, daß erst gut ein Jahrzehnt seit jenem Tag vergangen war, da Ludwig XVI. enthauptet worden war. «Wunderbares Volk! Wie ich sie so alle ansah, diese Menschen, die gleichsam die Geschichte überlebt haben, fiel mir der jüngste Tag von Tieck [«Das jüngste Gericht»] ein, wie alles plötzlich schneller geht, die Jahreszeiten wie die Tagszeiten, alles weit schneller sich dreht und sich verzehrt, bis alles von der gewaltsamen Anstrengung und zu früher Reife verderben muß. Wozu sonst Jahrhunderte gehörten, das haben sie alles während zehn oder zwölf Jahren durchrannt; man wundert sich, sie noch so jung zu sehen, da sie so vieles durchlebt. Mir war wunderbar zu Muthe.»

Doch noch stärker als die Historie, die von ihrem gewöhnlichen Zeitmaß abgewichen und Jahrhunderte in einem Jahrzehnt durchmessen hatte, beeindruckte Dorothea ein kleiner blasser Mann mit einer heiseren Stimme: Carnot – jener überzeugte Republikaner, der einst im Wohlfahrtsausschuß zur levée en masse aufgerufen hatte und als Schöpfer der französischen Revolutionsarmeen galt. Er allein sprach sich gegen die Ernennung des Ersten Konsuls zum Kaiser der Franzosen aus. Er allein erhob die Hand, als man nach Gegenstimmen fragte. Aufgewühlt erlebte Dorothea ein eindrucksvolles Beispiel der Zivilcourage. «Es gehört meinem Gefühle nach mehr Muth dazu, seine Stimme allein und unbegleitet und mit der sicheren Ueberzeugung des Alleinstehens zu erheben, als dazu gehört, in eine Schlacht zu gehen.» Wiederum zehn Jahre später, während der Hundert Tage, sollte man diesen Carnot als einen der letzten Getreuen Napoleons erleben, aber 1804, im Tribunat, entsprach sein Handeln Dorotheas und Friedrichs Überzeugungen. Ihre antifranzösischen Ressentiments schwächte es jedoch nicht ab. «Die Gallier» seien «eine traurige Race», meinte Friedrich, als er ihnen den Rücken kehrte.

Dennoch, für ihn hatte sich der Aufenthalt in Gallien gelohnt. Der Schlegel-Forscher Ernst Behler hat eindrucksvoll beschrieben, wie sich der Horizont des Dreißigjährigen in Paris erweiterte: Er wandte sich der vernachlässigten Kunstgeschichte zu, zunächst der europäischen Malerei, dann auch der gotischen Baukunst, erwies sich als wichtiger Anreger der romantischen Malerei und trug bei zu einem grundlegenden Wandel des deutschen Kunstgeschmacks. Eine ähnliche Bedeutung gewannen seine literaturwissenschaftlichen Arbeiten, und zwar nicht nur über die orientalische Geisteswelt, sondern auch über spanische, portugiesische und provenzalische Dichtung. Schlegels 1808 erschienenes Werk «Über die Sprache und Weisheit der Indier», Ergebnis der Pariser Studien, gilt als ein bedeutendes Buch und brachte ihm den Ruf ein, die deutsche Orientalistik auf den Weg gebracht zu haben.

Auch für Dorothea bildeten die Pariser Jahre einen Höhepunkt ihres Lebens mit Friedrich Schlegel. Nie wieder hat sie so viel zugleich gemacht, ist sie derart produktiv gewesen. Von mehreren Seiten strömten ihr Anerkennung und Bewunderung zu. In Philipps Schule wisperten die Eltern «Voilà, la mère!», als ihr Sohn unter lautem «Beifallsjauchzen» gleich sechsmal hintereinander für seine Leistungen ausgezeichnet wurde. Hausgenossen, Freunde und Bekannte nannten sie «une femme de beaucoup beaucoup d'esprit, d'un grand fond de sensibilité, et ce que plus est une femme infiniment comme il faut». Friedrich war dankbar für ihre Zuarbeit. Für seine geplante «Sammlung romantischer Dichtungen des Mittelalters» schrieb sie zusammen mit Helmina alte Epen ab, die sie dann übersetzten und bearbeiteten: Dorothea die Geschichte des Zauberers Merlin, Helmina die der schönen Euryante. Beide verfaßten auch kleinere Beiträge für Friedrichs «Europa». Dorothea versuchte außerdem, den zweiten Teil des «Florentin» voranzubringen. Und als Schlegel sich entschloß, Lessings Schriften neu herauszugeben, las sie sich mit ihm noch einmal in das Werk des Mendelssohnschen Freundes ein. Hier in Paris erfüllt sich, was Dorothea sich erträumt hatte, als sie Veit verließ: Sie lebte unter ihresgleichen, unter geistigen Menschen in einer geistigen Atmosphäre, fühlte sich geliebt von ihrem Mann und liebte wieder, anerkannt von der Umgebung, täglich von neuem angeregt durch eigene Tätigkeit und kluge Menschen.

HÄTTE ICH MEINE FREIHEIT UMSONST ERLANGT?

Dorothea als Schriftstellerin

Wir müssen dem Menschen das Ziel
weiter setzen, als er kommen kann,
sonst erreicht er nicht einmal den Punkt,
wohin seine Kräfte ihn bringen können.
Georg Forster

Frauen sollten keine Bücher schreiben! Auch darin waren sich die Männer einig mit Rousseau. Würde das Unnatürliche, das Unwahrscheinliche geschehen und eine Frau Talent zum Schreiben zeigen, so hatte sie es ihrer Würde aufzuopfern, die darin lag, nicht aufzufallen. Wehe jeder, die sich ins Gerede brachte! So stand es im «Émile».

Ob sie nun Campe oder Knigge oder sonstwie hießen, ob sie nun aufgeklärte Pädagogen, Philosophen oder Anstandsrichter waren, jedermann befand, schreibselige Frauenzimmer sollten unterlassen, ein Handwerk aus der Literatur zu machen. Denn dazu gehörte, ehrgeizig zu sein (das war den Männern vorbehalten) und womöglich, Männern gleich, Ehrgeiz über Gattenliebe und Kinderzucht zu stellen. Wie unsicher die Männer waren! Andauernd ängstigten sie sich, Frauen könnten Menschen ähnlich wie die Männer sein.

Dessenungeachtet entstand in Deutschland Ende des 18. Jahrhunderts eine beachtenswerte Literatur von Frauen und für Frauen. Zwar wagten die meisten Autorinnen noch nicht, sich zu erkennen zu geben, denn sie wollten nicht als unweiblich verschrien werden. Als zugelassenes, typisch weibliches Ausdrucksmittel galt der Brief, und so tritt uns beispielsweise Rahel Varnhagens und auch Caroline Schlegels künstlerisches Ich allein in ihrer Korrespondenz entgegen. Andere Frauen veröffentlichen Gedichte, Erzählungen und Romane anonym oder unter Pseudonym. Das Fräulein von Günderode schrieb unter Tian oder Jon, andere, die vornehmlich ein weibliches Publikum anzusprechen hofften, nannten sich Auguste, Thekla oder auch Therese, und wer, wie Dorotheas Briefschwester aus dem Tugendbund, die Beulwitz-Wolzogen, schon einen erfolgreichen Roman veröffentlicht hatte, schrieb auf seinen nächsten, er stamme von der Verfasserin des wohlbekannten. Die Karschin und ihre Enkelin Helmina, Friederike Unger und Sophie Bernhardi, Sophie Mereau und Karoline Paulus – unter Dorotheas Freundinnen und in ihrem weiblichen Bekanntenkreis schrieb man Romane und veröffentlichte sie auch.

Rousseaus Jünger hatten sich im selbstgeknüpften Netz verfangen. Sie wollten die Frauen vor Müßiggang bewahren, dem Schönen und Erhabenen aufgeschlossene Damen erziehen, die ihre Gatten unterhalten und erheitern sollten. Und nun verwunderte es sie, daß die Elevinnen ein aufregendes, abenteuerliches Terrain für sich entdeckten, eine eigene Welt gefunden hatten. Aus den lesenden Salondamen und gebildeten Bürgerfrauen des 18. Jahrhunderts waren Liebhaberinnen der Literatur, Kennerinnen von hohen Graden, erfahrene, kompetente Kritikerinnen geworden. Lag da für einige der Wunsch nicht nahe, selbst Romane zu verfassen? Aber wie das männliche Diktat umgehen, nicht in der Leute Mund zu kommen? Wie die Scheu vor dem Öffentlichen überwinden? Frauen wurden Gehilfinnen, Mitarbeiterinnen, Koautorinnen ihrer schreibenden Männer. Die Gottschedin, die schon in der ersten Hälfte des 18. Jahrhunderts lebte, schrieb zwar auch selber Stücke und Gedichte, doch hauptsächlich sah sie sich als Hilfskraft ihres berühmten Mannes. Therese Heyne, in zweiter Ehe die Frau Huber, offenbarte einem Freund, «daß *alles* was von Huber bekannt, und nicht *Geschichte*, heißt *Weltgeschichte* ist... von mir ist... Ich schmiere das Papier voll, Huber bringt es ins Reine.»

Als eine solche Zuarbeiterin sah sich auch Dorothea; «Friedrich sein Geselle zu werden» war ihr Ziel. «Aus dem Gedrucktwerden» machte sie sich nichts; Berühmtheit, äußerte sie Helmina gegenüber, tue Frauen nicht wohl; für sie komme Glück und Glanz nur von der Liebe her.

Als zweites Motiv für ihren Entschluß zu schreiben nannte Dorothea bekanntlich materielle Gründe – ein häufiges Motiv der schreibenden Frauen. Schriftstellerin wurde zu einem der ersten intellektuellen Frauenberufe, oft notgedrungen verstanden als Broterwerb und aus dem Zwang heraus, die Familie zu entlasten, der Armut zu entgehen. «Ich schrieb, um meinem Mann die Mittel zu erleichtern, Weib und Kind zu ernähren», verteidigte sich Therese Heyne gegenüber dem verständnislosen Vater, «und nie erfuhr es bis zu Hubers Tod ein Mensch, daß ich die Feder ansetzte... So verdiente ich wohl die Hälfte unseres Einkommens, indem ich mit dem Kinde an der Brust, neben der Wiege und in den Nachtstunden wo alles schlief, meinen Kopf dadurch erhellte, daß ich die heftigen Gefühle meines Herzens, und den Flug meiner Fantasie in deutliche Bilder einschränkte.» Unter ähnlich schwierigen Bedingungen, «im Getöse der kindlichen Spiele» schrieb Tiecks Schwester, Sophie Bernhardi, «zwei Bände eigener Dichtungen», um den familiären Geldverlegenheiten abzuhelfen. Eine mittellose Witwe, Eleonore von Wallenrodt, verfaßte Schauer- und Räuberromane, um sich und ihre fünf Kinder zu ernähren. Es gibt viele solcher Beispiele.

Weil sie meinten, sich verteidigen zu müssen, schoben die Autorinnen selber diese Motive in den Vordergrund, obwohl die Frauen unter den Jenaer Romantikern das eigentlich gar nicht nötig hatten. Besonders Friedrich Schlegel hat Dorothea und auch Caroline, diese allerdings vergeblich, immer wieder zum Schreiben angeregt, sie ermuntert, Fragmente, Stanzen, nicht zuletzt Romane zu verfassen, denn der Roman galt ihm als «herrschende Dichtart der Moderne», als *die* Ausdrucksform romantischen Denkens.

Doch ein schöpferischer Mensch zu sein und so das Schreiben zu begründen, erschien den Frauen zu verwegen. «Literatur als Kunst, als ein vom Leben abgehobenes, ins Metaphysische entrücktes Werk», bemerkt Marlies Gerhardt, blieb ein Tabu für Frauen. Dorothea und ihre Freundinnen werteten sich selber ab, und lange wurde solch zeitbestimmte Abwertung übernommen und gegen sie gekehrt.

Debütantinnen brauchen Vorbilder. Dorothea erkor für den Roman, den sie verfassen wollte, als Vorbild Goethes «Wilhelm Meister». Romanautoren brauchen einen Helden. Dorothea verfiel auf Eduard d'Alton. Seine weithin unbekannte Herkunft, sein abenteuerliches Wanderleben und sein romantischer Charakter boten sich geradezu für eine Romanbeschreibung an. Und so verwandelte sich Eduard in Florentin und ging in die Literaturgeschichte ein.

Dorotheas erster Liebhaber, der «Aventurier», wie ihn Schlegel nannte, war nach Diensten in der gegen Napoleon in Italien aufgestellten polnischen Legion und auf dem Weg nach Amerika wieder in der preußischen Hauptstadt aufgetaucht, als Dorothea gerade geschieden worden war. Er hatte «Delicatesse» für ihre Situation gezeigt und auch Friedrichs Sympathie gewonnen. Als man sich danach wiedersah, im Sommer 1801, war Dorotheas Roman gerade erschienen: d'Altons Bild darin hätte wohl beim Schreiben einige Kratzer abbekommen, wäre der Autorin schon bekannt gewesen, daß der «Aventurier» sich nach ihr und einer Tändelei mit Henriette der dritten Schwester, Recha, der ebenfalls geschiedenen, zugewandt hatte. Anschließend an die Verzauberung der drei Mendelssohnschen Damen heiratete der illegitime Kaisersproß ein Fräulein Friederike Buch und wurde einige Jahre später als Direktor des Tiefurther Gestüts ein von

Goethe hochgeschätzter Mann. Er starb als Professor der Bonner Universität. Im Unterschied zu Florentin ist das Schicksal dieses Eduard bekannt.

Dorothea wehrte ab: «so grob» und «so massiv», wie man den Eduard im Florentin erkennen wolle, habe sie d'Alton nicht nachgezeichnet, da werde übertrieben. Doch Herkunft und Erziehung, Vorlieben, Wanderleben, Charakter – die Übereinstimmung ist da.

Beeindruckt von der lieblichen Umgebung Jenas und dem ersten Grün auf seinen Hängen, begann Dorothea ihren Roman mit der Schilderung eines schönen Frühlingsmorgens: «Allenthalben, auf Feldern, auf Wiesen und im Wald, waren noch Spuren des vergangenen Winters sichtbar, und der Härte, womit er lange gewütet; noch einmal hatte er mächtig im Sturm seine Schwingen geschüttelt, aber es war zum letztenmal. Die Wolken waren vertrieben vom Sturm, die Sonne durchgebrochen, und eine laue milde Wärme durchströmte die Luft. Junge Grasspitzen drängten sich hervor, Veilchen und süße Schlüsselblumen erhoben furchtsam ihre Köpfchen, die Erde war der Fessel entledigt, und feierte ihren Vermählungstag.»

An ebendiesem Frühlingsmorgen trifft der von Sehnsucht nach Liebe, Glück und Lebenssinn umhergetriebene Florentin in einem Wald auf eine Jagdgesellschaft und rettet bei einem Jagdunfall dem Grafen Schwarzenberg das Leben. Zwar ist der Jüngling auf dem Weg zum nächsten Hafen, um sich nach Amerika einzuschiffen, doch der Gerettete überredet seinen Retter, eine Zeit als Gast auf seinem Schloß zu leben. Dort schließt Florentin Freundschaft mit Juliane, der Tochter, und Eduard, dem künftigen Schwiegersohn des Grafen; durch seine Bildung und sein Wesen nimmt er die Schloßgesellschaft für sich ein. Auf Ausflügen mit den Verlobten erzählt der Gast von seinem bisherigen Leben: von der klösterlichen Erziehung in Italien und der Bestimmung, Geistlicher zu werden, er erzählt, wie er entfloh, in Venedig lebte, dann in Rom als Maler ausgebildet wurde und schließlich durch England, Frankreich, Deutschland streifte.

Während seines Aufenthaltes auf dem Schloß verliebt sich Florentin in Juliane, und an dem Tag, an dem sich diese mit Eduard vermählt, verläßt er seine Freunde und zieht weiter zur Gräfin Clementine, einer Tante von Juliane, in die Stadt. Als diese ihren Gast erblickt, fällt sie in Ohnmacht; offenbar gibt es irgendeine Verbindung zwischen Florentins geheimnisvoller Abkunft und der Dame. Doch Näheres erfährt der Leser nicht. Mit der erneuten Flucht des Helden endet der Roman.

Dorothea hat das unbefriedigende Ende mit den romantischen Neigungen der Verfasserin begründet: Diese fühle sich immer dann am wohlsten, wenn ihr der Dichter etwas hinzuzudenken und zu träumen lasse: «in der Gewissheit, da geht mir erst alle Wehmut und alle Unbefriedigung recht an. Meine Wirklichkeit und meine Befriedigung liegt an der Sehnsucht und in der Ahndung.»

Was sollte Dorothea mit ihrem Helden auch anfangen? Verheiraten konnte sie ihn nicht, ohne seine weiteren Möglichkeiten erheblich zu beschneiden. Er wollte doch nach Übersee. Sterben durfte er schon gar nicht, er mußte leben bleiben für den zweiten Band. Und am Ende das Geheimnis seiner Geburt zu lüften, entsprach nicht den Gepflogenheiten romantischer Autoren. Es mußte etwas für die «Ahndung» bleiben.

Literaturwissenschaftler haben beschrieben, welche Motive, Töne, Elemente Dorothea anderen zeitgenössischen Romanen entnommen hat, hauptsächlich dem «Wilhelm Meister» und dem «Franz Sternbald» Ludwig Tiecks. Wilhelm, Franz und Florentin – alle drei sind durch die Lande streifende, dilettierende Künstler auf der Suche nach dem Glück. Ob Goethe, Tieck, die Veit – Vorgeschichten werden nachgetragen, Billette, Briefe, Lieder in den Text gestreut. Auch Nebenfiguren Dorotheas erinnern an Goethes oder Tiecks Roman. Doch was die Romanautorin über das Verhältnis der Geschlechter, über die Liebe und die Ehe äußert, das erinnert an zwei andere Herren: an Schlegel und an Schleiermacher.

So ergab es sich, daß «Florentin» auch in die Nähe der «Lucinde» rückte und Züge des Julius, des Friedrichschen Selbstporträts, erhielt. Goethe/Wilhelm, Schlegel/Julius, d'Alton/Florentin und wiederum Wilhelm und Florentin, Julius und Franz – Literatur und Leben wirkten wechselseitig aufeinander ein. Jeder Romanheld trägt Züge seines Schöpfers oder anderer Menschen. Jeder atmet den Geist der Zeit und beatmet ihn auch wieder. Sowohl die Dichtung wie das Leben beeinflußten den «Florentin».

«Nur hier und da ein Körnchen eigner Erfindung», urteilt Haym über den Roman der Veit. Wie viele, die sich Künstler nennen, war auch Dorothea eher eine Kunsthandwerkerin, wollte auch nichts anderes sein. Ihre Leidenschaft galt der Liebe, ihre Radikalität dem Leben. Fürs Schreiben brachte sie einige Begabungen mit: Beobachtungsgabe und Sinn für Humor sowie das Komische und Anekdotische. Wie auch ihre Briefe zeigen, konnte sie lebhaft schildern, Landschaften, Menschen, Situationen, und entwickelte mit ihrem Gefühl für Sprache, Form und Rhythmus einen eigenen Stil, nicht sehr originell, aber klar und ohne Phrasen. Eines allerdings lernte Dorothea nie: den Dativ und den Akkusativ zu unterscheiden. In der Verwechslung beider glich ihr Erstling dem eines anderen Berliners, «Hollin's Liebesleben» von Arnim.

Als Dorothea anfing, den Roman zu schreiben, im Herbst des Jahres 1799, verpflichtete sie ihre engsten Freunde, «ja keinem Menschen das Geheimniß... zu verrathen». Wenige Monate später, im Februar 1800, verteilte sie an Gläubiger schon Vorschußgelder: Hundert Taler an die Levin, fünfzig für Schleiermacher, den Rest wollte sie für sich behalten. Der Verleger Unger, hieß es, wolle «Florentin» für sein «Romanen Journal» erwerben. Doch der schickte das unvollständige Manuskript zurück – nein, kein Bedarf. Dorothea und Friedrich waren sich einig, dahinter könne nur die Ungerin, die eifersüchtige «Katze», stecken.

Im Mai 1800 war der erste Teil des «Florentin» vollendet, und wieder herrschte Euphorie. Nun sei damit zu rechnen, ließ die

Autorin ihre Freunde wissen, daß der Roman Ostern 1801 «in allen seinen drey Bänden» erscheinen werde. Wie die meisten Buchautoren lebte auch sie zwischen Depressionen und Illusionen. «Mit klopfendem Herzen und erröthenden Angesichts» sandte sie Schleiermacher Ende Oktober 1800 die Aushängebogen des ersten und einzigen Bandes ihres «Florentin», und der Freund bewies erneut, was für ein zart empfindender Mensch er war. Er schrieb zurück, daß es «ein sehr niedliches Buch ist, dass vieles drin mir sehr vorzüglich angelegt und ausgeführt erschienen hat, dass die Sprache etwas eigenthümliches hat, was ich noch nicht zu charakterisieren weiss, aber was einen sehr angenehmen Eindruck macht...». Nur einen Einwand hatte er: die Stanzen! Es sei doch unwahrscheinlich, daß ein Maler, nämlich Florentin, solche Stanzen aus dem Ärmel schüttele und ebenso unwahrscheinlich, daß eine Autorin, die gerade ihren ersten Roman verfasse, zu solchen Stanzen fähig sei. Und dabei war die Veit gerade auf die Stanzen stolz.

Herausgegeben von Friedrich Schlegel und ohne daß der Name der Autorin irgendwo Erwähnung fand, erschien der erste Teil des «Florentin» Anfang 1801 bei Friedrich Bohn. Die Höhe der Auflage ist nicht bekannt, doch waren es sicherlich nicht einmal tausend Exemplare. Gleich nach dem Erscheinen fing man in Jena an zu munkeln, daß der Roman von Dorothea stamme und wie stark er dem «Meister» und dem «Sternbald» ähnlich sei. Doch die Autorin konnte «von diesen Aehnlichkeiten... keine finden, ausser das Bestreben nach einem gebildeten Styl».

Obwohl sie gar keine «richtige» Schriftstellerin sein wollte, verhielt sie sich wie eine; sie schwankte zwischen Stolz und dem Gefühl des Ungenügens. Stolz erfüllte sie, als sie Veit ein Exemplar des Buches übermitteln ließ oder wenn sie übermütig an Brentano schrieb, die Leute in ganz Jena behaupteten wahrhaftig, «den ‹Florentin› hätte *ich, ich* gemacht!». Das Gefühl des Ungenügens spricht aus einer Zueignung an Friedrich, die damals unveröffentlicht blieb: «Immer glaubte ich genau das hinzuschreiben, was ich eben dachte, aber es war Täuschung: vorwärts, vor der Feder schwebte mir das rechte Wort; rückwärts, hinter ihr standen dann ganz andere Worte, die ich nicht wieder erkannte, wie einer, der eine Quecksilberkugel mit den Fingern greifen will – wenn er sie dann eben zu haschen glaubt, so hat er immer nur kleine Kügelchen davon abgelöst, während ihm die eigentliche große Kugel immer wieder entschlüpft, bis sie zu lauter Theilchen geworden und er das Ganze nicht wiederfindet.»

Kritik von außen blieb nicht aus. Tieck hatte die Verfasserin schon während des Schreibens vorverurteilt: «Sternbald und alles durcheinander... elend ist das Zeug», und auch Novalis war nicht zu begeistern. Schiller wunderte sich, wie weit es Dilettantinnen bringen konnten. Charlotte, seine Frau, erfreute sich an dem Roman. Gewiß, ein Ragout aus anderen Romanen, aber «doch ein eignes zartes Wesen». Gewiß, der Titelheld ein Freigeist ohne Sittlichkeit; und doch, da sei ein «gebildeter Verstand» in allem und «etwas sehr gefälliges, was einen besticht, und einen angenehmen Effekt macht».

Wie Friedrich lobte sein Bruder den Roman, und auch in einigen Kurzanzeigen und Besprechungen überwog die Zustimmung zu Dorotheas Werk. Schließlich war auch die Autorin mit sich recht zufrieden: «es ist ein recht freundliches, erfreuliches, ergötzliches Buch, das mit aller Macht dem Weinerlichen entgegenstrebt, in dem die Farben manchmal etwas kindlich zu grell aufgetragen sind, aber sich eben darum perspectivisch wie eine Dekoration recht lustig ausnimmt, und das allerliebste Geschichten recht gebildet vorträgt. Was will man mehr?»

Als sie das schrieb, ohne sich als die Verfasserin zu offenbaren, ahnte sie noch nicht, daß ihr von Vorbildern geprägter «Florentin» selbst zum Vorbild werden sollte. Joseph von Eichendorff hat Rudolf, den Helden seines ersten Romans «Ahnung und Gegenwart», seine Geschichte, seinen Charakter, dem Florentin der Dorothea nachempfunden.

Schon vor der Veröffentlichung des ersten Teils arbeitete sie an dem zweiten, der durch eine Novelle mit dem Titel «Camilla» eingeleitet werden sollte – eine neue Namengebung für die Gräfin Clementine aus dem «Florentin». Doch dann fing Dorothea an zu kränkeln, die Arbeit geriet ins Stocken, wurde zwar immer wieder vorgenommen, sowohl in Paris wie später auch in Köln, doch nie beendet. Auch darin glich nun «Florentin» dem «Sternbald» wie auch der «Lucinde». Der Schlegel-Forscher Hans Eichner hat die verschiedenen, sich widersprechenden Entwürfe Dorotheas veröffentlicht; daraus geht hervor, daß die Autorin sich selbst noch nicht darüber schlüssig war, wie es mit den Personen ihres Erstlings weitergehen sollte. Je mehr Zeit verstrich, um so mehr mißfiel ihr der von der Aufklärung bestimmte antiklerikale Grundton des Romans; gern hätte sie einen Anti-Florentin verfaßt.

Doch dann, in Köln – Friedrich arbeitete an einem Schauspiel über Karl V. – beschloß auch Dorothea, ein Schauspiel zu verfassen, und zwar ein Ritterstück. Diesmal sollte der Held Johann von Hutten sein, ein Vetter des berühmten Ulrich, der zu Beginn des 16. Jahrhunderts am Hof des Herzogs Ulrich von Württemberg diente und von diesem aus Eifersucht hinterrücks ermordet wurde. Die Historiker, auf die sich Dorothea stützte, verhehlten nicht, Partei zu sein. Christian Friedrich Sattler, Herzoglich-Württembergischer Geheimer Archivarius, fand allerlei Erklärungen und Entschuldigungen für den «Unfall», dem Johann zum Opfer fiel. Dagegen nahm Christoph Meiners, «ordentlicher Lehrer der Weltweisheit in Göttingen», gestützt auf Schriften Ulrich von Huttens, eindeutig Partei: gegen den Herzog, für den ermordeten Johann.

In einem marmorierten starken Quartheft, ursprünglich als Ausgabenbuch erworben, machte sich Dorothea zu Beginn der Kölner Jahre Auszüge aus den Büchern der Historiker Sattler, oMeiners und auch Schmidt und entwarf ein Verzeichnis der Personen des Stücks samt Kurzbeschreibung ihrer Charaktere. Danach haben wir uns Johann von Hutten still, sinnig, treu zu denken, den Herzog sinnlich, eitel und zuletzt wild und grausam sowie sämtliche positive Helden andächtig und fromm. In mehreren Fragmenten auf zusammen sechsundzwanzig Seiten entwarf Dorothea den Anfang des Trauerspiels, Inhaltsangaben verschiedener Szenen sowie einzelne Dialoge und stellte Überlegungen an über den Prolog und seine Form. Doch wiederum blieb das Projekt unvollendet liegen; mitten in einem Satz inmitten einer Seite brachen die Aufzeichnungen ab. Dorothea und Friedrich erwogen, die «schöne Huttengeschichte» in Schlegels «Karl V.» einzubauen. Doch auch der blieb nur Fragment. Eine Abschrift der Aufzeichnungen Dorotheas liegt heute im Körner-Nachlaß der Bonner Universität.

Gleich nach ihrer Scheidung, noch in der Berliner Ziegelstraße, hatte Dorothea beschlossen, künftig zu übersetzen, um zu mehr Geld zu kommen, und sowohl Brinkmann in Paris wie auch andere Freunde gebeten, geeignete Bücher für sie aufzutreiben, «denn es ist nothwendig das ich arbeite, und grade dies ist bey meiner Lebensart, und meiner Situation am schicklichsten».

Die erste, von Friedrich herausgegebene und von Dorothea nach altfranzösischen Quellen übersetzte Arbeit dieser Art war die 1802 veröffentlichte «Geschichte der Jungfrau von Orléans». Schlegel hatte beschlossen, die Konjunktur zu nutzen, die durch Schillers im Jahr zuvor uraufgeführtes Stück entstanden war, und aus mehreren Quellen einen Text zusammengestellt.

Des gleichen Verfahrens bedienten sich die Schlegels bei Dorotheas nächster, schon im Jahr darauf erschienenen Übersetzung, der durch Zusätze und Ergänzungen aus anderen französischen Quellen angereicherten Autobiographie der Gemahlin Heinrich IV., Margaretha von Valois. Erst jetzt, erst in Paris wurde das Übersetzen und Bearbeiten hauptsächlich von alten Manuskripten, die Friedrich in der Nationalbibliothek aufstöberte, zu einem Beruf für Dorothea; fast Jahr für Jahr erschien ein neuer Band.

Für Friedrichs geplante «Sammlung romantischer Dichtungen des Mittelalters» brachte Helmina die «Geschichte der tugendsamen Euryanthe von Savoyen» in eine deutsche Fassung, während Dorothea ein altfranzösischer Text beschäftigte über den Zauberer Merlin, den Sohn des Teufels und eines frommen Mädchens, das in einer Ohnmacht von diesem überwältigt worden war. Merlin hatte von seinem Vater die Gabe mitbekommen, die Zukunft weiszusagen, und als Erbe seiner Mutter, Gutes in der Welt zu tun. Entgegen der Absicht seines Erzeugers, dem Merlin die an den Gottessohn verlorene Erde zurückgewinnen sollte, wurde dieser zum Begründer der Tafelrunde des guten Königs Artus und Heilsbringer für das Christentum. Nun schon erfahrener in ihrem Beruf, übertrug Dorothea den Merlin gekonnter als die vorangegangenen Bände, kürzte, modernisierte, verfaßte eine freie Nacherzählung dieses alten Stoffs, machte so etwas wie ihr eigenes Werk daraus.

Die Geschichten wechselten, doch noch jede erschien allein unter Friedrichs Namen. Er gab sie heraus und bezeichnete sich meistens auch als Übersetzer. Die Verleger mußten dem Briefwechsel mit ihm entnehmen, daß es auch so sei. Selbst Freunde und der Bruder erfuhren nicht, wie es mit der Arbeitsteilung bei den Schlegels stand. Ludwig Tiecks Bruder freute sich darüber, «daß Friedrich uns dies interessante Buch so trefflich übersetzt hat», und so stand es in Germaine de Staëls «Corinna»: «Übersetzt und herausgegeben von Friedrich Schlegel.» Die Wahrheit war das nicht.

Natürlich hatte Schlegel Anteile an der Arbeit Dorotheas. Er suchte die Texte aus und redigierte, verfaßte kurze Einleitungen und einige Anmerkungen. Aber nie sprach er von gemeinsamen Bemühungen, von «unserer Arbeit». «Hast Du meinen (!) Lothar und Maller erhalten?», fragt er den Bruder. Später nahm er diese von Dorothea bearbeitete Rittergeschichte wie auch den Merlin sogar in seine Werke auf.

Willig, ihrem Mann zu dienen und ihm Ansehen zu verschaffen, hat sich Dorothea über Friedrichs zeitgemäße Unverschämtheit, soviel wir wissen, nie beschwert. Aber gegen den Entscheid, ihre Übersetzungen fremder Manuskripte in Friedrichs Werkausgabe aufzunehmen, protestierte sie, wenngleich vergeblich, und versuchte später August Wilhelm zu erklären, wie es dazu gekommen sei: «diese, oder ähnliche Fehlgriffe entstanden meistens in der Verlegenheit, wenn der Verleger Manuskripte verlangte, und [Friedrich] keine geordnet hatte.»

Friedrichs Verhalten war nicht ungewöhnlich. Auch andere Männer veröffentlichten Arbeiten von Ehefrauen, Freundinnen oder auch Schwestern unter ihrem Namen, die Frauen freuten sich, überhaupt gedruckt zu werden, und die Verleger förderten noch das Verfahren. Sie trauten ihren Geschlechtsgenossen ungleich mehr als Frauen zu und zahlten, wenn sie überhaupt mit Frauen verhandelten, weniger an diese. Und doch verbittert, Dorotheas Arbeit in keiner Einleitung, in keinem Brief, nirgendwo anerkannt zu sehen. Kühl schrieb Friedrich seinem Bruder: «So fleissig meine Frau auch ist, so hilft dieß doch nicht viel.» Ihre Arbeit brachte nicht genügend ein. Es empört der Undank, das Maß der Ausbeutung, die Duldsamkeit der Frau.

Zu Beginn des 19. Jahrhunderts war das Übersetzen noch eine viel schwierigere Kunst als heute. Es fehlte an Vorbildern und guten Wörterbüchern, es fehlte an Erfahrung. In den Kölner Jahren, zwischen 1804 und 1809, entfiel für Dorothea auch der Ratschlag ihres Mannes, denn er ging oft auf Reisen und blieb lange fort. Vor allem, als sie den Roman der Staël «Corinne ou l'Italie» ins Deutsche übertrug, war sie ganz auf sich allein angewiesen.

Die davor übertragene abenteuerliche Geschichte von Lothar, dem Sohn Karls des Großen, und seinem Freund Maller kann noch als Fortsetzung der Pariser Sammlung gelten. Der Kanonikus Wallraf, ein guter Kölner Bekannter, hatte die Schlegels auf die aus dem Französischen in den niederrheinischen Dialekt übertragene Handschrift aufmerksam gemacht. Sie stammte aus der Mitte des 15. Jahrhunderts und lag in der Kölner Diözesan-Bibliothek; dort wird sie noch heute aufbewahrt. Wieder übersetzte Dorothea, kürzte, und nun schwächte sie ihr anstößig erscheinende «Stellen» entweder ab oder ließ sie fort. Franz Deibel hat sich der Mühe unterzogen, Dorotheas Übersetzungen mit den Vorlagen zu vergleichen, und so kamen die Unterlassungen und Verbiegungen ans Licht.

Kenner werfen Dorothea heute vor, steif und unpoetisch übersetzt zu haben, andere Kenner rühmen die Geschicklichkeit und Poesie der Wiedergabe. Sie selbst war stolz auf ihre Tätigkeit: «ich bilde mir mehr auf diese Bearbeitungen der alten Romane ein, als auf alles, was ich selber hervorzubringen im Stande seyn dürfte.»

Die letzte veröffentlichte Übersetzung Dorotheas war Madame de Staëls Roman «Corinna». Er entstand zwischen 1805 und 1807, nach einer Italienreise der Autorin, und zunächst hatte sich August Wilhelm, der seit 1804 in den Diensten der Französin stand und sie auf ihren Reisen begleitet hatte, anheischig gemacht, den Roman zu übersetzen. Doch dann schanzte er die Arbeit seinem Bruder zu, der wieder mal in Geldnot war. Schließlich blieb sie bei Dorothea hängen, die, während sich ihr Mann bei August Wilhelm und der Staël aufhielt, «vom Morgen bis Abend» damit beschäftigt war und schnell vorwärts kam. Unangenehm war nur, daß sie das von der Autorin korrigierte und umgeschriebene Original bogenweise zugeschickt bekam. «Es ist gar nicht möglich, bei einer solchen fabrikmäßigen Behandlung und ohne das ganze Werk gelesen zu haben, den Geist desselben nicht zu verfehlen!», schrieb sie verärgert ihrem Mann. «Das getragene, etwas deklamatorische Pathos des nach dem Urteil kompetenter französischer Kritiker schlecht geschriebenen und gut gedachten Buches zu treffen, war nicht leicht», urteilte Franz Deibel. «Die Bewältigung dieser Sätze, die Brunetière treffend ‹vagues et flottantes en leurs contours› nennt, erfordert ein nicht gewöhnliches Geschick. Es bedurfte der schon öfter an Dorothea gerühmten Schmiegsamkeit und jener selbständigen Treue, die nicht ohne weiteres dem Periodenbau der Vorlage sklavisch folgt.»

Germaine de Staëls Italien-Roman, die unglückliche, mit langatmigen Betrachtungen über Italien und Italiener durchsetzte Liebesgeschichte zwischen Lord Oswald Nelvil und der berühmten Dichterin Corinne, wurde in Frankreich ein außergewöhnlicher Erfolg. Auch in Deutschland erschienen zahlreiche Besprechungen, ablehnende und begeisterte. Der Rezensent der «Zeitung für die elegante Welt» befand: «Die Übersetzung von Hrn. Schlegel ist so, wie man sie von einem so gewandten, kenntnisreichen Schriftsteller erwarten kann, d.h. vortrefflich.»

Schon für das «Athenaeum» und dann für Friedrichs «Europa» hatte Dorothea etwa ein Dutzend Beiträge geschrieben; Glossen über das Pariser Musik- und Theaterleben sowie einige Rezensionen. Seit den Leseabenden in ihrem Elternhaus war sie gewöhnt, nach literarischen Einflüssen zu fragen, Bücher zu beurteilen und Autoren zu vergleichen. Auch darin Friedrich folgend, zog sie in ihren Buchkritiken gegen die platt moralisierende Aufklärung zu Felde und warb für die romantische Kunstauffassung. In ihrer «Athenaeum»-Rezension von Ramdohrs «Moralischen Erzählungen» focht sie gegen das Mißtrauen der Aufklärer gegen die Phantasie, in der «Europa»-Rezension von Germaine de Staëls «Delphine» für das vom «Geist der Poesie» belebte Kunstwerk, den romantischen Roman, und warf der Staël Mangel an Poesie, das Zergliedern der Gefühle und einen so entstandenen Überfluß an Psychologie und Moralität vor, sei doch «die Poesie... an sich Moral».

Die Form der Darstellung folgte der der Freunde. Auch Dorothea schrieb zahlreiche Fragmente, hauptsächlich für ihr Tagebuch, und wandte, Versuchen der beiden Brüder Schlegel folgend, in ihrer bemerkenswerten «Delphine»-Kritik gekonnt und überzeugend die Gesprächsform an. Ihre Rezensionen beeindrucken durch bildhafte Vergleiche («Thränenströme durchwässern das ganze Buch»); sie schreibt spöttisch, witzig und ironisch und hat Mut zur Meinung, handfester Kritik. Vergleicht man zum Beispiel Dorotheas Kritik an einem Roman der Madame de Genlis im «Athenaeum» und Caroline Schlegels briefliche Kritik am «Sternbald» Ludwig Tiecks, wird deutlich, wie nahe Kriterien und Duktus unter dem Einfluß der beiden Brüder beieinander lagen.

Caroline über den «Sternbald»: «Viele liebliche Sonnenaufgänge und Frühlinge sind wieder da; Tag und Nacht wechseln fleißig, Sonne, Mond und Sterne ziehen auf, die Vöglein singen; es ist das alles sehr artig, aber doch leer...»

Dorothea über den Genlis-Roman: «Viel Fantasie aber ohne Blüthe und ohne Frischheit, alles wie im Treibhaus getrieben; viel Kenntnis ihrer Welt, *bonton*, Galanterie, aber alles geschnürt und im Reifrocke.»

Am eigenständigsten und eindrucksvollsten wirkt Dorothea Schlegel in ihren Brief-Reportagen über Haupt- und Staatsaktionen, Kunsterlebnisse und Reisen. Ob sie nun als junge Frau einen Opernabend im Rheinsberger Schloß beschreibt oder später eine Rheinreise auf dem Weg nach Frankfurt – sie beobachtet genau, kann anschaulich berichten und besitzt Sinn für Komik und das Typische, auch wenn es sich in einer Einzelheit verbirgt.

Im September 1804 erlebte sie in Köln den Besuch Napoleons und beschrieb das «Volksfest» ein paar Tage später Helmina in Paris:

Am Abend «hiess es auf einmal, der Kaiser kömmt in zwei Stunden! Das hättest Du nun sehen sollen. Eine Stunde weit vor dem Thore lief und ritt und fuhr man ihm entgegen. Vom Thore an bis zu seinem Hause hatte er einen Weg wie von der *Porte St. Martin* zu dem *Théâtre français* in Paris zu machen. Hier war alles so hell auf einmal wie mitten im Tage. Die Straßen wurden angefeuchtet und mit duftenden Balsamstauden, Blumen und Eichenlaub überstreut; die Kirchen, vor welchen er vorbei kam, wurden geöffnet, hell mit vielen hundert Wachsfackeln bis in die Tiefe erleuchtet, und die Geistlichkeit jeder Kirche stand im Ornate mit brennenden Fackeln, mit Kreuz und Fahnen und Weihrauch. Dieser Geruch, der Duft der Blumen und Blätter, der ehrwürdige Anblick der Geistlichkeit, die Beleuchtung, nicht allein wie gewöhnlich mit Lämpchen und Lichtern, sondern ganze Strassen waren durchaus mit weissen Wachsfackeln, wie sie in den Kirchen gebraucht werden, illuminirt; in mehreren großen Häusern der reichen Klasse sah man hinter diesen Wachsfackeln in den geöffneten Fenstern und auf dem Balkon Lustres und Branchen von Krystall mit Wachslichtern brennen; in einem Haus zählte ich fünfzehn solche krystallenen Kronleuchter. Das Läuten aller Glocken, das Abfeuern des Geschützes und mehr als alles dieses, das wirklich enthusiastische Rufen des Volks in den Strassen, dazu die Trommeln, Musik aller Art, der Lärm der Pferde und Wagen in dem Zug selber – es ist ganz unglaublich – man muss dies gesehen und gehört haben!...»

Wo es einen Anlaß zu ausgelassenem Spektakel gab, waren die Kölner schnell dabei. Auch hofften sie, ihr enthusiastischer Empfang werde den mächtigen Mann bewegen, Besatzungs-, Zoll- und Säkularisierungslasten von der Stadt zu nehmen. Kölsche Vergnügungssucht sowie politische Berechnung bestimmten auch den zweiten Kaisertag und das abendliche Fest im Kölner Hafen:

Die Fischerzunft, ein alter Turm, «war mit unzähligen Fackeln und Lichtern erleuchtet, Sinnbilder und lateinische Inschriften prangten umher... Hier reichte man dem Kaiser den Ehrenwein, ein alter Gebrauch der Stadt, wenn ein Fürst herkömmt. Auf dem Altan war ein reich verzierter Thron erbaut. Als er hinaustrat, war er, wie alle Augenzeugen versichern, ganz ergriffen von der großen Scene, die hier sich ihm zeigte. Er soll die Hände vor den Augen zusammengeschlagen und in der ersten Minute ganz stumm geblieben sein; dann hat er es mit Venedig verglichen als das einzige, womit es zu vergleichen wäre. Auch war es in der That ein herrliches Schauspiel. Das Ufer, die Stadt brannte hell in Flammen und Sinnbildern, so weit das Auge reichte. Im Hafen waren eine Menge der schönen holländischen und oberrheinischen Schiffe, Nachen und Kähne mit unzähligen Lampen, Fackeln und Feuern erhellt und mit Blumen, mit Laub auf's herrlichste umwunden und verziert. Alle Schiffe im Hafen waren vermittelst Guirlanden von Laub und

Blumen an den hohen Masten vereinigt, wo wieder Laternen daran herabhingen. Allenthalben glänzten die Namen *Napoléon et Josephine* im Feuer, im Wasser wieder; der Rhein schien Feuerwellen zu fliessen. Najaden, Tritonen und Seepferde hoben und trugen jeden Namen von allen Seiten in Flammen. Das Geschütz dröhnte doppelt und dreifach von dem gegenüberliegenden Siebengebirge zurück. Auf einem der Schiffe war türkische Musik, auf einem anderen brannten Feuerwerke; viele hundert Flaggen aller Arten, aller Farben, aller Völker wehten und wallten hoch in der Luft, der französische goldne Adler im himmelblauen Felde, auf dem schneeweissen Grunde, triumphirend hoch über alle. Das Hurrah der Matrosen, das unablässige Vivatrufen des Volkes...» Vorübergehend vergaß Dorothea ihre Verachtung gegenüber den Franzosen und verfiel zusammen mit begeisterungsfähigen Kölnern dem Napoleon-Taumel.

Am Ende ihres ausführlichen, lebendigen Berichts bot Dorothea der darin erfahrenen Freundin an, ihn doch zu veröffentlichen. Dabei legte sie nicht den geringsten Wert darauf, als Verfasserin zu gelten. Ihr fehlten das Bedürfnis und der Drang, öffentlich zu wirken. Das hatte Madame Schlegel mit vielen Frauen ihres Standes und ihrer Generation gemein, und das wirkt nach bis in die Gegenwart. Doch ohne Drang nach öffentlicher Anerkennung und Wirkung gibt es keine publizistischen Karrieren.

IN WELCHER EINSAMKEIT ICH LEBE

Rettung durch den Glauben

Und wie, wenn das, was eine Liebe bedürftige Seele
sich als die einzige Bedingung des irdischen Glücks
vorspiegelt, gerade zum Unglück führt, was ja oft
der Fall ist, und am meisten durch die Leidenschaft,
mit welcher man ein solches Glück sich
ersehnt und danach ringt.

Dorothea Schlegel

Mit Juden zu leben sind die Kölner nicht gewohnt. Im Mittelalter haben sie alle jüdischen Bürger aus der Stadt vertrieben, und wenngleich jetzt, unter der französischen Besatzung, wieder einige unter ihnen leben, so heißt das nicht, die Kölner hätten ihr Herz für sie entdeckt.

Und geht es denn den Protestanten besser? Zwar sind die Kölner Ratsherren kürzlich nicht umhingekommen, Protestanten auf höheren französischen Befehl die vollen Bürgerrechte zu gewähren, aber nur ein Narr wird daraus schließen, daß Kölner fortan Protestanten für ebenbürtig halten. Erstens haben diese, genauso wie die Juden, nicht den richtigen Glauben, und zweitens wollen sie meistens, ebenso wie die Juden, mit Katholiken konkurrierend, in Köln Geschäfte machen.

Die aus Paris gekommene, gerade erst getaufte und getraute Madame Schlegel hat den falschen Taufschein in der Tasche, und ihr Trauschein kann ja nicht verbergen, daß sie eine Geschiedene ist. Katholiken lassen sich nicht scheiden.

Von Dorotheas Interessen her gesehen: Was hat denn diese leicht verkommene Stadt zu bieten? Ja, um die Jahrtausendwende, da war diese römische Kolonie ein Denkmal früherer Stadtbaukunst gewesen und im Mittelalter eine reiche Hansestadt. Doch jetzt, 1804, ist der einstige Glanz verblichen. Die «hillige statt Coellen», das einstige deutsche Rom, hat sich verwandelt in «la ville de Cologne», eine französische Provinzstadt. Die Franzosen haben das Kirchengut beschlagnahmt, Kunstschätze zerstört oder nach Paris geschafft, Klöster aufgehoben und Kasernen daraus gemacht. Der Handel liegt darnieder. Ein Fremder findet sich in den engen, finsteren, schmutzigen Gassen schwer zurecht und stolpert abends wie in einem Labyrinth umher. Ein literarisches Leben gibt es nicht. Von der großen «Abgestorbenheit zu Kölln» spricht Dorothea.

Wirkt diese deutsche, seit zehn Jahren Frankreich einverleibte Stadt nicht fremder als Paris? Dort konnte Dorothea die meisten Leute wenigstens verstehen! Doch dieses Kölsch! Pänz nennt man die Kinder, Pimoggen die Zugezogenen und Röckeling ein Meßgewand. «Hör doch endlich dat Jeschängs op» – leutselig und zuweilen vulgär, so fließt der Singsang hin und her. Etwas sympathisch Unernsthaftes haftet Kölnern an, ein leichter Hang zum Schlendrian. Sie wirken gutmütig, manchmal arrogant; noch der ärmste Schlucker hält sich was darauf zugute, «'ne richtge Kölsche Jung» zu sein. Anders als Berliner sind auch Kölner pfiffig, doch können sie, zumal im Karneval, so herzzerreißend brüllen und jauchzen, daß es eine Preußin leicht verschreckt.

Der Berliner Gesellschaft, jedenfalls einem bestimmten Teil, konnte die Veit sich zugehörig fühlen. In der Wiener Gesellschaft wird Frau von Schlegel ein Zuhause finden. Verschlossen bleibt der «Kölsche Klüngel». Ob Revolution, Besatzung, Kaiser oder Republik – die feinen Kölner bleiben unter sich. Zum «Kölschen Klüngel» gehören die reichsten Baumwoll- und Seidenfabrikanten, die wohlhabenden Hersteller von Tabakwaren und Tapeten oder auch Herr Cassidanus, der Maroquin-Papier anfertigt. Dazu gehört Familie Stollwerck, die mit Fayance und englischem Steingut handelt – ein protestantischer Privatgelehrter und seine geschiedene Ehefrau bleiben ausgeschlossen. «Hier am Rhein lebt man, wie jenseits des Styx die Abgeschiednen Seelen, von der Oberwelt ist keine Kunde», schreibt Dorothea nach einem halben Jahr. Ihre Gleichgültigkeit gegenüber der Gesellschaft war viel geringer, als es lange Zeit den Anschein hatte und sie selbst so oft vorgab.

In Köln, wo sich doch alles zum Besseren wenden sollte, erreicht Dorothea den Tiefpunkt ihres Lebens. Alles, was bisher zu ihrem Sein gehörte, Salons und Zirkel, romantische Geselligkeit, Freundinnen und Freundschaftsbünde, muß sie jetzt entbehren; nie wieder wird sie so arm, so einsam, so verzweifelt sein. Doch auch nie wieder so produktiv!

Und in Köln folgt auf den Tiefpunkt in der Lebensmitte ein folgenschwerer Neubeginn: Die Schlegels werden katholisch und suchen fortan eine Heimstatt im Glauben und der heiligen Kirche.

Nicht weit entfernt vom Heumarkt und dem Rhein erhebt sich St. Maria im Kapitol, eine der schönsten romanischen Kirchen Kölns. Direkt ihr gegenüber, am Eingang der Kasinostraße 3, erinnert eine Tafel, daß in diesem Haus einst Friedrich Schlegel wohnte. Seiner Ehefrau wird nicht gedacht.

Zunächst ließ alles sich gut an. Die Schlegels lebten in dem einstigen Abteigebäude (einem heutigen Jugendwohnheim) zusammen mit der früheren Äbtissin und deren Kutscher, der den enteigneten kirchlichen Besitz von der Domänenverwaltung gepachtet hatte und im Hintergarten des geräumigen Hauses eine Weinschenke samt Kegelbahn für Geistliche betrieb. Manchmal erzählte die noch immer schöne, über siebzigjährige Äbtissin von ihrer Jugendzeit im Siebenjährigen Krieg. Das billige Essen wurde aus einer Garküche geholt, wie es sie in allen größeren Städten gab; Dorothea war erleichtert, in Köln weit weniger zu verbrauchen als in dem ungleich teureren Paris. Schnell verfiel sie in ihre schon bekannte Anfangseuphorie:

«Wir leben hier unter lauter Freunden, Anhängern und Verehrern von Friedrich; von Zank und Streit ist nicht die Rede; die Aufnahme, welche uns widerfährt ist so ausnehmend ehrenvoll, und gutmüthig, wie ich es Dir gar nicht genug beschreiben kann. Die Stadt ist wegen ihrer Lage am Rhein nichts weniger als hässlich, oder finster; die Gegend ist angenehm, die Ufer des Rheins sehr freundlich und belebt; an alten Denkmälern der Kunst sind hier größere Schätze als man sich denkt, auch fehlt es gar nicht an gelehrten Männern welche diese verstehen und zu schätzen wissen, und deren Umgang auch gewiß sehr interessant ist.» Kurzum: «Der Himmel will mir jetzt wieder alles Gute näher bringen, und Liebe, Freundschaft und Wohlwollen kömmt mir von allen Seiten entgegen.»

Karoline Paulus hat die gute Nachricht ihrer Freundin sicherlich beruhigt und erfreut. Doch nach kurzer Zeit verflog die Euphorie; wieder holte das Paar die Geldverlegenheit, die Armut ein. Wieder, wie vorher schon in Jena und Paris, fehlte das Notwendigste zum Leben. Während Dorothea ihre bescheidenen Ansprüche nochmals reduzierte, bestand Friedrich darauf, weiter gut zu essen, seinen Wein zu trinken, möglichst wenig zu entbehren. Anfangs, in Berlin und Jena, hatte Dorothea noch versucht, den Freund zu überzeugen, was möglich sei, was nicht. Das hatte sie längst aufgegeben und eingesehen, daß man Schlegel in diesen Dingen «fruchtlos» widersprach; jeglicher Einwand wirkte sich auf seine Arbeit, seine Stimmung so verheerend aus, daß er besser unterblieb.

Auch war Friedrich an die drückende Geldverlegenheit seit der Studentenzeit gewöhnt, während sie, die aus dem Elternhaus und ihrer ersten Ehe bescheidenen Wohlstand kannte, unter dem Kein-Geld-zu-Haben immer noch sehr litt: «Herzenskind no monay no monay»; «mir geht nichts durch den Kopf als Geld».

Was blieb weiter übrig, als bei Friedrich zu lernen, wie man Freunde und Bekannte naiv und rücksichtslos um Geld anging? Diese Pumperei war zwar peinlich, auch entwürdigend, doch alltäglich; viele Menschen lebten so.

Niemand wurde ausgelassen, wenn es um Geldanleihen ging. Am meisten gaben Simon Veit und August Wilhelm her. Alle Freunde kannten Hilfsgesuche ähnlich jenem, das Dorothea von Köln aus Karoline Paulus schickte:

In «der bittersten Verlegenheit... nehme ich also meine Zuflucht zu Dir, Du hast mir ja so manchesmal aus der Noth geholfen; hilf mir jetzt wieder, es ist wahrlich Noth!... Hier bin ich allein, kenne *keinen* Menschen, wenigstens nicht einen, an den ich mich wenden, den ich meine Verlegenheit offenbaren dürfte... laß uns ja nicht versinken... hilf liebste Seele! Schick mir so viel Du kannst, oder so wenig Du willst... Laß mich ja nicht stecken Liebe... schreibe um Gotteswillen bald, wenigstens gieb mir die Versicherung daß ich nichts bei Dir verliere durch diese Anmuthung.»

Mit der Zeit ging diese «Anmuthung», dieser unablässige Hilferuf, den meisten Freunden auf die Nerven. Man hatte mehr als einmal ausgeholfen, nie das Geld termingerecht zurückerhalten, manchen Taler in den Wind geschrieben – sollte das jahrzehntelang so weitergehen? Friedrich und Dorothea hingegen sahen nur, daß die anderen ungleich besser lebten. Sie, die Schlegels, lebten auf beengtem Raum, in einem Zimmer; Schellings bewohnten in Würzburg eine durch Flügeltüren verbundene herrschaftliche Wohnung. Sie, die Schlegels, hatten nichts zu beißen, während August Wilhelm, von Madame de Staël als Hauslehrer für ihren Sohn und literarischer Mitarbeiter angeworben, jährlich zwölftausend Franken an Gehalt erhielt. Auch Professor Paulus war ein gutverdienender Mann.

Andere Menschen verhalten sich angesichts von Schwierigkeiten wie der Vogel Strauß: Sie stecken ihren Kopf einfach in den Sand. Schlegel verhielt sich wie ein Zugvogel: Er flog davon, riß aus. Rastlos zog er durch die Lande, weilte «zur Gemüthserfrischung» des längeren beim Bruder auf den Staëlschen Schlössern, plante, nächstens wieder nach Berlin zu gehen und ließ, vorübergehend wieder in Paris, Helmina wissen, daß er des Aufenthalts in Köln «herzlich satt» sei und auf einen Wirkungskreis woanders hoffe. Wüßte sie nicht etwas in Paris?

Während die Kölner Freunde sich darum bemühten, ein städtisches Lehramt für Friedrich zu finden, bewarb sich dieser, wenngleich vergeblich, um einen Ruf nach Würzburg, Düsseldorf und München. Als die Freunde endlich eine Professur am Kölner Collegium, einer Mittelschule, für ihn erstritten hatten, schlug er diese aus: zuviel Arbeit und zuwenig Geld, auch seiner nicht recht würdig, erklärte nun das Ehepaar und wunderte sich noch, wenn andere meinten, Friedrich wolle gar kein Amt. Doch dieser wußte, daß sein Versuch gescheitert war, als freier Autor Unabhängigkeit, schöpferische Muße und gesellschaftlichen Einfluß zu gewinnen. Auf Dauer blieb ihm gar nichts übrig, als eine Stelle anzunehmen. Ein gutes halbes Jahr, bevor er Köln verließ, im Herbst des Jahres 1807, schrieb Friedrich seinem Bruder, daß seine Lage «drückender, sorgenvoller und eigentlich erbärmlicher als jemals» sei. «Ich weiß in der That nicht wie ich von einem Tage zum andern kommen soll.»

Ich und *mein* – das war das Ende und der Anfang aller seiner Klagen: «Meine Lage ist recht schlecht; mir muß geholfen werden» – ein *wir*, das Dorothea einbezieht, sucht man vergebens. Nie wird erwogen, sie auf Reisen mitzunehmen. «Meine Frau liest, übersetzt, fühlt sich nicht wohl» – sachlich knappe Mitteilungen finden sich in den Briefen, keine liebevollen Erwähnungen, kein Ausdruck der Verbundenheit. Ins Schwärmen kommt der Mann nur, wenn's ums Essen geht: «Der Lachs ist hier unvergleichlich, so ... die Krebse [und] der Wein.»

Friedrich Schlegel war seiner Frau gegenüber noch egoistischer und gleichgültiger geworden. Doch wie hätte er auch in der Enge dieses einen Raums, den sie bewohnten, seine Kölner Vorlesungen über Philosophie und Literatur konzipieren sowie sein Buch «Über die Sprache und Weisheit der Indier» schreiben können? Wann immer möglich, packte er die Koffer und verreiste. Ab und an, recht spärlich, schrieb er seiner Frau.

Diese hatte allen Grund, den Ratschlag eines bekannten, vielgefragten Schweizer Arztes, Philosophen und Schriftstellers namens Johann Georg Zimmermann zu befolgen, der Ende des 18. Jahrhunderts ein umfangreiches Werk geschrieben hatte, in dem er seinen Lesern gleich zu Anfang nahelegte, «über eine wichtige Angelegenheit nachzudenken»: «Über die Einsamkeit»; und so hieß auch das Buch.

Für Dorothea war die «wichtige Angelegenheit» neu und ungewohnt; einsam war sie nie gewesen. Zwar kannte sie das melancholische Alleinsein, das aus dem Gefühl des Unverstandenseins entsteht und den einzelnen inmitten vieler überfallen kann. Aber sie gehörte nicht zu jenen Charakteren, die sich aus Widerwillen, ja aus Menschenhaß abseits halten, isolieren. Der Zustand war ihr aufgezwungen worden: «Cölln ist die aller ungeselligste Stadt unter allen Städten der Welt. Außer den allersteiffsten Theezirkeln, wo man spielen muß giebt es keine einzige Art von geselligem Zusammenseyn.» (Jedenfalls keine, zu der sie eingeladen wurde.) «Kurz ich bin mutterseelen allein», erfuhr die Paulus. «Wenn Du sehen könntest, in welche Einsamkeit... ich lebe.»

Dorotheas Umgang bestand nach ihren eigenen Worten aus dem Nähzeug und der spanischen Grammatik. Immerfort Warten und Erwartung. Sie wartet, daß Friedrich in die Tür tritt oder ein paar Zeilen schreibt. Sie wartet auf den Zufall und das Wunder, Veitsche Hilfe, Philipps Schulschluß und den Glockenschlag der nahen Kirche, der die Stille unterbricht. Warten «ist der Grundton meiner irdischen Bestimmung», schreibt sie später, und oft sei dieses Warten derart müßig, «daß man es kaum *leben* heißen mag».

Gewiß, sie versteht sich mit der Zeit auf das Alleinsein und erlebt es bisweilen auch als Glückszustand: «Es ist nichts was so stärkt, so erhebt, und eigentlich erfrischt als Einsamkeit», auch das schreibt sie an Karoline, «je einsamer ich lebe, desto mehr sehn ich mich darnach, desto tiefer und ungestörter wünsche ich sie.»

Einsamkeit als Selbstgenuß – lange, bevor sie das für sich erprobt, hat sie davon gelesen: im «Werther» und anderen Romanen der Empfindsamkeit. In der Stille übt sie Sammlung und Besinnung, hängt Gedanken, Erinnerungen und Träumen nach, lernt mit sich selbst zu reden, auch zu leben, findet Abstand vom Gewohnten und gewinnt an Kraft.

Auch wird die Einsamkeit ja immer wieder neu durchbrochen. Friedrich kommt zurück von einer Reise und bleibt wieder längere Zeit bei seiner Frau. In den ersten beiden Kölner Jahren ist ja auch Philipp noch bei ihr; erst 1806 muß der begabte, ein wenig altkluge Dreizehnjährige nach Berlin zurück. Mehrmals in der Woche schauen Bertram und Boisserées vorbei und nehmen Madame Schlegel lästige Behördengänge ab. Sie weiß, welchen Anteil die drei Männer an Friedrichs neuem Wissen und Verständnis für die Gotik haben und auch an seiner kürzlich erst entstandenen Freundschaft mit Professor Wallraf, dem Kanonikus von St. Aposteln, ähnlich wie Sulpiz und Melchior ein besessener Sammler all der Kostbarkeiten, die durch die Enteignung der Kirchengüter herrenlos geworden sind. Nein, ein Herzensfreund wie Schleiermacher wird der bald sechzigjährige Wallraf für Dorothea nicht, aber auf seinen Rat, auf seine Hilfsbereitschaft können die Schlegels bauen.

Abwechslung und Erholung bieten Spaziergänge am Rhein entlang und durch die Stadt. Arbeit erweist sich als probates Mittel gegen das Gefühl der Leere. Zwischen 1804 und 1808 entstehen Dorotheas beste Übersetzungen und Bearbeitungen. Sie lernt Spanisch, um Calderón sowie Cervantes, von August Wilhelm und Friedrich neu entdeckt, im Original zu lesen. Der zweite Teil des «Florentin» wurde begonnen, das Hutten-Schauspiel fortgesetzt, beide blieben unvollendet.

Doch immer wieder kommen Stunden, da Dorothea die Verzweiflung so furchterregend packt und niederdrückt, daß sie ermattet, bewegungslos und starr im Zimmer sitzt. Löst sich die Starre, befällt die Einsame «eine Unruhe, eine Sehnsucht», die sie durch nichts zu stillen weiß.

Am stärksten reibt «das *beständige* allein seyn» auf. Doch manchmal löst auch irgendeine Enttäuschung oder Bagatelle düstere Stimmung aus. Zu Weihnachten: Weit und breit kein einziges Liebeszeichen, welches sie daran erinnern könnte, auf dieser Welt «noch irgend einem lebendigen Menschen» anzugehören. Zu Pfingsten: Regen und Kälte, «Frieren und Zähneklappen».

Die Wechseljahre treiben der Anfang Vierzigjährigen die Hitze durch den Körper und den Schwindel in den Kopf. Zähne schmerzen, Rheuma zwickt die Glieder. Dorothea kränkelt viel; immer wieder klagt sie über Kopfschmerz, Unwohlsein. Sie fühlt sich alt, verbraucht. Mit vierzig galten Frauen als «verblüht», mit fünfzig als vergreist. Wie immer Dorothea sich ein Leben an der Seite Friedrichs vorgestellt haben mag – auf dieses war sie nicht gefaßt.

Zum Sichfügen, nicht zum Aufbegehren erzogen, sucht sie in ihrer Einsamkeit nach jenem höheren Willen, dem sie sich unterordnen will, weil er ihrem Schicksal Sinn und höhere Bedeutung geben kann: «Näher und inniger sehen wir in der Einsamkeit das Auge, das uns alle sieht. Allgegenwärtig wirkt da, wo alles um uns her schweigt, der hohe Gedanke, das reine und selige Gefühl, das Gott uns sieht, uns umgibt, über uns herrscht und alles um uns her lenkt durch seine Macht und Güte. Überall erblicken wir Gott in dieser Einsamkeit.» (Johann Georg Zimmermann)

Ein eigenes Verhältnis zur Religion scheint die Tochter Moses Mendelssohns in den ersten Jahrzehnten ihres Lebens nicht gehabt zu haben. Aufklärung und Französische Revolution, der Wunsch nach Anerkennung unter Christen hatten sie früh dem Judentum entfremdet. Ob man sich taufen ließ, und wenn, in welcher Kirche, das bestimmte eher Zweckmäßigkeit als

Glaube. Was die Veit über das Christentum zu sagen hatte, klang merkwürdig unsicher, unernst, impulsiv.

Einmal, im Frühjahr 1800, schrieb sie an Schleiermacher, sie wolle sich nun taufen lassen, weil dieser ja befunden habe, daß es doch «das beste» sei. Dann war keine Rede mehr davon. Einmal noch in Jena schrieb sie an Auguste, Carolines Tochter, sie wolle gern katholisch werden; ein Heiligenbildchen und geistliche Gesänge hatten sie gerührt. Zwei Jahre später fand sie «das protestantische Christentum doch reiner und dem katholischen weit vorzuziehen», weil dieses zuviel Ähnlichkeit mit dem ihr verabscheuungswürdig erscheinenden alten Judentum aufweise.

Es verwundert daher nicht, wenn Helmina von Chezy Dorotheas Konversion als Nachvollzug der Konversion von Friedrich sah. Schon in Paris habe die Freundin ihr gesagt, daß «sie in nichts von ihm verschieden, noch getrennt sein wolle».

Persönliche Motive, Freundeseinfluß und die Zeitumstände bewegten Friedrich Schlegel zu Beginn des 19. Jahrhunderts, sich dem Katholizismus zuzuwenden. Was auf viele, die ihn kannten, überraschend und schockierend wirkte, gewinnt im späten Rückblick eine Logik.

Der in seinen Augen zur Morallehre umgefärbte Protestantismus hatte Schlegel als Religion der Aufklärung gegolten; damals, in der «Athenaeum»-Zeit, hatte er eine neue stiften wollen. «Die Romantiker fühlten», schrieb Ricarda Huch, «daß das Unbewußte, der wundertätige Glauben gestärkt werden müsse.» Sie «suchten den schlummernden Magier im Menschen wieder zu erwecken. Neue, überwältigende Ansichten des Glaubens und des Wunders tauchten in ihrem Kreise auf.»

Da der Schritt nach vorn, die Stiftung eines neuen Glaubens, nicht gelang, bot sich der Weg nach rückwärts an. Hatte ihn Novalis in seinem umstrittenen Essay nicht schon gewiesen? Die Verheißung der Aufklärer und der Bastillestürmer hatten sich als trügerisch erwiesen, der Fortschrittsglaube war verflogen. Aber das «verlorene Paradies» lag scheinbar unbeschädigt da: die Welt des Mittelalters, der katholischen Kirche.

Einmal auf dem Weg, entdeckte Friedrich die christliche Malerei und die gotische Architektur, reflektierte über den Zusammenhang aller Poesie mit dem katholischen Glauben und vertiefte sich in die Werke katholischer Poeten und scholastischer Autoren.

Als heimatloser Intellektueller und zerrissener Mensch, verkannt von der Gesellschaft und an ihren Rand gedrängt, erwartete Friedrich, im katholischen Glauben sowohl neue Abenteuer des Geistes und der Sinne als auch Geborgenheit zu finden. Er suchte nach einem Halt, um zur Ganzheit, um zur Einheit, zu festen Systemen zu gelangen. 1806 notierte er: «Katholischwerden heißt nicht, die Religion verändern, sondern überhaupt nur sie anerkennen.»

Zunächst sah es so aus, als ahme Dorothea ihren Gatten einfach nach. Jedenfalls konnten ihre Freunde diesen Eindruck haben. Friedrich «haßt die sogenannte Aufklärung» – folglich haßte auch Dorothea «diese Aufklärung... recht von Herzen; es ist noch nichts Gutes, Nein Nichts, von ihr hergekommen»; Friedrich stellte einen Zusammenhang zwischen Poesie und dem katholischen Glauben her; folglich fragte seine Apologetin: «ist nicht Klopstocks großes Werk kalt, und hat seine Absicht, Volkspoesie zu werden, verfehlt, weil es protestantisch ist?»

Man kennt das auch aus neueren Glaubenskämpfen: Eine Frau, bekehrt durch den geliebten Mann, anfangs unsicher, unerfahren in der Verteidigung des neuen Glaubens, überspielt so empfundene Schwäche durch die Verdoppelung des Eifers, Intoleranz und Unzugänglichkeit.

Dorothea, zunächst Friedrich folgend, fand jedoch auch ihren eigenen Zugang zum katholischen Glauben. Sie erfuhr «die Kraft und Wunder des Gebets». Sie lernte, Gott zu rufen, ihm zu klagen und ihn anzuflehen, zu danken, zu lobpreisen. Sie ließ sich anrühren vom Gottesdienst, der Liturgie, versank in der katholischen Frömmigkeit und fand dort «Trost und Stärkung». Sie bewunderte «Sinn und Geschmack» des Klerus für die «wahre Ceremonie» und labte ihre Sinne an dem Reichtum und der Farbigkeit, an der Prachtentfaltung dieser Kirche.

Viel, was sie erfuhr und aufnahm, entsprach ihrer Liebesfähigkeit, ihrer Bereitschaft zur Hingabe und Entsagung, ihrer Unbedingtheit, die keine Halbheiten und Vorbehalte kannte. Das also gab es: eine in Gott verkörperte ewige Liebe, die sich nie erschöpfte und verbrauchte, die der Mensch anbetend empfing und weitertrug in irdischen Gefühlen, die zum Abbild dieser Gottesliebe wurden. Dorothea erkannte in der Heilandsliebe, daß Liebe auch Prüfung der Leidensfähigkeit, Opferwilligkeit bedeutet und fand darin eine Bestätigung des eigenen Tuns. Sie hatte einen Ort gefunden, in dem Unterwerfung als höchste Tugend und Voraussetzung des Glaubens galt. Das Hohelied der Liebe aus den Korinther-Briefen sprach ihr aus dem Herz: «Die Lieb ist langmütig,/ die Liebe ist gütig./ Sie ereifert sich nicht,/ sie prahlt nicht,/ sie bläht sich nicht auf./ Sie handelt nicht ungehörig,/ sucht nicht ihren Vorteil,/ läßt sich nicht zum Zorn reizen,/ trägt das Böse nicht nach./ Sie freut sich nicht über das Unrecht,/ sondern freut sich an der Wahrheit./ Sie erträgt alles,/ glaubt alles,/ hofft alles,/ hält allem stand./ Die Liebe höret niemals auf...»

Ihre Liebeskraft verringerte sich nicht, aber ihre Leidenschaft, so glaubte sie, nahm andere Züge an. «Jene alte Heftigkeit», schrieb sie an Schlegel, «hat der großen Weihe weichen müssen; wer die himmlische Ruhe einmal genossen hat, sich selber, alle seine Gedanken, Werte und Werke in jedem Augenblick der heiligsten Dreifaltigkeit aufzuopfern, der ist in einem Hafen, wo kein Sturm ihn trifft.»

Vielleicht spiegelt sich in diesem Bild vom Hafen am anschaulichsten die Bedeutung ihrer Konversion. In dieser neuen Welt mit diesem Himmel überwand Dorothea den Zwiespalt zwischen der Religion und eigenen Ansprüchen an das Leben und lebte im Einklang mit Gott, mit sich und ihrem Mann. Das lang vermißte Gefühl der Zugehörigkeit erlöste sie aus ihrer Einsamkeit. Dorothea Schlegel fand Gewißheit, wie sie

sie noch nie besessen hatte, und jenen Frieden, «den die Welt nicht geben kann», den Gott den «Auserwählten» gibt, denen, die ihn lieben.

Als es darum ging, das katholische Glaubensbekenntnis abzulegen, folgte nicht Dorothea Friedrich, sondern dieser ihr.

Denn Schlegel zögerte. Würde ihm dieser Schritt nicht als Opportunismus ausgelegt werden können? Wäre es nicht besser, ihn durch Veröffentlichung bestimmter Arbeiten anzukündigen? Und wie würde die Mutter reagieren? Mußte diese Repräsentantin protestantischer Pastorenfamilien der Abfall ihres Sohnes nicht entsetzlich kränken?

Entgegen ihrem sonstigen Verhalten entschloß sich Dorothea an diesem Wendepunkt ihres Lebens den Zögernden voranzutreiben und die Entscheidung zu erzwingen. 1806 schrieb sie ihm: «Was nun das Bekenntnis oder den Übergang zur Kirche selbst betrifft, so muß ich Dir wohl bekennen, ich wünschte nicht, daß Du Dich von irgendeiner geheimen oder öffentlichen Rücksicht länger von der wirklichen Ausführung abhalten liessest. Lass uns nicht, geliebtester Freund, das Ungewisse, Unsichere in unsrer äussern Lage... uns durch die innere Unsicherheit unerträglich machen. Hier muß ja jede Rücksicht schweigen und nur die innere Stimme herrschen.»

Obwohl die zu erwartende negative Reaktion der noch lebenden Fromet Mendelssohn ihr offensichtlich als viel geringeres Hindernis erschien, verstand sie doch Friedrichs Angst vor seiner Mutter und suchte einen Weg, ihn davon zu befreien. Nach erfahrenem geistlichem Rat erschien ihr weitere Besorgnis «überflüssig»: Nirgends stand geschrieben, daß man öffentlich zu konvertieren habe. Juden verheimlichten aus Rücksichtnahme ihren Familien oft den Übertritt zum Christentum. Alles hing nur davon ab, keinen «Lärm» zu machen und den «Act» in «größter Stille» zu vollziehen.

Als Friedrich schließlich gewonnen worden war, kamen kirchenrechtliche Bedenken auf: Nach kanonischem Recht besaß nur die erste Ehe Dorotheas Gültigkeit; die zweite existierte danach gar nicht offiziell. Deshalb mußte das *privilegium Paulinum* (I Cor. 7,15) herangezogen werden, wonach eine jüdische Ehe für aufgelöst erklärt werden kann, wenn ein Zusammenleben mit jenem Ehepartner, der nicht christlich wurde, entweder gar nicht oder nicht ohne Gefahr für den Glauben des Bekehrten sowie seiner Kinder möglich ist. Dies wurde hier so angenommen, und der Bischof von Aachen erteilte schließlich die Erlaubnis, Dorotheas Ehe mit Schlegel als gültig anzusehen – Voraussetzung der Konversion.

Nur wenige Tage, bevor Friedrich in der Hoffnung auf eine angemessene Beschäftigung von Köln nach Wien aufbrach, am 16. April 1808 legten die Schlegels in St. Maria im Pesch, einer damaligen Nebenkirche des Doms, das katholische Glaubensbekenntnis ab und empfingen am 18. April «still und geräuschlos» wie zuvor die Heilige Kommunion.

Die ersten, denen sie sich danach anvertrauten, waren die Boisserées. Doch die wurden der Nachricht nicht recht froh; «in diesem Augenblick, wo der Uebertritt... so leicht den Schein äußerer Absicht und dadurch das widerwärtigste Aergernis erregen konnte», erinnerte sich Sulpiz, «war es uns schwer, die Ausführung eines so wichtigen Schrittes zu begreifen. Beide Freunde versicherten uns feierlich... daß man ihnen, bis zur angemessenen Zeit, vollkommene Geheimhaltung versprochen habe.»

Doch Schlegel war kaum abgereist, da war es mit der Geheimhaltung vorbei. Aus einer in Köln erscheinenden französischen Zeitung übernahmen es Pariser Blätter und von diesen deutsche; «der Verdruß», den die Freunde «gleich bei der ersten Mittheilung befürchtet hatten», brach «im Überfluß herein». Es «entstand das unangenehmste Geschwätz».

Vergebens bemühten sich die Brüder, die Redlichkeit der Schlegels zu beteuern. Leute wie die Chezy wollten auch später nicht begreifen, daß der «Witzfunkelnde, Genußsüchtige», dem in «allen Adern noch die Fiebergluthen und Wonneschauer der Lucinde bebten», nun ein «Blindgläubiger» in «den Händen der

Priester» sei. Andere hielten ihn für einen unglaubwürdigen Postenjäger; der Klatsch hielt ziemlich lange an.

Friedrich machte alles nur noch schlimmer, indem er, gepeinigt von dem Gedanken an die Reaktion der Mutter, allerlei «Gegenerklärungen» und doppeldeutige «Berichtigungen» verschickte.

Friedrichs Mutter schickte sich ins Unabänderliche; Fromets Reaktion ist nicht bekannt. Schwer nahm es Dorotheas Lieblingsschwester. Henriette Mendelssohn, so Varnhagen, habe «Rechenschaft über diesen ihr ganz unbegreiflichen Schritt von der Schwester gefordert und nicht erhalten, sondern nur die eifrige Mahnung, sich ebenfalls der römischen Kirche in die Arme zu werfen, eine Zumutung, welche nur mit Unmut verlacht und ein für allemal war verbeten worden». Ein paar Jahre später war auch Henriette konvertiert.

So wie sie zuweilen ihr Glück und Unglück übertrieb, übertrieb Dorothea lebenslang die Frömmigkeit. Maßhalten lag ihr nicht. Sie wurde eine militante Gottesstreiterin, wetternd gegen die Lauen und Trägen, unnachgiebig gegen «Sittenlose». Im Übereifer der erst spät Bekehrten sah sie in Freigeistern und Andersgläubigen im besten Fall Verirrte, die nun auch bekehrt werden müßten, oft auch «Feinde», die es zu bekämpfen galt. Als eine protestantische Kirche in Rom gegründet wurde, konnte sie es überhaupt nicht fassen, daß «Rebellen gegen das Oberhaupt», den Papst, es wagen durften, unter dessen Augen ihre falschen Lehren zu verkünden. Dies hinzunehmen, dünkte sie eine «unerklärbare und unverzeihliche Schwäche, von welcher man die bösen Folgen wohl spüren wird». Friedrich bat umsonst um Milde. Seine Frau blieb überzeugt: «Blose Milde, ohne Kraft und Nachdruck ist nicht gottgefällig.» Zu oft unterlag die angestrebte «große Weihe» ihrer «alten Heftigkeit». «Unaussprechlich katholisch», hat Frau von Humboldt sie genannt.

Da Dorothea erfüllt von ihrem Glauben war und überzeugt davon, daß der Mensch nur so Glückseligkeit erfahren und zu Gott gelangen könne, wünschte sie nichts sehnlicher, als auch die geliebten Söhne der Kirche zuzuführen. Als Veit, der Vater, das bemerkte, beschwor er seine frühere Frau, um Gottes willen davon abzulassen, es wäre «sein bitterster Gram», «sein Tod», wenn sie «das Christentum annähmen».

«Und doch – wird dies geschehen, und keine Macht wird es verhindern können.» Dorothea war sich sicher, um der Seligkeit der Söhne willen keine Rücksicht nehmen zu dürfen. Mit einer Härte, die sie gegen Schlegel schwerlich aufgebracht haben würde, arbeitete sie auf die Konversion der Kinder hin. In Köln sorgte sie dafür, daß Philipp bei einem Herrn Renners katholischen Religionsunterricht erhielt, und kaum war er zurück beim Vater, konspirierte sie auch schon mit ihm: «... über alles erinnere Dich der Lehren des Herrn Renners, die wir künftig immer unter dem Namen *Moral* verstehen wollen; denn in der That gibt es keine andre Moral, sowenig als eine andre Philosophie, und unter dieser Benennung können wir immer davon sprechen, ohne daß wir uns verrathen.»

Sosehr den Vater das auch schmerzte, schließlich akzeptierte er den Glaubenswechsel seiner Söhne und erwies sich in der Niederlage als ein souveräner, toleranter Mann. Nachdem beide im Sommer 1810 in Wien getauft worden waren, schrieb er Philipp:

«Ich werde Euch beide nicht aufhören zu lieben und das Mögliche thun, wenn wir auch in Rücksicht der Religion nicht einerlei Meinung sind... Es giebt nur *eine* Moral für alle Nationen, für alle Menschen, von Anbeginn der Welt bis zum jüngsten Tag, und diese kann mit den Worten ausgedrückt werden: *‹Liebe deinen Nächsten wie dich selbst.›*

Religionen hat es aber von Beginn der Welt bis jetzo viele gegeben, und werden wahrscheinlich noch viele zwar nur anders modificiert folgen. Wenn indessen die Religion von der Toleranz beleuchtet wird, wenn sie mit der Moral Hand in Hand gehen darf und gehen kann, so thun sie sich unter einander nicht nur keinen Schaden, sondern sie nähern sich solange gegen einander, bis sie fast neben einander fortlaufen. Also, mein lieber Sohn, so lange wir nur verschieden in der Religion, aber in unsern moralischen Grundsätzen einig sind, so wird nie eine Trennung zwischen uns vorfallen. Glaube nur nicht, wenn Du zu einer anderen Religion übergegangen, daß die Millionen Menschen, die andre religiöse Grundsätze haben, arme Sünder und Gott verhaßte Menschen sind, die an der ewigen Seligkeit nicht theil haben können. Dieser Glaube hat schon öfter den Freund vom Freunde, den Vater vom Kinde, den glücklichen Gatten von seiner geliebten Frau getrennt und hat nichts wie Unheil angerichtet. Ich muß meinen Brief schließen und will nur die wenigen Worte noch hinzusetzen, daß wir von nun an weder über Religion noch über Politik in unserm Briefwechsel eine Erwähnung thun wollen. Lebe wohl. Dein Dich liebender Vater Simon Veit.»

Ist der Mutter, die den Brief gewiß gelesen hat, wenigstens für einen Augenblick bewußt geworden, was für ein Wandel sich vollzogen hatte? Wegen seiner geistigen Enge hatte sie einst Veit verlassen. Jetzt war er es, der den Geist der Aufklärung, Mendelssohns Philosophie der Humanität und Toleranz vertrat, während sie intolerant, katholisch-orthodox geworden war. Während der Taufe in Paris war ihr noch das Bild des Vaters an der Kirchenwand erschienen. Es lächelte ihr zu, sie fühlte sich «beruhigt, erkräftigt und erfreut». Galt das Vaterlächeln jetzt dem Schwiegersohn? Kein Brief, kein Zeichen ist erhalten, das Aufschluß geben könnte, ob Dorothea sich der Unvereinbarkeit des Mendelssohnschen Werkes und ihrem von Unduldsamkeit bestimmten Glaubensfuror bewußt geworden ist und wie sie damit fertig wurde.

Den Verlust von alten Freunden nahm sie bewußt in Kauf. Sich dem neuen Glauben nähernd, kehrte sich Dorothea von seit langem liebgewordenen und verehrten Menschen ab; anstelle des alten Freundeskreises wird in Wien ein neuer treten.

Während der Kölner Jahre entzweiten sich die Schlegels endgültig mit Schleiermacher, ihrem ältesten und besten Freund, dem sie so vieles zu verdanken hatten. Wie kein zweiter brachte er für das skandalumgebene Paar in den Berliner Jahren Verständnis auf und nahm hin, daß Menschen ihre literarische Feindschaft auch auf ihn ausdehnten, nur weil er der Freund des Autors der «Lucinde» war. Nie klagte er über die Zumutung in den Jenenser Jahren der Schlegels, da besonders Dorothea ihn mit unzähligen mühsamen Aufträgen und mißlichen Geschäften überschüttete. Er mußte für sie Möbel verkaufen, Geld leihen, Lotterie spielen, Teltower Rüben schicken, die Frau Paulus gern aß, und für deren Mann zu Weihnachten «irgend eine hebräische Merkwürdigkeit verschaffen», die die Veit ihm schenken wollte. Damals war sie noch beschämt gewesen, diesen Freund so viel für sich tun zu lassen: «wodurch werde ich Sie belohnen können?»

Während die Schlegels in Paris lebten, und später dann in Köln, entfernten sich der angehende Katholik und der protestantische Theologe in ihren philosophischen Ansichten; doch der Anlaß der Entzweiung lag darin begründet, daß sie noch in Berlin beschlossen hatten, gemeinsam Platon zu übersetzen, und nur Schleiermacher dies auch tat. Als Schleiermacher nach Jahren schließlich notgedrungen allein die Übersetzung übernahm und auch veröffentlichte, nahmen die Schlegels ihm das übel, und wie Friedrich kündigte auch seine Frau die Freundschaft zu ihm auf.

Zu Schleiermachers dreißigstem Geburtstag, 1798, hatte sie sich noch bei ihm bedankt, «daß Sie so gütig waren geboren zu werden», auch später ihm gestanden, daß er «mit Anstand und Würde» ihr «ganzes Herz erobert» habe. 1807 hingegen schrieb sie Friedrichs Bruder: «Keiner ist aber schändlicher und giftiger als Schleiermacher; ich hatte nie rechtes Zutrauen zu diesem hochmüthigen Calviner.» In späteren Briefen Dorotheas an ihren Mann findet sich, wenngleich in anderen Zusammenhängen, ein angemessener Kommentar zu diesem niederträchtigen Satz. Er lautet: «Es giebt Leute, die müßten sehr über die Zunge wachen, zu denen gehöre ich ... ich habe noch nie ein Wort bereut, welches ich verschwiegen habe, aber manches, manches, was ich geredet.»

Ähnlich wie dem Protestanten Schleiermacher erging es nun dem «Heiden» Goethe, der einst «einen großen und unauslöschlichen Eindruck» auf Dorothea hinterlassen hatte. Wie? Das sollte sie an Rahel geschrieben haben? Das konnte gar nicht sein, denn nun, fünf Jahre später, erinnerte sie sich, der Freundin Karoline schreibend, schon «immer eine Art von Mißtrauen gegen ihn gehabt» zu haben.

Als «Gott in Menschengestalt», als «göttliche Exzellenz» sollte sie ihn einst beschrieben haben? Das konnte gar nicht sein, denn in Köln erinnerte sie sich, schon längst erkannt zu haben, «wie er eigentlich weit mehr von einem mittelmäßigen, als von einem hervorstechenden Talente hat». Der Mann «hat kein Gemüth und keine Liebe». Von diesem «Sächsisch weimarischen Heidenthume» hielt sich eine Katholikin besser fern. Vieles, was die Ungläubige in ihrer Jugend gedacht, geschrieben hatte, hielt vor der Gläubigen nicht stand; es wurde ausgelöscht, zerrissen und verbrannt.

Auch die Freundschaft mit der protestantischen Frau Paulus überdauerte den Glaubenswechsel nicht. Friedrich nach Österreich folgend, reiste Dorothea im Sommer 1808 von Köln zunächst nach Dresden und besuchte unterwegs Familie Paulus, die seit einiger Zeit in Bamberg lebte. Sie traf die Freunde in Gesellschaft vornehmer und gescheiter Leute, unter anderem auch des Philosophen Hegel, und war entsetzt über die «schiefen und verkehrten Ansichten», die sie in diesem Kreis mitanhören mußte. Zeitweise glaubte sie zu träumen, dann wieder meinte sie, nicht recht gehört zu haben. O diese «Elenden». Karoline hätte sie gleich denselben Tag verlassen mögen; es tat ihr weh, die Freundin so *alt* zu sehen, so «abgestorben»; sie «steht mit dem Geist noch da, wo ich sie vor sieben Jahren ließ, und Herz und Leib sind nun zwanzig Jahre älter; das ist fürchterlich». Abgesehen von einem Gefühlsausbruch im Frühjahr 1813 – noch einmal beschwört Dorothea ihre Liebe zu der Paulus –, der Briefwechsel mit der einst so heiß geliebten schläft bald ein, die Freundschaft trocknet aus.

Abstoßend in ihren Vorurteilen und in ihrem Haß, in der fast blindwütigen Parteilichkeit, bewundernswert in ihrem Mut und ihrer Tapferkeit, stößt Dorothea Menschen, die sie zu verstehen suchen, noch heute in ein Wirrwarr widersprüchlichster Gefühle.

Seit sie zusammenlebten, zog Dorothea ihrem Mann von einer Stadt zur anderen hinterher; ungewiß, ob sie am neuen Ort besser oder schlechter leben und wie lange ihres Bleibens dort sein würde. So ging das jetzt schon fast zehn Jahre. Doch nur wenige Schriftsteller und Intellektuelle fanden ihr Auskommen, ohne ständig umzuziehen, nur wenige besaßen ein Zuhause mit soliden Möbeln, Grundbesitz und einem Acker vor dem Tor. Dorothea teilte sicherlich das Schicksal vieler Frauen aus diesen Kreisen: Die Männer reisten irgendwo anders hin voraus und ließen ihre Frauen mit leerem Beutel und verärgerten Gläubigern zurück; «in der tiefsten Obskurität», wie Caroline über ihre Schwägerin bemerkte, als diese noch in Jena saß. In Köln lösten sie Charlotte Ernst und August Wilhelm aus; sie schickten das Reisegeld bis Dresden. Dort, so hatte man anscheinend ausgemacht, sollte Dorothea warten, bis Friedrich etwas Passendes in Wien gefunden hatte und sie nachholen würde.

Erstmals reiste Dorothea ohne Philipp, ganz allein. Sulpiz Boisserée erbot sich, Madame wenigstens bis Linz, einem Rheinort zwischen Bonn und Koblenz, zu begleiten und sie dort aufs Schiff zu bringen. Am 2. August 1808 verließ der Reisewagen Köln.

Ein bißchen bänglich war ihr doch, als Sulpiz ihre Hand losließ und sie allein in das Schiff hinunterstieg. Doch «es ging ganz erträglich... Bis elf Uhr ungefähr zog ich meinen Hut ganz tief ins Gesicht, drückte mich in den Winkel, und überließ mich ausgelassen meiner recht überströmenden Wehmuth, und alles, was mir lieb und was mir leid war, zog mit hellen Farben durch mich hin. Endlich ward ich ganz erschrecklich hungrig und durstig, und nun wollte ich nicht länger träumen und weinen, um die Beschämung nicht zu haben, daß ich nicht wußte, ob meine Tränen aus Wehmuth oder aus Hunger fließen; ich raffte mich zusammen, nahm mein Tuch von den Augen, und siehe da, eine ganze Bank der ehrlichsten, gutmüthigsten Gesichter saß in französischer Uniform mir gegenüber und zur Seite. Es waren lauter Deutsche vom Rheinufer, die in vorigen Kriegen gegen Oesterreich und Preußen mitgedient hatten, leicht blessiert waren, ihren Abschied hatten und nun nach den verschiedenen Heimathen zurückkehrten.» Bald erzählten die gesprächigen Schiffsgefährten vom Hunger, den Strapazen und Blessuren im Schlachtgetümmel von Jena und Austerlitz.

In Koblenz nahm sich Dorothea ein paar Tage Zeit, um Stadt und Landschaft anzusehen. Bis ins hohe Alter wird sie von dieser Gegend schwärmen, davon träumen, hier «die letzten Lebenstage zu athmen... hier zu sterben». Belebten diese Ufer nicht schon ihre Phantasie, als sie sich «noch trostlos... an Berlin geschmiedet» wähnte? «Mag immerhin mein Körper zufällig in jener Wüste geformt sein, meine ganze Seele bekennt die Ufer des Rheins zu ihrem Vaterlande!» Nicht im Märkischen, sondern hier im Rheinischen empfindet die Tochter einer Hanseatin und eines sächsisch-preußischen Gelehrten, dessen Vorfahren aus Polen stammen, «das Gefühl der Heimat», des Zuhauseseins.

Wie soll man das verstehen? Sind es die liebenswürdigen, geselligen Bewohner dieser Gegend, die die Berlinerin bezaubern? Oder ist es die weiche, wohltätige Luft, in der sich so leicht atmen läßt? Haben es ihr die Rebenhänge, die waldbestandenen Berge mit den zerfallenen, verwunschenen Burgen angetan, die sagenumwobene Loreley und Maria Laach, die Abtei am Waldsee mit der alten Kirche? Ist es der schnelle Wechsel zwischen hell und Schatten, dem Anmutigen und Schroffen, ist es «das Alterthümliche, das rheinische, katholische»?

Es ist alles das und mehr: In dieser Landschaft verbindet sich, was Dorotheas Lebensgefühl ausmacht: das Romantische und das Katholische. Mit einer Dilligence, die leise federnd in schweren Lederriemen hängt, reist sie von Koblenz aus den Rhein hinauf und kommt nach Frankfurt, ihrem nächsten Aufenthalt.

Hätte die couragierte Reisende geahnt, was sie auf dem nächsten Abschnitt ihrer Reise erwartet, wer weiß, ob sie sich auf das Abenteuer eingelassen hätte. In Thüringen gerät sie unter Heerscharen französischer Soldaten, die, von einem Krieg in den anderen ziehend, von Schlesien nach dem Westen strömen. Mietwagenkutscher weigern sich, die Reisenden bis zu ihrem nächsten Zielort zu befördern, denn sie fürchten, die Pferde werden ihnen ausgespannt. Einmal sitzt Dorothea, umgeben von lärmenden Soldaten, bei schlechter Kost und schlechtem Wetter in einem «armen, elenden Flecken» mitten in einem wilden waldigen Gebirge fest. Mehrere tausend Soldaten sollen hier noch durchziehen, danach hofft sie weiter bis nach Schleiz zu kommen.

Nach Schleiz gelangt sie nie, dafür «durch Schleifwege und Wälder und auf lauter ungebahnten Wegen» an einen Ort, der Zeulenroda heißt. Ein Postwagen verkehrt hier nicht. Also versucht sie mit viel Geld, sich nach Zwickau durchzuschlagen. Doch auch dorthin kommt sie nicht, und so lernt sie Werdau kennen. Jetzt hilft nur noch die teure Extrapost. «Die Truppen ritten und fuhren zu beiden Seiten vorbei, ununterbrochen fort», und obwohl die Bewohner dieser Gegend von allerlei Exzessen sprachen, ward ihr «kein Haar gekrümmt... kein böses Wort gesagt». Nach fünfundzwanzig Tagen endlich dann am Ziel, in Dresden, wird ihr versichert, sie habe «ein rechtes Heldenstück» vollbracht, «denn ich bin mitten durch die Armee gegangen».

Wieder erlebt Dorothea die herzerwärmende Gastfreundschaft der Schwägerin; und zu ihrer großen Freude kommen die Söhne aus Berlin. Jonas, der Ältere, hat eine Banklehre bei Abraham Mendelssohn, seinem Onkel, aufgegeben und dem Vater offenbart, er wie Philipp fühlten sich zum Katholizismus hingezogen und wollten Maler werden. Veit hat die Mittel dafür zugesichert; jetzt erwägen die Brüder, in Dresden zu studieren und richten sich dort mit ihrer Mutter ein, zumal Schlegels Situation in Wien ungewiß erscheint; seine Briefe klingen «übellaunig». Doch dann kommt die Trennung früher als erwartet: Schon Ende Oktober entschließt sich Dorothea, ihrem Mann nach Wien zu folgen.

Bestärkt, schließlich gar gedrängt wird sie von ihrer Schwägerin. Charlotte macht sich Sorgen, ihr Bruder könne an einem «Scheidewege» stehen, sich womöglich gar von Dorothea trennen. In Wien, wo er vorübergehend bei der Schwester Ludwig Tiecks, Sophie Bernhardi, wohnt, ist er von deren Freundin, einer hübschen jungen Blondine namens Stransky, «tief ergriffen» worden. «*Ernsthaft* gefährlich» ist die Frau für ihn; so sieht es jedenfalls die Ernst. Es heißt, Sophie und Frau von Stransky wollten über München nach Italien reisen, und die Frauen in Dresden meinen, brieflichen Andeutungen zu entnehmen, Friedrich überlege, den Freundinnen zu folgen.

Diese Hintergründe läßt Madame Ernst ihren Bruder August Wilhelm erst viel später wissen. Dieser, fern am Genfer See von der Nachricht überrascht, daß Dorothea früher als besprochen am neuen Wirkungsort des Bruders eingetroffen sei, geriet in Zorn, denn er sah durch Dorotheas Erscheinen seine Hoffnung auf eine durch ihn vermittelte sichere Position für Friedrich vermindert, wenn nicht gar zerstört. Während seiner Vorlesungen 1808 in Wien hatte der ältere Schlegel beim einflußreichen Adel viel Beifall und Teilnahme auch am Schicksal Friedrichs gefunden. Nach einer Privataudienz beim Kaiser war er mit dem Eindruck abgereist, für den Bruder wichtige Verbindungen geknüpft zu haben. Diese aber, so sah er es, konnten nur wirksam werden, wenn Friedrichs Frau, die umstrittene geschiedene Jüdin, sich möglichst anderswo aufhielt, da sie ihm gesellschaftlich nur schade. Die Begründer der Romantik, die Gebrüder Schlegel, konnten sehr gefühlskalt sein.

Die Schwester war empört; eine solche Kränkung hatte Dorothea nicht verdient. In einem ausführlichen Brief vom 14. Dezember 1808 setzte sie Wilhelm den Kopf zurecht und versuchte zu beschreiben, wie sie die Ehe Friedrichs und Dorotheas sah.

In langen Gesprächen war ihr klargeworden, daß Dorothea sich nicht die geringsten Illusionen über die Gefühle ihres Mannes machte; «sie hat eine *resignation* für sich selbst bey allem was Friedrich betrifft die zu bewundern ist». Charlotte Ernst sah es ähnlich wie ihre Schwägerin: «Friedrich empfindet gewiß nichts mehr für seine Frau als die innigste Freundschaft, Dankbarkeit und Rückerinnerung der ehemaligen Leidenschaft» und «bey seinem Hange zur Sinnlichkeit» leide er sicherlich, daß seine Frau um so viel älter sei. Auch meinte die erfahrene Ernst – schließlich hatte sie mit ihrem Bruder manches ausgestanden – daß er, der «sich so ungern einschränkt», es gewiß auch lästig und beschwerlich finde, «daß er nun für zwey Menschen sorgen und arbeiten soll» und es «almählich behaglicher» finden könnte, «als *garcon* zu leben».

So illusionslos sie im Blick auf ihren Bruder war, so bewundernd stand Charlotte Dorothea gegenüber. Sie habe «so viel ächtes schönes in der Seele» und sei einer «alles verzeihenden, schonenden, duldenden Liebe» fähig, daß man ihre «kleinen Schwachheiten» darüber gern vergesse.

Und nun zu Wilhelms Vorbehalten gegen Dorotheas Anwesenheit in Wien. Die Schwester zeigte Verständnis für die Sorge um den Klatsch, der dieses Ehepaar umgab: «Was du darüber sagst, ... ist alles wahr, leider fühle ich das nur zu sehr.» Nur zog Charlotte andere Schlüsse: «Je mehr die öffentliche Meynung aufgeopfert je fester muß nun dieses Band seyn, und je exemplarischer müßen sie als Eheleute vor der Welt leben.» Wolle denn Wilhelm nicht erkennen, daß es ungleich vorteilhafter für den jüngeren Bruder sei, als ein verheirateter, vornehmer Mann an der Seite seiner Gattin zu erscheinen, die geltend machen könne, sich in der «guten Gesellschaft» auszukennen? «Wie sie innerlich leben, darum kümmert sich gewiß keiner und das macht keinen Eindruck.» Doch gebe der Neugierde zu tun, «wenn so etwas räthzelhaftes» in dem Verhältnis sei.

Auch wögen die vergleichsweise geringen Mehrkosten des Zusammenlebens weniger als Friedrichs Wohlgefühl. Ohne Dorothea sei er ohne Aufwartung gewesen, «und um 8 Uhr noch nicht eingeheizt... jetzt hat er eine warme Stube früh um 6 Uhr, die Frau besorgt ihm in der Frühe sein Frühstück, ein nicht zu berechnender Gewinn».

Charlotte Ernst war überzeugt, Dorotheas Anwesenheit in Wien werde mannigfachen Vorteil und Gewinn für Friedrich bringen: In Dresden «haben mir viele gesagt nun wir die Frau kennen, nun können wir es ihrem Bruder nicht verdenken. – Daß sie älter und nicht hübsch ist, das macht vielmehr einen günstigen Eindruck für Friedrich seine Solidität, dabey ist sie verständig, hat Anstand und Lebensart, sehr angenehm in ihrer Unterhaltung und etwas was sich schnell Liebe und Zutrauen erwirbt, ich glaube sogar daß sie in Wien in ihrem rechten *terrain* ist, und daß sie sich recht viel Liebe erwerben wird. Das Lebensfrohe und das Heitre daß sie hat ist dort an seinem rechten Platz.»

So wie die Ernst es prophezeite, kam es auch.

FÜR MEIN LEBEN GERN HÖRE ICH DIE GNÄ' FRAU PREDIGEN

Von Tugend, Gott und Vaterland

Wohlwollen unserer Zeitgenossen,
Das bleibt zuletzt erprobtes Glück
Johann Wolfgang von Goethe

Nun also Wien. Wieder eine Großstadt, obwohl sie Großstädte nicht mag. Viel lieber würde Dorothea Schlegel in einem idyllischen Winkel, vielleicht in einer kleinen Residenz, umgeben von klugen und geselligen Menschen, leben. Doch Friedrich setzt alle Hoffnungen auf Wien. Allein von hier aus, meint er, vom katholischen Habsburg, könne die Glaubenseinheit des mittelalterlichen Reiches neu belebt, Deutschland, ja Europa neu geordnet werden. Wird er den angemessenen Wirkungskreis, Unterstützung, Anerkennung finden?

Zuweilen sieht Dorothea von ihrem Quartier im vierten Stock hinunter auf das bunte hauptstädtische Gewühl von Menschen mit verschiedenen Kostümen, Sprachen und Gebärden, auf das Gewirr von Fußgängern, Equipagen, Reitern. «Wenn ich mir dabei das Leben in der freien Natur und die stille zweckvolle Thätigkeit des Landmanns denke, so kommt mir dieses

Wirrwarr gräulich vor, und eine unendliche Sehnsucht befällt mich, ich möchte mir Flügel wünschen, um mich weit, weit davon zu entfernen... Ich bin nicht gemacht, in einer großen Stadt zu leben», klagt sie nach den ersten Wochen. Doch alles fügt sich besser, als sie es voraussehen kann.

Zwei Jahrzehnte, obgleich mit Unterbrechungen, wird Dorothea in Wien leben, wird aufleben, ihre Gaben entfalten, Geselligkeit, viel Gleichgesinnte, Freundinnen finden – ausgefüllt, geachtet, auch geliebt, in Übereinstimmung mit sich und ihrer Zeit.

Etwa um die gleiche Zeit wie Dorothea, im Winter 1808, kommt ein eindrucksvoller Mann mit einem sonderbaren Lebenslauf nach Wien: ein früherer Bäckerlehrling, den seine Kirche heiligsprechen wird, ein ehemaliger Philosophie- und Theologiestudent, gleichzeitig Kammerdiener eines Abtes, ein weitgereister, welterfahrener, fast sechzigjähriger Priester, der vier Sprachen spricht. Klemens Maria Hofbauer, so sein Name, ist auf Wunsch Napoleons als Mitglied des missionierenden Redemptoristenordens aus Warschau ausgewiesen worden und nach Wien zurückgekehrt, wo er schon früher lebte. Hier wird der Prediger und spätere Seelsorger der Ursulinen zum Beichtvater und engen Freund der Schlegels. Fast täglich sieht man sich; Hofbauer zeigt «wahrhaft väterliche Zärtlichkeit». Persönliche Zuneigung paart sich mit Übereinstimmung im Religiös-Politischen. Dorothea begreift: Wenn Friedrichs Idee von der Schlüsselrolle Österreichs Gestalt annehmen soll, dann muß dieser Pater in Wien erfolgreich sein.

Schnell hat sie erkannt, daß ihr Konvertiteneifer sich mit der eher lässigen Frömmigkeit der meisten Wiener schwer verträgt. Abgesehen davon, daß «geborenen» Katholiken der Glaube alltäglicher und selbstverständlicher ist als Neubekehrten – in Österreich dauert die Aufklärung, dauert der Josephinismus des 18. Jahrhunderts stärker fort, als die Schlegels das vermutet haben. Unter dem Einfluß katholischer Aufklärer hat das Kirchendogma sich gelockert, ist barocke Frömmigkeit versiegt. Joseph II. setzte die Staatsgewalt auch gegen die Kirche durch und schränkte ihren Einfluß sowohl auf die Diplomatie wie auf die Staatsverwaltung und das Bildungswesen ein.

Der aus Polen ausgewiesene Priester gilt als Seele einer neukatholischen Bewegung, die die Geistlichen und Laien «aus den Banden des Rationalismus» befreien und mit der zurückgewonnenen Hingabe an die Kirche dieser ihren früheren Einfluß sichern will.

Sympathie findet Hofbauer auch in Gruppen relativ unbekannter Schriftsteller, katholischer Romantiker in Wien, die es schwer haben, sich durchzusetzen. Das geistige Leben wird von Aufklärern bestimmt, die schon der Berliner und Jenaer Romantik kritisch gegenüberstanden und prinzipiell «antiromantisch» sind. Deshalb verbündet sich auch die katholische Romantik mit den militanten Repräsentanten der Priesterkongregation, und es liegt nahe, daß die Schlegels dazugehören.

In der engeren und weiteren Gefolgschaft Hofbauers bildet sich ein Wiener Freundes- und Bekanntenkreis der Schlegels, zu dem wenngleich nicht der hohe Adel, so doch adlige Hofbeamte, Wissenschaftler, Journalisten, Gräfinnen, Geistliche, Studenten sowie Schriftsteller gehören; relativ viele der neuen Freunde sind wie die Schlegels konvertiert. Man trifft sich in der Wohnung des verehrten Priesters, auf Abendgesellschaften in den Häusern höherer Beamter, im Palais des Grafen Széchényi, einem engen Hofbauer-Vertrauten, auch bei Schlegels. Ihr «Haus ward ein Vereinigungspunkt für höhergebildete Menschen, interessante Fremde und Künstler. Sehr angenehm verflossen dann die Abende in diesem Kreise, und gerade die Beschränkung der Glücksumstände, welche der Familie keinen Aufwand, keine oft lästige Eleganz und prätentiöse Fashionabilität erlaubte, gab diesen Zusammenkünften einen eigentümlichen Reiz von hausväterlichem Ton und herzlichem Wohlwollen.» (Karoline Pichler)

Den Gästen, besonders adligen Damen, die Romane lesen, aber auch den Geistlichen gefällt, wie kenntnisreich und souverän die Gastgeber über Literatur und Kunst zu reden wissen und welche interessanten Leute, Österreicher sowie Fremde, man bei Schlegels trifft: den exzentrischen Clemens Brentano, den schwäbischen Arzt und Dichter Justinus Kerner oder den «jungen noch kindisch genialen u. burschikosen Dresdner Theodor Körner... mit dem sächsischen Maule. Er macht nichts als dichten», notiert Joseph von Eichendorff, ein anderer Freund des Hauses.

Dieser hagere Schlesier ist mit Wilhelm, seinem älteren Bruder, nach Wien gekommen, um seine juristischen Examina abzuschließen – das schafft er mit Bravour – und sich nach einer Stelle umzusehen; daraus wird nichts werden. Unglaublich, was er sonst noch alles treibt! Oft sitzt Joseph früh um fünf schon in der geheizten Stube, um an einem Roman zu schreiben. Mal geht er ohne einen Bissen in die Universität, dann wieder schlürft er Frühstücksschokolade am reichgedeckten Tisch der Gräfin Buttler. Abends wirft sich Baron Hungerleider «gantz in Schwarz», um mit Prinzessinnen auf irgendeinem Adelsball zu tanzen. Nachts darauf schläft er in einem Kämmerchen am Mehlmarkt, wo sein Liebchen wohnt. Theaterkarten sparen sich die Brüder buchstäblich vom Munde ab. Oft sind sie ausgehungert und erschöpft.

Die Verbindung mit den Schlegels ist dem jungen Dichter wichtig. Er befreundet sich mit Philipp Veit, der vorübergehend bei der Mutter wohnt, er schließt sich eng an Friedrich an und freut sich über Dorotheas Vertrauen, ihre Herzlichkeit. Sie lektoriert und korrigiert auch seinen ersten, oft in den frühen Morgenstunden geschriebenen Roman und soll den Titel vorgeschlagen haben: «Ahnung und Gegenwart». Es finden sich darin Anklänge an Goethes «Wilhelm Meister», Brentanos «Godwi» und den «Florentin»; Ricarda Huch befand, das Ganze sei ein schwer genießbarer Brei geworden.

Am 13. Februar 1812 ist Eichendorff zu Philipps 19. Geburtstag eingeladen, danach schreibt er in sein Tagebuch:

«Schlegel sizt recht wie ein deutscher Künstler hinter dem gedekten mit Brodten belegten Tische... wie auf alten Bildern, u. ist unbeschreiblich heiter und liebenswürdig. Torte, Braten, Wein, Punsch. Philipp singt Lieder, wozu Eggers Guitarre spielt, Körner singt u. spielt durch dikk u. dünn Lieder aus des Knaben Plunderhorn u. Burschenlieder..., die Schlegel durchaus geistreich findet. Seine Hartnäkkigkeit gegen seine Frau, durchaus keine welschen, nur deutsche Lieder singen zu laßen. Mad. Schlegel singt eine altenglische Melodie von König Richard ohn Text u. ein Lied von Tieck, worüber Schlegel zu Tränen gerührt. Körner spielt den himmlischen Cadixer Fandango, wobei Schlegel aufsteht u. viva l'Espagna trinkt...»

Zwei Jahre später taucht ein anderer, schon bekannter Dichter namens Zacharias Werner bei den Schlegels auf, über den die Meinung des Paares auseinandergeht. Dieser Werner, der als preußischer Staatsbeamter in Warschau unter dem Eindruck des «Athenaeum» Romantiker geworden ist, und zwar der einzige erfolgreiche auf dem Theater, hat schon ein halbes Dutzend Dramen geschrieben, und Friedrich hält ihn für einen bedeutenden Autor, er «liebt Werner's Sachen sehr».

Dorothea hingegen entwickelt einen regelrechten Widerwillen gegen diesen Mann. Ihr mißfällt sein Lebensweg – drei Scheidungen hat er hinter sich –, und was er schreibt, macht «einen unanständigen Eindruck» auf sie. «Es ist die Sünde und die kalte, kalte Hölle! Pfui!»

Doch nun ist dieser Höllenknecht ein Katholik geworden, hat spät noch Theologie studiert und taucht als neugeweihter Priester 1814 bei Hofbauer und den Schlegels auf. Wird die Glaubensschwester ihm vergeben?

Gewiß, in der Unterhaltung wirkt er erstaunlich ungezwungen und natürlich – wäre da bloß nicht «der gemeine Berliner Dialekt». Gewiß, sein Anblick ist ihr weniger zuwider, als sie es befürchtet hat. Und dennoch: Der Mann wirkt wie eine Karikatur seiner selbst. Gewiß, er ist begabt, und es rührt, wie eng er sich an Hofbauer anschließt, ihm fast kindlich anhängt und gehorcht. Aber diese Übertreibungen, dieses Exzentrische an

Werner stößt Dorothea immer wieder ab. Die lebendige Frau Schlegel hat ähnliche Schwierigkeiten mit diesem Dichter wie die «Serapions-Brüder», E. T. A. Hoffmanns literarisch gebildete Romanfiguren.

In seinen Predigten schockiert dieser Pater Zacharias durch grelle Darstellungen seiner früheren Laster, läßt dieser Selbstkasteiung höchst poetische biblische Erzählungen folgen, um gleich darauf ein Stadtereignis zu erläutern. Mit heftigem Eifer ruft er die Sünder zur Bekehrung auf, macht seinen Zuhörern die Hölle heiß, erschreckt, ergötzt, erbaut, erheitert – füllt die Kirchen. «Man drängt sich hinzu, daß es eine Lust ist», berichtet Dorothea. «Leute gehen hin, die seit Menschengedenken in keiner Kirche waren; sie schimpfen auf ihn, gehen aber doch immer wieder hin; die vornehmen Leute essen um sechs Uhr Abends, um nur die Predigt zu hören.»

«Die Trompete Gottes» nannte Hofbauer seinen Schützling Werner. Und dessen Predigten boten reichlichen Gesprächsstoff, wenn Dorothea sich mit ihren neugewonnenen Freundinnen traf, die, wie sie, meist fromme Katholikinnen waren und mit ihren Männern zum Kreis um Hofbauer gehörten.

So recht läßt sich die Begeisterung der Damen für den späteren heiligen Klemens nicht verstehen. Gewiß, er konnte schlagfertig und humorvoll sein. Doch seine Kleider wirkten abgetragen, seine Umgangsformen derb und bäuerisch, und beim Reden lispelte er stark. Frauen sah er beim Gespräch nicht an und warnte junge Priester, solange die Weiber sich nicht wie die heilige Theresia alles Weiblichen entschlagen hätten, blieben sie allesamt gefährlich. Er jedenfalls danke Gott dafür, kein Weib zu sein und keins zu haben.

Dorothea und ihre Freundinnen ahnten nicht, daß sie der Hochverehrte für gefährlich hielt; sie richteten sich an seinem unerschütterlichen Glauben auf und wünschten, wie ihm Dorothea schrieb, «zu den Füßen ihres geliebten geistlichen Vaters zu liegen..., um seine Lehren, seine Sprüche der göttlichen Weisheit zu vernehmen!»

Hofbauer, der militante Gottesmann, spornte zum Bekehren an. Und so gingen seine Verehrerinnen eifrig auf Bekehrung aus. Manchmal, wie bei Dorotheas Nichte, stellte sich Erfolg erst spät, nach vielen Jahren ein. Manchmal, wie bei Gräfin Zichys Stubenmädchen, ging es ziemlich schnell.

Julie Zichy nimmt nun in Dorotheas Herz den Platz der Karoline Paulus ein. Die beiden lieben und bewundern sich. Die Gräfin, aus hohem Adel stammend, jung, zart und schön, weckt bei Dorothea mütterliche Gefühle und als männlich geltenden Beschützergeist. Der dankbaren Julie gilt die ältere Freundin als «Quell des Lichts». «Ich verdanke Ihnen viel, unendlich viel», schreibt sie der Schlegel, «Sie haben mir meine Seele bereichert, und einstens werden Sie den Lohn dafür einärnten.» Doch während Karoline Paulus Dorothea überlebt, stirbt die Gräfin Zichy, Mutter von sieben Kindern, schon mit sechsundzwanzig Jahren.

Wie in Berlin mit Henriette Herz, so geht Dorothea jetzt in Wien wieder einer ihrer liebsten Beschäftigungen nach: mit Freundinnen handarbeiten. Ist es Elise Pilat oder eine andere Dame, die «von lauter wunderlich zusammengesetzten Farben» eine über dem Bett zu befestigende Glockenschnur herstellt? Gräfin Julie verfertigt eine Bordüre mit lila und kirschroten Levkojen auf zitronengelbem Grund. Dorothea arbeitet an einem Fußschemelbezug. Im Mittelpunkt des Kunstwerks prangt, auf blauem Polster ruhend, ein wollgestickter Mops.

Während die Damen sich über ihre Bordüren, Klingelzüge und Bezüge beugen, frönen sie zugleich der Neugier, ihrem Klatschbedürfnis und der Anteilnahme: Ist von den neuvermählten Damen dieses Winters keine guter Hoffnung? Vielleicht die Coburg oder auch die Rasumowsky? Ist es wahr, daß Graf Kohary Fürst geworden ist? Wie befindet sich die Gräfin Waldstein? Und, ein ständiger Lieblingswunsch der Damen: Wo läßt sich eine Ehe stiften? «Halten Sie mir ja nichts für zu gering oder mir zu fremd», um es mitzuteilen, bittet Dorothea, als sie, vorübergehend in Frankfurt, an die Gräfin Zichy schreibt.

Wonach Dorothea sich seit ihrer Kindheit sehnt, nämlich nach gesellschaftlicher Anerkennung, nach Zugehörigkeit, das scheint sie in diesem Wiener katholischen Milieu endlich gefunden zu haben. Sie ist aufgenommen in diesen vornehmlich adligen, etwas spießigen Kreis von Menschen – einige bedeutend, die Mehrzahl harmlos, fromm und literaturbesessen. Rutscht ihr Leben ins Banale ab?

Das Urteil ihrer Wiener Zeitgenossen spricht dagegen. Diese beeindruckt nicht nur ihre Liebenswürdigkeit und Wärme, sondern, wie früher schon Jean Paul bemerkte, auch «Verstand, Bestimmtheit, Einfachheit und Originalität». Kerner schrieb an Uhland, Dorothea erscheine ihm geistreicher als Friedrich. Helmina Chezys ältester Sohn bewunderte den Gedankenreichtum ihrer Rede. «Selbst wenn sie mit der Magd schalt, wurde leicht ein förmlicher Vortrag daraus, so daß jene Trampelgunde gar nicht Unrecht hatte, als sie nach dem Schlusse eines häuslichen Unwetters sagte: Für mein Leben gern höre ich die gnä' Frau predigen.» Und um noch ein drittes Zeugnis aus den Wiener Jahren zu zitieren: Der Rechtsanwalt Hudtwalker, den Schlegels freundschaftlich verbunden, bemerkte, Dorothea sei «die in jeder Rücksicht gescheiteste Frau», die ihm je begegnet sei. Das war 1811.

Wohlwollen und Anerkennung taten Madame Schlegel wohl. Jedenfalls zahlte sich ihr Grundsatz aus, die Leute stets «ein klein wenig besser zu behandeln, als sie es verdienen; sie nicht so zu nehmen, wie sie sind, sondern so, wie sie gern sein würden». Dorothea fühlte sich in Wien ungleich wohler als in Köln, und der fünfzigjährigen Schlegel ging es besser als der zwanzigjährigen Veit. Im Sommer 1816 schrieb sie Sulpiz Boisserée: «... ich muß Ihnen sagen, daß ich je älter und besonnener, je heiterer und zufriedener werde. Sie werden eine gute Art von Winterobst in mir erkennen, das in der Jugend herbe ist und im Alter erst genießbar wird.»

Doch solche Hochstimmung hielt nie lange an. Besonders in den ersten Wiener Jahren gab es Zeichen, daß die Schlegels außerhalb des Freundeskreises keineswegs die Anerkennung fanden, die sie sich erhofften. Es gab Katholiken, die Schlegel nicht verzeihen mochten, daß er, der Autor der «Lucinde», Freigeist und Anhänger der Französischen Revolution gewesen war. Und es gab Freigeister, die den Konvertierten einen Heuchler nannten.

Dorothea ging es nicht viel besser. Die einen wollten die «Verirrungen» ihrer Jugend nicht vergessen, die «falschen Eingebungen ihres Herzens, die sie zu vielem Tadelswerten verleiteten», wie es die Pichler formulierte, andere mochten nicht die eifernde fromme Frau und spielten ihren Vater gegen Friedrich aus. «Die ganze Vergangenheit lastete auf Schlegel als ein Ungemach», schrieb Varnhagen, Rahels Mann.

Nicht nur die Vergangenheit. Auch der Wiener Freundeskreis der beiden Schlegels machte sie in ihrer weiteren Umgebung suspekt. In den Redemptoristen, dem Orden Hofbauers, sah das josephinische aufgeklärte Wien die Nachfolger der verhaßten Jesuiten und in Hofbauer einen gefährlichen Spitzel Roms. Wer sich diesen Leuten zugehörig fühlte, konnte kaum mit andauernder Sympathie und Förderung rechnen.

Doch als Österreich 1809 Napoleon den Krieg erklärte, schien sich das Blatt zu wenden. Friedrich erhielt endlich eine Position. Als uniformierter Hofsekretär in der Armeehofkommission gab er 1809 die österreichische Armeezeitung, ein antinapoleonisches Propagandablatt, heraus und verfaßte die Proklamationen der Armee. Waren die Schlegels nun zufrieden?

«Ich muß es nun als besondere Fügung Gottes bewundern, daß alle meine früheren Pläne mißlungen sind... um mich dieser großen Bestimmung aufzubewahren», schrieb Friedrich, und Dorothea sah in seiner Berufung den Anfang «einer ehrenvollen, erspriesslichen Tätigkeit, mit welcher eine ganz neue Epoche» anheben werde.

Die beiden irrten sich. Zwar sicherte sich die österreichische Regierung auch nach der Niederlage Friedrichs Dienste und übergab ihm den «Österreichischen Beobachter», das Regierungsblatt. Doch da er bald als ungeeignet dafür galt – es hieß, er sei zu schwerfällig als Journalist –, nahm man ihm die Zeitung wieder ab. Zwar hielt er bemerkenswerte Vorlesungen, gründete wiederum eine Zeitschrift, aber für die Staatsgeschäfte schien er unbrauchbar.

Geborgen im Kreis strenggläubiger Freunde, doch gleichzeitig erfüllt von Unruhe und Angst schrieb Dorothea ihrem Schwager: «Friedrich ist hier ein Stein des Anstoßes und er wird entfernt, verleugnet, vergessen, und alle seine Thätigkeit und seine Kraft gehemmt.» Hilflos sehe sie ihres Mannes Untergang vor Augen. Er sei fehl am Platz in Wien. Das war im Sommer 1811. Zwei Jahre später die gleiche Litanei: Man wisse in Wien mit Friedrich nichts anzufangen, denke nicht an ihn und brauche ihn auch nicht.

Immer wieder schaute Friedrich nach nützlichen Verbindungen aus, suchte um Gespräche nach und erwog mit Dorothea, wie diese oder jene hingeworfene Bemerkung eines Hofbeamten auszulegen sei. Lag die Nichtbeachtung vielleicht am fehlenden Adelsprädikat? Da in allen einigermaßen wichtigen Positionen Adlige saßen und überall bevorzugt wurden, entsann sich Friedrich eines Urgroßvaters, der im 17. Jahrhundert durch Kaiser Ferdinand III. in den Adelsstand erhoben worden war, und kam um die Erneuerung nach. Eines Tages nannte sich das Paar «Herr und Frau *von* Schlegel».

Dorothea war entzückt: Graf Széchényi stellte sie seinem Sohn «als die Gattin eines ungarischen Edelmannes» vor, und als Friedrich nach Frankfurt ging, lud der Graf sie ein, vorübergehend bei ihm in seinem Palais zu wohnen. Von einem Gleich zu Gleich konnte dennoch nicht die Rede sein. Ihre Briefe waren gespickt von Unterwürfigkeitsbezeugungen: «Gnädiger Herr Graf! ... Ew. Excellenz erhalten ... eine Probe der Entledigung Ihrer Aufträge ... Sollten Ew. Excellenz ... werden Ew. Excellenz ... ich hoffe Ew. Excellenz ... ehrfurchtsvolle Verehrung und Empfehlung ...» Doch unter ihresgleichen, wenn sie an Friedrich oder wieder einmal an die Paulus schrieb, klang Verbitterung an: «Alle eigentlichen Genüße sind hier nur für die Reichen, privilegierten; unser Eins hat blos das Zusehen, und den geheimen Neid.» Auch unter den eifrigsten Gottesstreitern wirkten die sozialen Unterschiede.

In Wien besaß Dorothea eine katholische Heimstatt, zu der sie durch eigenen Willen und Entschluß gekommen war, und eine jüdische, zu der sie durch Geburt und Herkunft zählte. Dieser stand Fanny von Arnstein vor, die Frau eines der reichsten und einflußreichsten jüdischen Bankiers in Wien. Lehrte die gebürtige Berliner Jüdin sie begreifen, daß der Mensch nicht einfach «neu anfangen» kann – auch nicht durch den Wechsel seines Wohnortes, des Ehepartners, der Religion? Er trägt die Herkunft mit sich, schüttelt die Vergangenheit nicht ab.

Als Friedrich in den Krieg zog, bot Fanny Dorothea an, vorübergehend bei ihr zu wohnen. Diese nahm dankend an, sie hätte es angesichts der Lebensmittelknappheit und der Teuerung allein sehr schwer in Wien gehabt. Und schließlich kannten sich die Frauen aus Berlin.

Als Mendelssohns Älteste noch ein Kind gewesen war, hatte der mächtigste Mann unter Preußens Juden, der reiche Bankier Itzig, seine damals siebzehnjährige Fanny, eine Schülerin von Moses Mendelssohn, dem ebenfalls reichen Bankier Arnstein aus Österreich zur Frau gegeben, und Fanny war mit ihrem Mann nach Wien gezogen. Im Unterschied zu Dorotheas Abkehr vom Judentum, lebte Fanny ganz im Geiste ihres früheren Lehrers Mendelssohn: bis zu ihrem Tod bewußte Jüdin, religiöser Toleranz verpflichtet und der Menschenliebe als oberstem Prinzip.

Zwischen beiden Familien, den Mendelssohns und Itzigs, hatten sich im Lauf der Jahre auch verwandtschaftliche Beziehungen angebahnt: Dorotheas Brüder Abraham und Nathan heirateten in die Itzigsche Familie ein. Auch Fannys Wiener Anverwandtschaft, ihre Tochter, ihre beiden Schwestern sowie einzelne Nichten waren Dorothea aus Berlin bekannt. Es befanden sich bekannte Salondamen, berühmte Schönheiten darunter, Regine Frohberg, die Romanautorin, weltkluge Freundinnen Goethes – die meisten im Unterschied zu Fanny konvertiert.

Im Umkreis der Arnsteins lebte Dorotheas Jugend auf. Wer aus der jüdischen Gesellschaft der preußischen Hauptstadt kam und Wien besuchte, stieg meistens bei den Arnsteins ab. So traf Dorothea ihre alten Freunde wieder, vor allem Rahel und Henriette Herz.

Zunächst kam Jette. Seit acht Jahren war sie Witwe und ernährte sich von einer kärglichen Pension sowie Nebeneinnahmen durch Klavier- und Englischunterricht. Wie Dorothea ging sie auf die Fünfzig zu, doch noch immer beeindruckte ihre äußere Gestalt. Den älteren Boisserée zum Beispiel, der sie in Dresden traf, erinnerte sie an venezianische Frauenporträts von Bordone oder Tizian; «wirklich, eine schöne Frau», auch andere sagten das.

Doch Dorothea und Henriette maßen einander mit den Maßstäben ihrer Jugend – und jede war heimlich über die andere enttäuscht. So vertraut sie sich auch gaben, Dorothea fand «die Herz doch sehr verändert», der Glanz, das Strahlende war weg. Jette erinnerte sich wehmütig daran, welche Poesie das Liebespaar, Dorothea und Friedrich, einst umgeben hatte – nichts mehr davon, nicht mal ein Hauch.

Die Hofrätin, wie man Henriette nannte, war von Wien enttäuscht. Zu vieles blieb ihr fremd. Hatte sie vielleicht erwartet, daß man sie feiern würde, wie man die Zwanzigjährige gefeiert hatte? Sie «macht Ansprüche, die man in Wien nicht zu erfüllen versteht», bemerkte Dorothea.

Ermüdet von dem Wirbel im gastfreundlichen Arnsteinschen Palais, leicht verstimmt und wohl auch etwas neidisch auf den Reichtum und die Rolle Fannys, zog Jette von den Arnsteins zu den Schlegels um und reiste bald wieder ab.

Bevor Rahel kam, erschien als Vorbote Varnhagen. Eines Tages, während des Krieges, als Dorothea noch bei Fanny wohnte, stellte er sich beiden Damen vor und überbrachte Rahels Grüße.

In den nächsten Jahren kam er wieder und verkehrte bei den Arnsteins und den Schlegels. Doch Varnhagen kam aus einer anderen Generation als die, die ihn empfingen; gemeinsame Erinnerungen verbanden nicht. Auch vertrat er Überzeugungen, die Friedrich längst verworfen hatte.

Varnhagen wiederum störte Dorotheas Abhängigkeit von ihrem Mann; «ich kenne nichts peinlicheres», schrieb er an Rahel, «als eine Frau, die ihrer Selbständigkeit zu Gunsten des Mannes, und wär's auch der Liebhaber, mit Fleiß entsagt» – das klingt bemerkenswert modern.

Seine Überzeugungen, seine demokratische Gesinnung, Fürsorge und Bewunderung für Rahel nehmen noch heute für ihn ein. Seine publizistischen Arbeiten haben auch im 20. Jahrhundert Bestand. Aber was Varnhagen zu Recht an Dorothea kritisiert, die übertriebene Abhängigkeit von ihrem Mann, das praktiziert er selbst gegenüber Rahel. Dieser Varnhagen wirkt immer wie Rahels Adjutant, immer ein wenig zu beflissen, geradezu versessen, sich an Rahel hochzuranken, Bedeutung durch die ihre zu gewinnen.

Am 24. September 1814 schreibt Dorothea Philipp zu Gerüchten über eine Heirat Rahels: Sage der Tante Herz nur, «ich glaube so wenig daran als sie. Varnhagen ist gescheut genug es zu wünschen und zu betreiben. Rahel wird aber gescheut genug seyn, es *nicht* zu wollen und das Getriebene zu hintertreiben.» Drei Tage später läßt sich Rahel protestantisch taufen und heiratet Varnhagen. Sie ist dreiundvierzig, er ist neunundzwanzig Jahre alt, als das frisch getraute Paar in Wien auftaucht.

Rahel macht sich fein, greift nach dem strohgelben Überrock mit dem kornblumenblauen Paspel, schlüpft in die farblich darauf abgestimmten Schuhe und setzt auf ihre wilden kleinen Lokken den mit gelber Schleife verzierten blauen Hut. Zuletzt der lange weiße Schal, dieses damenhaft-aparte englische Assessoir. So geputzt steigt sie die Treppen zu den Schlegels hoch.

Wie verläßlich doch Klugheit im Gegensatz zur Schönheit ist! Fremdheit nach so langer Trennung stellt sich hier kaum ein.

Trotz aller Veränderungen sind diese drei bald wieder so vertraut wie einst. Dorothea liebt Rahel, Friedrich empfindet Zärtlichkeit für sie. Beide bewundern ihren Intellekt. Man trinkt Tee, spaziert im Prater, redet, redet: über Literatur und Politik, Neuerscheinungen und Premieren, das Verhältnis Staat–Religion und immer wieder über Menschen. Manchmal ist es ein besonderes Licht oder ein Geruch, der für die beiden Frauen längst Vergangenes aus Kindertagen aufleben läßt.

Nach Wien werden sich die drei in Frankfurt wiedersehen. «Ich lebe... hier still; mit dem Wetter, Schlegel's und etwas mit Scholz'ens», wird Rahel an Varnhagen schreiben. Und so wie Dorothea der Freundin immer wieder neu versichert: «Ich bin mit niemanden lieber als mit Ihnen», und «ich werde nie aufhören Sie zu lieben», so gesteht auch Rahel, von Dorothea Abschied nehmend: «Nun hab ich im ganzen Rhein und Mainthal keine Freundin meinesgleichen.»

Als Madame Veit hatte Dorothea Berliner Salonleben erlebt und mitgeprägt. Als Frau von Schlegel nahm sie am Wiener Salonleben bei den Arnsteins teil. Vieles ließ sich kaum vergleichen, doch sowohl in preußischen wie in österreichischen Salons spielten Frauen die entscheidende Rolle; ihre Männer hielten sich im Hintergrund.

Auch bei den Arnsteins war das so. Nathan, ein bedeutender Finanzmann, erinnert in seiner Geduld und Gutmütigkeit an Simon Veit. Das Repräsentieren überließ er seiner Frau. Und darin war diese hochgewachsene schöne Frau mit ihrem «Grazienantlitz» ein Naturtalent.

Als «große Dame» wird Fanny von ihrer Biographin Hilde Spiel beschrieben, stark, stolz und eigenwillig, leicht aufbrausend und leicht auch zu besänftigen, dabei heiter, voller Lebenslust, mit Sinn für Pracht und Schönheit und Vergnügen an Geselligkeit. «Sie haben übrigens Recht, was Sie von ihr sagen», schrieb Dorothea an Rahel Varnhagen, «sie sollte Kaiserin sein...»

Die jüdischen Gastgeberinnen in Berlin und Wien ähnelten sich noch; ihre Gäste schon nicht mehr. Fannys Salon war im Vergleich zu dem von Rahel oder Henriette Herz kein Treffpunkt von Außenseitern der verschiedenen Gesellschaftsgruppen; Fannys Gäste waren Arrivierte, Leute, die «dazugehörten», nicht an Ausbruch dachten. Das galt auch für die Arnsteins selbst. Zwar lernten auch sie Mitglieder des hohen Adels nur als Gäste kennen. *Man* ließ sich einladen, *man* kam auch neuerdings, doch *man* lud nicht selber ein, jedenfalls keinen jüdischen Bankier mit seiner Frau. Dennoch, Fanny hielt sich was darauf zugute, adels- und standesbewußte Grafen und Fürstinnen bei sich zu sehen. Die Vornehmsten der Vornehmen fanden sich bei ihr ein.

Während in Berlin schon Aufsehen machte, wenn einer aus Kassel oder Königsberg erschien, trafen sich bei Arnsteins, besonders während des Wiener Kongresses, Gäste aus fast ganz Europa; der Salon hatte sich internationalisiert.

Dem entsprach der prächtige Rahmen. Mit Rahels Dachstübchen hatte das nichts mehr zu tun. Fannys Palais war ausgestattet mit seidenbespannten Möbeln, venezianischen Spiegeln, schweren Teppichen und Draperien. Bei Rahel hatte ein Faktotum Tee gekocht. Fanny veranstaltete nach Hausbällen und Konzerten noch mitternächtliche Soupers. Ähnlich wie zu den berühmten Pariser Assembleen der Madame Recamier kamen zu Arnsteins manchmal drei- bis vierhundert Personen. Hochthronend auf den Böcken, mit den Peitschen knallend, lenkten gegen Morgen Kutscher die Wagen ihrer Herrschaft vors Portal. Schleiermacher hatte nach einem Salonbesuch bei Henriette Herz sein Laternchen am Überrock befestigt und war still nach Hause gewandert.

Wenn sich die Salondamen aus Berlin zuweilen fremd und einsam unter Fannys Gästen fühlten, so nicht allein aus Wehmut über das Verlorene, denn das Berliner Salonleben war mit dem Einmarsch der Franzosen 1806 erloschen. Bei Fanny mußten sie sich einer Rangordnung unterwerfen, die sie aus Berlin nicht kannten. Dort hatten Geist, Ideenreichtum und Bildung das Prestige des einzelnen, die Rangordnung bestimmt. Bei Fanny konnte es geschehen, daß jemand ein geistvolles Gespräch mit der Varnhagen unterbrach, um sich an eine zwar tumbe, aber einflußreiche Exzellenz zu wenden.

War Rahel und ihren Freundinnen bewußt, wie sehr auch sie sich in den letzten zwanzig Jahren verändert hatte? Wenn Rahel nicht «stehengelassen» wurde, sondern inmitten von Hochwohlgeborenen ihren Geist strahlen und ihren Witz funkeln lassen konnte, schmeichelte ihr das. Ihre Briefe strotzen von wohlgefälligen Berichten über Ausfahrten mit Gräfinnen und Fürsten-Frühstücke. Wenn sie an Friedrich über Dorothea schrieb, so nannte sie sie «Frau von Schlegel». Zugehörigkeit zu «feinen Leuten» tat den Damen wohl.

Jeder der alten Berliner Freunde war er selbst geblieben und zugleich ein anderer geworden. Das galt auch für Wilhelm von Humboldt, Dorotheas «Bruder» aus dem Tugendbund. Aus dem einstigen wißbegierigen und sentimentalen Jüngling war ein hoher Diplomat geworden, der 1810 als Staatsminister und preußischer Gesandter mit Familie nach Wien gekommen war. Die Schlegels wurden oft zum Essen bei den Humboldts eingeladen, fast täglich sah man sich. Mochten ihn Philipp Veit und sein Freund Joseph auch für einen «ewig widersprechenden spitzköpfigen heidnischen Minister» halten – so Eichendorff in seinem Tagebuch –, Dorothea wußte Humboldts Treue zu den Jugendfreunden zu schätzen.

Schlegels religiöse und politische Auffassung teilte Humboldt selbstverständlich nicht, aber auch seine Überzeugungen hatten sich gewandelt. Zum Beispiel seine Meinung über Frauen. Er, der, jungverheiratet, in der Frau den eigenen, selbständigen Menschen gesehen und seiner Karoline «gerade in dem engsten Verhältnis die höchste Freiheit» zugesprochen hatte, dichtete 1809: «Das Weib muß dienen und gehorchen, scheiden/ von jeder eigenen Lust, und sonder Klage/ im sauren Dienst der Stirne Schweiß vergeuden... Vergiß es nie: zu dulden und zu lieben/ den, dem sie dient, ist das Weib geboren./ Denn sie ist nicht zum Glück nach eigenen Trieben/ zu fremden Vorteils Werkzeug nur erkoren.»

Vor allem aber, Gäste und Gastgeber der Berliner Salons von 1790 waren begeisterte Anhänger der großen Revolution gewesen und hatten die Franzosen bewundert. Zwanzig Jahre später, in den Wiener Salons, sprach man von ihnen nur mit Abscheu.

Napoleon hatte halb Europa unterjocht, als die Russen seine Armeen aus dem brennenden Moskau über die Beresina zurück nach Westen trieben und sich 1813 zunächst mit Preußen, dann auch Österreich verbündeten; der Befreiungskrieg begann.

Dorotheas Familie in Berlin, alle ihre jüdischen Freunde erwiesen sich als enthusiastische preußisch-deutsche Patrioten. Einstige Wertschätzung, womöglich gar Bewunderung Napoleons als Repräsentanten des Fortschritts, der Modernität und Freiheit oder auch als Retter aus dem Chaos und Bändiger der Revolution hatte sich in unverhohlenen Haß verwandelt.

Die Arnsteins in Wien und in Berlin die Veits und Mendelssohns zeichneten beträchtliche Kriegsanleihen und spendeten hohe Summen für Liebesgaben und die Pflege der Verwundeten, der sich die Frauen, übrigens auch Rahel, hingaben. Ihre Söhne, einer den anderen übertreffend, meldeten sich zum Kriegseinsatz.

Einzig Henriette, Dorotheas Lieblingsschwester, machte sich Gedanken, ob dieser mit Franzosenhaß durchtränkte Patriotismus mit ihrem Glauben zu vereinbaren sei, denn auch sie war, Dorothea folgend, zum Katholizismus konvertiert. Seit langem unter den Franzosen lebend, daheim in Frankreich und in Preußen, schrieb sie Schlegels: «es ist mir, als wäre *Patriotismus* keine christliche Tugend, und als wäre der Nationalhaß unvereinbar mit der Liebe, die Christus gelehrt und zu der er uns ermahnt... Für die Menschen hat der Herr gelitten, nicht für diese oder jene Nation!»

Dorothea muß verstanden haben, was Henriette meinte, denn auch sie hatte darüber nachgedacht, was Gott dem auferlegt, der ein guter Christ sein will und zugleich ein guter Bürger. Konnte denn äußere Knechtschaft die Gemeinschaft mit Gott und allen Heiligen lösen? War es nicht gottgerechter, Leiden zu erdulden, Unrecht zu ertragen, als womöglich selber Unrecht zu begehen? Aber als der Befreiungskrieg begann, traten solche, dem Tagebuch einst anvertrauten Überlegungen auch für die ältere Schwester in den Hintergrund. Katholiken, Juden und Protestanten erschien Nächstenliebe, empfunden für Franzosen, als Vaterlandsverrat.

Die preußischen Juden fühlten sich besonders aufgerufen, zu den Fahnen zu eilen. Ein Edikt von 1812, verabschiedet im Rahmen des preußischen Reformprogramms, hatte ihre bürgerliche Gleichberechtigung festgeschrieben. Jetzt wollten sie ihrem Vaterland beweisen, daß sie, anerkannte Bürger dieses Staats, zu seinen tapfersten Verteidigern gehörten. Zum erstenmal kämpften Juden im Bewußtsein ihrer nationalen Zugehörigkeit auf deutscher Seite. Dorothea allerdings hatte sich von Preußen, ihrem «Stiefvaterland», wie sie es nannte, losgesagt, als sie nach Wien gekommen war. Von Köln aus hatte sie mit Mitgefühl für die Berliner Freunde, doch auch mit Schadenfreude und Verachtung die Niederlage der preußischen Truppen bei Jena und Auerstedt sowie den Einzug Napoleons in Berlin verfolgt. Hatten sich die Berliner nicht allzu lange Illusionen über Napoleon und die französische Nation gemacht? Geschah ihnen nicht recht, den «bösen Feind, den *sie so lange geleugnet, oder ignoriert*» nun «in ihren Geschmackvoll verzierten Zimmern hausen sehen» zu müssen?

Hinzu kam noch, daß diese Preußen Protestanten waren und in ihrem Großmachtanspruch eine Rolle spielen wollten, die in den Augen der angehenden Kölner Konvertitin den Interessen des Katholizismus in Deutschland widersprach. Dorothea entsann sich lieber ihres «Asiatischen Ursprungs» als ihrer protestantischen Periode und beschloß, radikal, wie sie nun einmal war, beiden, den Protestanten und den Preußen, abzuschwören.

Ihre ersten Erfahrungen in Wien bekräftigten sie noch. Im

österreichisch-französischem Krieg erklärten sich die Preußen für neutral; so verrieten sie in Dorotheas Augen wiederum die deutsche Sache. Sie hingegen verhielt sich so, wie sich Frauen oft in Kriegen verhalten haben: Sie machte mit, sie spornte an, rief nicht nach Mäßigung und Frieden, sondern verherrlichte den Krieg als Tugendwecker und unerläßlich für das menschliche Geschlecht. In pathetischen Redensarten schwor sie, ihr ein und alles, ihre Söhne, dem «theuren Vaterland» zu weihen. «Dem guten Kaiser bis zum letzten Atemzug zu dienen», wurde Friedrich aufgerufen und «treu bis in den Tod» zu sein. «Jungfrau-von-Orléans-Gehabe» hatte sie das einst in Köln genannt; doch damals Luise, die preußische Königin, gemeint.

Doch dann, im Befreiungskrieg von 1813, machte Preußen seine «Sünden» in ihren Augen wieder gut, es löschte seine «Schande» aus. Jetzt, schrieb Dorothea an Varnhagen, «ist alles das überwunden, gebüsst und ganz vorüber...» Auch sie wurde von einer gewaltigen nationalen Aufbruchsstimmung miterfaßt, zumal sich dieser deutsche Patriotismus eng mit der Kirche und Religion verband. Französischer Freidenkerei wurde nun *das Christentum* als spezifisch deutsche Nationalreligion entgegengesetzt, der Antikirchenpolitik Napoleons das Bündnis Thron/Altar. In diesem «heiligen Krieg» ging es für Dorothea um «die Sache Gottes», die «bis auf den letzten Punkt ausgefochten» werden müsse. In ihrer Kriegsbegeisterung stimmte sie mit Juden und Christen, Österreichern und Preußen, Männern und Frauen aller Stände überein. Friedrichs Ideen, die verschiedensten deutschen Stämme sollten im Rückgriff auf das Mittelalter in ihrer Geschichte und Kultur deutsche Identität gewinnen, die Äußerungen der Romantiker über Deutschtum und Nationalbewußtsein belebten und vertieften ihre Vaterlandsbegeisterung, und in der Reichsidee löste sich der bisher empfundene Gegensatz Preußen – Österreich vorübergehend auf.

Im März 1813 erklärte Preußen Frankreich den Krieg, und Friedrich Wilhelm III. stellte in seinem Aufruf «An mein Volk» die Vertreibung Napoleons als Aufgabe aller seiner Untertanen dar. Da hatte der gerade zwanzigjährige Philipp schon den Entschluß gefaßt (und entsprechend seinen Vater unterrichtet), «mich nicht von den meisten und besten deutschen Jünglingen abzusondern und mit ihnen eine Zeitlang meine Kraft für das Wohl des Vaterlandes zu benutzen».

Dorothea ließ sich ihr mütterliches Erbteil auszahlen – Fromet Mendelssohn war 1812 gestorben –, um ihren Jüngsten militärisch auszurüsten, zu equipieren, wie das hieß, und Anfang April 1813 machte sich dieser mit Eichendorff zusammen auf den Weg, zunächst nach Breslau, dem angegebenen Sammelplatz, und von dort nach Sachsen. In einer Kürassier-Schwadron, befehligt von dem Dichter Friedrich de la Motte Fouqué, nahm der junge Veit an mehreren Gefechten und an der Völkerschlacht bei Leipzig teil; knapp kam er am Tod vorbei.

Während sich ihr Philipp laut Auskunft seines Kommandanten «höchst rühmlich vor dem Feind betrug» oder in der Etappe Zeit totschlug, enthielt seine Mutter sich der Heldenmutterpose und bewahrte Nüchternheit, Sinn fürs Praktische.

Seinen «Obern» stets gehorchen, das ist klar und das muß sein, aber doch auch Mutter schreiben, wie es mit der Wäsche steht!

«Wie siehst Du aus? Was hast Du an?... Kannst Du auch zum Beten kommen?»

Ehrenvoll und tapfer soll der Junge kämpfen, aber bitte wollene Unterhosen im Gefechte tragen. Siegen soll er, doch sich nicht erkälten! Leibbinde und wollene Strümpfe werden nachgeschickt.

Den Feind soll er verfolgen, über Trier und Luxemburg nach Frankreich ziehen, aber sich den Magen nicht verderben! Verzehr unreifen Obstes ist Leutnant Veit von seiner Mutter untersagt.

Während Philipp nach dem Einzug in Paris bei seiner Tante Henriette Kaffee trank und sich nach Hause sehnte, entschied auch seine Mutter, nun sei es genug, es müsse Schluß sein mit dem ständigen Herumgeziehe, Philipp zurück an seine Staffelei.

Im Sommer 1813 nahm dieser seinen Abschied, und nach längerem Aufenthalt im Märkischen, bei Fouqués, wie auch in Berlin beim Vater, kehrte er nach Wien zurück. Derweil erfuhren seine Kameraden, hochdekoriert, doch auch verwundet aus dem Krieg zurück und in Berlin auf Staatsanstellungen hoffend, daß sie diese nicht erhalten könnten, weil sie Juden seien.

In der österreichischen Hauptstadt versammelten sich zu dieser Zeit die Sieger, um Grenzen und Grundsätze des nachnapoleonischen Europa festzulegen.

Dabei erging es Dorothea zunächst so wie den meisten Wienern. Zwar konnte sie fast täglich miterleben, wie Kongreßteilnehmer und solche, die dazugehören wollten, in die Stadt einzogen: Könige, Kanzler, Kurtisanen, Majestäten und Minister, Grafen und Gesandte, Fürsten, viele Fremde, kleine Freudenmädchen und ein Heer von Sekretären, Schreibern, Köchen, Händlern, nicht zu vergessen die geschickten Taschendiebe, Hochstapler, Heiratsschwindler, Spitzel und andere Spitzbuben. Aber was bei diesem Wiener Kongreß herauskommen sollte, das wußte Madame Schlegel genauso wenig wie das übrige Publikum: «man hofft, man wünscht, man fürchtete, man raisoniert und träumt und muß sich gestehen, daß man *nichts* weiß», schrieb sie. Der Kongreß stellte sich ihr als Kette von Festen und Vergnügungen dar, an denen sie wenig Anteil hatte.

Doch es gab Ausnahmen; Ereignisse, die sie ihr Lebtag nicht vergaß. Dazu gehörte das große Praterfest am ersten Jahrestag der Leipziger Völkerschlacht. Das ging sie an, da ging sie hin, das war sie ihrem in Leipzig dabeigewesenen Philipp schuldig.

Auf einer Anhöhe stand ein offenes Zelt und in diesem ein Altar mit einem großen Kruzifix, das, umgeben von Kandelabern, weithin sichtbar war. Rundherum standen die Nobilitäten, scharte sich das Volk in mehreren Kreisen. Im engsten altarnahen Kreis Kaiser, Könige und Generale. Einen zweiten hinter diesen bildeten die Truppen der Wiener Garnison mit «Infanterie, Cavallerie, Mineurs, Sapeurs und Artillerie» und schließlich dann die Menge, in feierlicher Stille, bis das Tedeum von der Anhöhe erscholl.

Anschließend an den Gottesdienst nahmen die hohen Herrschaften, unter ihnen Kaiser Franz I. und Zar Alexander, die sich bei den Händen hielten, das Defilee der Truppen ab. Dann nahm das Volksfest seinen Lauf. In den mit Trophäen und Obelisken reichgeschmückten Parkalleen standen lange Tische für die Angehörigen der Wiener Garnison, und von offenen Feuern wurde unaufhörlich Gekochtes und Gebratenes herangeschleppt. Allenthalben sah man «herrliche Gruppen, freudige Gesichter», und bis in die Stadt hinein erscholl das andauernde Vivat für die im Lusthaus speisenden Fürsten; «der ganze Prater bebte». «O welch ein Fest war das», schrieb Dorothea, am nächsten Tag immer noch zu Tränen gerührt, an ihren Sohn. Unter all «den glänzenden, herrlichen, einzigen» war es «das herrlichste von Allen».

Ähnlich bewegte sie während des Kongresses, in einer Einstudierung des kürzlich erst gegründeten Wiener Musikvereins zusammen mit Hunderten von Sängerinnen und Sängern «Samson» zu singen, eines der großen Oratorien des von ihr so sehr geliebten Händel.

Während sich in Fanny von Arnsteins glanzvollem Salon die zum Kongreß entsandten Preußen wie zu Hause fühlten – Fanny machte das sehr glücklich –, trafen sich in Schlegels Stübchen Männer, die die Interessen des Vatikans bei den Verhandlungen wahrzunehmen hatten; hohe Kleriker wie der päpstliche Nuntius Severoli und der Kardinal-Staatssekretär Consalvi, und natürlich waren oft auch Hofbauer und andere dabei. Es «sind die auserlesensten und bedeutendsten Männer zusammen, wir sehen täglich viele von ihnen in unserem kleinen Zimmer und ich bin oft eine Zeugin der wichtigsten und geistreichsten Unterhaltungen», berichtete Dorothea ihrem zu Malstudien nach Rom gegangenen Ältesten.

Schlegel war den Herren wichtig; im Auftrag des österreichischen Staatskanzlers Metternich arbeitete er an Entwürfen für eine künftige deutsche Verfassung mit und verfaßte auch Ausarbeitungen für Severoli. In allen möglichen Zusammenhängen versuchte er, nutzbringend für den Vatikan zu sein, wofür sich Seine Heiligkeit, der Papst, nach Abschluß der Verhandlungen mit dem Christusorden, einer der höchsten Auszeichnungen, bedankte.

Während einflußreiche deutsche Kirchenkreise auf eine gesamtdeutsche Kirchenorganisation in nur loser Abhängigkeit von Rom hinarbeiteten, war dem Papst natürlich daran gelegen, die direkte Gewalt über eine solch mächtige Kirche zu erlangen, und seine Vertreter konnten sicher sein, daß ihn der Hofbauer-Kreis und besonders Schlegel darin unterstützten.

Der Wiener Geheimpolizei, im Sold der Hofburg, nicht des Vatikans, blieben Schlegels Kontakte mit dem hohen Klerus nicht verborgen, und sie setzte deshalb seinen Namen auf die Liste der ob ihrer ausländischen Verbindungen zu überwachenden Personen. Doch werden die damit beauftragten Agenten Schwierigkeiten wegen ihrer häufigen Weinhausrechnungen bekommen haben, denn ihr «Beobachtungsobjekt» hielt sich, wie sie zu berichten hatten, außergewöhnlich oft in für den Weinausschank zugelassenen Restaurationsbetrieben auf.

Im Sommer 1815, nach dem Ende des Kongresses, zogen die strapazierten österreichischen Teilnehmer sowie auch die Zaungäste und Statisten in Scharen auf das Land, um sich zu erholen. Die Schlegels fanden zusammen mit Philipp ein Quartier im baumbestandenen grünen Vorort Hitzing.

Dort erfuhren sie, daß der von Elba zurückgekehrte Napoleon bei Waterloo endgültig geschlagen worden war. Die Nachricht machte Dorothea «etwas toll». In einem Brief an Rahel sah sie, ganz im Sinne der neugeschlossenen Heiligen Allianz zwischen Österreich, Rußland, Preußen, in dem militärischen Triumph zugleich auch einen Triumph der hergebrachten Ordnung: Recht und Ordnung hätten sich gegen das Chaos durchgesetzt. «So werden wir doch mit Gottes Hilfe endlich von dem Gespenst dieser sogenannten *Nation* befreyt werden, und wir einsehen lernen, daß eine *Menge* ohne Respekt für Herkommen, für eingebornes, mitgebornes Gesetz und Gesetzlichkeit; ohne Beschränkung, ohne Gehorsam, ohne Ergebung und ohne Glauben an die göttliche Weltordnung; daß ein solches losgewordnes, nur in seiner Willkür lebendes, nie gleichmäßig fortschreitendes, sondern unaufhörlich nur immer im tumultuarischen Uebersichgreifen umhergetriebenes Volk *keine Nation* ist. Es lebe Wahrheit und Ordnung!»

Zwanzig Jahre früher hatte sich Dorothea ähnlich drastisch, ähnlich radikal zur Verbündeten des Zeitgeistes gemacht, um sich aus unerträglichen privaten Zwängen zu befreien. Doch dem Revolutionszeitalter war die Restauration gefolgt. Jetzt beglaubigte ein rückwärtsgewandter Zeitgeist Dorotheas selbstgewählte und private Bindungen und Zwänge und zugleich auch ihre religiösen und politischen. Dorothea wollte nicht mehr rebellieren, sondern dienen und gehorchen, und dies sollten nunmehr alle tun.

Ihr Friedrich, einer der Förderer und Ideologen der Heiligen Allianz, wurde fortan nicht mehr durch die Polizei beschattet, sondern reiste noch im gleichen Jahr nach Frankfurt ab. Er war Mitglied der österreichischen Delegation beim neuen Deutschen Bundestag geworden.

ICH WILL VERSUCHEN, NOCH EINMAL JUNG ZU WERDEN

Dorothea in Rom

Geh an Orte, wo neue Gegenstände,
Worte und Menschen Dich berühren, Dir Blut,
Leben, Nerven und Gedanken auffrischen.
Wir Frauen haben *dies* doppelt nötig.
Rahel Varnhagen

Frankfurt war für Friedrich ein Fiasko. Seine diplomatische Karriere, die gerade erst begonnen hatte, scheiterte an Unkenntnis, Ungeschicklichkeit und seinem Unvermögen, sich in eine Hierarchie zu fügen.

Bar jeder Kenntnis des diplomatischen Metiers, seiner Regeln und Gesetze, durch Fürsprache der Gräfin Zichy sowie anderer Wiener Freunde und sich der Illusion hingebend, entscheidend Einfluß nehmen zu können, war Schlegel in sein Amt gekommen. Der von ihm weit überschätzte neue deutsche Bund, so hatte er gehofft, werde zur Keimzelle eines vollkommenen christlichen Staates werden und er, der Legationsrat Schlegel, einer der Wegbereiter sein. Doch der Deutsche Bundestag tagte erst seit einem Jahr, da stand die Abberufung des Presse- und Kulturattachés der österreichischen Gesandtschaft (so würde man Friedrichs Posten heute nennen) schon so gut wie fest.

Da sich Schlegel seinem Vorgesetzten, dem österreichischen Gesandten, weit überlegen fühlte, versuchte er, über dessen Kopf hinweg direkt die Staatskanzlei, den Fürsten Metternich zu informieren und löste damit Verwunderung in Wien und Zorn bei dem Gesandten aus. Da er die Rechte der katholischen und jüdischen Minderheit in Frankfurt nicht ausreichend gesichert sah, ließ er sich in einen Konflikt mit städtischen Behörden ein, die sich fremde Einmischung verbaten. Um wenigstens geistig Einfluß nehmen zu können, wollte er, ungeachtet seines Amtes, eine neue Zeitschrift gründen, was ihm Metternich verbot. Fürsprache fruchtete nicht mehr; der Staatskanzler war nun überzeugt, daß dieser Schlegel als Diplomat nicht zu gebrauchen sei, und verfügte seine Abberufung. 1818, im April, kam der in der Gesandtschaft schon seit längerem erwartete Bescheid.

Was nun? Einfach abzureisen war nicht möglich, das ließen Friedrichs neue Gläubiger nicht zu, und auch die Hofburg, von seinen Schulden unterrichtet, bestand darauf, daß sie beglichen würden. Außerdem, wo sollten denn die Schlegels hin? Ihre letzte Wiener Wohnung hatten sie längst aufgegeben; Dorothea war ihrem Mann nach ein paar Monaten gefolgt. Auch rechneten sie noch fest damit, auf einen anderen Posten, nicht unbedingt in Wien, versetzt zu werden.

Das Ehepaar beschloß, sich vorübergehend zu trennen. Friedrich wollte nach Krediten Umschau halten, um die Schulden abzuzahlen, und vorerst in Frankfurt bleiben; Dorothea sollte alles Weitere bei ihren Söhnen in Rom abwarten. Ende April des Jahres 1818 reiste sie, von Frankfurt kaum bereichert, nach Italien ab. Als Diplomatengattin fiel sie niemandem auf.

Den Beginn des anstrengenden, abenteuerlichen Unternehmens behielt Frau Schlegel in lebhaft-heiterer Erinnerung. Eine italienische Familie hatte sich erboten, sie in ihrem Wagen bis Mailand mitzunehmen. Man startete in Heidelberg. Friedrich war bis dahin mitgekommen, und in der angenehmen Gesellschaft Sulpiz Boisserées, der jetzt dort wohnte, vergingen die ersten beiden Reisetage. An der Karlsruher Post warteten Rahel und ihr Mann, der kürzlich zum preußischen Geschäftsträger am badischen Hof ernannt worden war. Was für ein herrliches Stück Land, dieses Baden! Dorothea war begeistert, auch von den Bewohnern. Sie seien «schön und edel und gebildet», schrieb sie ihrem Mann.

Ein Jahr später plünderten «edle und gebildete» Heidelberger und Karlsruher Bürger jüdische Wohnungen und Geschäfte, verprügelten die Eigentümer und stürmten Synagogen. Doch die Pogrome blieben auf diese beiden Städte nicht beschränkt. Ähnliches geschah in anderen Orten. Traditionelle Antipathie gegenüber Juden, ein neuer Nationalismus, Fremdenhaß jedweder Art erzeugend, und Konkurrenzangst gegenüber nun gleichberechtigten, zu vielen Berufen und Geschäften zugelassenen Juden entluden sich in sogenannten Hepp-hepp-Krawallen. Betroffen berichtete Friedrich nach Rom.

Am 1. Mai des Jahres 1818 überquerte die kleine Reisegesellschaft mit Madame Schlegel die Alpen. Um drei Uhr morgens brach man im schweizerischen Brieg, am Fuß des Simplonpasses, auf und erreichte, diesen überquerend, nach fünfzehn Stunden teils im Wagen, teils zu Fuß die italienische Ortschaft Domodossola.

Wir kamen in «die unübersehlichen Schneeberge und rings alles Mauer hoch Schnee, mit dazwischen heruntergestürzten Lawinen und Gißbächen, die unzählige ungeheure Steine mit in den Weg wälzten. Wir mußten aussteigen und durchwaten, oft bis ans Knie. Endlich wurde es zu arg, die Chaise auf einen Schlitten gesetzt und nun hatten wir das eigene Fest eines 1ten Mays mit brennendem Sonnenschein in einer zweystündigen Schlittenfarth, von einer Seite die ungeheuren Felsen, worunter unzählige Wasserfälle über und neben uns herunter rauschten, und von der rechten dicht an entsetzlichen Abgründen hin...»

Der Simplon wird zum Alptraum: «kein Geländer, wo man nicht zittert, es könnte umfallen; man fährt über keine Brücke, wo man nicht vermutet: gerade jetzt wird sie einbrechen, jeder Fels oben, denkt man, wird eben herunter fallen; jeder Wasserfall seine Bahn verlassen und auf uns los stürzen...» Herausgerissene Baumwurzeln, mächtige Felsbrocken, bizarr geformte Steine sehen in der Dunkelheit wie wilde Tiere aus, die hungrig auf den Wagen lauern, um seine Insassen in ihren Schlünden zu zermalmen – «es ist sehr grauslich».

Nur wenige Tage später durchfuhr die Reisende weite, von einem sanftblauen Himmel überstrahlte grüne Ebenen zwischen Mailand und Florenz. Das Grün der Hecken, Obstbäume und Felder war von einer solchen Frische und leuchtete in so verschiedenen Schattierungen, wie Dorothea es noch nie gesehen hatte. An unbebauten Hängen blühten wilde Rosen und in den Büschen sangen Scharen von Nachtigallen. «Es ist wahrhaft bezaubernd!» Endlich hielt der Vetturin auf einem Hügel, und Dorothea sah auf das von einer milden Frühlingssonne beschienene prächtige Florenz, die «Kaiserin der Städte». Hierher war Philipp ihr entgegengereist; alles «Sorgen und Fürchten» war vorbei. Mutter und Sohn blieben vierzehn Tage in Florenz, um all die Schönheiten, die Kunstwerke zu sehen. Fünf Wochen, nachdem sie in Frankfurt aufgebrochen war, am 2. Juni 1818 erreichte Dorothea erwartungsvoll und glücklich Rom.

Seit der Wiederentdeckung der Antike durch Winckelmanns Schriften und Goethes Dichtung, seit dem Ende des 18. Jahrhunderts zogen jedes Jahr deutsche Schriftsteller, Gelehrte, Künstler und kunstverständige Damen über die Alpen, und aus ihren Briefen spürt man, was es ihnen bedeutet hat, Rom zu sehen und dort zu leben. Bis ins hohe Alter sehnte manch einer sich danach, noch einmal zurückzukehren und in Rom zu sterben. Dorotheas Herz eroberte die Stadt sich nicht im Fluge. Die antiken Ruinen, um derentwillen so viele hierherkamen, wirkten auf sie «mehr niederschlagend als erhebend», «stumm und graulich». Statt diese «Ueberreste des Römischen Heidenthumes» anzubeten, erinnerte sie sich lieber der Altertümer, die sie am Rhein, auch in Florenz gesehen hatte und die vom Triumph der frühen Christen zeugten.

Natürlich pilgerte Dorothea gleich nach ihrer Ankunft zum

Petersdom, um Gott zu danken, daß er sie durch alle Fährnisse hierhergeleitet hatte. Doch andächtig zu beten fiel ihr schwer, und sie fragte sich, ob der Apostel, wenn er nochmals hierherkäme, nicht nochmals sein Gewand zerreißen würde. In seiner Pracht und Größe erinnerte sie der Bau eher an einen kaiserlichen Palast als an ein Gotteshaus; «es ist eine heydnische Pracht» darin. Überhaupt, viel am römischen Katholizismus war ihr zu äußerlich: zu viele «Sternenkronen und Scheiterhaufen... glänzende Tempel, schmetternde Posaunen», wie ihr Landsmann Wilhelm Müller schrieb.

Der Ort, an dem sie sich Gott nahe fühlte, war das Kolosseum. Ein früherer Papst hatte dieses eindrucksvolle Bauwerk der antiken Spätzeit zur Gedenkstätte für die christlichen Märtyrer erklärt und in seiner Mitte ein riesiges Kreuz errichten lassen. Dorothea, das große Rund betretend und sogleich der Gegenwart entrückt, sah vor ihrem inneren Auge, wie hier Christen öffentlich gemartert worden waren, um ihrem Glauben abzuschwören. Man zeigte ihr den Gang, durch den man die wilden Tiere auf die Gläubigen zugetrieben hatte; nur schwer wurde sie der Erschütterung Herr.

Frau Schlegel hat in späteren Briefen überschwenglich Rom gepriesen, hat versichert, sie wisse «keine herrlichere, bedeutendere, das innere Leben nährendere» Stadt als diese. Aber ihr ganz eigenes Rom blieb das altchristliche.

Dorothea war sehr glücklich über das Zusammensein mit ihren Söhnen, und in ihrem Bedürfnis, ihnen das Leben zu erleichtern und für sie zu sorgen, war sie die liebevollste Mutter, die sich denken läßt. Alle Unbill, die die beiden durch die Scheidung von Veit erfahren haben mochten, wollte sie durch doppelte Fürsorge vergelten.

Dennoch ist es schwer, sich ein Bild von ihrem Verhältnis zu Jonas, dem Ältesten, zu machen, der bei seinem Vater aufgewachsen war und sich, getauft, Johannes nannte. Ihren Briefen nach zu urteilen, stand er in der Gunst der Mutter zurück hinter seinem jüngeren Bruder. War er ihr durch die lange Trennung fremd geworden? Johannes wirkte still, bescheiden, ganz in sich gekehrt. Er arbeitete langsamer und bedächtiger als der Bruder, war auch weniger begabt. Oft bedrückte ihn ein Gefühl der «eigenen Beschränkung», dann mischte sich Melancholie in seine Farben. Er wollte mehr, als er erreichen konnte. Jedenfalls, mit Philipp ging die Mutter viel vertrauter um.

Die Brüder wohnten gemeinsam mit einigen Malerfreunden in einem Palazzo, einem alten Künstlerhaus inmitten eines Künstlerviertels auf dem Monte Pincio, einem der sieben Hügel Roms; und zwar dem nördlichsten, zu besteigen auf den hundertfünfundsiebzig Stufen jener berühmten Spanischen Treppe, die schon damals ein Anziehungspunkt für Rom-Besucher war.

Die Wirtsleute namens Pulini mit ihren sechs Kindern sahen in den Gästen eher Anverwandte, und auch die Künstler untereinander lebten wie in einer Großfamilie, denn sie huldigten den gleichen Idealen in der Kunst und hatten eine neue Schule in der Malerei begründet. Man nannte sie die Nazarener, denn sie trugen ihre Haare, ähnlich Jesus Christus und anderen Männern Nazareths, zu beiden Seiten eines Mittelscheitels in Locken lang herunterhängend.

Einer der bedeutendsten unter ihnen, Johann Friedrich Overbeck, hatte zusammen mit einigen anderen Malern, die sich in ihren Intentionen nicht verstanden fühlten, 1809 die Wiener Akademie verlassen und einen Künstlerbund gegründet. Zusammen war man nach Rom gezogen, und dort hatten sich zuerst Johannes und vier Jahre später, 1815, Philipp den Nazarenern angeschlossen. Das lag nahe, denn deren Ideen waren denen der beiden Brüder nah verwandt. Auf den Spuren Dürers und vor allem Raffaels wollten diese jungen Männer die Kunst durch die Religion erneuern, anknüpfend an das Mittelalter eine neue Blütezeit christlicher Kunst einleiten. Dem entsprachen die Motive, zum Beispiel Overbecks: «ein entschlafener Joseph in den Armen des Heilands, eine schattenhafte weinende Madonna, ein Christus, den Verfolgern entschwebend und auf luftigen Wolken tretend, geflügelte Kinderengelköpfe...» (Ferdinand Gregorovius)

An Zeitgenossen wie den Spanier Goya oder den Engländer Turner reichen die Veits und ihre Freunde nicht heran, auch nicht an Philipp Otto Runge und Caspar David Friedrich. Der Laie muß wohl ähnlich fromm wie die Nazarener sein, wenn ihre Bilder ihn bewegen sollen. Am eindrucksvollsten wirken die Porträts, die sie von sich und ihren Freunden malten. Besonders Overbeck war ein großer Porträtist. Mit ihm, vor allem mit seiner Frau, stand Dorothea besonders gut. Overbecks sanfter und versonnener Charakter, ein wenig weltentrückt, mag sie an ihren Ältesten erinnert haben, und es rührte sie, wie dieser an dem hochverehrten Freund und Lehrer hing. Nina, Overbecks Frau, entschlossener und beherzter als ihr Mann, kannte Dorothea schon aus Wien. Das Mädchen hatte zeitweilig als Haustochter bei ihr gelebt und war ihr längst ans Herz gewachsen. In Rom setzte sich der mütterlich-vertraute Umgang fort.

Peter Cornelius, der andere berühmte Nazarener, war in allem das Gegenteil von Overbeck: temperamentvoll, selbstbewußt und lebenstüchtig. Im Unterschied zu seinen konvertierten Freunden stammte er aus einer rheinisch-katholischen Familie und hatte nichts von ihrem religiösen Übereifer, sondern war ein toleranter Mann. Da er durch Federzeichnungen zu Goethes «Faust» und zu den «Nibelungen» früh bekanntgeworden war, bot ihm der bayerische Kronprinz an, die neue Glyptothek in München auszumalen, und Cornelius verabschiedete sich von Rom.

Dorothea maß Philipps Arbeiten an denen dieser beiden Maler und kam zu einem für sie typischen Ergebnis: «Dir mag ich es wohl sagen, liebster Friedrich...: So viel eigentlich gründliches Genie wie Philipp, scheint mir keiner von den Unsrigen zu haben. Overbeck hat mehr Meisterschaft in der Zeichnung aber nicht diese Erfindung, diese Phantasie, und nicht die Ausbildung des Geistes. Cornelius ist ein älterer geübter Meister von großer Kraft, aber er hat nicht so viel Gefühl, er ist mehr noch ein Heyde... Hätte P[hilipp] den eisernen, anhaltenden Fleiss, der notwendig ist, so würde gewiss etwas sehr ausgezeichnetes aus ihm, etwas welches der Kunstepoche *seinen* Namen verleihen würde.»

Immerhin, Philipp hatte sichtbare Erfolge aufzuweisen. Ein Schwager seines Onkels Abraham, der preußische Generalkonsul Jakob Salomon Bartholdy, hatte beschlossen, einen Saal seiner römischen Villa mit Fresken aus der Josephslegende ausmalen zu lassen, und zusammen mit Cornelius, Overbeck und Wilhelm Schadow, dem Sohn des Berliner Bildhauers und Schöpfer der Quadriga auf dem Brandenburger Tor, führte Philipp diesen Auftrag aus. Die Nazarener hatten damit eine fast vergessene Kunst, die Freskenmalerei, neu belebt und mit acht eindrucksvollen Bildern die Kunstwelt auf sich aufmerksam gemacht. Philipp malte auch ein Fresko für den Vatikan, und während seine Mutter ihn besuchte, beteiligte er sich mit Szenen aus Dantes «Paradies» an der berühmten Freskenmalerei der Nazarener in der Villa Massimo.

Ähnlich wie in Wien fand Dorothea auch in Rom einen ausgedehnten Bekanntenkreis und gute Freunde. Einige Künstler, die im Umkreis ihrer Söhne lebten, hatte sie schon früher getroffen. Aus Wien war ihr der Tiroler Landschaftsmaler Joseph Anton Koch bekannt, der, ein Käppchen auf dem Kopf, einen Pfeifenstummel im Gesicht, mit herunterhängenden Strümpfen und ausgetretenen Pantoffeln seine Bilder malte. Aus Jena kannte sie die damals noch kindhafte Louise Seidler, die als Malerin mit einem von Goethe vermittelten Stipendium des Großherzogs von Weimar nach Rom gekommen war und bei Pulinis im Palazzo wohnte. Andere wie zum Beispiel Thorwaldsen kamen neu hinzu. Dänisch, seine Muttersprache, hatte er schon fast verlernt, und mit dem Italienischen haperte es noch. Sein Kauderwelsch war schwer verständlich. Hinzu kam noch, daß dieser große Bildhauer ein zerstreuter, melancholisch und verlegen wirkender Künstler war. Man war bekannt, doch nicht befreundet.

Friedrich, von seiner Frau ausführlich unterrichtet, mit wem sie nun in Rom verkehrte, beklagte sich in seinen Briefen, sie sei nicht genug bemüht, nützliche Verbindungen für ihn zu knüpfen. Ich wünsche, «geliebte Frau», so schrieb er, «daß Du nun... anfängst für mich zu sinnen und zu denken, zu sehen, zu sammeln und zu beobachten... daß Du alle Personen, die dorten im Mittelpunkt irgendwo groß und bedeutend sind für die Kirche und Religion, kennen lernst, für mich und um meinetwillen.» Das waren andere als der Landschaftsmaler und Louise.

Hatte sie ihren Mann nicht oft genug gedrängt, ein wenig Ehrgeiz zu entwickeln und sich geärgert, daß er es nicht tat? Nun wolle er nicht länger zaudern, ließ Friedrich wissen, sondern «wirklich leben», und zwar mit Hilfe seiner Frau. Natürlich, fügte er hinzu, müsse «den wichtigsten Personen der katholischen Welt» der eigentliche Zweck des Kennenlernens verborgen bleiben, alles wie zufällig aussehen – er vertraue ganz auf ihre Klugheit, «mit vornehmen Leuten umzugehen».

Erfolgreich im Sinne ihres Mannes ist Dorothea nicht in Rom gewesen. Zwar frischte sie die in Wien geschlossene Bekanntschaft mit dem Kardinal-Staatssekretär Consalvi wieder auf und pflegte auch Umgang mit Diplomaten wie dem preußischen Gesandten Niebuhr und Damen von hohem Adel wie der Fürstin Kaunitz, der Frau des österreichischen Gesandten. Aber wenn Friedrich gehofft haben mochte, durch die römischen Verbindungen seiner Frau von Frankfurt erlöst und nach Italien geholt zu werden, so wurde er enttäuscht. Die vielen Visiten, Besuche, Einladungen wurden ihr bald lästig, und sie sehnte sich nach einem geruhsamen Leben inmitten der deutschen Künstler, zusammen mit ihren engsten Freundinnen in Rom.

Ein dreiviertel Jahr vor Dorothea, im Oktober 1817, war Henriette Herz zusammen mit einer Reisegefährtin namens Auguste Klein nach Rom gekommen und hatte während des Winters mit den Brüdern Veit besprochen, später mit Dorothea zusammenzuziehen. Nur wenige Tage nach deren Ankunft hatten die drei Frauen das bald gefährlich heiße Rom verlassen, um in Genzano, einem Städtchen in den Albaner Bergen, zusammen mit Nina Overbeck und deren Freundin den Sommer zu verbringen. Im Oktober kehrten sie wieder in die Stadt zurück, und Dorothea gründete mit Jette und Auguste einen Hausstand.

Zum erstenmal in ihrem Leben erlebte die Vierundfünfzigjährige einen südlichen, sonnigen und milden Winter, nahm zusammen mit Jette den Nachmittagskaffee unter den Eichen hinterm Haus und blickte auf die reifenden Zitronen. Oder sie stieg in den offenen Wagen der Potocka, einer russischen Gräfin, und besichtigte mit ihr die Stadt: die Gräber der Scipionen, das Grabmahl der Caecilia Metella, den Zirkus des Caracalla. Immer wieder zog es sie zu den üppigen Marktständen der Piazza Navona; pyramidenförmig in bunten Körben aufgeschichtet und mit grünem Laub geschmückt lagen dort Orangen, Zitronen und andere Früchte. An den Buden hingen Girlanden fetter Würste, Verkäufer priesen Büffelkäse und Rosenkränze aus Nußkernen an. Mit offenen Schnäbeln, in denen frisches Würzkraut steckte, waren Kapaunen und Hähne an roten Bändern aufgeknüpft.

Doch im Laufe des Winters gab es Schwierigkeiten mit Jette. Unmutig und mit einem Gefühl der Eifersucht registrierte Henriette, daß Dorothea schon heimischer am Tiber war als sie, die zuerst Gekommene, und schnell erkannte Jette auch, woran das lag. Die Freundin fühlte sich unter all ihren Glaubensgenossen wie zu Hause, während sie, die erst kürzlich protestantisch getaufte, «als eine Art Halbmensch angesehen wurde». Jedenfalls war das ihr Eindruck, und es kränkte sie.

Auch die Potocka war katholisch-fromm; morgens stand oft ihr Wagen vor der Tür, um Dorothea zur Messe abzuholen. Zu allem Überfluß konvertierte auch Auguste Klein. Jette fühlte sich noch mehr zurückgesetzt. Leider besaß sie nicht die durch Rang und Reichtum leicht erworbene Souveränität der Frau von Humboldt, die über Glaubenseifer nachsichtig hinwegsehen konnte: «Ich bin gut mit allen, sie mögen neu- oder altkatholisch sein oder Protestanten. Wenn sie nur gute Menschen... sind.» Karoline von Humboldt wurde Dorotheas angenehmste Gesprächspartnerin in Rom.

Die Schlegel übersah, daß Karoline Protestantin war, obwohl sie in *den* Protestanten Feinde sah. Die Humboldt übersah, daß Dorothea Jüdin war, obwohl sie *die* Juden ob ihres «Schachergeistes» und ihrer «Gesunkenheit» verachtete. Doch auf Dorothea und auch auf Rahel ließ Wilhelms Frau nichts kommen.

Karoline war diesmal wegen der schwachen Gesundheit ihrer Töchter nach Italien gekommen und betätigte sich in Rom als von den deutschen Künstlern hochverehrte, großzügige Mäzenin. Sie hatte sich drei Treppen hoch bei einer Witwe einquartiert, die möblierte Wohnungen ohne jeglichen Komfort vermietete, und empfing jeden Abend Künstler und Gelehrte. Einige wohnten auch im Haus.

Die Frau des früheren preußischen Gesandten beim Päpstlichen Stuhl interessierte sich für die Arbeit auch der unbekannten Bildhauer und Maler, half, wo Hilfe nötig war, erteilte Aufträge oder vermittelte Stipendien, günstige Verbindungen und war verständnisvoll und freundlich gegen jedermann. Beide Frauen, sowohl Karoline wie auch Dorothea, schrieben über die jeweils andere nur das Allerbeste. Gemeinsam beteiligten sich die beiden Damen am geselligen Leben in der deutschen Künstlerkolonie. Man machte Ausflüge und traf sich mal hier, mal da, bei der Seidler, Humboldt oder Herz, zum Tee. Abends veranstalteten Diplomaten, die man kannte, zuweilen Soireen, auf denen auch musiziert, getanzt, gesungen wurde. Karoline, die fast so preußisch-patriotisch war wie Dorothea deutsch-katholisch, besuchte besonders gern die Vaterländischen Feste, die die Künstler am Jahrestag der Völkerschlacht bei Leipzig oder auch zum Geburtstag des preußischen Königs veranstalteten. Nach dem Absingen vaterländischer Lieder aus den Befreiungskriegen schwor man sich, «echt deutscher Kunst» zu dienen. «Tugend, Gott und Vaterland» hieß die Parole. Wie angenehm es sich doch mit der «häßlichen alten Jüdin» plaudern ließe, flüsterten sich Gäste zu. Wußte Dorothea, wie oft sie auch in Briefen und späteren Erinnerungen so bezeichnet wurde? Hat sie sich damit abgefunden oder kränkte es sie lebenslang?

Zuweilen warfen die Damen auch einen Blick ins Café Greco, in dem sich die deutschen Künstler, sowohl die älteren, klassizistisch orientierten, als auch die Nazarener trafen. Dorthin kam auch, wer sich nur einige Zeit in Rom aufhielt, der Dichter Friedrich Rückert beispielsweise, ein Philosoph aus Deutschland namens Arthur Schopenhauer, den man allerdings nur als Sohn seiner berühmten Mutter kannte, und später, Ende der zwanziger Jahre, ein junger Komponist, Dorotheas Neffe, Felix Mendelssohn Bartholdy, der wie vor ihm Schopenhauer wenig Gefallen an den Besuchen dieses kleinen Cafés fand: Sie malen «so kranke Madonnen, schwächlige Heilige, Milchbärte von Helden, daß man mitunter Lust bekommt dreinzuschlagen».

Im Unterschied zu ihrer reichen Freundin besaß Dorothea keine Mittel, um selber Bilder anzukaufen, aber auch sie versuchte, und zwar nicht nur für die Söhne, Verbindungen herzustellen und Verkäufe zu vermitteln. Ihre Briefe an Friedrich enthalten detaillierte Angaben über Verkaufsabsichten, zum Beispiel von Kartons, und Preisvorstellungen sowie die Aufforderung, entsprechende Verhandlungen mit Kunsthändlern und Verlegern zu führen.

Im Unterschied zu Karoline Humboldt, der als Maßstab die Begabung, das Gelingen eines Bildes galt, war für Dorothea auch der Antrieb, die Gesinnung wichtig. Sie war sich mit den Nazarenern, ihren leiblichen und geistigen Söhnen, einig, daß der höhere Zweck der Kunst, Quelle aller Imagination nur die Religion sein könne und der Künstler gleich dem Priester den Gottlosen die Kunst entreißen müsse, um sie zurückzuführen in den Dienst der Kirche. Darum war sie auch in Rom so glücklich: Hier lebte sie, ähnlich wie in Jena, in einer Gemeinschaft schöpferischer Menschen, einer Gemeinschaft, die, und das unterschied sie von früheren Lebenskreisen Dorotheas, zugleich auch eine Gemeinde war. «Es ist ein sehr schönes Leben hier», schrieb sie an Friedrich. «Die Freyheit, welcher wir uns hier erfreuen, suchen wir jetzt leider wohl überall umsonst! Die nämlich: mitten in der Verworrenheit, Verfinsterung und Verderbniß, eine Gemeinde bilden zu dürfen, die ungehindert und ohne andre Verfolgung als etwa die der feinen Welt und der Abtrünnigen, ein in Gott versammeltes Leben führen.»

So rückhaltlos wie der Schlegelschen Ideenwelt nahm sie sich der Kunst der Nazarener an. Wiederum leitete sie aus dem Werk anderer ihren Lebensinhalt ab. Überschwenglich und parteilich lobte sie Madonnen, Heilige und Engel ihrer Freunde als «wahren Trumpf der deutschen Malerey». «Wüthend... und kampfrüstig», wie sie Eichendorff auch schon in Wien erlebte, ging sie gegen «die Feinde» an, gegen alle, die diese Kunstrichtung verwarfen und dazu auch noch Friedrich Schlegel als ihren geistigen Urheber kritisierten, als den Großmeister der Märtyrer- und Madonnen-Malerei. Gegen sie zu kämpfen geboten in Dorotheas Sinn Glauben und Familienehre.

«Feinde» waren auch jene Einheimischen und Fremden in der Heiligen Stadt, die sich über die «schöne deutsche Kleidung unserer jungen Leute» lustig machten. Die Nazarener hatten sich nämlich angewöhnt, als äußeres Kennzeichen ihrer Gemeinschaft und ihrer vaterländischen Gesinnung enge, sogenannte deutsche Röcke und ein Barett zu tragen und wurden deshalb oft verspottet. Kurzerhand entwarf die darob sehr erboste Dorothea eine Philosophie der Tracht: «Die jungen Leute ehren dieses Kleid, wie einen Orden, diese Tracht allein schon ist hinreichend, daß sie sich eines gesitteten Anstandes befleißigen so daß auch weniger hübsche, ganz wie vornehme Leute sich darin ausnehmen. Und für die Costume der Kunst, insofern sie wieder eine geheiligte, christliche einheimische Kunst, und keine heidnische, lüsterne, oder verzweifelt geschmacklose Kunst seyn soll, ist es ja ganz unumgänglich nothwendig, daß man eine einheimische sittliche Tracht sich zu eigen mache.»

«Wieso das?» mag Freund Pilat fragen, an den der Brief gerichtet ist.

«Nehmen Sie einmal an, Sie wollten sich und Ihre Frau mahlen lassen, wie Sie Ihre Kinder der Mutter Gottes darstellen, und wollen dieses Gemählde als ein Votiv Bild an irgend einer geweihten Stätte hinschenken. Nun denken Sie sich die Verzweiflung des Künstlers, und das Auslachen aller künftigen Geschlechter, wenn Ihre Frau im knapp anliegenden Musselin-Röckchen mit zwanzig Falbelas, Arme, Schultern und Rücken entblößt, einen Hut mit Federn auf dem Kopf, oder auch in irgend einem Costum aus dem *Reiche der Mode*; Sie aber mit Klappenstiefel, einen Frack, und weiße dicke Halsbinde... zu den Füßen der heiligen Jungfrau liegen... Glauben Sie etwa, daß es dem unglücklichen Mahler auch nur halb gelingen würde, den Figuren den Ausdruck und die Haltung zu geben, welche eine so heilige Handlung erfordert?» Fazit: Ohne fromme deutsche Tracht kommt fromme deutsche Malerei nicht aus!

«Feinde», die bisher als Freunde galten, brachten Dorothea im Sommer 1819 so in Rage, daß sie jedes Maß verlor. Die deutsche Künstlerkolonie hatte zum Besuch des österreichischen Kaisers im April eine Ausstellung organisiert, von der sich alle Maler viel erhofften. Um so enttäuschter waren sie, als die hohen Gäste gleichmütig durch die Säle eilten, ohne ein Bild anzukaufen. Dagegen gaben sie bei italienischen Künstlern und anderen Ausländern ziemlich hohe Summen aus. Dorothea war empört.

Doch es kam noch schlimmer. In der «Allgemeinen Zeitung» erschien ein kritischer Bericht, den man als Verriß der Ausstellung verstehen konnte, und obwohl er nicht gezeichnet war, fand man in Rom doch schnell heraus, daß Bartholdy der Verfasser war, jener Schwager Abraham Mendelssohns, der die Nazarener als erster so nachhaltig gefördert hatte. Dorothea tobte. Sie sorgte mit dafür, daß die Zeitung Erwiderungen auf die «Verleumdungen» erhielt, und forderte Friedrich auf, eine gebührende Antwort auf das «Machwerk» zu verfassen. Doch bitte nicht ironisch und mit feinem Witz; «diesmal muß hinlänglich grob und tüchtig geschlagen werden, daß dem Affen die Luft vergeht... Mir brennt das Herz im Leibe, wenn ich sehen und höhren muß», was «solch elendes Gaukler Pack sich herausnehmen darf.» «Pöbel», «Ungeziefer», «Mißgeburt» – gib's ihnen «auf die Schnauze», los, «schlag zu».

Zu der gleichen Zeit, da Dorothea dies niederschrieb, bat sie inbrünstig Simon Veit, ihr ihre frühere Heftigkeit doch zu verzeihen.

Dorothea war ein knappes Jahr in Rom, als ihre Söhne Ende Mai von einer ernsten Erkrankung des Vaters unterrichtet wurden. Johannes, der Simon Veit am nächsten stand, reiste unverzüglich nach Berlin und kehrte erst drei Jahre später, doch dann für immer, nach Italien zurück.

Zwischen den einstigen Eheleuten bestand schon seit langem ein entspanntes, freundschaftliches Verhältnis. Man korrespondierte miteinander, Dorothea anerkannte, mit welcher Großzügigkeit der Vater für die Söhne sorgte und auch andere Maler unterstützte. Vorbei waren jene Zeiten, die ersten Jahre nach der Scheidung, da er ihr geholfen und sie ihn nur verachtet hatte.

Nun, auf seinem Krankenlager, fügte Veit den Zeilen seines Sohnes an die Mutter einen Abschiedsbrief an Dorothea bei, in dem auch er Schuld an ihrer Trennung auf sich nahm und sich eigener Fehler zieh. Dorothea, tiefbewegt, antwortete am gleichen Tag, da sie den Brief erhielt:

«Rom, 28ten August 1819.
Mein wahrer, und hochgeehrter Freund!
Wie soll ich wohl mit Worten ausdrücken was Dein Schreiben, – der unwiderlegliche Beweis Deiner Verzeihung und treuen Freundschaft – für Empfindungen in mir erregt, wie tief mich Deine Worte gerührt haben! ... klage Du Dich doch ja über nichts an! Du kannst wohl ganz ruhig seyn und Dich in Deinen ohnehin großen Schmerzen und körperlichen Leiden des innern Friedens im Bewußtseyn Dich erfreuen, *daß Du an Nichts Schuld bist!* Ich weiß nur zu wohl daß meine Starrköpfigkeit, mein Eigensinn, meine Heftigkeit, Leidenschaftlichkeit, meine unseelige Unruh, Unzufriedenheit und Phantasterey, ein gewisses

sträfliches Treiben nach etwas fremden, unbekannten mich herumtrieb, und ich allein bin Schuld an unserer Trennung, und an Alles, was Gott mir verzeihen wolle, wie Du mir verziehen hast! – Wäre damals schon eine *wahre* Bildung mein Streben gewesen, so wie es eine *falsche* war; hätte ich damals das Licht des wahren Glaubens die einzige beseeligende Richtung nach den Gütern des ewigen Lebens erkannt; vieles wäre dann wohl anders und besser gelenkt worden... Gott sey mit Dir, laß mich Dir empfohlen seyn, und laß mich Dich noch einmal durch Gott um Verzeihung bitten.»

Simons Edelmut und Dorotheas Einsicht bewirkten ihre Reue. Es war ja ganz natürlich, daß ihr leid tat, wie sie sich gegenüber Veit verhalten, wie sie ihn verachtet hatte und wie oft verhöhnt. Bußfertigkeit, wie sie die Religion gebietet, verstärkte nur den Wunsch, vor seinem Tod Veits Verzeihung zu erlangen.

Aber so bewegend sie auch darum bittet, ihr Brief spricht lediglich dafür, daß sie ihr Verhalten gegenüber Veit bedauerte, bestimmte Züge ihres Wesens, die Umstände der Trennung, doch nicht diese selbst. Diese bewußt herbeigeführte Wende ihres Lebens hat sie sicher nie bereut.

Ihr letzter Brief an Simon Veit beweist aufs neue, wie gut sich Dorothea kannte. Sie konnte leidenschaftlich lieben und hassen, vergöttern und verwerfen, übertrieb in allem, zuletzt auch in der Selbstanklage. Und doch war ihr Charakter stärker als Selbsterkenntnis und christliches Gebot. Mochte sie auch hinterher bereuen, was sie sagte oder tat – sie änderte sich nicht.

Veit starb am 1. Oktober 1819, er wurde sechsundsechzig Jahre alt. Zu seinen Erben bestimmte er die beiden Söhne, jeder erhielt fünfundzwanzigtausend Taler. Nachrufe rühmten ihn als einen «der wenigen Redlichen, deren edle Gesinnungen und Tugenden in der moralischen Weltordung... wieder gut machen, was Hunderte und Tausende verderben oder Böses tun».

Zu Beginn des Jahres 1819 meldete sich Friedrich an. Dorothea war überglücklich. Im vorausgegangenen November war er von Frankfurt nach Wien zurückgekehrt, ungewiß, was aus ihm werden würde. Nun hatte Fürst Metternich ihn aufgefordert, als Kunstsachverständiger im Gefolge des Kaiserpaares mit nach Italien zu reisen – eine gutgemeinte Geste gegenüber einem, der für die Politik nicht zu gebrauchen war. Schlegel jedoch glaubte, nun werde sein Geschick sich wenden, und trat hochgemut die Reise an.

Nachdem Friedrich die italienische Grenze überschritten hatte, um sich in Bologna dem kaiserlichen Gefolge anzuschließen, sandte ihm Dorothea «voller Freuden» ihren übermütigen Willkommensgruß: «Lieber, lieber Friedrich, bon jour, guten Tag, Willkommen! Wie werden wir uns zanken, plaudern, frühstücken, Spas machen, ich will versuchen noch einmal jung zu werden...»

Sechs Wochen später, am 2. April, zog der Kaiser inmitten zahlreicher Equipagen und mit je sechs Pferden bespannter Staatswagen des Vatikans in Rom ein und nahm im Quirinal-Palast Quartier. Gegenüber dem Palast, da wo auch Metternich in diesen Wochen residierte, fand Friedrich seine Unterkunft. Bei ihr, hatte Dorothea eingewandt, sei nicht genügend Bequemlichkeit und Platz. Außerdem sei es auch klüger, sich «so wenig als möglich von Ser[enissimus] zu entfernen» und nicht zuzulassen, daß andere sich «eindrängen» könnten. Noch immer wiegten sich beide in der Illusion, daß diese Reise der Anfang einer neuen Karriere sei.

Seine Frau mochte ihn nicht anders in Erinnerung haben, doch ihren Söhnen, die Schlegel mehrere Jahre nicht gesehen hatten, muß aufgefallen sein, daß er noch fülliger und schwerfälliger geworden war. Seine Lider hingen schwer herunter; die Augen quollen hervor. Entweder redete er von kulinarischen Genüssen oder gab sich diesen hin.

Philipp und Johannes freuten sich, den väterlichen Freund in Rom zu sehen, und auch andere Nazarener schätzten Schlegel.

Einige hatten seine Bekanntschaft schon in Wien gemacht. Doch andere aus Dorotheas Freundes- und Bekanntenkreis waren von ihm enttäuscht. Auf Louise Seidler wirkte er zwar freundlich, doch auch leicht verschlafen. Den schwedischen Dichter Atterbom störten «Völlerei, Staatsmannsaffektion und Stockkatholizismus». Schlegel spricht, bemerkte er, «teils aus physischer Bequemlichkeit, teils, weil er glaubt, daß ein gewisser mystischer Nimbus immer einen Staatsmann umgeben muß, meist in rätselhaften Mienen und Gebärden, deren Bedeutung sich nur dann und wann in einigen ebenso rätselhaften Ausdrücken konzentriert, die dann wahren Orakelsprüchen gleichen.»

Ähnlich wie in Wien Justinus Kerner, meinte auch Louise Seidler, daß Dorothea «einen bedeutenderen Eindruck» mache als ihr Mann. Sie, die so oft Kränkelnde, wirkte kraftvoller, unmittelbarer als er. Der komplizierte Friedrich, noch immer unstet, leicht reizbar und empfindlich, hatte nichts von ihrer Heiterkeit. Auf schnell vorübergehende Euphorie folgten lang anhaltende Arbeitsunlust, mit Wein betäubter Lebensüberdruß.

Auch Dorothea konnte sich in ihrem religiösen Fanatismus und in ihrer leidenschaftlichen Parteilichkeit von der Wirklichkeit entfernen. Aber im Vergleich zu ihrem Mann stand sie mit beiden Füßen auf der Erde, während Friedrich noch mit fünfzig etwas Kindliches, Naives hatte. Wilhelm von Humboldt hat sich über diesen Friedrich Schlegel, der sich in der realen Welt so schwer zurechtzufinden wußte, in einem klugen Brief an seine Frau geäußert. Es sei mit das Schwierigste für einen Menschen, schrieb er, den Anteil, «den man an Ideen nimmt, mit dem, welchen man an der Welt nehmen soll, gehörig zu verbinden ... eine Verwechslung der irdischen und überirdischen Sphäre kann einen Menschen, der sich herauszuwickeln nicht Geschicklichkeit oder Mut hat, reinweg um sein Leben bringen, und Schlegel ist gar sehr in diesem Fall». So kam es denn, daß auch Dorotheas Frömmigkeit erdverbundener und deshalb überzeugender wirkte, während Friedrichs «nur theoretischer» Glaube keinen praktischen Bezug zu haben schien. Jedenfalls meinte das Grillparzer, der österreichische Dramatiker, der Schlegel in Neapel traf und diesen «Hauptapostel des neuen Katholizismus» unsympathisch fand. «So bildeten die beiden Gatten einen Kontrast, bei welchem mir ziemlich alles Licht auf seiten Dorotheas, der Schatten aber bei dem dicken Friedrich zu sein schien.» (Louise Seidler)

Sicherlich ahnten die beiden Gatten nicht einmal, was über sie geredet wurde. Sie erlebten in Rom die vielleicht glücklichsten Wochen ihres Lebens, fuhren gemeinsam mit Philipp nach Neapel, kamen auch nach Pompeji und träumten davon, gemeinsam einige Jahre in der Heiligen Stadt zu leben. «Nie ist mir noch der Abschied von irgend einem Orte in der Welt, so ganz unsäglich schmerzlich gewesen», schrieb Friedrich seinem Bruder und versicherte, wie glücklich er gewesen wäre, bei seiner «guten Frau» zu bleiben.

Doch noch während Friedrichs Italienreise wurde klar, daß mit irgendeiner weiteren Verwendung des Legationsrats weder in Rom, wie er gehofft haben mag, noch anderswo zu rechnen war. Dorothea stellte sich als erste darauf ein und versuchte ihren Mann von den Vorteilen des Nichtgebundenseins zu überzeugen, zumal mit einer fortlaufenden Pension zu rechnen war: «ich möchte sagen *genieße* nicht sowohl, sondern *benutze* Deine Freyheit»; «lasse Dich nicht mehr hinreißen an den sogenannten öffentlichen Geschäften auch nur den entferntesten Anteil zu nehmen, und arbeite, schreibe, philosophiere, dichte, streite... Du hast so unendlich viele Dinge theils im Kopfe, theils in Deinen papier Hyrogliphen, daß Du Jahre lang aufs Bewegteste zu tun hast, ehe sie vollendet sind...»

Frühere Illusionen waren verflogen; Dorothea sah ihren Mann und seine Situation realistisch. Nach zwanzig Jahren des Zusammenlebens kannte sie Friedrichs Stärken und auch «das Mißfällige» an ihm. Und obwohl sie ihren Mann immer noch bewunderte, war ihr auch bewußt, worin sie ihm überlegen war. Er hatte seinen Hochmut abgelegt und wußte nun, sie war der einzige Mensch, auf den er sich verlassen konnte. Ihre stürmischen Gefühle für Friedrich hatten sich gelegt, und beide, sie und er, empfanden eine tiefe Freundschaft füreinander, in der Liebe eingeschlossen war.

War es das Wiedersehen nach der langen Trennung, die ungewohnte Unbeschwertheit des Zusammenseins? Betörten sie die Frühlingsluft, der Duft der Primeln, des Hibiskus und der Oleanderbäume? In Rom kehrte ein Hauch von jener Poesie zurück, die die jungen Liebenden umgeben hatte, und sie fürchteten sich jeden Tag, die kurze Zeit, die ihnen zusammen blieb, nicht ausgenutzt zu haben. Ihre Briefe, die sie sich nach Friedrichs Abschied schrieben, beeindrucken durch Warmherzigkeit und die fürsorgliche Zärtlichkeit von alten Eheleuten.

Friedrich an Dorothea, 13. Juni 1819:
«Jetzt nun ich fort bin, kommte mir vor, ich hätte recht vieles versäumt, recht vieles Dir noch zu sagen, was nicht geschehen ist. Vor allen Dingen wollte ich Dich noch recht herzlich um Verzeihung bitten, wenn ich Dich irgend wodurch beleidigt oder Dir weh gethan habe. Zugleich aber bitte ich Dich auch von ganzem Herzen, daß Du mir immer ganz von Herzen aufrichtig alles sagen willst, was Du gegen mich hast, oder wenn Du glaubst, daß ich Unrecht gegen Dich habe, und mir nichts verschweigen, auch kein Mißtrauen und keinen Vorwurf verheimlichen. Versprich mir dieses, ich bitte Dich darum...»

Dorothea an Friedrich, 30. Juli 1819:
«Mein lieber guter Friedrich, Du hast mich ja nie beleidigt, Du hast mich auch nie betrübt als durch die Sorge um Dich selbst; und bey solchen Gelegenheiten habe ich Dir auch alles gesagt, was sich sagen ließ; Du weißt ja, ich lasse mich ja sogar nicht abschrecken, wenn Du auch sagst, daß ich schelte und brumme. Ich weiß ja doch, daß Du mich liebst, und mit mir in der Liebe vereint bist... ich will immer mehr und mehr darnach streben, überzeugt so wie Du, daß diese Liebe das Gebot aller Gebote ist

und daß jedes harte Wort, jedes harte Urtheil und jede Regung der Ungeduld eine größere Sünde ist, als jede andre Sünde...»

Friedrich an Dorothea, 26. Januar 1820:
«Ich sehne mich unsäglich nach Dir, meine gute, liebe Frau; ich träume fast jede Nacht von Dir und sehe Dein liebes, treues Gesicht immer in Gedanken vor mir stehen. Möchte ich doch erst den glücklichen Tag erleben, da ich Dich wiedersehen soll...»

DAS UNENDLICHE VERLANGEN, NACH HAUSE ZU KOMMEN

Alter und Tod

Ich bin ganz unschuldiger Weise berühmt geworden:
bloß durch mein Leben... Aber ich tat alles,
was ich tat, ohne alle Absicht auf Ruhm
oder um berüchtigt zu werden.
Dorothea Schlegel

Anfang der zwanziger Jahre fürchteten die Schlegels Dorotheas baldigen Tod. Seit ihrer Heimkehr aus Italien litt sie an Gicht, Wassersucht und einer kranken Leber, wirkte matt, verfallen. Friedrich stellte sich auf einschneidende Veränderungen seines Lebens ein. Seine Freundin, Frau von Stransky, hatte ihn in ihren Visionen als Geistlichen gesehen, und er selber meinte, daß das seine eigentliche Berufung sei. Deshalb wollte er nach Dorotheas Tod ins Kloster gehen und Priester werden. Doch am Ende des Jahrzehnts starb nicht Dorothea, sondern Friedrich.

Ende Oktober 1828 begleitete Schlegel seine Nichte Frau von Buttlar in die sächsische Hauptstadt Dresden, um ihr in Erbschaftsangelegenheiten beizustehen, denn ihre Eltern, Charlotte Ernst und deren Mann, waren vor einiger Zeit gestorben. Doch wichtiger war ihm, nach Vorlesungen in Wien seine neuen philosophischen Überlegungen auch in Dresden vorzutragen.

Der Aufenthalt ließ sich gut an, jedenfalls für Friedrich. Er fand in Dresden ein erlesenes Publikum, man empfing ihn in den «besten Kreisen», auch bei Hof. Fast täglich schaute er bei Ludwig Tieck vorbei, dem alten Freund aus den Berliner und Jenenser Tagen, der als Dramaturg in Dresden lebte und ob der überraschend aberwitzigen Prophezeiungen und «Wahngebilde» seines Freundes halb verärgert, halb verdutzt an eine «Verstandeszerrüttung» Friedrichs glaubte.

Auch am Sonntag, dem 11. Januar 1829, kam Schlegel zu den Tiecks zum Mittagessen, blieb, heiter und gesprächig, bis in den Nachmittag hinein, schaute noch bei einem anderen Freund vorbei und kehrte gegen Abend vergnügt in sein Quartier zurück. Dort starb er wenige Stunden später, am Montag früh, an einem Schlaganfall, und wurde nach zwei Tagen auf dem katholischen Friedhof Dresdens beigesetzt. Am 16. Januar unterrichtete ein Redemptoristenpater seine Witwe.

Dreißig Jahre hatten sie zusammengelebt: Am 11. Januar 1799 war sie von Veit geschieden worden. Und nie hatte Dorothea auch nur einen Augenblick daran gedacht, sie, die Ältere, könne Friedrich überleben. Ihre Wiener Freundinnen und Freunde fanden sie bemerkenswert gefaßt. Doch nach einigen Tagen begannen die Selbstvorwürfe. Könnte der geliebte Mann noch leben, wenn sie ihm beigestanden hätte? Und wenn er sterben mußte, warum nicht in ihren Armen, von ihr beruhigt, Gott empfohlen? Warum hatte sie sich überreden lassen, ihn nicht zu begleiten? Schmerz ebbt ab, wird mit der Zeit geringer; der ihre wuchs, vertiefte sich. Was für einen Sinn konnte es noch haben, ohne den Herzenslieben zu leben?

Die Wohnung bei den Pichlers, die sie mit Schlegel vor einigen Jahren bezogen hatte, schien ihr nun zu groß; sie beschloß, zu anderen Freunden, den Klinkowströms, zu ziehen. Doch zunächst einmal waren Erbschaftsangelegenheiten zu erledigen, Friedrichs Papiere durchzusehen, vor allem seine Schulden zu begleichen. Dorothea stürzte «in ein Meer von unangenehmen und ihr völlig fremden Geschäften». Schlegel hatte nie irgendein

Papier, Briefe, Zettel und Bescheide weggeworfen, und Dorothea sah sich einem in dreißig Jahren angehäuften Papierberg gegenüber. Was aufbewahren, was vernichten?

Zu den Briefschaften der letzten Jahre gehörten auch die vielen Seelenergüsse Frau von Stranskys, jener einst so hübschen, treuherzigen Blondine, die ihn vor zwanzig Jahren, als er nach Wien gekommen war, so rasch in ihren Bann geschlagen und 1820, nun von Augsburg aus, einen Briefwechsel mit ihm begonnen hatte. Wieder waren die beiden sich rasch nah gekommen; nun in verzückter Frömmigkeit und der Leidenschaft fürs Wunderheilen, den Magnetismus. Der sinnlich-fromme Friedrich schickte seiner «Einzigen» nun Päckchen seines dünnen grauen Haars zur Schmerzenslinderung für dieses oder jenes Körperteil und drückte seinerseits der Stransky Locken an die Brust – zur Heilung des Katarrhs, versteht sich.

Gewiß, der Magnetismus gehörte zu den Modeerscheinungen jener Zeit. Aber daß sich Dorothea in dieses absonderliche, sexuell verschrobene Unternehmen gleichsam als «drittes Rad am Wagen» einspannen ließ und ihrerseits mit «Schwester» Stransky über Fernheilmethoden für Magendrücken, blutigen Urin und Stuhlgangshärte korrespondierte, zeigt eine Abhängigkeit von Friedrich und seinen späteren Schrullen, die ans Absurde grenzt.

Da Friedrich ohne Testament gestorben und seine Ehe kinderlos geblieben war, fiel der größte Teil des Erbes laut Gesetz nicht an die Witwe, sondern seinen beiden Brüdern zu. «Da unser lieber verstorbner kein Vermögen hinterlassen, vielmehr mehrere Schulden sich vorfinden; ferner das geringe vorhandne Mobiliar größtentheils mein Eigentum ist... so würde der geringe Nachlaß fürchte ich, den Geschwistern gewiß mehr Last als Vortheil gewähren», schrieb Dorothea an Friedrichs Bruder Carl und bat ihn sowie August Wilhelm um Verzichtserklärungen, die diese schnellstens übermittelten.

Sodann wandte sie alle ihre Kräfte auf, «so viel als immer möglich die Verpflichtungen zu lösen, die den seeligen Friedrich» sein Leben lang belastet hatten. «So viel an mir liegt», schrieb sie August Wilhelm, «soll kein Gedanke zu seiner Unehre, kein Flecken auf seinem Andenken haften.»

Erst nach und nach gewann Dorothea einen Überblick über das Ausmaß der von Friedrich hinterlassenen Schulden, und es bleibt unklar, woher sie das Geld zu ihrer Tilgung nahm. Allein der Verkauf von Friedrichs Bibliothek reichte dazu sicherlich nicht aus. Besonders lag ihr daran, August Wilhelm jenes geliehene und trotz aller Mahnungen des Älteren von Friedrich nie beglichene Geld zurückzuzahlen, das zu der Entzweiung beider Brüder in den letzten Jahren beigetragen hatte. Nun lebte August Wilhelm zwar frei von pekuniären Sorgen in seinem Bonner Haus mit marmornen Spiegeltischen, Säulen aus Mahagoni, einer bedeutenden Bibliothek und eigener Equipage, doch die arme stolze Dorothea bestand darauf, ihm vor allen anderen Friedrichs Schuld zu zahlen. Am Ende verzichtete der Herr Professor; die ohnehin nie herzliche Beziehung zwischen dem Bruder und der Schwägerin erlosch.

Friedrichs Andenken ungeschmälert zu bewahren und sein umfangreiches Werk bekanntzumachen, darin sah die Witwe den Inhalt ihres weiteren Lebens. Die Gesamtausgabe seiner Werke, in den zwanziger Jahren von ihm selbst begonnen, war nicht abgeschlossen; sein unveröffentlichter Nachlaß umfaßte fast zweihundert Hefte. Wem sollte sie sein geistiges Erbe anvertrauen?

Tieck bot sich an. Von verschiedenen Seiten lege man ihm nahe, schrieb er, Schlegels Nachlaß zu ordnen und herauszugeben, wie auch eine Biographie zu schreiben. Ob Dorothea einverstanden sei? Doch wollte er ihr nicht verhehlen, daß er es für besser halte, von Friedrichs letzten Überzeugungen «nichts bekannt zu machen», da sie «nur Gegner finden würden». Gemeint war Friedrichs späte Hinwendung zum Mystizismus und zum Magnetismus – «Seltsamkeiten», «Aberwitz» für Tieck.

Dorothea zeigte sich erstaunlich einsichtsvoll; ja, sie sei einverstanden, manches von Friedrichs «spätesten Meynungen» zurückzuhalten, weil «noch so vieles schwankendes, man möchte sagen, unfertiges, unklares, in diesen... Wahrnehmungen herrscht... Es sind Ahndungen und Träume... und diese mögen verschleyert ruhen...»

Doch vertraute sie Friedrichs Nachlaß schließlich doch nicht Tieck, sondern Professor Windischmann, einem Bonner Philosophen, an, der Friedrich verehrte, sich dem Katholiken eng verbunden fühlte und an seiner Philosophie besonderen Anteil nahm.

Dorothea erlebte noch das Erscheinen von Friedrichs Kölner Vorlesungen, und vielleicht hat sie auch noch Heinrich Heines «Die romantische Schule» gelesen. Dann sicherlich Genugtuung empfindend, daß selbst ein Autor des ihr verhaßten «Jungen Deutschland» anerkannte, daß Friedrich im Vergleich zu August Wilhelm der Bedeutendere der Brüder war, und der Ältere, von den Ideen des Jüngeren zehrend, diese nur ausgearbeitet und verbreitet habe. Doch fremd und verschlossen müßte ihr geblieben sein, was bei Heine folgte: «Friedrich Schlegel war ein tiefsinniger Mann. Er erkannte alle Herrlichkeiten der Vergangenheit, und er fühlte alle Schmerzen der Gegenwart... Er sah die Sonne untergehen und blickte wehmütig nach der Stelle dieses Unterganges und klagte über das nächtliche Dunkel, das er heranziehen sah; und er merkte nicht, daß schon ein neues Morgenrot an der entgegengesetzten Seite leuchtete. Friedrich Schlegel nannte einst den Geschichtsforscher ‹einen umgekehrten Propheten›. Dieses Wort ist die beste Bezeichnung für ihn selbst. Die Gegenwart war ihm verhaßt, die Zukunft erschreckte ihn, und nur in die Vergangenheit, die er liebte, drangen seine offenbarenden Seherblicke.»

Schleges Nachruhm, seine Wiederentdeckung erlebte seine Frau nicht mehr. Erst nach dem Erscheinen von Rudolf Hayms Standardwerk «Die Romantische Schule» im Jahre 1870, den verschiedenen Briefausgaben der Brüder und ihres Freundeskreises in den folgenden Jahrzehnten und schließlich mit der von Ernst Behler seit Ende der fünfziger Jahre des 20. Jahrhunderts herausgegebenen umfassenden «Kritischen Ausgabe» seiner Werke, fand die Bedeutung Friedrich Schlegels allgemeine Anerkennung: sowohl als Repräsentant einer christlichen Philosophie wie als Mitbegründer der Romantik und der modernen Literaturkritik. Einige Monate nach Friedrichs Tod, im Frühjahr 1829, gewährte der österreichische Kaiser der verwitweten Legationsrätin von Schlegel eine bescheidene Pension, und sie mußte nun entscheiden, wo sie künftig leben wollte. Natürlich boten sich die Söhne an, und zu ihnen nach Rom zu ziehen, war auch zunächst ihr Plan. Doch dann erhielt Philipp Veit das Angebot, Direktor des Frankfurter Städelschen Museums zu werden; nach einigem Zögern nahm er an, und Dorothea beschloß, ihm und seiner Familie an den Main zu folgen.

Im Wiener Ministerium des Innern blieb ein Vermerk der Polizei zurück, die k. k. Legationsratswitwe habe trotz eigener bitterer Armut ihren ganzen Vorrat an Zucker, Kaffee und Wachskerzen sowie ihr letztes Geld den Patres des Redemptoristenordens zugetragen, dessen besondere Verehrerin sie sei.

Und nun, zum Ende hin, die siebzigjährige Dorothea nochmals auf einem anderen Platz: als Großmutter inmitten der Familie Philipps, im Arm den jüngsten Enkel, neben sich den Sohn und seine Frau, vier Enkeltöchter. Großmutters Kopf umschließt die Witwenhaube, abgesetzt mit einer Rüsche, und ihren Hals verdeckt die Haubenschleife. Unter einer ebenfalls mit Rüschen verzierten Pelerine das Kleid mit den gebauschten Ärmeln. So zeichnete sie Franz Brentano, ein Schüler Philipps, als Dorothea mit den Veits in Frankfurt lebte. Die alte Dame, hinter einem Tischchen sitzend, ganz in den Mittelpunkt gerückt, wirkt ein wenig steif und starr. Die übrigen Figuren sind ähnlich zugeknöpft wie sie. Die vier Mädchen tragen weiße runde Kragen und andere Wahrzeichen der Sittsamkeit: sorgfältig geflochtene und an den Seiten artig zu Schnecken aufgesteckte Zöpfe; eine hält ein Sträußchen in der Hand, Mutter mit der Handarbeit: Familienidyll im Biedermeier.

Nach einem außergewöhnlichen, ereignisreichen Leben unterschied die Siebzigjährige nur noch wenig von anderen Witwen, die sich, geachtet ob des Alters und des familiären Ranges, inmitten der Großfamilie eines ihrer Kinder nützlich machten und sich an den Enkeln freuten.

Keine der Personen auf Brentanos Zeichnung, einschließlich Philipps Schwägerin, die Schwester seiner Frau, fällt auf irgendeine Weise aus dem Rahmen, wirkt aufmüpfig oder originell. Auch in Dorotheas Briefen erscheinen alle weiblichen Personen des Veitschen Haushalts gleichermaßen gut und einfach, lenksam, maßvoll, ehrerbietig, anspruchslos. Wie anderswo im Bürgertum herrschte auch hier eine festgefügte familiäre Hierarchie: An der Spitze, als Familienoberhaupt, Philipp, ehrerbietiger Sohn der Mutter, treusorgender Ehemann, respektheischender Herr Vater.

Die Haushaltsführung, vor allem in der ersten Zeit, oblag der Großmama, zumal Frau Veit sowie auch deren Schwester, Töchter von Philipps römischen Wirtsleuten Pulini, sich noch nicht auf deutsch verständigen konnten. Es muß schwer für die jungen Frauen gewesen sein, mit Philipps Mutter umzugehen. Besonders die Schwiegertochter, fast fünfzehn Jahre jünger als ihr Mann, hatte immer wieder zu beweisen, daß sie fein und klug und gut genug für den genialen Philipp sei. Karoline Veit sollte eine vorzügliche Hausfrau und aufopfernde Mutter sein, «selbst in der vornehmsten Gesellschaft» als anmutige und sichere Dame glänzen, sanft und still als Schwiegertochter wirken. Allen diesen Erwartungen kam sie entgegen, war laut Dorothea «sehr gehorsam und auch leicht zu lenken» und fand so ihr ungeteiltes Lob.

«Auch die vier Mädchen sind sehr gut, einfach, anmuthig und lenksam», berichtete die Großmama. Sie gab ihnen Klavierunterricht und sang auch viel mit ihnen. Ihr Liebling war natürlich Friedrich, der Jüngste, eben ein Sohn, was ihm, wie schon vor siebzig Jahren in Preußen, einen Vorrang vor den Mädchen gab, den diese, als sei er selbstverständlich, anerkannten.

Mochte es auch manchmal im Hause Veit ein wenig laut und kunterbunt zugehen, Dorothea genoß es, Großmutter zu sein. «Ich habe es jetzt kennen gelernt», schrieb sie der Pichler, «welch eine große Quelle der innigsten Zufriedenheit und Freude, das großmütterliche Walten und Leben mit sich führt; auf gewisse Weise mehr noch als die Erziehung der eignen Kinder, weil wir als Großmütter mehr ruhige Zuschauerinnen, und contemplative Beobachterinnen des Wachsthums und der Entwicklung der Enkel sind, als wir vormals als Mütter waren, wo sich mehr eine gewisse leidenschaftliche Sorge der Liebe, eine gewisse Unruhe und Ungeduld, auch wohl etwas Eigenliebe und Eitelkeit einmischte, indem wir unsere Forderungen an die Welt auf unsre Kinder übertrugen – alles das schweigt bey der Großmutter mäuschenstill, und wir beginnen die guten wie die bösen Eigenschaften, Lob und Tadel, Gelingen und Entsagen mit mehr besonnener Gelassenheit aufzunehmen. So wenigstens ergeht es mir.»

Auszugehen und die geselligen Zusammenkünfte der Frankfurter Romantiker im Haus des Bürgermeisters Thomas zu besuchen, ließ ihre geschwächte Gesundheit nicht mehr zu; das mußte Dorothea ihrem Philipp überlassen. Derweil saß sie an ihrem Sekretär, dem neuen Biedermeier-Möbel, und schrieb an Freunde und Verwandte, blickte hinweg über die Treibgläser mit den Hyazinthenknollen auf dem Fenstersims, über die kunstvoll drapierten Gardinen und die aufgezogenen Musselinvorhänge auf die Mainanlagen und den Fluß.

An den Wänden hingen außer dem Kruzifix und Rosenkranz zwei Kupferstiche, «Der anklopfende Heiland» von Philipp Veit und «Die Grablegung Christi» nach Raffael. In der Ecke stand der Betschemel und daneben Philipps Säbel aus dem Befreiungskrieg.

Sie dachte viel zurück an Wien, die Stadt, die Freunde dort, und wartete sehnsüchtig auf die Briefe Karoline Pichlers, ihrer guten Freundin, einer Wienerin in Dorotheas Alter, ordnungsliebend, rechtschaffen und bieder, zugleich erfolgreich und bekannt als Autorin meist historischer Romane und im Burgtheater aufgeführter Dramen. Im allgemeinen hielt die Pichler nicht viel von anderen schreibenden Damen und hatte auch manches gegen Juden einzuwenden, doch die Legationsrätin von Schlegel rechnete sie zu den «vielen und sehr ehrenvollen Ausnahmen», die durch «höhere Geistesbildung, Umgang mit feinen Menschen, eigenes Nachdenken und die Erkenntnis des Bessern» sich selbst zu Höherem erhoben hatten.

Geduldig ergaben sich die beiden Damen dem Alter. Doch es erschreckte sie, wie einsam sie sich unter jungen Menschen fühlten; was diese bewegte, ließ sie oft teilnahmslos. Die Mannigfaltigkeit des Lebens, die sie früher als Fülle und als Glück empfunden hatten, ängstigte sie jetzt; umständlich versuchten sie, das Vielfältige zu ordnen, um es besser zu erfassen. Wie zeitaufwendig selbst die Alltagsrituale wurden! Je weniger Zeit ihnen bis zu ihrem Tod noch blieb, um so mehr brauchten sie.

Karoline Pichlers Bücher waren nicht mehr gefragt, die Jungen hatten andere Idole. Sie klagte über nichtssagende Geschäftigkeit, tausend Rücksichten, unnötig sich vermehrende kleine Pflichten, die drückende Beschränkung ihrer Zeit, die ständig ärmer werdende Befriedigung. In den Briefen Dorotheas häuften sich die Fragen: «Wie geht es Schädelbergers? Was hört man von den Arneths, Albrechts, Eskeles?» In den Briefen Karolines häuften sich Antworten wie «Frau von Hoppe schwer erkrankt» und daß Graf Salm gestorben sei, und die Baronin Richler kaum den Sommer überleben werde.

Die beiden Frauen verband die Erinnerung an Wien in ihren besten Jahren, die Anteilnahme am Geschick der Freunde, die Erfahrung des Alters und eine Dorothea wohltuende «Uebereinstimmung in Ansichten, Urtheilen und Empfindungen».

Sie waren überzeugt, die Zeit sei aus den Fugen. Dorothea sah überall «Auflösung alles Bestehenden», «zunehmende Verwüstung». Was ihr, der «Zurückgebliebenen», wie sie sich doppelsinnig nannte, bekannt, vertraut gewesen war, entschwand, das Neue wirkte fremd und meistens abgeschmackt auf sie.

Besucher berichteten von seltsamen Erfindungen, von Schreibtelegraphen und zu Briketts gepreßter Kohle, von neuen Druckmaschinen für Kattun und mit Kohlensäure versetztem Wasser als Erfrischungstrunk, von Eisenbahn und Dampfschifffahrt. Man fängt an, «den Athem zu verlieren so geht alles im Wirbel um und durch einander». Auch entsetzte Dorothea, daß um die Stadt herum immer mehr Fabriken in die Höhe schossen, in denen Menschen «immer wieder denselben Gang in der Mühle treten» mußten. Das hatte sie schon früh erkannt, daß «diese maschinenmässigen Fabrikarbeiten... den Geist des Menschen herabwürdigen, indem sie ihm den Gedanken der freien Vollendung unmöglich machen». Ihre frühe Kritik am Kapitalismus des 19. Jahrhunderts stammt schon von 1812:

«Derjenige, der einen Haufen Gold besitzt, sieht sich im Stande... eine solche Industriemaschine in Bewegung zu setzen, wodurch er seine Goldhaufen mehrt und Tausende seiner von Gott erschaffenen Brüder von der Gottähnlichkeit entfernt...»

Aber die eigene Familie hatte an dieser für die Schwester und Tante alles andere als gottgefälligen Welt der Maschinen, Banken und Fabriken teil: Joseph und Abraham als Finanziers, Nathan, Dorotheas jüngster Bruder, als Ingenieur, der Vorträge über eine neu erfundene Methode hielt, Menschen auf Platten abzulichten; Photographie wurde das genannt. Schließlich Wilhelm, Nathans Sohn, der als Königlicher Maschinen-Meister der Wilhelmsbahn in Ratibor zu den Pionieren der deutschen Eisenbahn gehörte.

Ihre Brüder in Berlin nannten sich jetzt Liberale, obwohl die Schwester Liberale «widerwärtig» fand. Von Abraham hieß es sogar, er habe 1830 die französische Julirevolution begrüßt. Also, wenn Madame Schlegel so etwas mitanhören oder lesen mußte, verließ sie ihre Contenance: «Volkes Tumult!» Nichts war ihr «ekelhafter» und «verhasster!». Die Freundin stimmte zu: «O diese Plebs – zum Fürchten!» Meinten die unteren Stände gar, «daß Ihnen Alles freystehe, Alles zieme, Alles passe was die höheren besitzen»? Zog da mitten im schönsten Biedermeier von ferne eine neue Revolution herauf? Dorothea kam es vor, als tobe hinter ihren Mullgardinen ein Gewittersturm. «Das allerschlimmste ist, daß die Schläge und Blitze in der politischen Welt, nicht wie in der Atmosphäre die Wolken zerstreuen, und die Luft reinigen, sondern es ist als ob es nach jedesmaligem Einschlagen nur immer furchtbarer sich zusammenzieht.»

Aufrührer hatten sich auch der Literatur bemächtigt. Die Legationsratswitwe klagte: «Derselbe Unsinn, dieselbe gesetzlose Frechheit, welche die Staaten umstürzt, die Gottesfurcht verhöhnt, alle Autorität verleugnet, und die Jugend vergiftet, diese besoldet auch Dichter und Geschichtsschreiber...» Um Autoren wie Heine, Börne, Gutzkow hatte sich nach der französischen Julirevolution von 1830 eine Gruppe von Schriftstellern gebildet, die gegen die versteinerte Religion und die erstarrte Kirche, gegen Restauration, Zensur und andere Formen der Unterdrückung für bürgerliche Freiheit stritt. «Buben, die sich unterstehen, in widerwärtiger Nachäfferei der Franzosen, sich das *junge Deutschland* zu nennen. Gott sey uns gnädig!» betete die Schlegel, zumal einige dieser «Buben» in Dorotheas unmittelbarer Frankfurter Umgebung ihr «Trommeln und Pfeifen» hören ließen. Eine schreckliche «Menschenart», pflichtete die Pichler bei.

Solange die Freundinnen denken konnten, hatten sie zur Literatur und, wie man heute sagt, zum Literaturbetrieb gehört. Es schmerzte sie, machte sie oft ungerecht und bitter, daß die junge literarische Welt über sie hinweggegangen war. Hinzu kam noch, daß die von Dorothea abgelehnten Autoren den jungen Friedrich Schlegel neu entdeckten, den Autor der «Lucinde» nun für sich in Anspruch nahmen und eine Neuauflage des Romans besorgten, den Friedrich selber längst verworfen und in seine Werkausgabe nicht mehr aufgenommen hatte. Welche Ironie! Die altgewordene leibhaftige Lucinde, die einstige Göttin der Sinnlichkeit und freien Liebe, wetterte nun als Biedermeier-Oma gegen jene, die «Lucinde» gegen ihre Verleumder schützten, und schrieb an ihren Neffen Felix einen «Pastoralbrief» über das «Mysterium der Ehe». Sollte man die Neuauflage der «Lucinde» vielleicht beschlagnahmen lassen?

Jedenfalls, sowohl die Pichler als auch sie frohlockten eher als daß sie sich empörten, als die Bücher und Zeitschriften der Autoren des «Jungen Deutschland» als antichristlich, gotteslästerlich und sittenlos verboten wurden. Sowohl die Bespitzelung von Menschen wie die strengste Zensur all dessen, was geschrieben wurde, einschließlich Geschäftsschilder und Grabinschriften, war ihnen aus Wien vertraut. Es schien zum Leben zu gehören, zum politischen Geschäft, und den beiden Damen in diesem Fall durchaus berechtigt.

Was entging ihnen denn schon? Sie fanden kaum Lesenswertes in der neuen Literatur. Der Pichler erschien sie wie ein dürrer Erdboden, bevölkert mit lauter wunderlichen verkrüppelten Gestalten. Auch Dorothea, der es immer viel bedeutet hatte, literarisch auf der Höhe ihrer Zeit zu sein, resignierte; sie nahm die meisten Neuerscheinungen nicht mehr zur Kenntnis, las nur noch die Zeitung und erbaute sich an alt- und neukatholischen Schriften. Wenn auch weniger gekonnt, doch ähnlich grimmig wie der Aufklärer Nicolai einst gegen die Romantiker gewettert hatte, wetterte die Romantikerin jetzt gegen die Autoren des «Jungen Deutschland».

Nachhaltigen Eindruck auf sie machte eine Neuerscheinung mit dem Titel «Das bittere Leiden unseres Herrn Jesu Christi», die von ihrem alten Freund Brentano stammte. Der hatte sich nach seiner erneuten Hinwendung zum Katholizismus mehrere Jahre in der Umgebung einer stigmatisierten kranken Nonne namens Anna Katharina Emmerich aufgehalten, ihre zahlreichen Visionen in umfangreichen Tagebüchern festgehalten und nun, ein Jahrzehnt nach deren Tod, bearbeitet als Buch herausgegeben. Fand Dorothea da etwas von der späteren Geisteshaltung ihres Friedrich wieder?

In ihren ersten Frankfurter Jahren besuchte Brentano sie und die Veits fast täglich, bis er 1833 nach München zog. Clemens war glücklich, in seiner protestantischen Geburtsstadt einen so «ganz vertrauten, trefflich gesinnten, und herzlich katholischen Umgang» gefunden zu haben. Mochte sich seine «kindliche Frömmigkeit», wie Ricarda Huch sie nannte, auch von der leidenschaftlich-militanten Dorotheas unterscheiden – in ihrer Zurückgezogenheit und seiner Eigenbrötelei fanden die beiden aneinander Halt.

«Erinnern Sie sich noch, Verehrtester, wie wir in Jena...?» Natürlich erinnerte er sich! Friedrich war eifersüchtig auf den jungen Mann gewesen, der da mit ihm um die Gunst Sophie Mereaus, Brentanos erster Frau, geworben hatte. Aber sie, damals noch die Veit, mochte den witzigen und exaltierten Studenten, der ihr seinen ersten Roman vorlas, eigentlich ganz gern, damals, 1800; dreißig Jahre war das her.

Dorothea, die die Welt nicht mehr verstand und nichts von jenen wissen wollte, die als Wegweiser der Jungen galten, hielt sich an die früheren Gefährten ihres Lebens.

Bald nachdem Clemens fortgezogen war, kam Helmina auf Besuch: die Freundin damals in Paris. Die Konversion der Schlegels hatte sie nie begriffen, doch hing sie liebevoll an Dorothea. Jedesmal wenn diese ihre jüngere Freundin wiedersah, erfüllten sie Bewunderung und zugleich Bedauern. Helmina hatte es geschafft, eine bekannte Frau zu werden und die wunderbarsten Dinge hervorgezaubert: mehrere Romane, das Libretto zu Carl Maria von Webers Oper «Euryanthe» und ein in nur fünf Tagen verfaßtes Schauspiel «Rosamunde», das in Wien, und zwar mit der Musik von Schubert, aufgeführt worden war. «Ach, wie ist's möglich dann...», wer weiß schon, hört er dieses schöne Lied, daß Helmina von Chezy es gedichtet hat?

Doch Helmina, die Bewundernswerte, blieb lebenslang derart unstet und chaotisch, daß auch jene, die sie liebten, oft die Köpfe schüttelten. Ständig entwickelte sie große Pläne, sprang nachts aus dem Bett, um den Akt irgendeines Dramas zu verfassen, das dann vergessen in der Lade lag, während Helmina, nun beim Mittagessen von einem grandiosen Einfall ergriffen, das

Ende eines Romans konzipierte, für den sie leider nie den Anfang fand.

Seit zweieinhalb Jahrzehnten zigeunerte sie nun schon herum; von Chezy, ihrem zweiten Mann, getrennt, und zunächst mit ihren beiden Söhnen. Heidelberg, Aschaffenburg, Darmstadt, Dresden, München, Salzburg, Wien – wo war sie nicht gewesen?

Doch je älter Helmina Chezy wurde, um so weniger lustig wirkte ihre Originalität. Als Dorothea sie «in ihrem verwahrlosten Wesen» in Frankfurt wiedersah, dauerte Helmina sie. Diese überlebte die Freundin um bald zwanzig Jahre. Fast erblindet diktierte sie noch ihre Memoiren, die ob Helminas schöner Unbefangenheit zu den anschaulichsten und lesenswertesten aus ihrer Zeit gehören.

Von Dorotheas weiteren Freundinnen lebte Mitte der dreißiger Jahre nur noch Henriette Herz. Fanny von Arnstein, später auch Rahel waren gestorben, ebenso Karoline von Humboldt, gefolgt von Wilhelm, ihrem Mann. «Für mich ist meine ganze frühere Mitwelt fort genommen», klagte Friedrichs Witwe.

In den neun Jahren, die Dorothea bis zu ihrem Tod in Frankfurt lebte, starben nacheinander ihre beiden Schwestern und Abraham, der Bruder. Nach dem Tod der Mutter, 1812, hatten Dorotheas Geschwister sich endlich mit ihr ausgesöhnt, und man traf sich auch: in Wien, in Frankfurt oder Dresden, wo Dorothea nach sechsundzwanzig Jahren der Trennung im Sommer 1830 endlich ihre Lieblingsschwester Henriette, kurz bevor auch diese starb, noch einmal wiedersah. Nach Schlegels Tod entschlossen sich Joseph und Abraham, deren Bankhaus nun schon zu den größten in Berlin gehörte, ihre Schwester regelmäßig finanziell zu unterstützen; und das tat auch Johannes Veit, der verheiratet, doch kinderlos, endgültig in Rom geblieben war. Manchmal hat Dorothea in ihrer ungewohnten neuen Sicherheit sich gewiß gewünscht, Friedrich hätte teil daran gehabt.

Nun, da sie in Frankfurt lebte, schauten ihre erwachsenen Neffen und Nichten gern vorbei, wenn sie die Stadt besuchten;

allerdings von ihren Eltern trotz aller guten Beziehungen mit der Tante vor dem Einfluß der «Schlegel-Frau» gewarnt. Einst hatte sie das Odium umgeben, eine mit dem Nichtsnutz Schlegel durchgebrannte Abenteurerin zu sein, nun stand sie in dem Ruf einer katholischen Seelenfängerin.

Doch für ihren Neffen Felix Mendelssohn Bartholdy, Kapellmeister des Leipziger Gewandhausorchesters und schon ein bekannter Komponist, war diese alte Tante «die geistreichste, lebendigste und liebenswürdigste der ganzen Familie», und da er beruflich ziemlich oft nach Frankfurt kam, sah man sich regelmäßig und musizierte viel zusammen.

Was sie bei den eigenen Enkeln so vermißte, die außerordentliche künstlerische Begabung, das fand sie bei den «Wunderkindern» ihres Bruders Abraham. Mit ihnen teilte sie die Liebe zur Musik. Dorothea hatte ja nicht nur eine schöne Stimme und spielte außergewöhnlich gut Klavier: sie besaß auch ein sicheres musikalisches Urteil und hatte schon vor Jahren bei der ersten Begegnung mit der kleinen Fanny und dem siebenjährigen Felix festgestellt, mit welcher unglaublichen «Kraft, Fertigkeit, Präzision und Ausdruck» die Nichte und der Neffe Bach und Händel, Dorotheas Lieblingskomponisten, spielten. Felix «mit einer Genialität und Fanny mit einer Virtuosität... daß einem völlig der Verstand dabey still steht». Jetzt machte es Felix mit der Schwester so wie einst Friedrich mit seiner Frau: Er veröffentlichte ihre Werke unter seinem Namen, da sich das Komponieren wie das Bücherschreiben nicht für Frauen schickte.

Als einzige Vertreterin der Mendelssohns nahm Dorothea im März 1837 in Frankfurt an Felix' Hochzeit mit Cécile Jeanrenaud teil, die aus einer hugenottischen Familie stammte. Sie und Philipp hatten die beiden bekannt gemacht, und wenigstens in diesem einen Fall konnte Dorothea ihrer Leidenschaft, Ehen zu stiften, erfolgreich frönen.

Töchter und Söhne Mendelssohn, Enkelkinder, Neffen, Nichten, alle fühlten sich verbunden und herausgehoben als Abkömmlinge des großen Moses Mendelssohn, dessen hundertsten Geburtstag im September 1829 die jüdischen Gemeinden überall in Deutschland feierlich begangen hatten. Doch der gemeinsame Stolz auf Moses Mendelssohn verhinderte auf Dauer nicht, daß die Großfamilie auseinanderfiel. Vor allem religiöse Gegensätze erwiesen sich stärker als Familienbande.

Dorotheas Geschwister waren entweder der jüdischen Religion treu geblieben, das gilt für Joseph und für Recha, oder hatten sich wie Abraham und Nathan protestantisch taufen lassen. Dem Katholizismus standen sie so mißtrauisch und ablehnend gegenüber wie ihre beiden katholischen Schwestern allen jenen, die nicht katholisch waren. Moses Mendelssohns Lebensmaxime, Toleranz zu üben, übernahmen seine Nachkommen nicht. Der Glaubensgegensatz schuf Distanz und Fremdheit zwischen den Mendelssohns in Preußen und Dorotheas Kind- und Kindeskindern, den Veits in Süd- und Westdeutschland.

Als Dorothea im Frühjahr 1839 den Tod herannahen fühlte, zog sie, zusammen mit einer Enkeltochter, in das kleine Gartenhaus, das Philipp vor den Toren der Stadt gemietet hatte. Sie sah auf Obstbäume und Sommerblumen vor dem Haus und lebte, um es mit einem Wort von Tieck zu sagen, «in älteren Zeiten wie in einer Gegenwart».

In der ländlichen Abgeschiedenheit des Dorfes Bockenheim, an dessen Ausgang Haus und Garten lagen, sichtete sie Briefschaften, Papiere. Dorothea, die Enkelin, sah zu, wie die Großmutter eines der vergilbten Blätter nach dem anderen zerriß und dann im Herdfeuer verbrannte. So war es mit Friedrich ausgemacht: Niemand sollte später unerlaubt in ihrer beider Leben dringen und sagen können: So ist es gewesen.

«Sie war müde und sehnte sich nach dem Jenseits», erinnerte sich Henriette Herz der fast Fünfundsiebzigjährigen, «aber trotz der Unbillen des Alters und trotz dieses Sehnens ertrug sie das Leben mit Ruhe und Heiterkeit.» Ja, in einem ihrer Briefe ermahnte sie noch Jette, weit, weit entfernt von allem, «was wir Weltkinder sonst Poesie des Lebens genannt haben», das Dasein dennoch zu ertragen: «Sei tapfer! ... Laß den Ueberdruß des Lebens nicht herrschend werden, ich bitte Dich darum, sondern denke beständig daran, daß dieses arme Leben weder Dein Eigenthum, noch Dir zur willkürlichen Benutzung oder zur angenehmen Beschäftigung verliehen worden ist; jeder Tag desselben ist ein Kleinod der Gnade, ein Kapital das Du weder vergraben noch von Dir werfen darffst.»

Wie einst ihr alter Vater und später dann auch die Geschwister, Abraham und Henriette, litt Dorothea seit einigen Jahren an einem Krampfhusten, der sie zuweilen so quälte, daß sie sich nicht einmal hinlegen konnte, sondern im Bett sitzend die Nacht verbringen mußte. Ein Lungenleiden war hinzugekommen. Seit den letzten Julitagen stand sie morgens nicht mehr auf und empfing Philipp, der sie jeden Tag besuchte, nun an ihrem Bett. So war es auch am Samstag, dem 3. August 1839. Lange saß der Sohn bei seiner Mutter. Streichelte er ihre Hand, erzählte er von den Kindern, der Familie, einem neuen Bild? Dann stand Philipp auf, wandte sich zum Gehen. Schon war er an der Tür, da hielt die Tochter ihn zurück und wies aufs Bett. «Ein bloßes Erlöschen», aus Schwäche, ohne Schmerz, so war Moses Mendelssohn gestorben, und immer hatte seine Älteste sich einen Tod gewünscht wie den des Vaters.

LITERATUR

Briefsammlungen

Da die Rechtschreibung in einzelnen Briefsammlungen dem Original entspricht (das gilt vor allem für die bisher erschienenen Briefbände der kritischen Friedrich-Schlegel-Ausgabe), in anderen hingegen modernisiert worden ist, sind die verwendeten Briefzitate nicht einheitlich. Wo immer möglich, wurde die ursprüngliche Form übernommen.

a) Dorothea und Friedrich Schlegel

Behler, Ernst u. a., Kritische Friedrich-Schlegel-Ausgabe, III. Abt.: Briefe von und an Friedrich und Dorothea Schlegel, Paderborn – München – Wien 1980ff

Klaar, K., Die Briefe der Dorothea von Schlegel an Theresia Unterkirchner, in: Forschungen und Mitteilungen zur Geschichte Tirols und Vorarlbergs, Jg. 12, Innsbruck 1915

Körner, Josef, Briefe von und an Friedrich und Dorothea Schlegel, Berlin 1926

ders., Krisenjahre der Frühromantik. Briefe aus dem Schlegelkreis, 3 Bde., Berlin 1958

Meissner, H. und Schmidt, E., Briefe von Dorothea Schlegel an Friedrich Schleiermacher, Mitteilungen aus dem Litteraturarchive in Berlin, Neue Folge 7, Berlin 1913

Raich, J. M., Dorothea v. Schlegel geb. Mendelssohn und deren Söhne Johannes und Philipp Veit, 2 Bde., Mainz 1881

Unger, Rudolf, Briefe von Dorothea und Friedrich Schlegel an die Familie Paulus, Berlin 1913

Wieneke, Ernst, Caroline und Dorothea Schlegel in Briefen, Weimar 1914

b) Verwandte und Freunde

Dilthey, Wilhelm, Aus Schleiermachers Leben. In Briefen. 4 Bde., Berlin 1858ff

Feilchenfeldt, Konrad, Schweikert, Uwe, Steiner, Rahel E., Rahel Varnhagen, Gesammelte Werke, Bd. 1–10, München 1983

Foerst-Crato, Ilse, Frauen zur Goethezeit. Ein Briefwechsel Caroline von Humboldt – Friederike Brun, Düsseldorf 1975

Gilbert, Felix, Bankiers, Künstler und Gelehrte. Unveröffentlichte Briefe der Familie Mendelssohn aus dem 19. Jahrhundert, Tübingen 1975

Leitzmann, Albert, Die Brautbriefe Wilhelms und Karolines von Humboldt, Leipzig 1924

Lohner, Edgar, Ludwig Tieck und die Brüder Schlegel. Briefe, München 1972

Mendelssohn, Moses, Brautbriefe, Nachdruck der Ausgabe von 1936, Königstein 1985

Mendelssohn, G. B., Moses Mendelssohns gesammelte Schriften, 8 Bde., Leipzig 1843–1845

Preitz, M., Friedrich Schlegel und Novalis. Biographie einer Romantikerfreundschaft in Briefen, Darmstadt 1957

Schmidt, Erich, Caroline [Schlegel]. Briefe aus der Frühromantik, 2. Bd., Bern 1970

Sydow, Anna von, Wilhelm und Caroline von Humboldt in ihren Briefen, Berlin 1918

Literatur über Dorothea Schlegel

Abt, Harry, Dorothea Schlegel bis zu ihrer Vereinigung mit der deutschen Romantik – Ein Beitrag zur Geschichte der Romantik sowie der geistigen Emanzipation der Juden in Deutschland. Diss. Frankfurt 1924 (unveröffentlicht)

Brahm, Otto, «Dorothea Schlegel», in: Kritische Schriften, 2. Bd., Berlin 1915

Deibel, Franz, Dorothea Schlegel als Schriftstellerin im Zusammenhang mit der romantischen Schule, Palaestra 40, Berlin 1905 ders., «Aus Dorotheas Frühzeit», National-Zeitung vom 18. Dezember 1904

Finke, Heinrich, Ueber Friedrich und Dorothea Schlegel, Köln 1918

Frank, Heike, ... die Disharmonie, die mit mir geboren ward, und mich nie verlassen wird... Das Leben der Brendel / Dorothea Mendelssohn-Veit-Schlegel (1764–1839), Frankfurt / Main–Bern 1988

Geiger, Ludwig, «Dorothea Veit-Schlegel», Deutsche Rundschau, 1913/14, Nr. 20 vom 15. Juli 1914

Hibbert, J., «Dorothea Schlegels Florentin and the Precarious Idyll», in: German Life and Letters 30, 1976/77

Hiemenz, Margareta, Dorothea v. Schlegel, Freiburg 1911

dies., «Neue Kunde von Friedrich und Dorothea Schlegel», in: Hochland 14, I, 1916/17

dies., «Dorothea von Schlegel. Ein Nachtrag zu ihrer Biographie», in: Der Gral, Nr. 7/1912/13

Körner, Josef, «Mendelssohns Töchter», in: Preußische Jahrbücher 214, 1928

Stern, Carola, «Der Mensch soll seinem innersten Herzen leben» – Dorothea Veit und Friedrich Schlegel, in: Schultz, Hans Jürgen (Hrsg.), Liebespaare, 2. Aufl. Stuttgart 1989

Stuebben Thornton, Karin, «Enlightement and Romanticism in the Work of Dorothea Schlegel», in: The German Quarterly 39, 1966

Touaillon, Christine, Der deutsche Frauenroman des 18. Jahrhunderts. V. Abschnitt, Wien 1919

Wolff, Elsa, «Eine Konvertitin aus den Kreisen der Romantiker», in: Die neue Rundschau, Nr. 9/1909

Literaturangaben zu den einzelnen Kapiteln

Die einzelnen Titel werden jeweils unter jenem Kapitel aufgeführt, in dem sie zuerst benutzt worden sind.

Haltet Euch standhaft bei der Religion Eurer Väter

Die Tochter des Moses Mendelssohn

Altmann, Alexander, Moses Mendelssohn, a biographical study, Alabama 1973

Bremer, Ilse u. a. (Hrsg.), Frauen in der Geschichte IV.: «Wissen heisst leben...» Beiträge zur Bildungsgeschichte von Frauen im 18. und 19. Jahrhundert, Düsseldorf 1983

Brüggemann, Theodor, «Das Bild der Juden in der Kinder- und Jugendliteratur von 1750–1850», in Pleticha, Heinrich (Hrsg.), Das Bild der Juden in der Volks- und Jugendliteratur vom 18. Jahrhundert bis 1945, Würzburg 1985

Ewers, Hans-Heino (Hrsg.), Kinder- und Jugendliteratur der Aufklärung – Eine Textsammlung, Stuttgart 1980

Frevert, Ute, Frauen-Geschichte. Zwischen Bürgerlicher Verbesserung und Neuer Weiblichkeit, Frankfurt/Main 1986

Fromer, Jakob (Hrsg.), Salomon Maimons Lebensgeschichte, München 1911

Garbe, Christine, «Sophie oder die heimliche Macht der Frauen. Zur Konzeption des Weiblichen bei Jean-Jacques Rousseau», in: Kuhn u. a. (Hrsg.), Frauen in der Geschichte IV, Düsseldorf 1983

Geiger, Ludwig, Geschichte der Juden in Berlin, Reprint der Originalausgabe 1871–1890, Berlin 1988

Hensel, Sebastian, Die Familie Mendelssohn 1729–1847. Nach Briefen und Tagebüchern, 5. Aufl., Berlin 1886

Jüdisches Lexikon. Ein enzyklopädisches Handbuch des jüdischen Wissens in vier Bänden, Berlin 1927–1930

Katz, Jacob, Aus dem Ghetto in die bürgerliche Gesellschaft – Jüdische Emanzipation 1770–1870, Frankfurt/Main 1986

Kayserling, M., Moses Mendelssohn – Sein Leben und seine Werke, Leipzig 1862

Knobloch, Heinz, Herr Moses in Berlin, ein Menschenfreund in Preußen. Gründlich durchgesehene und veränderte Auflage, Berlin 1987

Kohut, Adolph, Moses Mendelssohn und seine Familie, Dresden und Leipzig 1886

Könneker, Marie-Luise (Hrsg.), Kinderschaukel I – Ein Lesebuch zur Geschichte der Kindheit in Deutschland 1745–1860, Darmstadt, Neuwied 1976

Körner, Josef, «Mendelssohns Töchter», Preußische Jahrbücher, Berlin, Heft 2/1928

Kupferberg, Herbert, Die Mendelssohns, 2. Aufl., Tübingen 1977

Landsberg, Hans (Hrsg.), Henriette Herz – Ihr Leben und ihre Zeit, Weimar 1913

Lowenthal-Hensel, Cécile, «Moses Mendelssohn – Gedanken zu Toleranz und Emanzipation», Aus Politik und Zeitgeschichte, Beilage zur Wochenzeitung Das Parlament, B36/79 vom 8. September 1979

Nettelbeck, Uwe, Karl Philipp Moritz Lesebuch, Nördlingen 1986

Risse-Stumbries, Susanne D., Erziehung und Bildung der Frau in der zweiten Hälfte des 18. Jahrhunderts, Frankfurt und Tübingen 1980

Rousseau, Jean-Jacques, Emil oder Über die Erziehung, 7. Aufl., Paderborn 1985

Schmidt, Peter, «Berlin und seine Juden im 18. Jahrhundert», in: Horch, Hans Otto (Hrsg.), Judentum, Antisemitismus und europäische Kultur, Tübingen 1988

Schmitz, Rainer (Hrsg.), Henriette Herz in Erinnerungen, Briefen und Zeugnissen, Frankfurt/Main 1984

Thieberger, Friedrich (Hrsg.), Jüdisches Fest – Jüdischer Brauch – Ein Sammelwerk, 2. Aufl., Berlin 1967

[Unger, Friederike,] «Über Berlin. Aus Briefen einer reisenden Dame an ihren Bruder in H.», Jahrbücher der Preussischen Monarchie, Jg. 1798, 2. Bd.

Kataloge: Die Mendelssohns in Berlin – Eine Familie und ihre Stadt, Berlin 1983

Albrecht, Michael, Moses Mendelssohn – Das Lebenswerk eines jüdischen Denkers der deutschen Aufklärung, Wolfenbüttel 1986

Akademie der Künste, Berlin zwischen 1789 und 1848 – Facetten einer Epoche, Berlin 1981

Wie eng ich in meinem häuslichen Kreis zusammengedrängt werde

Die Ehefrau des Simon Veit

Bacherler, Michael, Deutsche Familienerziehung in der Zeit der Aufklärung und Romantik, Diss. Stuttgart 1914

Berwin, Beate, Moses Mendelssohn im Urteil seiner Zeitgenossen, Berlin 1919

Fassmann, Irmgard, «Juden- und Frauenemanzipation», Tribüne, Nr. 96, 1985

Hertz, Deborah, Jewish High Society in Old Regime Berlin, Yale University 1988

Horwitz, L., «Landrabbiner und Landschreiber in Kurhessen», Monatsschrift für Geschichte und Wissenschaft des Judentums, Breslau 1910

Jacobson, Jacob, Jüdische Trauungen in Berlin 1759–1813, Berlin 1968

ders. Die Judenbürgerbücher der Stadt Berlin 1809–1851 – Mit Ergänzungen für die Jahre 1791–1809, Berlin 1962

Jersch-Wenzel, Steffi, Juden und «Franzosen» in der Wirtschaft des Raumes Berlin / Brandenburg zur Zeit des Merkantilismus, Berlin 1978

Knapp-Tepperberg, «Rousseaus ‹Emile ou de l'éducation›. Sexualauffassung und Bild der Frau», in: Romantische Zeitschrift für Literaturgeschichte, 1978, S. 199ff

Knigge, Adolph, Freiherr von, Über den Umgang mit Menschen, hrsg. von Gert Ueding, Frankfurt / Main 1977

Rachel, Hugo / Wallisch, Paul, Berliner Großkaufleute und Kapitalisten, 3. Bd., Berlin 1967

Schutzprivilegium für den hiesigen Schutzjuden Juda Veit Singer
Sechs Kinder zu ihrem Etablissement allhier, Berlin 1764, Original in Besitz des Leo Baeck-Instituts, New York

Silberstein, Siegfried, «Moses Mendelssohns Witwe in Neustrelitz», in: Zeitschrift für die Geschichte der Juden in Deutschland, III, 1931

Walter, Eva, Schrieb oft, von Mägde Arbeit müde – Lebenszusammenhänge deutscher Schriftstellerinnen von 1800 – Schriften zur bürgerlichen Weiblichkeit, hrsg. von Annette Kuhn, Düsseldorf 1985

Veit, Familienchronik «Wie wir Deutsche wurden» (unveröffentl. Ms.)

Zondek, Theodor, «Reisebriefe des Uhde Veit aus dem Jahre 1833», Bulletin des Leo Baeck-Instituts, Tel Aviv, Oktober 1961

Wohin mit dem Vorrat an Herz und Leben

Die Freundin der Henriette Herz und Rahel Levin

Arendt, Hannah, Rahel Varnhagen – Lebensgeschichte einer deutschen Jüdin aus der Romantik, München 1959

Berglar, Peter, Wilhelm von Humboldt, rororo-Bildmonographien, Reinbek 1979

Brunschwig, Henri, Gesellschaft und Romantik in Preußen im 18. Jahrhundert, Frankfurt/Main – Berlin – Wien 1976

Drewitz, Ingeborg, Berliner Salons. Gesellschaft und Literatur zwischen Aufklärung und Industriezeitalter, Berlin 1979

Gaedertz, Karl Theodor, Bei Goethe zu Gaste, Leipzig 1900 (über Eduard d'Alton)

Gerhardt, Marlis, Kein bürgerlicher Stern, nichts, nichts konnte mich je beschwichtigen – Zur Kränkung der Frau, Neuwied und Darmstadt 1982

Heilborn, Ernst, Zwischen zwei Revolutionen. Der Geist der Schinkelzeit (1789–1848), Berlin 1927

Hertz, Deborah, Die Salons um 1800. Jüdische High-Society im alten Berlin, Frankfurt/Main 1990

Herz, Henriette, Berliner Salon. Erinnerungen und Portraits, Ullstein-Taschenbuch, Frankfurt/Main 1984

Honigmann, Peter, «Alexander von Humboldts Verhältnis zu Juden», Bulletin des Leo Baeck-Instituts, 76/1987

Mattenklott, Gert, «Jüdische Frauen im Briefwechsel um 1800. Gedanken zu ‹Geschichtlichkeit und Erbe der Romantik›.», Zeitschrift für Germanistik, Nr. 1, Leipzig 1987

Nicolai, Christoph Friedrich, Vertraute Briefe von Adelheid B. an ihre Freundin Julie S., hrsg. von Günter de Bruyn, Berlin (Ost) 1982

Recke, Elisa von der, Tagebücher und Selbstzeugnisse, München 1984

Schmid, Pia, Zeit des Lesens – Zeit des Fühlens. Anfänge des deutschen Bildungsbürgertums, Berlin 1985

Scurla, Herbert, Wilhelm von Humboldt, Reformator – Wissenschaftler – Philosoph, München 1984

ders., Rahel Varnhagen. Die große Frauengestalt der deutschen Romantik, Düsseldorf 1978

Seibert, Peter, Der literarische Salon. Studien zu einer Organisationsform der deutschen Literaturgesellschaft zwischen Aufklärung und Vormärz (unveröffentl.)

Tenbruck, Friedrich H., «Freundschaft – Ein Beitrag zur Soziologie der persönlichen Beziehungen», Kölner Zeitschrift für Soziologie und Sozialpsychologie, 16. Jg. 1964

Thomann Tewarson, Heidi, Rahel Varnhagen, rororo-Monographien, Reinbek 1988

Ich kann mich nicht auf der lumpigen Mittelstraße herumtreiben

Die Geliebte Friedrich Schlegels

Anmuth und Schönheit aus den Misterien der Natur und Kunst für ledige und verheirathete Frauenzimmer mit Kupfern. Die bibliophilen Taschenbücher, Nr. 21, Dortmund 1978

Athenaeum. Eine Zeitschrift von August Wilhelm Schlegel und Friedrich Schlegel, Auswahl, hrsg. von Gerda Heinrich, Leipzig 1984

Behler, Ernst u. a., Kritische Friedrich-Schlegel-Ausgabe in 35 Bänden, Paderborn–München–Wien 1958ff

Bruyn, Günter de, Lesefreuden. Über Bücher und Menschen. Essays, Frankfurt/Main 1986

Frühwald, Wolfgang, «Die Auffassung von Liebe und Ehe in der Literatur der deutschen Romantik», in: Selbständigkeit und Hingabe – Frauen der Romantik, hrsg. von Wolfgang Böhme, Herrenalber Texte, 24, Karlsruhe 1980

Dilthey, Wilhelm, Leben Schleiermachers, Gesammelte Schriften, Bd. 13/14, Stuttgart/Göttingen 1970

Kantzenbach, Friedrich Wilhelm, Schleiermacher, rororo-Monographie, Reinbek 1977

Schlegel, Friedrich, Theorie der Weiblichkeit, hrsg. und mit einem Nachwort versehen von Winfried Menninghaus, Frankfurt/Main 1983

Staël, Anne Germaine de, Über Deutschland, hrsg. und mit einem Nachwort versehen von Monika Bosse, Frankfurt 1985

Von einer langen Sklaverei befreit

Die Scheidung

Acta des jüdischen Gerichts zu Berlin betr. die Ehescheidungs-Sache des hiesigen Schutzjuden Simon Veit und der Brendel geb. M. Mendelssohn (hebräisch) im Leo Baeck-Institut, New York

Bürgers Liebe. Dokumente zu Elise Hahns und G. A. Bürgers unglücklichem Versuch, eine Ehe zu führen, hrsg. und mit einem Nachwort versehen von Herman Kinder, Frankfurt/Main 1981

Diogenes Laterne, Berlin 1799

Engelsing, Rolf, «Wieviel verdienten die Klassiker?», Neue Rundschau, Jg. 87, Heft 1/1976

Jacobs, Wilhelm G., Johann Gottlieb Fichte, rororo-Monographien, Reinbek 1984

Petersheiden, Neander von, Neue Anschauliche Tabellen von der gesammten Residenz-Stadt Berlin…, Berlin 1801

Wie in einem Traum, den man träumt man träumt

Von der Gleichheit der Geschlechter

Becker-Cantarino, Barbara, «‹Priesterin und Lichtbringerin›: Zur Ideologie des weiblichen Charakters in der Frühromantik», in: Die Frau als Heldin und Autorin. Neue kritische Aufsätze zur deutschen Literatur, hrsg. von Wolfgang Paulsen, Bern 1979

dies., Der lange Weg zur Mündigkeit. Frau und Literatur (1500–1800), Stuttgart 1987

dies., «Schlegels Lucinde. Zum Frauenbild der Frühromantik», in: Colloquia Germanica, Nr. 10/1977

Borcherdt, H. H., «Friedrich Schlegels ‹Lucinde›», in: Der Roman der Goethezeit, Stuttgart 1949

Bruyn, Günter de, Das Leben des Jean Paul Friedrich Richter, Frankfurt/Main 1976

Frevert, Ute (Hrsg.), Bürgerinnen und Bürger – Geschlechterverhältnisse im 19. Jahrhundert, Göttingen 1988; insb. Ute Frevert, «Bürgerliche Meisterdenker und das Geschlechterverhältnis. Konzepte, Erfahrungen, Visionen an der Wende vom 18. zum 19. Jahrhundert

Garbe, Christine, «Fiktionen des weiblichen Begehrens. Eine Re-Vision der sexuellen Diskurse von J.-J. Rousseau und F. Schlegel», in: Das Sexuelle, die Frauen und die Kunst, hrsg. von Karin Rick, Konkursbuch 20, Tübingen 1988

Geiger, Ludwig, Dichter und Frauen, Berlin 1896

Haym, Rudolf, Die romantische Schule. Ein Beitrag zur Geschichte des deutschen Geistes, 4. Aufl., Berlin 1920

Hippel, Theodor Gottlieb von, Über die bürgerliche Verbesserung der Weiber, Frankfurt/Main 1977

Katalog: Sklavin oder Bürgerin? Französische Revolution und Neue Weiblichkeit 1780–1830, Historisches Museum Frankfurt, hrsg. von Viktoria Schmidt-Linsenhoff, Marburg 1989

Kluckhohn, Paul, Die Auffassung der Liebe in der Literatur des 18. Jahrhunderts und der deutschen Romantik, Halle 1922

Krögen, Karl Heinrich, Freie Bemerkungen über Berlin, Leipzig, Prag (Originalausgabe 1785), Leipzig und Weimar 1986

Marcuse, Ludwig, Obszön. Geschichte einer Entrüstung, München 1962

Meise, Helga, Die Unschuld und die Schrift. Deutsche Frauenromane im 18. Jahrhundert, Berlin–Marburg 1983

Möhrmann, Renate, Die andere Frau. Emanzipationsansätze deutscher Schriftstellerinnen im Vorfeld der Achtundvierziger Revolution, Stuttgart 1977

Schier, Alfred, Die Liebe in der Frühromantik mit besonderer Berücksichtigung des Romans, Marburg 1913

Schlaffer, Hannelore, «Frauen als Einlösung der romantischen Kunsttheorie», in: Jahrbuch der deutschen Schillergesellschaft, 21. Jg., Stuttgart 1977

Schlegel, Friedrich, Lucinde, hrsg. und mit einem Nachwort versehen von Karl Konrad Polheim, Reclam-Ausgabe, Stuttgart 1963

Schleiermacher, Friedrich, Vertraute Briefe über Friedrich Schlegels Lucinde, Frankfurt/Main 1964

Weiland, Werner, Der junge Friedrich Schlegel, Stuttgart–Berlin 1968

Mit Dichtern und dichterisch Gesinnten

Im Kreis der Jenaer Frühromantiker

Soviel schwatzende Zungen und soviel lüsterne Ohren

Das Zerwürfnis mit Caroline Schlegel

Bäumer, Gertrud, Gestalt und Wandel. Frauenbildnisse (über Caroline Schlegel-Schelling), Berlin 1939

Bruford, Walter H., Kultur und Gesellschaft im Klassischen Weimar 1775–1806, Göttingen 1966

Dischner, Gisela, Caroline und der Jenaer Kreis. Ein Leben zwischen bürgerlicher Vereinzelung und romantischer Geselligkeit, Berlin 1979

Gersdorff, Dagmar von, Dich zu lieben kann ich nicht verlernen – Das Leben der Sophie Brentano-Mereau, Frankfurt/Main 1984

Günzel, Klaus, König der Romantik. Das Leben des Dichters Ludwig Tieck in Briefen, Selbstzeugnissen und Berichten, Tübingen 1981

ders., Romantikerschicksale. Eine Porträtgalerie, Berlin (Ost) 1987

Heine, Heinrich, Die romantische Schule, Sämtliche Werke in zwölf Bänden, Bd. 7, Leipzig o.J.

Hoffmann-Axthelm, Inge, «Geisterfamilie». Studien zur Geselligkeit der Frühromantik, Diss. Berlin 1973

Huch, Ricarda, Die Romantik. Blütezeit, Ausbreitung und Verfall, Tübingen 1985

Kern, Johannes P., Ludwig Tieck. Dichter einer Krise, Heidelberg 1977

Kirchhoff, Jochen, Schelling, rororo-Bildmonographien, Reinbek 1982

Kleßmann, Eckard, Caroline – Das Leben der Caroline Michaelis – Böhmer – Schlegel – Schelling 1763–1809, München 1975

Lober, Vilma, Die Frauen der Romantik im Urteil ihrer Zeit, Diss. Erlangen 1947

Novalis Werke, hrsg. und kommentiert von Gerhard Schulz. Studienausgabe, München o.J.

Paulin, Roger, Ludwig Tieck, Stuttgart 1987

ders., Ludwig Tieck. Eine literarische Biographie, München 1988

Reichlin-Meldegg, Karl Alexander Freiherr von, Heinrich Eberhard Gottlob Paulus und seine Zeit, 2 Bände, Stuttgart 1853

Schulz, Gerhard, Die deutsche Literatur zwischen Französischer Revolution und Restauration, Erster Teil 1789–1806 (Band VII/1 der von de Boor und Newald hrsg. Geschichte der deutschen Literatur), München 1983

Schulz, Gerhard, Novalis, rororo-Bildmonographien, Reinbek 1979

Sommerhage, Claus, Deutsche Romantik. Literatur und Malerei 1796–1830, Köln 1988

Steffens, Henrik, Was ich erlebte, München 1956

Susman, Margarete, Frauen der Romantik, Jena 1931

Thiele-Dohrmann, «Schwatzende Zungen – lüsterne Ohren». Zur Psychologie des Klatsches, Heyne-Psycho, München 1988

Urlichs, L. (Hrsg.), Charlotte von Schiller und ihre Freunde, Bd. 1–3, Stuttgart 1860/61

Vietta, Silvio (Hrsg.), Die literarische Frühromantik, Göttingen 1983

Wehler, Hans-Ulrich, Deutsche Gesellschaftsgeschichte, Bd. 1, München 1987

Wiese, Benno von (Hrsg.), Deutsche Dichter der Romantik. Ihr Leben und Werk, 2. Aufl., Berlin 1983

Une femme beaucoup d'esprit

Heirat in Paris

Behler, Ernst, «Französische Revolution und Antikekult», in: Neues Handbuch der Literaturwissenschaft, hrsg. von Klaus von See, Bd. 14: Europäische Romantik I

Boisserée, Sulpiz, Briefwechsel/Tagebücher, 2 Bde., Göttingen 1970

Brinkmann, Richard, «Deutsche Frühromantik und Französische Revolution», in: Deutsche Literatur und Französische Revolution, Göttingen 1974

Chezy, Helmina von, «Überlieferungen und Umrisse aus Napoleons Tagen», Teil 2–4, in: Der Freihafen 3, Heft 3 und 4 und Der Freihafen 4, Heft 1, 1840/41

Chezy, Helmina von, Unvergessenes, 2 Teile, Leipzig 1858

Fischer, Klaus, «Ein Weib mit Hang zum Schlendrian – Albumblatt für Helmina von Chezy», Stuttgarter Zeitung vom 17. September 1988 (Sonntagsbeilage)

Kern, Bärbel und Horst, Madame Doctorin Schlözer – Ein Frauenleben in den Widersprüchen der Aufklärung, München 1988

Oesterle, Günther, «Friedrich Schlegel in Paris oder die romantische Gegenrevolution», in: Les Romantiques allemands et la Revolution française, hrsg. von G.-L. Fink, Strasbourg 1989

Reichardt, Johann Friedrich, Vertraute Briefe aus Paris 1802/1803, hrsg. und eingeleitet von Rolf Weber, Berlin (Ost) 1981

Schlegel, Friedrich (Hrsg.), Europa. Eine Zeitschrift, 2 Bände, Stuttgart 1963

Schlözer, Leopold von, Dorothea von Schlözer der Philosophie Doctor. Ein deutsches Frauenleben um die Jahrhundertwende 1770–1825, Berlin und Leipzig 1925

Steig, Reinhold (Hrsg.), Achim von Arnim und die ihm nahe standen, 1. Bd., Stuttgart 1894

Hätte ich meine Freiheit umsonst erlangt?

Dorothea als Schriftstellerin

Borcherdt, Hans Heinrich, «Dorothea Schlegels ‹Florentin›», in: Der Roman der Goethezeit, Stuttgart 1949

Brinker-Gabler, Gisela (Hrsg.), Deutsche Literatur von Frauen, 2 Bde., München 1988

dies. u. a. (Hrsg.) Lexikon deutschsprachiger Schriftstellerinnen 1800–1945, dtv-Ausgabe, München 1986

Burkhard, Marianne (Hrsg.), Gestaltet und gestaltend. Frauen in der deutschen Literatur. Amsterdamer Beiträge zur neueren Germanistik, Bd. 10, Amsterdam 1980

Eichner, Hans «‹Camilla› – Eine unbekannte Fortsetzung von Dorothea Schlegels Florentin», Jahrbuch des Freien Deutschen Hochstifts 1965, Tübingen 1965

Gerhardt, Marlis, Stimmen und Rhythmen. Weibliche Ästhetik und Avantgarde, Darmstadt/Neuwied 1986

Katalog: Die Lust am Übersetzen im Jahrhundert Goethes. Deutsche Schillergesellschaft, Marburg 1982

Mattenklott, Gert, «Lebensräume oder Der ungestillte Hunger – Überlegungen zu Briefen der Henriette Herz», Frankfurter Allgemeine Zeitung vom 8. Februar 1986

Meiners, Christoph, Lebensbeschreibungen berühmter Männer aus den Zeiten der Wiederherstellung der Wissenschaften, Dritter Band, Zürich 1797

Sattler, Christian Friedrich, Geschichte des Herzogthums Würtenberg unter der Regierung der Herzogen, Ulm / Stettin 1769

Schlegel, Dorothea und Friedrich, Geschichte des Zauberers Merlin. Nachwort Klaus Günzel, Köln 1984

Schlegel, Dorothea, Florentin. Roman. Fragmente. Varianten, hrsg. und mit einem Nachwort versehen von Liliane Weissberg, Frankfurt / Berlin 1987

Schlegel, Friedrich (!), Sammlung von Memoiren und romantischen Dichtungen des Mittelalters aus altfranzösischen und deutschen Quellen, eingeleitet und hrsg. von Liselotte Dieckmann, Bd. 33 der kritischen Friedrich-Schlegel-Ausgabe, Paderborn 1980

Staël, Madame de, Corinna oder Italien. Aus dem Französischen übertragen von Dorothea Schlegel, hrsg., überarbeitet und mit einem Nachwort versehen von Arno Kappler, dtv klassik, München 1985

Walter, Eva, «Schrieb oft, von Mägde Arbeit müde». Lebenszusammenhänge von Schriftstellerinnen im deutschsprachigen Raum Ende des 18. Jahrhunderts, Diss. Stuttgart 1984

In welcher Einsamkeit ich lebe

Rettung durch den Glauben

Bayer, Josef (Hrsg.), Köln um die Wende des 18. und 19. Jahrhunderts (1770–1830), Köln 1912

Behnke, Werner, Aus Köln's Franzosenzeit, nach den Quellen des Stadt-Archivs bearbeitet, Köln 1901

Kölnische Volkszeitung vom 2. August 1899, Literarische Beilage (Briefe von Friedrich und Dorothea Schlegel an Ferdinand Franz Wallraf)

Schäfer, G., «Zur Konversion von Friedrich und Dorothea Schlegel», in: Begegnung, Zeitschrift für Kultur und Geistesleben, Heft 2 / 1947

Stelzmann, Arnold, Illustrierte Geschichte der Stadt Köln, hrsg. von Robert Frohn, 5. Aufl., Köln 1971

Varnhagen von Ense, Karl August, Denkwürdigkeiten des eigenen Lebens, hrsg. und eingeleitet von Joachim Kühn, 2 Bde. Berlin 1925

[Wallraf, Ferdinand Franz] «Ein Wort über den Übertritt des Herrn Dr. Friedrich Schlegel und seiner Gattin zur katholischen Confession, geschehen zu Köln um Ostern 1808», in: Quartalsschrift für katholische Theologen, Heft 2/1808

Zimmermann, Johann Georg, Über die Einsamkeit. Auszüge aus der vierbändigen Ausgabe Leipzig 1784–85, hrsg. von Giovanni Blumer, Zürich

Für mein Leben gern hör ich die gnä' Frau predigen

Von Tugend, Gott und Vaterland

Bauer, Roger, Der Idealismus und seine Gegner in Österreich, Beiheft zum Euphorion, Zeitschrift für Literaturgeschichte, 3. Heft, Heidelberg 1966

Chezy, Wilhelm, Erinnerungen aus meinem Leben. Erster und zweiter Band: Helmina und ihre Söhne, Schaffhausen 1863

Eichendorff, Joseph von, Werke, Bd. 1 (Gedichte, Versepen, Dramen, Autobiographisches) und Bd. 4 (Nachlese der Gedichte, erzählerische und dramatische Fragmente. Tagebücher 1798–1815), München 1988

Kerner, Theobald (Hrsg.), Justinus Kerners Briefwechsel mit seinen Freunden, 1. Bd., Stuttgart und Leipzig 1897

Pichler, Karoline, Denkwürdigkeiten aus meinem Leben. Mit einer Einleitung und zahlreichen Anmerkungen hrsg. von Emil Karl Blümml, 2 Bde., München 1914

Reichardt, Johann Friedrich, Vertraute Briefe, geschrieben auf einer Reise nach Wien und den österreichischen Staaten zu Ende des Jahres 1808 und zu Anfang 1809. Eingeleitet und erläutert von Gustav Gugitz, 2 Bde., München 1915

Sampers, Andreas, «Der hl. Klemens und die Frauen», in: Spicilegium Historicum, 1959

Spiel, Hilde, Fanny von Arnstein oder Die Emanzipation. Ein Frauenleben an der Zeitenwende 1758–1818, Frankfurt/Main 1978 (Fischer Taschenbuch)

Varnhagen von Ense, Karl August, Denkwürdigkeiten des eigenen Lebens, Berlin 1843–46

Wagner, Karl, «Der Einzug der Romantiker in Wien und die Wiener Presse», in: Die Kultur, 9. Jg., Heft 1 / 1908

Ich will versuchen, noch einmal jung zu werden

Dorothea in Rom

Atterbom, Per Daniel Amadeus, Reisebilder aus dem romantischen Deutschland. Jugenderinnerungen eines romantischen Dichters und Kunstgelehrten aus den Jahren 1817 bis 1819, Stuttgart 1970

Hettler, Hermann, Karoline von Humboldt. Das Lebensbild einer deutschen Frau, Leipzig 1933

Katalog: Auch ich in Arcadien. Kunstreisen nach Italien 1600–1900. Sonderausstellung des Schiller-Nationalmuseums, 3. Aufl. 1986

Müller, Wilhelm, Rom, Römer und Römerinnen, Berlin (Ost) o. J.

Noack, Friedrich, Deutsches Leben in Rom 1700–1900, Stuttgart und Berlin 1907

Oswald, Stefan, Italienbilder. Beiträge zur Wandlung der deutschen Italienauffassung 1770–1840. Germanisch-Romanische Monatsschrift, Beiheft 6, Heidelberg 1985

Spahn, Martin, Philipp Veit, Bielefeld und Leipzig 1901

Uhde, Hermann (Hrsg.), Erinnerungen der Malerin Louise Seidler, Berlin 1922

Das unendliche Verlangen, nach Hause zu kommen

Alter und Tod

Böhmer, Günter, Die Welt des Biedermeier, München 1968

Callmann, Erna, Die Frankfurter Romantik, Paderborn 1930

Chezy, Helmina von, «Nekrolog. Dorothea v. Schlegel, geborene Mendelssohn», Beilage zur Allgemeinen Zeitung, Augsburg, Nr. 241 vom 29. August 1839

Jakobowicz, Rachel, Krankheit und Arzttum in Frauenbriefen der Romantik. Thesis for the Degree of Masters of Arts, University of Melbourne 1982 (unveröffentl.)

Pichler, Karoline, «Frau Dorothea von Schlegel, geb. Mendelssohn», Wiener Zeitschrift für Kunst, Literatur, Theater und Mode, Nr. 132/133 vom 2. November 1839

Werner, Eric, [Felix] Mendelssohn, Leben und Werk in neuer Sicht, Zürich/Freiburg i. Br. 1980

ZEITTAFEL

1764 Am 24. Oktober wird Fromet und Moses Mendelssohn in Berlin eine Tochter geboren, die den Namen Brendel erhält.

1767 Moses Mendelssohns «Phaedon, oder Über die Unsterblichkeit der Seele» erscheint und wird ein außergewöhnlicher internationaler Bucherfolg.

1769 Auf Korsika wird am 15. August Napoleon Bonaparte geboren.

1771 Als ältestes Kind einer wohlhabenden Kaufmannsfamilie kommt am 19. Mai Rahel Levin zur Welt.

1772 Als Sohn des Generalsuperintendenten Johann Adolf Schlegel und seiner Ehefrau Johanna Christiane Erdmuthe wird am 10. März in Hannover Friedrich Schlegel geboren.

1774 Goethes Briefroman «Die Leiden des jungen Werther» erscheint.

1778 Brendel Mendelssohn wird mit dem Kaufmann und Bankier Simon Veit verlobt. Am 2. Juli stirbt der französische Philosoph und Pädagoge Jean-Jacques Rousseau.

1779 Der Arzt Marcus Herz heiratet in Berlin am 1. Dezember Brendel Mendelssohns gleichaltrige Freundin Henriette Lemos.

1783 Am 3. April wird Brendel Mendelssohn mit Simon Veit getraut.

1786 Am 4. Januar stirbt Brendel Veits Vater Moses Mendelssohn, am 8. Januar der Vater ihres Mannes, Juda Veit. Dem am 17. August verstorbenen preußischen König Friedrich II. folgt sein Neffe Friedrich Wilhelm II. auf den Thron.

1787 Henriette Herz, Brendel Veit, die Brüder Alexander und Wilhelm von Humboldt sowie einige andere junge Frauen und Männer gründen in Berlin einen Tugendbund.

1788 Fromet, Moses Mendelssohns Witwe, übersiedelt von Berlin nach Neustrelitz.

1789 Die Französische Revolution beginnt.

1790 Am 2. März wird Brendel und Simon Veits Sohn Jonas (später Johannes) geboren.
Anfang der neunziger Jahre treffen sich in den nach französischem Vorbild gegründeten Salons gebildeter Berliner Jüdinnen Bürger und Adlige, Militärs, Schauspieler, Intellektuelle, Frauen und Männer. Die bekanntesten Salons unterhalten Henriette Herz und Rahel Levin.

1791 Wilhelm von Humboldt heiratet seine Tugendbund-«Schwester» Karoline von Dacheröden.

1793 Am 13. Februar wird Brendel und Simon Veits Sohn Philipp geboren.

1796 Der achtundzwanzigjährige Friedrich Schleiermacher wird Prediger an der Berliner Charité.

1797 Im Sommer kommt Friedrich Schlegel nach Berlin, lernt im Salon der Henriette Herz Madame Veit kennen, die sich seit einiger Zeit nicht mehr Brendel, sondern Dorothea nennt, und wird im gleichen Jahr ihr Geliebter. Gemeinsam mit Schleiermacher bezieht er eine Wohnung in der Charité.
Friedrich Wilhelm III. und seine Frau Luise werden König und Königin von Preußen.

1798 Friedrich Schlegel gibt mit seinem Bruder August Wilhelm und unter Mitarbeit von Schleiermacher und Friedrich von Hardenberg (Novalis) die Zeitschrift «Athenaeum», das programmatische Organ der Frühromantik, heraus (erscheint bis 1800).

1799 Vor dem Berliner Rabbinatsgericht wird am 11. Januar die Veitsche Ehe geschieden. Dorothea bezieht zusammen mit ihrem jüngsten Sohn eine Wohnung in der Berliner Ziegelstraße und folgt mit Philipp im Oktober Friedrich Schlegel nach Jena. Dort wohnen sie bei August Wilhelm und Caroline Schlegel, dem Bruder und der Schwägerin Friedrichs.
Auch Ludwig Tieck übersiedelt von Berlin nach Jena. Dort findet vom 11. bis 14. November unter Beteiligung der Schlegels, Tiecks, Dorothea Veits, Novalis und des jungen Philosophen Schelling das in die Literaturgeschichte eingegangene Jenaer Romantikertreffen statt.
Im Mai ist Friedrich Schlegels Roman «Lucinde» erschienen.

1800 Fromet Mendelssohn kehrt in ihre Geburtsstadt Hamburg zurück.

1801 Herausgegeben von Friedrich Schlegel und ohne Angabe der Verfasserin erscheint der erste Band von Dorothea Veits Roman «Florentin»; der zweite wird nie vollendet.
Am 25. März stirbt Novalis in Weißenfels.

1802 Dorothea und Philipp Veit siedeln mit Friedrich Schlegel nach Paris über. Dieser gibt die von Dorothea Veit nach altfranzösischen Quellen übersetzte «Geschichte der Jungfrau von Orléans» heraus.

1803 Friedrich Schlegel gibt die von Dorothea Veit übersetzte und durch Zusätze und Ergänzungen aus anderen französischen Quellen angereicherte «Autobiographie der Margaretha von Valois» heraus.
Nach der Scheidung von August Wilhelm heiratet Caroline Schlegel am 26. Juni Friedrich Wilhelm Schelling.

1804 Am 6. April wird Dorothea Veit in Paris protestantisch getauft und anschließend mit Friedrich Schlegel getraut. Ende April siedelt Schlegel von Paris nach Köln über, gefolgt von seiner Frau und Philipp Veit.
Friedrich Schlegel gibt die von seiner Frau übersetzte und bearbeitete «Geschichte des Zauberers Merlin» heraus.
August Wilhelm Schlegel wird literarischer Berater Germaine de Staëls und Erzieher ihrer Kinder. Er bleibt bis zu ihrem Tod in den Diensten Frau von Staëls.
Am 2. Mai ernennt sich Napoleon zum Kaiser der Franzosen.

1805 Friedrich Schlegel gibt die von seiner Frau übersetzte und bearbeitete Rittergeschichte «Lother und Maller» heraus.

1806 Wie bei der Scheidung vereinbart, kehrt Philipp Veit zu seinem Vater nach Berlin zurück.

1807 Dorothea Schlegel übersetzt Germaine de Staëls Roman «Corinna oder Italien». Die deutsche Ausgabe erscheint mit dem Vermerk: übersetzt und herausgegeben von Friedrich Schlegel.

1808 Am 16. April tritt das Ehepaar Schlegel in Köln zum katholischen Glauben über. Anschließend siedelt Friedrich Schlegel nach einem längeren Zwischenaufenthalt bei seiner Schwester Charlotte Ernst in Dresden nach Wien über. Seine Frau folgt ihm im Herbst.

1809 Friedrich Schlegel tritt als Hofsekretär in österreichische Dienste.
In Maulbronn stirbt am 7. September Caroline Schelling.

1810 Unter dem Einfluß ihrer Mutter lassen sich auch Johannes und Philipp Veit in Wien katholisch taufen.

1812 Am 16. März stirbt Fromet Mendelssohn in Hamburg.

1813 Philipp Veit nimmt als Freiwilliger am Befreiungskrieg gegen Napoleon teil.

1814 Rahel Levin heiratet den Publizisten und Diplomaten Karl August Varnhagen van Ense.
Der Wiener Kongreß beginnt.

1815 Friedrich Schlegel wird Legationsrat an der österreichischen Gesandtschaft beim Deutschen Bundestag in Frankfurt.

1816 Im April folgt Dorothea Schlegel ihrem Mann nach Frankfurt.

1818 Angesichts der bevorstehenden Abberufung Friedrich Schlegels aus Frankfurt beschließt das Ehepaar, sich vorübergehend zu trennen. Dorothea Schlegel reist im Frühjahr zu ihren beiden Söhnen nach Rom, die dort als Maler leben. Ihr Mann kehrt im November nach Wien zurück.
Nach dem Tod Germaine de Staëls im Juli 1817 wird August Wilhelm Schlegel im November Professor in Bonn.

1819 In Berlin stirbt am 1. Oktober Simon Veit. Sein ältester Sohn Johannes kehrt aus Rom nach Deutschland zurück, heiratet Flora Ries und lebt mit ihr wieder ab 1822 bis zu seinem Tod in Rom.

1820 Im Frühjahr kehrt Dorothea Schlegel aus Rom nach Wien zurück.

1821 Am 25. August heiratet Philipp Veit Caroline Pulini, eine Tochter seiner Wirtsleute in Rom.
Auf der Südatlantik-Insel St. Helena stirbt am 5. Mai der dorthin verbannte Napoleon Bonaparte im Alter von erst 51 Jahren.

1827 Endgültiges Zerwürfnis der Gebrüder Schlegel.

1829 In der Nacht vom 11. auf den 12. Januar stirbt Friedrich Schlegel in Dresden.

1830 Dorothea Schlegel trifft nach 26 Jahren der Trennung ihre jüngste Schwester Henriette wieder und verbringt den Sommer mit ihr in Dresden. Anschließend reist sie nach Frankfurt/Main weiter und lebt dort bis zu ihrem Tod im Hause ihres Sohnes Philipp. Dieser kehrt mit seiner Frau und fünf Kindern im Oktober nach Deutschland zurück, um die ihm angebotene Stelle des Direktors des Frankfurter Städelschen Instituts anzutreten.

1831 Am 23. April stirbt Dorotheas zweite Schwester Recha (geb. 1767) und am 9. November ihre jüngste Schwester Henriette (geb. 1768).

1833 Am 7. März stirbt Rahel Varnhagen in Berlin.

1834 Am 12. Februar stirbt Friedrich Schleiermacher in Berlin.

1835 Am 19. November stirbt Abraham Mendelssohn Bartholdy, Dorothea Schlegels Bruder, in Berlin. Nur ihr ältester und ihr jüngster Bruder, Joseph und Nathan, überleben die Schwester.

1838 Am 15. April stirbt Dorothea Schlegels Enkeltochter, die zehnjährige Benedetta Veit, in Frankfurt.

1839 Am 3. August stirbt Dorothea Schlegel im Alter von 74 Jahren in Frankfurt.

PERSONENREGISTER

Nahaufnahmen

Carola Stern
In den Netzen der Erinnerung
Lebensgeschichten zweier Menschen
(rororo 12227)
«Wie konnte man, als Deutscher, Nazi oder Kommunist – also mit (vielleicht) treuestem Herzen einem verbrecherischen System dienen? – Wie schwer sich zwei höchstgebildete, gewissenhafte Menschen mit der Bewältigung der Vergangenheit tun, das hat Carola Stern nun jedermann klargemacht. Nicht nur deshalb: ein liebenswertes Buch.»
Gerd Bucerius, Die Zeit

Ernst Toller
Eine Jugend in Deutschland
(rororo 4178)
Als begeisterter Freiwilliger zog er in den Ersten Weltkrieg und als humanitärer Pazifist kehrte er heim. Er schlug sich auf die Seite der Aufständischen und erkannte früh die tragische Grenze der Revolution. Das wahrscheinlich bedeutendste Werk des expressionistischen Autors Ernst Toller, der in Dichtung und Politik keinen unversöhnlichen Gegensatz sah.

Edith Piaf
Mein Leben
(rororo 859)
Die Autobiographie der Piaf, deren Stimme für die Welt zum Inbegriff des französischen Chansons wurde. Die Beichte eines Lebens, gezeichnet von Alkohol, Rauschgift und Liebe. Der Abschied eines großen Herzens – mit dem Fazit: ‹Je ne regrette rien.›

Anja Lundholm
Das Höllentor *Bericht einer Überlebenden. Mit einem Nachwort von Eva Demski*
(rororo 12873 und als gebundene Ausgabe)
Anja Lundholm kam 1944 ins Frauen-KZ Ravensbrück. Als eine von wenigen überlebte sie das Lager, in dem die Nazis Zehntausende weiblicher Gefangener zusammengepfercht hatten.
«Anja Lundholm erklärt nicht; sie kommentiert nicht. Sie entschuldigt nicht. Sie schreibt, was geschah.»
Die Zeit

rororo Literatur

Lyrik

«Wer Lyrik schreibt, ist verrückt!»
Peter Rühmkorf

Mascha Kaléko
Das lyrische Stenogrammheft
(rororo 1784)
«Nun, da du fort bist, scheint mir alles trübe.
Hätt' ich's geahnt, ich ließe dich nicht gehn.
Was wir vermissen, scheint uns immer schön.
Woran das liegen mag –. Ist das nun Liebe?»

Mascha Kaléko
Verse für Zeitgenossen
(rororo 4659)
«Ich bin, vor jenen ‹tausend Jahren›,
Viel in der Welt herumgefahren.
Schön war die Fremde; doch Ersatz.
Mein Heimweh hieß Savignyplatz.»

Peter Rühmkorf
Haltbar bis Ende 1999 *Gedichte*
(rororo 12115)
«Ein plebejischer Poet ist er, ein handfester Spaßmacher, ein Repräsentant und Verwalter des literarischen Untergrunds, ein Dichter der Gasse und der Masse, einer, der die Lyrik auf den Markt gebracht hat. Nur: er ist zugleich ein feinsinniger Ästhet, ein raffinierter Schöngeist, ein exquisiter Ironiker.»
Marcel Reich-Ranicki

Peter Rühmkorf
Außer der Liebe nichts
Liebesgedichte
(rororo 5680)
«Dichter! schmeißt Eure Lyrik weg, der Rühmkorf kann's besser!» Jürgen Lodemann im Südwestfunk

rororo Literatur

Von Peter Rühmkorf sind außerdem lieferbar:

Der Hüter des Misthaufens
Aufgeklärte Märchen
(rororo 5841)

Die Jahre die Ihr kennt *Anfälle und Erinnerungen*
(rororo 5804)

Über das Volksvermögen
Exkurse in den literarischen Untergrund
(rororo 1180)

Strömungslehre I Poesie
(das neue buch 107)

Dreizehn deutsche Dichter
208 Seiten. Broschiert.

Einmalig wie wir alle *Gedichte*
168 Seiten. Broschiert.

Wer Lyrik schreibt, ist verrückt!
Gesammelte Gedichte
140 Seiten. Kartoniert.

Peter Rühmkorf / Michael Naura / Wolfgang Schlüter
Phönix voran! Mit Ton-Cassette
128 Seiten. Kartoniert.

3289/1

Neue deutsche Literatur

Georg Heinzen / Uwe Koch
Von der Nutzlosigkeit erwachsen zu werden
(rororo 12459)
«Georg Heinzen und Uwe Koch ist die bislang treffendste Darstellung der siebziger Jahre und ihrer Folgen gelungen. Wer das Buch für ein gelungenes Kabarettstückchen hält, ist dem Wortwitz, der Situationskomik, der Selbstironie, den Stilmitteln der Autoren auf den Leim gegangen.» Der Spiegel

Georg Heinzen
Ich bin ein Krokodil und du hast Angst *Roman*
(rororo 12868)
«Kino, Fernsehen, Radio, Video, Sensationspresse: in Georg Heinzens Buch hat sich die Welt in die Medien zurückgezogen, ist alles nur noch ‹fiction›, jede Aufregung nur ‹suspense›.» Helmut Schödel im Norddeutschen Rundfunk

Thommie Bayer
Das Herz ist eine miese Gegend *Roman*
(rororo 12766)
Drei verrückte Typen und eine schöne Frau rudern ums Überleben durch die Brandungswellen der sechziger, den Seegang der siebziger und die stillen Wasser der achtziger Jahre. Die Geschichte einer großen Liebe, einer großen Freundschaft, von Träumen und Verwicklungen zwischen Menschen, die Phantasten, doch zugleich auch Realisten sind.

rororo Literatur

Klaus Modick
Das Grau der Karolinen *Roman*
(rororo 12938)
Eine fast detektivische Geschichte über die geheimnisvollen Wirkungen eines Gemäldes auf seine verschiedenen Besitzer. «Klaus Modicks großer und schöner Roman ist ein Buch, das durchaus etwas zu bieten hat: eine Geschichte, die spannend ist und noch spannender wird; Poesie und sprachliche Schönheit; Einfühlsamkeit und, nicht zuletzt, eine die Zeiten übergreifende Nach-Denklichkeit.» Norddeutscher Rundfunk

3294/1